苏州大学中国史重点学科建设经费资助出版

中国红十字运动史料选编·湖南专辑

（第十辑）

曾桂林　池子华　主编

合肥工业大学出版社

图书在版编目(CIP)数据

中国红十字运动史料选编·湖南专辑(第十辑)/曾桂林,池子华主编.—合肥:合肥工业大学出版社,2018.12

(红十字文化丛书)

ISBN 978-7-5650-4284-3

Ⅰ.①中… Ⅱ.①曾…②池… Ⅲ.①红十字会—史料—湖南 Ⅳ.①D632.1

中国版本图书馆 CIP 数据核字(2018)第 269472 号

中国红十字运动史料选编·湖南专辑(第十辑)

曾桂林 池子华 主编

责任编辑	章 建 张 燕
出版发行	合肥工业大学出版社
地 址	(230009)合肥市屯溪路 193 号
网 址	www.hfutpress.com.cn
电 话	总 编 室:0551-62903038 市场营销部:0551-62903198
开 本	710 毫米×1000 毫米 1/16
印 张	27.75
字 数	480 千字
版 次	2018 年 12 月第 1 版
印 次	2018 年 12 月第 1 次印刷
印 刷	合肥现代印务有限公司
书 号	ISBN 978-7-5650-4284-3
定 价	72.00 元

如果有影响阅读的印装质量问题,请与出版社市场营销部联系调换。

《红十字文化丛书》编辑委员会

总　序

150 年前，高举人道主义旗帜，旨在促进人类持久和平的红十字运动在欧洲兴起并迅速走向世界。100 多年来，红十字会为世界和平与发展做出的巨大贡献有目共睹，因而日益受到世界各国、各地区的欢迎，已发展成为与联合国、奥委会并称的世界三大国际组织之一。究其原因，乃其所奉行的七项基本原则——也是红十字文化的内核——涵盖了世界上各种不同文化的共同点，能为文化和制度不同的国家所接受，故而具有强大的生命力。

100 年前，红十字运动东渐登陆中国。在其中国化的发展过程中，红十字会不断吸取中国传统文化的精髓，茁壮成长，逐步形成了“人道、博爱、奉献”的文化内涵，并成为中华文化的瑰宝之一。

百余年来，红十字运动在波澜壮阔的实践中积累了丰富的经验，也留下了许多教训。经验与教训需要上升为理论，也只有理论才能更好地指导红十字事业持续、健康发展。学界、业界对此都进行了持续的关注。

2005 年 12 月 7 日，苏州大学社会学院与苏州市红十字会携手合作，成立全国首家红十字运动研究中心，旨在通过学界和业界的联合，推动和加强红十字运动的理论研究，探究红十字运动中国化的过程与特色，凝练红十字文化价值，探求红十字运动在构建国家软实力和促进中华民族伟大复兴中的地位与作用。同年 12 月 9 日，中国红十字会总会也提出，“确定一批研究课题，组织专家学者开展对国际红十字运动及中国红十字运动的深入研究”[①]。由此，学界、业界共同开展了对红十字运动

① 中国红十字会总会：《关于加强和改进宣传工作的意见》，红总字〔2005〕19 号。

的学术研究与理论探讨。

多年来，红十字运动研究中心除通过专业网站（http://www.hszyj.net）发布和交流学界、业界动态外，已出版研究成果数十部；帮助一些地方红十字会建立与高校的合作，搭建平台，共同开展研究；举办了首届红十字运动与慈善文化国际学术研讨会；培养了一批专门研究红十字运动的生力军；积累了大量的学术资料。中心主要研究人员还借助在各地讲学的机会，传播重视红十字运动研究的理念。正是在红十字运动研究中心的引领之下，红十字运动研究在中华大地上呈现出生机勃勃的发展态势，并取得了丰硕的成果，"新红学"① 呼之欲出。仅以2011年为例，各地以纪念辛亥革命100周年为契机，纷纷整理、编辑出版了地方红会百年史；有的红会还与高校合作组建相关研究中心；等等②。这些方式有力地推动了红十字运动研究向更深更广的方向发展。

当今世界正处于大发展大变革大调整时期，多极化、经济全球化深入发展，科学技术日新月异，各种思想文化交流交融交锋更加频繁，文化在综合国力竞争中的地位和作用更加凸显。2011年10月18日，党的十七届六中全会通过的《中共中央关于深化文化体制改革 推动社会主义文化大发展大繁荣若干重大问题的决定》，提出要推动社会主义文化大发展大繁荣。11月7日，教育部发布了《高等学校哲学社会科学繁荣计划（2011—2020年）》，大力提升高等学校人才培养、科学研究、社会服务、文化传承创新的能力和水平。12月7日，全国人大常委会副委员长、中国红十字会会长华建敏在中国红十字会九届三次理事会上提出，"要深化理论研究，充分挖掘红十字文化内涵，推进红十字文化中国化，广泛传播人道理念，在全社会推动形成良好的道德风尚"③。红十字"文化工程"已然成为红十字会总体建设目标之一④。进一步加强与

① 在2009年4月于苏州大学召开的"红十字运动与慈善文化"国际学术研讨会上，红十字运动研究中心主任、江苏红十字运动研究基地负责人、苏州大学教授池子华指出，经过100多年波澜壮阔的实践发展和学术界呕心沥血的开拓性研究，在人文社科领域构建一门"新红学"——红十字学，条件已经具备，时机已经成熟。见池子华：《创建"红十字学"刍议》，《中国红十字报》2009年4月17日。

② 池子华、郝如一：《2011年红十字理论研究之回顾》，《中国红十字报》2012年1月3日。

③ 《中国红十字会九届三次理事会召开》，《中国红十字报》2011年12月9日。

④ 池子华：《"文化工程"应成为红十字会总体建设目标之一》，《中国红十字报》2009年12月11日。

拓展红十字运动理论研究，尤其是对红十字文化中国化的研究，已成为历史与现实的呼唤。

有鉴于此，红十字运动研究中心继续发挥高等学校与业界合作的优势，汇聚研究队伍，科学选题，出版一套“红十字文化丛书”，弘扬有利于国家富强、民族振兴、人民幸福、社会和谐的思想和精神，凸显红十字文化在中国文化园地中的地位，使红十字文化在神州大地上更加枝繁叶茂，促进中国红十字事业可持续发展，推动红十字文化的国际交流。

“红十字文化丛书”的出版，得到了中国红十字基金会、江苏省红十字会、苏州大学社会学院、上海市嘉定区红十字会、浙江省嘉兴市红十字会、江苏省盐城市盐都区红十字会等单位的鼎力支持，也得到红十字国际委员会东亚代表处及中国红十字会总会的关心和指导，在此谨致衷心感谢。

池子华

2012 年 6 月于苏州大学

前　言

《中国红十字运动史料选编》是红十字运动研究中心推出的大型资料汇编，本书是这一系列的第十辑——湖南专辑。本书选编资料时间上起1904年红十字运动在湖南的兴起，下至1949年。本书内容主要源于湖南图书馆、长沙市档案馆、岳阳市档案馆、贵州省档案馆等庋藏的有关湖南地区的红十字会文献及档案资料，以及《湖南官报》《长沙日报》《申报》《（长沙）大公报》和中国红十字会总会发行的《中国红十字会月刊》《中国红十字会会务通讯》《救护通讯》等。编者对以上故纸爬梳剔抉，辑录出中国红十字运动在湖南兴起、发展的相关史料。本书的辑录工作按以下原则进行：

一、已出版的资料选编，如红十字运动研究中心编的《〈新闻报〉上的红十字》《〈申报〉上的红十字》及《中国红十字运动史料选编》（第一至第九辑）中已收录的，一般不再收录，但为完整地展现红十字运动在湖南地区兴起发展的全貌，少量重要史料仍酌予收录或节选。

二、辑录资料依据内容分为综合、专题、函电、杂俎四部分，每部分内容大体按时间先后顺序编排，且每条资料后注明资料来源。

三、辑录资料按原文照录，但文献中明显与湖南无关的内容则有所删节或省略；同时，按原意进行分段并按现行规范加上标点符号。明显的错字在其后用“〔　〕”纠正，衍字用“〈　〉”标示，少字用“（　）”补出，无法辨识的字用“□”表示。

本书的整理出版是红十字运动研究中心工作人员集体劳动的结晶，资料搜集工作主要由曾桂林完成，资料整理、校核则由曾桂林、王笛、尚娜娜、康健哲共同承担，全书由池子华、曾桂林审稿定稿。由于编者水平有限，错漏之处在所难免，敬祈读者批评指正。

目　　录

一、综　　合

二、专　　题

三、函　　电

四、杂　组

一、综　　合

中国红十字会湖南分会章程

（民国元年制定）

第一章　总则

第一条　本分会经中国红十字会承认为湖南全省分会，办理本省红十字会一切事务，定名为中国红十字会湖南分会。

分会所暂设于长沙东茅巷本分会医院内。

分会现设医院于东茅巷，平时亦收诊病者。

第二条　本分会业经呈请湖南都督府立案。

第三条　本分会一切规章，大致遵照中国红十字会章程办理。

第二章　宗旨

第四条　本分会以战时救护战地伤兵难民、平时救助天灾时疫为宗旨。

第五条　设医学校及看护教练所，以培养医员及看护人，并广搜药品、物料，以备战时或灾疫之急用。

第六条　本分会拟择相当地点募捐建筑合式医院。

第三章　会员

第七条　本分会会员照总会定章，分为三种：

甲、名誉会员。精勤劳瘁有功于本分会事务者及声望隆重、赞助本分会事务之进行者，或独捐洋一千元以上、募捐洋五千元以上者，经常议会议决公举者即举为名誉会员。

乙、特别会员。会员勤劳会务历一年以上者，及独捐洋二百元、募捐洋一千元以上者，经常议会议决即举为特别会员。

丙、正会员。纳会费洋二十五元者，照章为正会员。

第八条 会员各赠以规定之会员章，由总会领取转送。

第九条 会员退会，概不交还会费。

第十条 凡会员入会，须由本分会会员之介绍；一经入会后，即终身为会员。

第十一条 会员如用本会名义招摇或犯刑事法律，战时干预战争、侦探敌情、违犯军律者，即应除名。

第四章 常议会

第十二条 常议会以二十人组织成，就会员中公举定，为名誉职，任期三年为满，可以连任。

第十三条 常议会每奇月首星期六开会一次，会议要事。

第十四条 常议会开讲时，议员非到三分之一以上不能议决。

第十五条 常议会公举议长一人，书记一人，凡议案可否，同数由议长决之。

第十六条 常议员因故出缺时，常议会在会员中暂举一人继任，俟期满改选。

第五章 理事及监事

第十七条 本会设理事七员，由常议会在常议员中公举。

理事长一人，由理事中自行公举任之。理事长及理事，三年期满可以连任。

第十八条 理事职任专在执行会务，于内公举书记一员，会计二员。本分会会计中外各一人，其他职员不分国界。

第十九条 理事长总理本分会事务，代表本分会任免各职员。若理事或常议员有常不到会者，理事长得劝其辞职。

第二十条 理事或理事长因故缺员时，由理事在会员或顾问中公举一人暂行继任，俟期满改选。

第二十一条 监事二员，亦由常议员中公举，任期一切均同理事，其职任系监查本分会收支账目。

第六章 顾问

第二十二条 本分会为维持发达之必要，凡曾在医科大学及高等医学专门毕业得有文凭者，均为顾问员。

开理事会时，顾问员亦应请其到会，但无议决权。

第七章 名誉赞助者

第二十三条 凡在省中，各界中声誉隆重、热心赞助本会事业者，本分会均推为名誉赞助员。

第八章　大会

第二十四条　本分会每年五月首星期六开大会一次，由会长召集，全体会员均须到会；如遇有紧要大会时，会长可以召集临时大会。

第二十五条　开大会时以到会之会员为限；不到会者，不得以函牍表示意见。

会议事项以到会会员之过半数决之可否；同数，由理事长决之。

第二十六条　每三年大会时选举常议员及理事、监事。

第二十七条　大会时报告决议如左：

一、会务之状况。

二、一年之成绩。

三、出入款项之结算。

四、会务进行之计划。

第九章　经费

第二十八条　本分会经费分为三种：

甲、特捐　向一般人募集。

乙、常捐　分为年捐、月捐二种，由各慈善家认定之。

丙、医金　以医院所收入号金、伙食及药资充之。

第二十九条　凡会费应寄半额至总会（正会员洋十二元五角，特别会员洋一百元）为徽章费；余半额则存于储蓄银行，以为本分会基本金，以其子金供会中之用。

第三十条　凡普通捐款均归会中支用；特别捐款则另行存储，以供该项之用。

第三十一条　本分会除医院及院中执役人外，凡理事长、理事、监事及常议员均为名誉职，不支薪水、夫马费。

理事长及理事三年期满可以连任。

第十章　战时特别

第三十二条　凡在战时，理事、常议员及监事，虽有任期已满者，不得改选。

第十一章　附则

第三十三条　此章程系参酌中国红十字会试行章程及日本赤十字社定款编辑而成，俟中国红十字会正式规章编出后，仍当改订，以资遵守。

原件收录于《中国红十字会湖南分会资料》，湖南图书馆藏

中国红十字会湖南分会附设长沙镇乡妇孺救济会设立分所章程

第一条 本事务所设立分所于各镇乡，系专为救济妇人孺子起见，并不收容男丁。其为保全个人财产请设者，于视察时得斟酌迁移或取消之。

第二条 各镇乡如必须设立时，务由都团及地方绅耆出具请愿书，盖用都团戳记及私章，并觅妥实铺保，以昭慎重。

第三条 请愿书应载明各件如下：

（一）地点宜隐僻，距离大路至少在四五里以上。

（二）房屋宜宽阔，以祠堂寺观为上，民屋次之。如该地无祠堂寺观，则民屋以被抢者为上，未被抢者又次之。

（三）承请人拟设立分所之地，距省垣若干里及来省路程，应详细载明，以便通信。

（四）请设分所之处，应声明附近各方已否设立分所，并查明与各分所距离若干里。如数十里以内无分所者，则载明距离附近各大地名之远近；如十里以内已设立分所者，则不得增设。

（五）主办人之氏名、别号。

第四条 本事务所收到请愿书后，经主任认为地点适当可以设立者，即发领旗帜、袖章、布告、灯笼等件，不取分文。

第五条 承办人领到旗帜等件后，应即随时赴乡筹办。其一切办法及收容人数情形，亦应随时报告，并遵守本会规则。对于旗帜、袖章，务宜特别尊重，不得滥用及遗失。

第六条 分所成立承办人应注意卫生，随时检查清洁，以预防发生瘟疫疾病。凡开窗扫地、晒草、浣浴、晒洗衣被等事，均为卫生上注重事项。

第七条 分所成立后，由本会干事亲临视察，如认为办理不合，得临时指导改良。若地点房屋不相宜时，得由视察员商同迁移或取消之。

第八条 分所因大局平定应行裁撤，或经视察员认为不能改良以及其他违背本会宗旨，致被取消时，所领各件均应如数缴还。如有欠缺，应由保人负责催缴，以凭造册报告。

第九条 分所款项由承办人就地筹助，但只能于该地殷实之家劝募，或由该承办人独力担任。

第十条 凡避难妇人孺子，应遵规则如次：

一、不得携带银钱及其他贵重物品或衣箱等件；

二、不得艳装修饰；

三、不得时常出外；

四、不得喧哗滋闹。

第十一条 本章程如有未尽事宜，得随时斟酌修改之。

原载于长沙《大公报》1918 年 9 月 23 日

中国红十字会湖南分会捐启

（民国元年四月）

天下可惨可痛之事，莫如战争，而其惨痛之尤剧者，莫如流血。当此民族竞争时代，文野相角，强弱相持，优劣相开，闻战事之来，又乌能已被？爱国军人捐其生命以卫国家，尸骨暴沙场，血肉膏原野，牺牲性命，视死如归，草木凄悲，古今同慨。乃有裹创忍痛，残喘苟延，积劳罹殃，仓皇染疾，则受伤之士、猝病之民委弃战场，气息奄奄，求死不得，求生无由，枕藉颠连，曾无救济。天地之大，岂医无人？一八六三年，瑞士杜兰君发起红十字会，专以救治伤病为宗旨，组织医院，遇有战事，辄赴救济，拔危拯厄，意美法良，于是寰球各国争相仿效，订入公法，俾共遵循。凡交战之邦，须指认医院、行帐为中立地，医员执役为中立人，红帜所指，罔勿尊崇。蹈德咏仁，声蜚覆载。而我国之红十字会遂踵立于海上矣。

武汉起义，兵衅以开，同人慨战局之肇兴，怜伤病之失所，商之中外义士立十字分会于长沙，创办以来，经营焦灼，拔难民于鄂渚，起伤弁于湘军，幸而局定共和，干戈熄焰，而疾疫传染，所至皆是。医院未设，觖望量多。考之欧西，通邑大都莫不设有公立医院，深恐时疾浸淫，贻害社会，利物济众，万国所瞻。本分会爰仿成规续立公医院，平时则诊疾，水旱则施赈，战争则恤伤。虽愿力之稍宏，为同情所共表，惟是机关过狭，多病难容，刀圭未齐，进行有碍。自非城外购基建筑广厦，精庐荡秽，增聘名医，则效力浅薄，终不足以飨众望而展宏仁。用翘首于同胞，冀成城于众志，解囊助我，布恺及人，经济不虞其困难，乐利自溥于远大，务使疾痛疴痒咸庆生全，水旱兵戈均资赈救，则群生之救济以宏，善士之慈惠以溥，而本分会之责负以纾，一举而三善备，我同胞其有意乎？谨将本分会之应行报告者撮呈。

甲、本分会之源流。我国自前清光绪二十九年日俄战争沈君仲礼等开办红十字会与沪上，光绪三十年清政府派驻英使臣张德彝赴瑞士订盟，改名为中国红十字会，是为我国正式红十字会成立之始。去秋，民国光复，鄂首湘继，同人悯伤病之颠连，与省会中外绅商发起创起湖南红十字会，举会员三十人，中国由绅商军学举二十人，外国由旅湘外界举十人，计举董事会七人。七人者，会长颜福庆（雅礼医院医士，美国雅礼大学毕业，江苏上海人）、副会长孟良佐（圣公会牧师，美国人）、曹典球（前实业学堂监督，善化人）、书记李达尔（雅礼医院医士，美国人）、聂其焜（衡山人）、会计倪尔生（信义会医士，瑙威人）、朱恩绂（长乾益栈主，善化人）也。并电请中国红十字会认为分会，得覆许可，乃刊册募捐，制造章帜，聘请医士，教练看护。和议告成，佥以为本分会既经中国红十字会承认，公议定名曰中国红十字会湖南分会，将前湖南红十字会名目取销〔消〕，赓续分会开办设立医院，推举名誉职员。本年五月一日，又选举新理事及委员会。此本分会开办之情形也。

乙、医院之成绩。本分会成立以来，议设医院，蒙谭都督假以东茅巷行台，因招陈君怀皋驻院施诊。陈君毕业上海约翰大学及北洋医校，历充北军医官，又曾施疗南非洲，去秋反正，适在汉镇襄助红十字会，一经接电，慨然就道，以十月十三日开院，先是颜、倪两医师置一切，头绪井然。自时厥后，伤病兵士就诊甚众。武汉剧战，伤军无算。该赤十字会运回湘军伤病八十人送院诊治，多系弹伤，亦有患内症者。现均多数治愈，自开院至阳历本年三月，外来就诊者二百六十四人，住院者二百五十九人。病症：计外科十九人，弹伤二百三十人，痨伤一人，痢症二人，戒烟三人，剖症计三十七次，嗅药剖解计十次。同人因求诊者众，定为永久医院。现日增至六七十人，医士旁午，日不暇给，急筹划扩充，期臻完善。此本分会成绩之状况也。

丙、捐输之希望。捐款拟分乐捐、月捐、年捐三种。乐捐者捐一次，月捐按月缴纳，年捐按年缴纳，产业、器具均可佽助。款项由本分会募捐员代收，或缴会计员朱君恩绂（太平街乾益栈主）收，每月登报以昭大信。凡独捐或代募为数甚巨者，除赠徽章外，并予以名誉相当之报酬。开办之初，蒙军政府捐纹万两，各善士相继捐助为数甚多。而西商瑞记洋行认年捐百两，复经税务司伟君劝募，各洋行认捐者尚居多数。伟君之热心协助、西商之好义急公，令人敬佩，尤愿我邦富室巨商齐心慨助，或认年捐，或认月捐，俾常年经费不至无着，则本分会将来之扩充，尤岂有既哉！

丁、进行之必要。医院既设，凡关于医事上之切要，务须整齐，惟经费不充，缺略自所难免。如得慷慨捐助，自可壹是整备，现在急需添设者多，兹列于左。

一、添聘医士。现驻院施诊，惟陈医士一人，虽其伎俩精纯，不难应付，而每日须诊视六七十人，刻无曾暑，非有协助，甚苦其繁。拟添聘名手，将来兼充教授学生之任。此种添聘，殊难刻缓，所望各善士之慷慨输助者一也。

二、推广院所。本院暂设东茅巷，房屋窄甚，且湫隘，空气不清，殊于卫生不宜，俟获巨款即购地城外，建筑广院。此事虽难，万不能因难而生阻力。省会医院，雅礼为最，亦以室小难容病者，颇以为苦。本医院一经另迁，则病室轩敞，绅商闺秀均可就诊。巨捐之户，尤可免费，以示优异。此项推广实为当务之急，务必达其目的，所望各善士之慷慨输助者二也。

三、购置解剖器具。去岁草创成立，解剖器具尚未完备。一遇外症，不能迎刃而解，实为缺点。今夏，理事长颜君赴东，拟就道购置全副，约须洋二千元，经费不充，全赖捐助。如能独捐此项巨款者，本分会当有特别纪念，以志勿谖，所望各善士之慷慨输助者三也。

四、设医学堂。院中现用看护生均临时教练，学术经验尚不完备，拟另设学堂招收学生，授以西文医理，造就医界人材〔才〕。除有本院医生分班教授外，拟聘请各教会医士来校讲演，俾多数学子咸知卫生，医界愈形发达。此项学校标本、仪器，须需费甚巨，非三四万金不能开办。款项虽巨，事期必行，所望各善士之慷慨输助者四也。

五、聘用外国看护妇。本院拟聘用外国看护妇兼充教练女学生看护之任。看护之学，外国列为专科，妇女天性谆于男子，吾国医学幼稚，尚未注意及此，不知看护之对于病者功不亚于医士。病院无良看护，病者立受无形之损害。此项添聘亦万不能少，所望各善士之慷慨输助者五也。

种种观之，款项虽繁，进行务锐，念全功之未竟，怵来日之大难，宁忍作辍半途？正欲收功一篑，惟是愿宏力薄，不能不仰赖于众擎。事关经济，岂能相强？本分会惟有竭其填海之诚，移山之愚，日呼吁于同胞已耳。一钱非少，万金非多，我同胞其念之哉！

【附】中国红十字会湖南分会名单

会　长：颜福庆，雅礼医院医士，美国雅礼大学（Yale University）毕业，江苏上海人。

副会长：孟良佐，圣公会牧师，美国人。

曹典球，前实业学堂监督，善化人。

书记员：李达尔，雅礼医院医士，美国人。

聂其焜，衡山人。

会计员：朱恩绂，乾益栈主，善化人。

倪尔生，信义会医士，瑙威人。

医　士：陈怀皋，上海约翰大学及北洋医校毕业，历充北军军医，又曾施疗南非洲。

原件收录于《中国红十字会湖南分会资料》，湖南图书馆藏

中国红十字会湖南分会历年大事纪〔记〕

自辛亥年八月十九日武昌首义，湖北战事发生，值此汉军与满军血肉相搏之际，湘中健儿赴战者数及万人，死伤甚众。因是，省会中西慈善家发起红十字会，以备至战地疗救。（后因议和告成，受伤兵士纷纷回湘，因创立伤兵医院）。举会员三十人，内华员二十人，由绅商公举五人；洋会员十人，由旅湘外人公举。然事属草创，于时又无万国红会通行章程，只得由发起暂定章程先行试办，命曰湖南红十字会。暂定事务所于湘城西牌楼雅礼医院，自制佩章，白布加十红字绕左臂上，刊启募捐以为经费。并请谭大都督出示，严禁他人再在省地另行组织红十字会及冒名募捐等事。一面函告上海红十字总会及武汉红十字会，请承认为分会，旋接上海红十字总会复函承认本会为分会。

正式成立：九月初七日（阳历10月28日）开会，由会员中选举董事七人，计会计一人，副会长、书记、会计皆中西各一人。会长颜福庆（上海人）、副会长孟良佐（美国人）、曹典球（善化人）、书记李达尔（美国人）、聂其焜（衡山人）、会计倪医士（瑙威人）、朱恩绂（长沙人）。议定本会应办各事，均责成于董事，大事则开大会，由会员议决。蒙军政府捐银一万两，并以会城东茅巷行台让为本会医院。中外各慈善

家陆续捐助不少。本会遂聘向在汉口协助红十字会之陈怀皋医士来湘担任一切。

查各国创立医院，至少非一二年不成功，而敝会仅一月之久即行救诊病者，其间购置药品，制办床褥，教练看护及整修房屋，经营一切，颇费苦心，此皆诸董事之功也。计收诊以来，就医者络绎不绝，复闻武汉之间伤兵众多，各医院皆为之满，因电武汉红十字会马医士，请其将湖南轻伤兵士运送回湘，由本会代为治疗。十月十八日（公历 12 月 8 日），马医士送归八十人，收入本会医院诊治，其伤重者则分送雅礼及信义教会医院代治。此种兵士系在战地受伤，亦有染痢及别种内症者，均甚沉重，计前后医痊者有二百余人。值来诊者日多之时，床褥一时不备，以致有席地而卧者，如客厅等处均系伤兵卧地。如此困难之时，有钟记者捐助铺板四十副，方桌二十张，仁者好施，此本会所异常感激也。

此外，有韦税务司捐赠甜柑二担，英美卷烟公司丁尼君捐赠香烟二大盒，以犒军士，本会亦深表感谢之情。本会董事均系义务，如会计倪医士购办院中床褥、器具，会长颜福庆医士布置院中一切事宜，毅力恒心，毫无放弃，是以一月之间即能正式开院。担任职务之人亦皆尽力，其看护病者并皆周到。盖本院义务多、权利少，故经费省而收效多，此其优于其他医院者也。旋以和议告成，战争休息，伤兵就痊，络绎出院，而病民来求诊者众，爰仿照各国红十字会办法改为永久医院，专治天灾疠疫及贫苦无告之人，于民国元年五月一日午后二时开大会于东茅巷本会医院内，重行选举新董事，并订新章，均照雅礼医院章程办理，每人收号金五十文，药资在外。住院者每天伙食钱二百文，贫者仍送诊施药，重者住院免费。此为长沙红十字会医院创设之始也。

1. 自辛亥年开办医院至民国元年五月止

门诊病人 264 号；住诊病人共 259 名。病症分类如下：

炮伤 230 名，外症 19 名，内科伤寒 4 名，痨病 1 名，痢疾 2 名，戒烟 3 名。

2. 民国元年无战事。是年五月至二年四月底止

门诊共 13602 号（内送诊免费者 4720 号）；住诊内科 588 名，外科 264 名，共 853 名（内免费者 270 余名）。

3. 二年七月有宁赣之役，湘政府派兵至岳州，而北军亦至，二军相持，几致激战。本会派李清茂医士及聂其焜君等前往，行救护之职。不幸受北军嫌疑，致捉拿至武昌，几濒于危，后幸亦无战事。

是年五月至三年四月底止，门诊14966号（内送诊3742号）；住诊：内科663名，外科475名，共1138名（内免费者484名）。

4. 三年无战事，是年五月至四年四月底止

门诊：内科4356号，外科10892号，共15148号（内免费者3822号）；

住诊：内科352名，外科775名，共1127名（内免费者287名）。

5. 四年初洪宪帝制发生，蔡宝庆起义，西南、湘南战事随起。本会派薛医士等前往战地救护，伤民伤兵等为数甚众。蒙黎大总统颁给匾额，题以“博爱谓仁”四字。其时，省城汤督之军队与郭葆生之矿警有冲突巷战，炮伤平民及矿警30余人，经本医院救护医治。是年，本会应各县医院之请，将千余元之药品分给醴陵、平江、常德、衡州、攸县等处医院，以备应用。是年五月至五年四月底止

门诊：内科2703号，外科13954号，共16657号（内免费者4164号）；

住诊：内科294号，外科652号，共946名（内免费者234名）

6. 五年无战事，是年五月至六年四月底止

门诊：内科4079名，外科20599号，共24678号（内免费者6169号）

住诊：内科276名，外科513名，共789名（内197名）。

7. 六年十月，傅良佐督湘时，因刘林独立，衡阳战事发生，本会派看护黎尚稷赴衡，被北军扣留，当经本会向傅督交涉，始将看护放回，并允赔偿药品，旋以傅督离湘，未获赔偿。十一月十八日，北军退时而南军未到，省城四乡留有多处溃兵，恐被南军杀害，故由本会设法派人往各路救护，数及万人。同时，本会在省城内外设立五区妇孺救济所，所救之人数有五六千人，是盖赖有诸董事及各教会中外牧师及各界绅商帮助之力始能成此伟大之功也。其中，西人最出力者为任牧师、戈牧师、凌牧师，数月奔走，饮食不暇，劳苦已极。其次，如白医士、辛牧师、钮邮务司。董事中如李德斋先生、粟墨庵先生、梁崇实先生、王莘田先生及其少君伯簪以外，有赵君毅等，出力人数甚多，不能枚举。当时本院救护难民伤兵有一千余名，而本院人数不敷照料，幸有本院所救护之第20师军医十数人，极力帮助医疗伤兵及病人，功亦不少。时湘政府优待溃兵，特设五处溃兵所，特准本会董事任牧师不论何时随往察看，又准本会轮派医士前往医治溃兵疾病。

七年一月，前敌总司令程来电云，新墙、乌江桥战事甚烈，双方死

伤甚多，速派红十字会队前往救护。当由本会即派陈怀皋医士同看护员等出发，至乌江桥及在岳州掩埋死尸、疗救伤兵伤民甚多。三月十三日，接岳州红会理事长来电云，请速派贵会红十字队来岳助救伤兵，当又遣陈医士率队前往行救护之职。此次在临湘、岳州所做之事尤多。其时，省城谣言北军又来攻长沙，当由本会理事长颜福庆医士召集中外绅商设立妇孺救济所及设临时医院。三月二十五日晚，南军退出省城，留有残兵地痞乘风将大街精华之地抢劫一空。值此纷乱之际，本会派人救领妇孺往各区救济所避难。是晚，幸无伤人之事。此次救护难民及南军伤兵约有八百名。三月二十八日，又派陈怀皋医士往助宁乡红十字会设立妇孺救济所及演述红十字旗帜用途。本会又在四乡设立妇孺救济所约二百处，专派会董粟墨庵先生为主任，各处所救之人民不下千万。

是从六年十一月起至七年一月所救北伤兵有 1427 名，又三月二十五日起至四月底止，救疗北伤兵 1549 名，南伤兵 717 名，总共伤兵 2266 名。此外，门诊：内科 4190 号，外科 23381 号，妇儿科 378 号。住诊：内科 218 名，外科 526 名，共 754 名（内免费者 185 名）。

8. 七年五月起至八年四月底止

门诊：内科 5508 号，外科 30198 号，妇孺科 2303 号，共 38009 号（内免费者 9502 号）；

住诊：内科 232 名，外科 332 名，共 564 名（内免费者 181 名）。

9. 八年无战事，四月起至九年四月底诊各科病人数

门诊：内科 3449 号，外科 32584 号，妇孺科 2826 号，共 38889 号（内免费者 9723 号）；

住诊：内科 193 名，外科 222 名，共 415 名（内免费者 103 名）。

10. 九年五月二十六日晚张督出走，本会施行各种救护之事。当张督出走之日上午，电话来云：张督恐将离长沙，陆军医院有北伤兵五六百名，因不能运走，特托贵会照顾云云。当由本会答复云：救护伤兵是本会天职，但本会近数年来未有津贴，经济甚为困难，五六百伤兵用费不少，可否请酌留洋一二千元。彼时无回音。迨下午又来电话云：愿出铜元五百串文。本会当回电话云："贵官长如果离湘，必需川资，五百串铜元可留为自用。伤兵不能运走，本会无论有钱无钱，自当尽吾天职救护。"是日晚间九时来电话云，有伤兵五六百名在火车北站，请贵会运来救护。当由陈怀皋医士率队前往救护。值黑夜戒严之时，街口要口号。是晚两点钟时，张督出走，城内火光烛天，炮弹乱轰，人民纷扰。同人冒险设法趁夜运伤兵至本会及北门外临时医院，直至天明始运完。

此次救溃兵1180名，由湘政府出资送往汉口救护伤兵673名，后由本会出资送至汉口者377名；由汉口红十字会带去者120名，出资回去者109名。又医治南伤兵33名。此役共治疗南北伤兵706名。

是年五月至十年四月底止，门诊：内科2506名，外科33767名，妇孺科3270名，共39508名（内免费者9877名）；

住院：内科316名，外科643名，共959名（内免费者239名）。

11. 十年七月湘军援鄂，本会派周医士、韩文牍、看护员等前往救护，值南军退回，本队就在岳州施行救护诊治。南伤兵甚多，并诊北伤兵不少。此时长沙误传北兵不日将至，甚形纷乱。本会又与中外各绅设立五区妇孺救济所，以备急用，并预备接受南伤兵千余名。幸北兵未来，未受何种变动。是年十二月广西沈军在浏阳与湘军有冲突，双方炮伤多人，经浏阳红十字会电求本会派队前施救护，当即派艾医士、周医士及看护等赴浏。幸战事不久，即将桂军伤兵有72名带回到会诊治，愈后由本会资送回籍。此二役疗治南军及桂军伤兵372名。

是年五月至十一年四月底止，门诊：内科2920号，外科29214号，妇孺科8368号，共40502号（内免费者10125号）；住院：内科173名，外科309名，共482名（内免费者121名）。

12. 十一年七月间，省城及四乡发生时疫，过二小时即死，来院诊者日多。本会恐疫久延，独力难支，电求上海绅士王一亭先生于经济上帮助，当由伊商请上海红十字总会送给正会员佩章、凭照各一百份，以为捐款。本会甚为感谢。昔本会旧存会员章照无法销售，至今犹一并保存，后有绅商见疫危险，急与湘雅医院医士及本会医士组织一防疫医院，经济方面由绅商担任，其办法：调查隔离所由警察卫生科负责，设防疫医院于本会临时医院内，由本会王医士主任。幸疫不至十分蔓延，至八月即已告清。计由本会医治者有三四十人，后由防疫医院医治者有四百余人。是年十一月三日晚八点钟，在东牌楼遵导会门前发生炸弹，炸伤人民13名，内10人由本会收入医院医治。惟省长轿夫徐某受伤最重，抬入医院不一刻即死。以上各项费用，均由本会担任。十二月一日起由董事部议决，门诊号金初次元钱200文，复诊者100文；伙食每天每人洋2角。

是年五月至十二年四月底止，门诊：内科2414号，外科26566号，妇孺科8619号，共37939号（内免费者497号）；

住院：内科249名，外科391名，共640名（内免费者119名）。

13. 十二年六月一日，外交后援会检查劣质货者靠近于日清公司码头，为日兵枪伤十余人。当时弹死四人，其伤者均由本会医院医治，内有五名伤重留院住诊，其余每天来院换药。是年议决，十一月起，本会因冬春天气寒冷，门诊改为午后二时至四时，夏秋天气炎热，门诊改为上午九时至十一时。九月一日，省长出巡醴陵，谭军朱耀华与省军冲突，死一兵，伤二兵。本医院医治过一礼拜之久。省长回省三日之后，蔡军驻对河，两军相持四十余天，其时，常有开花弹射入省城，所幸炸者甚少，前后共炸死不过六七人，共伤二十余人，均由本会疗治，妇孺四名由湘雅医院医治。

是年五月至十三年四月底止，门诊：内科 2704 号，外科 22650 号，共 25354 号（内免费者 5167 号）；

住院：内科 231 名，外科 390 名，共 621 名（内免费者 126 名）。

记者附述

阅者要知本会历年所作之事甚多，何以曾未遇有危险，此皆由南北军深知本院本人道主义故耳。兹有数小事可作谈料用，述于下：

一日记者因事至太平门外宝太汽船公司，闻有北溃军数十名在洋关码头，随至该处，果见徒手溃兵五六十名，正拟领至北门溃兵所，忽有七八名南军拥至，大声呼曰："在此矣，在此矣！"见有拔刀欲刺者，有将开枪者。记者即向前阻止，谓曰："此数十溃兵已归红十字会保护，尔等切不可伤害彼。"又曰："先生不知，此等军人与兽类无异，其对百姓杀烧奸抢无所不为，自我视之死有余辜矣。"记者对曰："尔所言非不的，却不知所行者为未受教育之故，人性本善，后渐变恶，由世潮流逼之使然。况彼等亦属同胞，尔等当以德报怨。今若杀红十字会已救之徒手溃兵，则与彼有何分别乎？"乃对记者曰："先生所言是也。我知贵会事业，凡已经保护者，决不可再加杀害，我等作此势向，爰为恐吓以警将来耳。"记者因即要求，可否请遣兵士二名，帮同护送，以免前途再有别军阻难，旋有二南兵持枪同往。故路途虽遇有别兵数次，亦不再为阻挠。又一次，记者从宁乡遇有北军数人，问曰："汝为何处红十字会？"答以长沙，彼又曰："贵会与岳州红十字会去年救护北军甚多，我官长常演说云，若遇长沙及岳州红十字会所办各事，汝等切不可破坏，应为特别保护。"似此看来，古语云"为善者天必佑之"，不其然欤？

（此册约民国十三年五月所作）

原件收录于《中国红十字会湖南分会资料》，湖南图书馆藏

中国红十字会长沙分会最近十年工作纪略

（民国二十三年三月编印）

一、本会之缘起

中国红十字会长沙分会自成立迄今已二十三年矣。当辛亥革命时，湘省健儿加入前方战线者数万人，伤亡颇众。其时，尚无健全军医设备，爰由中西人士发起组织斯会，以任救护之责。当蒙湘督谭延闿捐银赞助，就仕学馆房屋为会址，公推颜福庆为会长，曹典球、孟良佐为副会长，聂其焜、李达尔为书记，朱恩绂、倪维廉为会计，并附设医院，聘陈怀皋为医师，诊治负伤将士，成效渐著，社会人士亦乐于赞助，乃为市民疾病救济之常设机关。嗣后战乱频仍，尝设临时医院以收治伤兵；设救济会以救护妇孺，设护病学校以广储人才。又拨款万元补助湘雅医院之设备，施种牛痘，以预防天花之传染。

至民国十三年，经费渐绌，乃与省区慈善会所合办医院，更名仁术，每年津贴经常费用四千元，推颜福庆、赵鸿钧、章克恭、朱廷利、韩理生为该院董事。至十六年，会长颜福庆因公离湘，本会事务悉由副会长曹典球、理事长左学谦、副理事长粟戡时主持，并改推张开琏、章克恭、倪承沅、左学谦、王光宇为医院董事，惨淡经营，力求改进，始有今日之规模。

二、本会之宗旨

（一）辅助陆海空军战时后方卫生勤务。

（二）分任国内赈灾施疗及其他救护事宜。

（三）储备救护材料，造就救护人才。

为达上项之目的，设机关如下：

甲、平时常设之机关

一、仁术医院（系与省区慈善事业产款委员会合办）。

二、仁术护病学校（呈准湖南民政厅立案，并向中华护士会注册，现有学生三班）。

三、施诊审查处。贫民至院求诊，除由救济院条介者外，余均由该处发给免费挂号证，以资识别。

乙、临时特设之机关

一、临时医院。

二、救护队。

三、掩埋队。

四、流动送诊队。

五、其他关于一切救济事宜。

三、最近十年之工作

十三年 本会拨基金一万二千元与慈善公所合办仁术医院，于十月间开幕，聘颜福庆为院长，王光宇为事务主任，陈怀皋为会计主任，王耀、龙毓莹、李启盘为医师。遇必要时得调用院内人员担任本会工作。

十四年 六月，派护士李安民等组织救护队，参加青沪惨案示威大游行。

保管肺病疗养院房屋事宜。

协助各团体担任省会防疫事宜。

是年 医院门诊达四万零二百六十六号，内免费者九千零六十号，医药兼施。

十五年 六月洪水为灾，省会近郊尽成泽国，乃派医师李启盘等组织救护队，携带药品至城西一带施救灾民，并择其患重症者三十六名送医院调治。

秋间，北伐军兴，将士伤亡甚众，以仁术医院不敷收容，乃设临时医院于北门外晴佳巷，聘医师伍善同为主任，办理六阅月，医治负伤官兵五百四十余名。

十一月 奉蒋总司令函托护送北军俘虏由湘潭运往武汉，资遣回籍。

十六年 派医师护士组成救护队参加各项民众运动，担任救护医药事宜。

五月 请医师王光宇、萧元定等主持复兴湘雅医院事宜。由仁术医院治伤兵二百六十七人。

是年，医院门诊达五万八千二百八十三号，内免费者达一万三千五百五十号。

十七年 七月，组救护队担任庆祝北伐胜利大会及消防联合检阅大会等医药救济工作。

促成北门外福寿桥肺病疗养院开幕。

十八年　七月，改建医院病室一楹。

是年　医院门诊达六万七千七百零五号，内免费者占一万四千二百四十一号。

十九年　五月，派医师单传烈、护士畲绍岳组救护队至汨罗，担任平江难民医药救济工作。

六月，医治六十一师伤兵七十五名。

“七·二七之变”，护士畲绍岳被迫至南门外匪军医院担任工作一周，而本会屋宇赖以保全。

十一月，派医师李启盘、护士叶隆庆、事务员张印芝、李淑君组织流动送诊队，轮往岳麓山、溁湾市、开佛〔福〕寺、汤公庙等处平浏难民收容所，实行消毒及医药救济事宜，并择其患重症者八十五名分送本院及湘雅公医院医治，其费用及掩埋事宜概归本会担任。

二十年　湘省洪水为灾，本会特配制防疫及救济药品多种，托长沙县政府分发各镇乡灾区人民备用。其在近郊患病者悉送医院疗治，计共费银二千五百余元。

夏秋，霍乱流行，由医院免费施行防疫，注射者一万八千一百二十八人。

是年　医院门诊达九万零一百二十三号，内免费者占二万八千一百二十三号。民众信仰日见增加，故就诊者较民国十四年时已多一倍有奇。

二十一年　春，派护士畲绍岳、胡叔梅协助中央卫生署水灾防疫组办理开福寺、汤公庙等处灾民卫生及治疗事宜。

二十二年　一月，十九路军湘籍抗日兵士十二人自汉来湘，患脚气病，均免费留院医治数日，俟愈后始发给川资，分别函送回籍。

五月，协助各医院办理短期看护训练班于经武路。

历年关于过境难民之川资、伤兵之旅费、医愈贫民回家之路费，常由本会酌予补助，为数不少。

综计最近十年之医院门诊号数达六十万五千六百余号，内中完全免费者占十二万五千八百余号；住院医治病人共八千七百六十七名，内免费者占一千九百六十名。

以上所举，皆本会历年服务社会工作之荦荦大端者，其他事实笔难尽述。现正勉竭绵薄，力图进展。尚望海内贤达指导匡扶，俾发扬而光大之，则幸甚矣。

原件收录于《中国红十字会湖南分会资料》，湖南图书馆藏

中国红十字会湖南分会、湖南省区私立慈善事业产款管理委员会合办仁术医院七周年之院务纪要

医院当平民化、医术当科学化，此乃办理公益事业者所公认之原则，亦即本院自民国十三年成立以来所抱定之宗旨也。本院服务社会七载于兹，幸赖同志努力，略著声誉，社会知有仁术医院者当不乏人。但医院过去之成绩，现在之建设，将来之计划与夫本院同人悉心经营之本意，或非人所尽知。同人实事求是，不尚虚伪，用特根据历年簿册，撮要报告，公诸国人，庶知我者尽悉其内蕴，爱我者益增其热忱，俾我仁术医院将来在国际上、学术上得占重要之位置。本院之幸，亦社会之福也。

一、本院董事及职员

董事：沈克刚、龙绂瑞、鄷明纲、杨兴权、颜福庆、赵鸿钧、易培基、赵墨农、韩理生、戈德白、朱廷利、黄传洵、彭国钧*、张开琏*、郑業中、左学谦*、胡元倓*、章克恭*、俞番馥*、倪承沅*、萧恩震*、仇毅*、郑家倜*、王光宇*（＊为现任理事）

院　　长：颜福庆（民十三年开办至十六年春）

王耀（民十五年任副院长）王光宇（民十六年接任）

主　　任：王光宇（自十三年开办至十四年夏任事务主任）

王　耀（自十五年至十六年夏）

陈怀皋（自十三年至十六年夏任会计主任）

院务委员：自十六年秋至二十年，萧元定、李启盘、张思危、马叔明、欧阳鑫（十六年冬离职）、欧阳复、伍善同

医　　师：王光宇*、陈怀皋、王耀、龙毓莹、倪维廉、钱慕韩、谭世鑫、张维、单传烈、李明俊、萧元定*、李启盘*、张思危*、伍善同*、欧阳复*、任合永*（＊为现任医师）

二、医务统计

本院门诊病人，其数目之逐年增进，虽属可惊；而住院病人之数，仍不相上下。其唯一原因则由于病室甚少，不足应病人之需求。凡非患险症或非住院不可者，概不留院医治。嗣后，新建病室落成，住院人数自必增加也。兹将历年门诊号数、住院人数、出院效果逐一列表于后。

历年门诊病人号数统计 （民国十三年十月至二十年六月）

区别＼年份	民国十三年十月至年底	十四年	十五年	十六年	十七年	十八年	十九年	二十年上期	总计
内科	498	2278	9034	3497	4010	6709	10592	2375	32988
外科	4661	15805	15758	20156	23161	23400	25244	9976	138161
皮肤花柳科	717	6519	11947	11392	9916	8744	8714	5302	63251
妇儿科	819	18211	12924	18013	17509	22556	21961	12351	119344
眼科	350	2076	5206	4003	3600	5251	2765	1560	24811
耳鼻喉科	13	377	862	1221	1204	1060	890	762	6389
合计	7053	40266	49731	58282	59400	67720	70166	32326	384944

历年住院病人统计

区别＼年份	民国十三年十月至年底	十四年	十五年	十六年	十七年	十八年	十九年	二十年上期	总计
内科	80	313	289	242	478	384	325	184	2295
外科	84	304	267	412	304	234	297	105	2007
皮肤花柳科	22	77	97	139	150	99	68	49	701
妇儿科	13	5	4	5	36	40	78	85	276
眼科	2	——	17	25	29	20	11	14	118
耳鼻喉科	——	——	—	——	1	11	3	6	21
未详	11	80	72	65	——	——	——	——	228
合计	212	779	746	898	998	788	782	443	5646
出院效果									
全〔痊〕愈	96	307	366	340	457	366	427	210	2569
略愈	45	264	241	443	384	289	226	149	2041
未愈	30	106	45	28	67	44	31	27	378
未治	28	68	15	23	13	33	25	25	242
死亡	13	34	79	64	77	56	32	32	416
合计	212	779	746	898	998	782	443	443	5646

三、免费施诊概况

本院经费极为困难，七年以来，平均每月实得津贴不过五百余元，此外，虽有号金、药资等项收入，实不敷用。值此金贵银贱之际，凡院中所需之药品材料不能以国货代替者，非向外洋购用不可，价值之昂，陡增数倍。丁兹民生凋敝，本院对于药费非独不能加价，数倍取偿于病人，而病人之请求免费、减费者转日益增多，其消耗亦随之而巨。在此七年之间，总计门诊免费者八万五千七百一十二号，住院免费者一千四百五十七人。良以本院地点适中，贫民就诊咸称便利，如育婴堂、孤儿院、感化院、济良所、贫民教养所、贫民工厂、巡警教练所、警察署、消防队、保安队、救火会、挨户团等均在城南，距本院较近，有疾病往返容易。倘系服毒、杀伤、流血诸症，则以施救迅速，咸集于兹。此本院诊治贫苦病人之所以独多也。凡无力挂号者，则其药资、住院、伙食等费势不能缴纳分文，故免费金额共达三万一千一百五十元。

历年免费病人统计

区别＼年份		民国十三年十月至年底	十四年	十五年	十六年	十七年	十八年	十九年	二十年上期	总计
门诊	全年总数	7053	40266	49731	58282	59400	67720	70166	32326	384944
	免费号数	1161	9059	11776	13551	16186	13985	14590	5408	85712
住院	全年总数	212	779	746	898	998	788	782	443	5646
	免费号数	171	227	258	287	122	134	175	83	1457

历年免费金额统计

区别＼年份	民国十三年十月至年底	十四年	十五年	十六年	十七年	十八年	十九年	二十年上期	总计
号金免费	77.40	608.15	834.60	1797.70	676.74	982.80	1012.75	510.30	6500.44
药资免费	45.86	284.61	404.56	652.34	1671.61	3281.01	5744.04	2681.64	14771.67
住院免费	512.60	1207.38	1494.80	1705.90	1359.18	1427.30	1254.75	916.95	9878.86
合计	635.86	2100.14	2733.96	4155.94	3707.53	5697.11	8011.54	4108.84	31150.97

四、现在之建设

国内医院建筑设备，能如外资所经营者，实不多觏。夫亦疾病诊治，已赖外人，宁非国人之羞。本院同人有见及此，力图改造，爰将原有之病室迭加修饰，中进房屋拆卸成园，种植花木，又重新建筑四层普通病室，工程坚固，空气流通，适于病人之调养，足为长江上游国人自办医院唯一之坚固建筑物。今春落成，共计工程费三万二万余元。曾蒙省政府补助建筑费洋一万元，并承社会善士热心捐助始睹厥成。然设备一切，在在需款，不敷尚巨，所望于邦人君子之力予赞助也。

五、将来之计划

1. 添置爱克斯光电机。爱克斯光能见人身体脏腑、骨骼，医家借以探究病原，收效甚伟，实为近世医院不可缺之器械。本院正现购置，约需洋一万五千元。

2. 扩充手术室及化验室。近医治病，外科注重于手术，内科必须化验，两项之需用甚多，去年“七·二七”之后本院遭劫，除药品检视材料损失不计外，所有重要器械亦多丧失，先紧要添购，需洋六千元。

3. 开凿自流井。本院饮水需取汲城南之白沙泉，洗涤用水则取自院中旧井，□□水质不纯，常苦供不应求。在本市自来水未敷设以前，则本院自流井之开凿，实为改良饮料之先决。开凿改造自流井一口，最低价亦需洋六千元。

4. 添置大消毒器。凡施行手术前后，所有用品、器械均须严密消毒。缘于之消毒容量过小，实不敷用，拟亟需添设一具，约需洋六千元。

5. 添置病床被服。本院新建病室落成，增加五十床位。所有铁床、被褥、枕毯、衣服均须添置。每床位应备置□□栏护。每床位以九十五元计算，总计需洋四千七百余元。

6. 扩大配药生及护病生名额。本院院内原本缺乏对外学习配药及护病者，未能收取，引为憾事，一□□□改建完成，即时加纳新生，作育多材也。

7. 改造门诊室。本院近来门诊每日常达二百人以上，现有之候诊室、诊疗室、换药室实不敷用，拟建筑合式〔适〕的门诊处一楹，将爱克斯光室及化验室均附在内。以房屋制约，需建筑费洋六万元。

8. 遣派医师、药师出洋研究。欲治疗之学术，化学品之国际化，则非提高医师、药师之学力不可。现在医学日新月异，本院同人欲于学术上、治疗上有所贡献，当于最近最新之学研究本□□，故分期轮赴欧美研究一事，实不可缓。

9. 征收附近土地。医院建设非仅宜有坚固之建筑，亦须有优美之环境，使病者心旷神怡。本院设在城中，阛阓相接，甚为喧闹。为助静养，拟将邻近房屋择要征收为园地，约需洋三万余元。

10. 培植花木。我国都市大都缺乏园林，生活颇觉枯燥。本院为求便于病人怡养起见，力从事于园林之建设，拟将□□房屋拆卸，一部作为花园，将来如能扩大，自必广植树木，遍种名花，俾空气清新，景致幽雅。此项费用计需洋一千元。

原件收录于《中国红十字会湖南分会资料》，湖南图书馆藏

凌盛仪日记

民国六年（1917）

［十月］十号……近在城外或距城十余里之地，而敢聚众持刀，肆行抢劫，人心日险，真不堪设想矣。……［省城］红十字会正组织救济妇孺团出发。

民国七年（1918）

［三月］十五号……北吾县境生命财产均付流水，南江惨状，目击心酸。我军尚无后院，全线必同归糜烂矣。今日辰刻，约集一会张子谋，假天主堂人暨城中绅士小集分校，提议办临时妇孺救济会，为有备无患之举。定简章案毕，走晤外国司铎牧师，均许赞同合组。申刻，遂开会于商会，到会者百余人。外宾咸推西人为会正、会副、保管、处长、商务。会长为执行部职责，予校委教职员为管理。……定城西陈祠、罗祠、钟祠、职本校为救济所，劳神终日不遑，午后神疲气短。

十七号 晴，夜大风。与张子谋商妇孺救济会事。奔走神甫、牧师两堂及各机关。中正，开会于教育会，议定场所凡九所（启明本校居其一）。会正五人，悉以外国人充之，监事五人，推予任其一。且以子谋总任各处之六，要以慈善事不能为性命计也。会闭，病急劳神，疲不堪状。是日闻岳阳又失，更为丧气。

十八号 ……四野干戈，农民失业，余奈何？早约集神甫、牧师勘

各处设救济会地点，计可容五千人。十一时，会议用保管处商会先推垫钱。

……

［八月］**六号**（六月卅日）晴，午后雨二次，晚复雷雨。中稻已大受伤灾。今日约张子谋、吴一峰、孔畅夫、凌鉴清、李铁桓到校商筹办红十字会事。

七号（七月初一）阴晴，午后大雨。……对于招抚云，必北兵全数退出平江方肯就抚。余委员回县。彭泽鹏润民同去招抚，并力劝痛斥，终不见听，必欲糜烂桑梓，无济于事，殊可惜也。知终有战事，致函送商贝牧师，拟再暗中组织救济会，为将来有险救济计。贝以将往庐山避暑辞。先是我向省城红十字分会接头，请分委平江救济会，已蒙许可，而旗帜关防犹未到，深恐发难在日旦间，不可救药也。接竹雅长沙函及省府教育科发本校补助款事。

八号　昨夕大雨如倾江倒海，今早八时始小。未刻，始往邮竹雅长沙信，托领两校上期省补助款。是日立秋。

九号　阴。午后大雨。予假商会发起筹备平江红十字分会。今早召集绅商开会议筹办法，到会六十人。予以上月大疫去，雨旸寒燠之失时，荒歉疫疠又已见，此吾人应负红十字会平时所任责。近则护国军遍于四乡，北军驻于县城。所谓十里自封，战事立见，救伤埋死及分设救济会更应红十字会应尽之责任也。时人与相迫而协，此会所紧需，众均赞办，议决暂以予校为筹办地点，率责成推定筹备员十人，将地点拟近普爱医院决租庐家坪徐宅，捐光洋千元助普爱医院建筑费，请普爱医院为代济贫救伤治病之责。……会之难设，以须建筑病院、购置药品、延请病医救需费不资。今平江幸有西人所设之普爱医院，实天时其便也。会员捐入会金，除例定二十五元外，带缴五元为设备经费。而慈善家所自由乐输，不设员劝募也。又前救济会剩款，现奉抚慰处批由赈款内开支，则原捐救济会款可收者，均可拨入此会也。（原捐二万五十余缗，均未归收用，而兵劫已穷，不计□□□，大约可收万缗。）

后接肖香长沙函及收湖南红十字会委任予为平江城附设妇孺救济会第九十五所分所长，并收到十字大旗绫布、徽章布、袖章、戳记、文告等件，遵予在后开办。

十号　晴，夜又大雨。中稻当丰收获望矣。在劫之余亦以丰岁，天人厌平民乎？平江商界发起赠赵知事。……午前往勘平江红十字分会房屋，预备粉饰。午后往访任、叶神甫，筹商救济会办法，以从前实甫天主、福音两堂合办，而十字会系中外所共，故特走商外人也。省城谣传消息云，北军亦有在伪难独立者。谭浩明亦率军下攻省城，赵不稳固，平江又有护国军集合，即日攻城。现居民惶恐，侄妇携子女五人来，知甲山大坪石，均有护国军索饷炮声也。邮省城红十字会函，请电上海报告组织平江红十字分会成立并附简章。

十一号 晴。赴善后局会议毕，往勘红十字会地点，以昨定之地有房屋不佳故也。午后，偕赵知事往分拨踏看损失，请赵拨助。

……

十三号 乞巧日。晴。傍晚大雨，夜不止。今日召集前所办妇孺救济会场十处，债权人到本校领取油盐柴米数目（除采办局柴前八千外，计柴菜油盐均约六千余斗）。经手人到会监付，以宜公同负责故也。此次付款系旅省人在省及此次事后慈善家到本校之捐，至开办时各店所捐二万四千，分文未缴，为善不卒，亦中国人之惯行也。将来米款七八千斗，决定遵抚慰处批，由政府所发赈灾款一万二千元内拨给以米。……彭思贻之军队城外五里即有勒捐拿人之事。……平民既前经北兵之蹂躏，痛犹未定，又经此酷罚，其何以比未识思贻亦知之故。……

十四号 晴。今日继续召集前救济会十处经手人到本校续付账款，今日领款者甚为拥挤。午间召集红十字会筹备各员会议进行，一改地点于坳背，一派员往省成立送会员会议函……查兵事紧急，呈请勿待上海总会电复故许立案发给徽章，函知在平各军官诸事。

十五号 晴，夜风。今日召集前各救济会员结算采办局米帐〔账〕清单。派陈佛情赴长沙红十字会解款领取印章，乞派员来平调查。又呈送本校所设红十字救济分会职员名册，九十五分所经由省派予为所长，由予派定陈佛情为副所长，职员十八人，李樵松、涂西垣、陈季屏、费纯庐、张岑楼、凌敏力、凌鼎臣、陈逸樵、何畹生、毛海壶。午后接省城红十字会会长颜福庆函，知平江红十字分会已准电上海立案，遂偕筹备。

……

二十号 晴。筹备红十字会开成立会事。到坳背之会收拾本会所借之□□，并拟开会规则，接长沙竹雅函。

二十一号 晴。赴红十字会筹备处筹备会议。

二十二号 晴。红十字会今日开成立会。军政商三界咸临，推理事七人，常议员十二人，英人贝永寿为理事，例宅会计中外各一人也。理事中推予为驻所员，予以事冗辞，众不认可，乃由予雇书记员驻所，听予指挥之。午后，到善后局会议保管处事。

二十八号 黄昏微雨。善后局、红十字会各务正冗。且谣传北兵失利，有退走平江之说，不能不界患预防，预备设立妇孺救济会，而过访之客又常户外履满，应接正苦。去冬大病，入春即逢兵乱直扰扰至今，故颜色憔悴，形消〔销〕骨立。……邮长沙孔畅夫诸人函。

二十九号 晴，酉时暴雨。北军十一师骑步四营奉十一师师长命令全撤回省。闻系该师长李登元与四营张承克有隙故，出此迅速撤防主义耳。……予以赵之为人南北均无恶感，原可不去。奈伊心正惧，只得走干天主堂，巴、叶、任三西人请赵暂居伊堂，又恐北军临行嗣劫，与各绅商走干赵团长，请禁兵丁无故上市；及须一律开拔，又恐复国军如城夺枪，致有战争。除赶办红十字分会旗帜、徽章外，并立时于本校开办妇孺救济会，以省城红十字会原委予为九十五分所所载也。妇孺纷纷入避，不下百人。天热地隘，恐卫生有防，乃允余理甫、李掬初等之请愿准设分会场于城南宝积寺，允黄顺莹、王尊丞之请愿准设分会场于城东源盛巷黄宅，而张子谋所设城北城背罗祠一处，则亦与予同由省城红十字会委任者也。制备徽章等件，函通告各军，奔走喘吁，至为疲累。

三十号 晴。早五时，北军骑步各军开拔。……人心震恐，幸北军赵团长殿后，命令不许军士接火。……否则以城为战场，一县无复瓦全矣。自卯至未，炮声隆隆不止。予奔走红十字会及各救济会分场，喘汗疲劳，至不可然。午间，红十字会派救护掩埋队出发，计抬伤兵二百人，埋死尸二具，伤者护国军，死者北军。

三十一号 护国军首领彭思贻入城。我以闲云野鹤之身为难时救济妇孺起见，囿于城中不能不与政商各界强拉迎送，要求交涉，因向人笑悦，去年来只怀为妇苦，每每迎新送旧，难我本民。……

［九月］三号 晴。到红十字会及善后局办公。又需奔走于公署及南部，作种种之交涉，为十数生命，不得已也。两足部肿，不良于行。

四号 晴。国医师陈浩、牧师自庐山避暑归。喜县红十字会原定条约借助天主堂、普爱医院以治伤兵。今日午前开会订约并组织附设城乡妇孺救济会总事务所于本会，推予为所长，另祖干事即巡查各职。奔走终日，殊为劳苦。闻省城秩序转安，必有北兵来平避剿，深为一县惧。是日为旧历七月二十九日。

五号（旧历八月初一日）黄昏雨，旋止。城乡请设妇孺救济会。北面多山地，不合格，即前成立者一概批令取消，为妇孺生命计，不能顾平日相好情面也。天主堂单独先立者亦一概取消，以归一致。省城派北兵剿平，急□时，遂请知事邀集天主、福音两堂外人会商。予主张先向彭思贻交涉，伊果主战，应出城交战；伊仍愿就抚，应于北兵近境时先退出城，然后由外人率同绅商出城与北兵交涉。……城中外人即各界到会者，均以为然，遂照行之。天不祸平，罪有攸归，当不使一班老百姓受难奔走。

六号 晴。午刻雨，旋止。城乡风闻省城北兵出剿平江，惶恐异常，纷纷请愿设立妇孺救济会。今日批准十所，而此地场不合章程，驳去二处。彼等哓哓怨予，予以其主请愿者，实非为妇孺起见，不过为自己保全房屋计。因竟任怨不顾也。护国军在城者千余人，闻有人立索饷可□势致哗变。……

七号 晴。到红十字会理事家……

十七日 阴，微雨，夜大风。早至红十字会，派人侦探并至公署商议。

十九号 中秋节。晴，夜大月。彭部二、五两连攻第三连于城，震耳炮声隆隆……全城拟约西人同往三连劝其缴械。比出门，闻三连兵士已冲锋逃往东乡矣。于是到红十字会全抬伤兵入医院，计伤兵二人，伤百姓二三人。宝邦性情暴躁，目中无人，而与各连素不相能，且日前以来告各连宣布其意，彼昨又出发攻五连，而竟不戒备。……

二十一号 晴。赴红十字会会议，议毕旋归。日来心绪恶劣，闭门谢客。日与樵松、芳咏作□币戏以消闲，间至吟风馆一小坐耳。……

二十八号 晴。赴善后局清理一切。午间，赴红十字会。今日有李姓地皮，拟筹款建筑红十字会房屋。李姓到会与会也。传闻徐总统下休战令后，现北军撤退回原省，南军亦奉退出湘边。熊希龄为湘省过渡之督军，终以吴佩孚督湘，谭延闿为省长。……

［十二月］二十八号 天始霜水冰，大晴。旧历十一月二十六日，予生辰也。午前为兴业织布公司组织筹备，负踩看地点。午后赴黄平份之燕会，甚为忙碌。

二十九号 霜冰，大晴。连日客来甚多，常至座不能容。……午后，赴红十字会即前妇孺救济会纪念。□□□至校议请培元高小学校生在红十字会演剧助赈。晚间，本校高小卒业。除自杀所残夭折，今年入秋以来本校师范生喻采羡、凌敏惠，高小学术陈善华均以秋温症，漫服来药殒命。大兵之后，疫疠随之，以吾女校学生死者多至十数人，平江全县当在数千计也。

三十一号 岁除日，即旧历十一月二十九日也。霜，晴。早至善后局同事之感宴，午赴红十字会同事之岁宴，饮酒过多。……

民国八年（1919）

［一月］八号　晴，天正阳和，知明日必雨也。赴红十字会议，请培元小学学生演剧筹赈。

十号　雨。午前赴善后局议派员出发，发给月账。午后赴红十字会督平培元小学子弟演新剧助赈。今日戏为《十字光荣步》，声调均合法，筹入场票得钱数百串，又自由乐捐二千六百缗，集两日之捐，或可得米五十石，亦可稍惠灾黎也。

十一号　阴，微雨。红十字会今日演艺叶继陶殉救济会职、人民狼狈、北兵奸抢旧事。当前思同难之苦，不觉泪下涔涔。又接长沙黄有香函。

十二号　晴。午前赴善后局会议备荒会事。

十三号　晴。红十字会演剧助赈。昨日星期休演。今日演《苏巴达国武士魂》一剧，名将美人，极一时慷慨悲歌之状。三日售券，开自由乐捐得小及七千串，亦可藉充红十字会□□之一二事。今日劝学所及教育会开会，予以红十字会有事且子校要求办领补助建筑费，今日自应回避不列席也。护国军杀其军官李佛安于市，以李下乡诈索也。……

十六号（旧历十二月望日）晴，大月。……卯刻赴培元学堂之会堂，在此揭红十字新剧筹款会影。

［三月］三十号（旧历二月二十九）……午后赴红十字会，议补去年天主堂办救济会时，乡城有自行痘发生，予提议由会赴省购牛痘，请普爱医院负责种痘。百物昂贵，民无职业，且上失其道，窃国者侯，乌得小民不反。……

［八月］二十二号　午前赴红十字会，开成立周年纪念会，热极而归。

民国十六年（1927）

［十月］十七号　晴。县城谣言纷起，谓南北决裂，湖南有将开战局。平江清乡队又将告独立，与南方接洽，草木皆兵，刻刻见鬼。一般人民以予去年办救济会见信，而现在又为红十字会救济主任，纷纷奔求，至现在公署及各机关以予为老民党，为社会信仰。予反正以后，退居教育，毫不与闻政事者，又均乞予出，为消患于未然。

［十一月］八号　午后赴红十字会改选职员，予以理事长，李积秾向不负责会务，毫无起色。今又辞职，当此年终局部改选时期。

十九号　午后赴红十字会议进行事。

［十二月］二十五号　归，则红十字会理事议事，十数人在座，以

李铁桓办事不力，前已提议改举一峰，一峰不肯任；而平江富于担任能力者，首推予一人，坚请任本会理事长一席。予以予性喜任人所不任之义务，故现任公私之机关团体无薪水劳怨者至十数处之多，旦夕应接奔走不遑，致挛怔忪，晕眩疲倦。

民国十七年（1928年）

［三月］二十四日　阴，大风。童迈群自平江至云：县城日有暴徒扑城之谣，有乡间军队所到之处前后十数里，暴徒仍开会、杀人放火如故。其距离较远者，更肆无忌惮。各段良懦农民被迫加入，不入者杀。……接平江红十字本会函，知此次西征战事发生，收医伤兵千余，掩埋死亡数百人，大军仍驻疗病，日多亏累，现不下二千原。本会由予创办至今十年，□年虽已辞职，瓜代有人，然不能袖手不理，拟为之呼吁省政府要求补助也。

［七月］十七日　晴。热极。……前夕暴徒攻聚奎区挨户团，地属地坪，夺去枪五枝，杀挨户团主任孔某兄弟。团兵登碉楼，力战三小时，驻肥田防军至，匪逃窜纱墩，杀人焚屋，沙墩尤为惨酷。旋进攻狮蹲市，该处防军力御，市幸未破。防军伤兵六人，今日送来红十字医院治疗，有断腿者，可见战事激烈，匪尚负隅未退。……

原载于《凌盛仪日记》（手稿本），湖南图书馆藏

张敬尧蹂躏岳州日记

六月十二日　上午八时许，有七师北军约二三千人由火车运送来岳，麇集火车站，尚无何等动静。至下午四时，张敬尧乘兵轮抵岳，下椗西门岳阳楼下。登岸，以第二十师司令部为行署，届时有民船百余号装载溃军万余人，由小火轮拖来，泊于街河口交通门外一带，即时上岸，满街游行。有乱军数十人先至南正街庆余、怡昌、景华、德馨等各店抢掠，二十师守卫军士不能制止，然秩序尚未大乱。

十三日　上午，市面尚在交易，至近午时，乱军布满街巷，肆行掳抢，全城秩序为之大乱，商民惶恐，纷纷逃避福音、天主两堂。当时有为乱军在大街抢去眼镜、草帽等物者，有在小巷为乱军剥脱衣裤、鞋袜等件者，有奔逃未及在家为乱军以刃加颈勒索钱物者，种种痛状，不胜枚举。据闻是夜二十师范师长请命张敬尧，谓岳城秩序大乱，该师兵

单，难于维持，张即承认自行派兵保护，其用意更为险毒。

十四日 上午又有民船百余号，装载七师溃军万余人，泊于西门河下，全城内外无处不有乱军踪迹，或数十人一起，或八九、七八人一起，逢人必搜索殆尽而后已。有为此处搜索，又为彼处掳勒者，每家必撞门入室，倾箱倒箧，抢掠之后，即将室中所有残余之对象一并毁碎，无使存留。如是男幼老女络绎奔逃天主、福音两堂及红十字妇孺救济等会，悲号啼哭，声彻于街市，而乱军见之，犹举枪相向，恐其携有钱物。是日死于乱军之手者约十余人。黄沙湾湖滨学校亦于傍晚劫抢，美国教士赖牧司为七师乱军杀毙。

十五日 上午酷热，下午大雨倾盆，城内外倒塌房屋数十处，被难居民均坐于泥水之中。所有南关外、南正街、街河口、柴家岭、天岳山、鱼巷子、茶巷子、观音阁、梅溪桥、金家岭、油榨岭等处，均抢掠一空，复至城内各街巷肆行劫抢，杀伤居民甚伙，而张敬尧所派出之冈〔岗〕警并不干涉。

十六日 全城内外掳抢较前更甚，有一家抢至数十次、十余次、七八次者，有为乱军勒索杀毙或身带重伤者。是日东门外奸毙妇女四人，城内奸毙三人，经红十字会掩埋尸首。(未完)

原载于长沙《大公报》1920年7月9日

张敬尧蹂躏岳州日记（续）

十七日 全城内外抢劫如故，驻扎城内之二十师尽行退驻城陵矶。所有南门外市面门片窗户，均为乱军打碎，横于街道，居民不敢行走。城内学坡岭、棚厂街及张敬尧行署附近之处掳抢较前更甚，即附近十余里之居民，亦搜掠一空。

十八日 调查福音堂、妇孺救济会、红十字会。被难之民约近二万余人，天主堂各寺观庙宇及各破屋草棚等被难之民约共数万，有一二日未得一粒者，有二三日未得一饱者，兼之暑热熏蒸，大半仅存一息，幸赖福音堂牧司及红十字会等设法维持。二十师八十团一营亦极端保护，否则十余万生灵均同归于尽矣。

十九日 据河西渔夫报告，芦席湾等处，奸毙妇女七人，杀伤男子甚多，河西一带地方抢劫殆尽。近五时，又有小轮拖带民船百余只装载七师乱军上岸。因城外房屋尽行打毁，无处可驻，遂麇集于城内，有北门刘华贵之妻因奸自尽并压死二岁之小孩。

二十日 上午八时，鱼巷子放火，烟雾蔽天，延烧三数家，经红十字会督带敢死救护队十余人，拼命救护，火始熄。下午，竹荫街有王姓妇人五十八岁，被乱军强奸。城内外抢劫如故，竟有偏隅僻处十余日未抢之家，此时亦为乱军抢掠一空。午后，美副领事乘兵轮抵岳，会美海军多人，在街市游行一次，复至救济会视察难民。

二十一日上午，有二十师往来于城陵矶小火轮差船，装载难民百余人出险，栖于福音、天主两堂及红十字救济等会，难民因交通断绝，粮米缺乏，饿毙者有之，将毙未毙而仅存一息者有之，二十师范师长在城陵矶闻灾民惨状，即设法筹米二十包交由救济会煮粥，赏给难民，以保残喘。（未完）

原载于长沙《大公报》1920年7月10日

张敬尧蹂躏岳州日记（续）

二十二日 午前七师乱军有开拔乡间者，即将所抢之物不便携带者，均在南正街火车栈尽行焚毁。午后一时，由二十师差船护送难民百余人至城陵矶，均系破烂短衣、科头徒手，观此惨状实为痛心。而乱军仍在到（处）掘土破墙上屋，肆行搜索，即极贫之苦工亦遭其抢夺，奔逃福音天主堂避命。日暮，张敬尧出走，在盐仓下盐千余包，由小火轮运往汉口而去。

二十三日 全城内外搜仓如故。午后三时，放火延烧经房屋，红十字会理事长督同夫役极力救护，拆去房屋数间，始熄。是日，乱军开赴乡间，约二三千人。

二十四日 美兵轮快罗司开往城陵埠。下午，开回下河下，合前有之兵轮共八九艘，均系保护教堂者。自张敬尧莅岳日起十余日，江面帆船无一敢行者。本国小火轮均为张军所掳，泊于街河口岳阳楼，及北门外牛皮厂一带，以备装载抢赃，上自鹿角，下至白螺矶，即间有小火轮帆船踪迹，亦系七师乱军之转运，所有船夫尽为其所掳。

二十五日　二十师差轮拖带难民二百余人，赴城陵矶、新堤等处，上岸各逃生命，而乱军仍在城乡内外搜抢。是日，张敬尧无故惨杀柴家岭难民五人。

二十六日　上午，汉口红十字会派员携带丹阳小火轮救护船来岳，咸新救护小火轮拖带难民数百人开赴新堤、汉口等处。下午六时，留驻保护福音堂。二十师八十团一营开赴城陵矶。韩牧师即调美海军上岸填驻保护教堂。

二十七日　清晨起，张军所掳之民船数百艘，小火轮二十余只，先后开拔。闻张毒所乘系华顺轮，均系满载，其余所部乱军则由火车运送赴湖北境。是日下午，南军即占领岳州。

二十八日　岳阳全城内外均为南军占据，城陵矶亦于午前占领，所有福音、天主两堂、红十字救济等会被难居民，至是日始出水火。

以上所记各事，不过就见闻所及略举大概。要之，张敬尧所部之军队在岳一切行为，虽罄南山之竹，不足以书其罪也。（完）

原载于长沙《大公报》1920 年 7 月 11 日

长沙红十字分会会员大会

（民国二十三年九月十五日）

一、推定临时主席

二、报告事项

1. 本会历年工作状况。

2. 仁术医院最近数年之成绩。

三、讨论事项

1. 本会与省区慈善事业产款委员会合办仁术医院第二次合约，现将期满，应否继续合办案。

2. 前会计主任任修本牧师所保管之契约，应如何取回案。

3. 扩充救护人才案。

4. 选举职员及出席代表案。

原件收录于《中国红十字会湖南分会资料》，湖南图书馆藏

中国红十字会总分会一览表（湖南省）

分会名称	主　任	通讯处
长沙	韩理生	长沙东茅巷
常德	李致桢	常德城内
永州	王楚雄	永州火神庙
宝庆	刘　铨	宝庆城隍庙
衡阳	廖廷铨	衡阳南关大码头
岳阳	周嘉淦	岳阳
新宁	陈怀瑛	新宁城北
宁乡	王道联	宁乡南门外彭祖庙
洪江	黄秉铎	洪江镇洪化局
桂阳	段　灿	桂阳长老会内
津市	葛讷仁	津市商会
湘潭	唐　璞	湘潭贫民工艺厂
耒阳	谢炳彝	耒阳商会转
益阳	胡　鹍	益阳商会内
浏阳	鲁忠会	浏阳东城巷鲁家试馆
衡山	眭润沧	衡山观湘门外康王庙
平江	凌盛仪	平江北城
永顺	陈文国	永顺
芷江	包格非	芷江福音堂
醴陵	德慕登	醴陵曹家巷
靖县筹备处	李昌岳	靖县南门外拱门杨氏宗祠
郴州筹备处	罗廷江	郴州中华中学校内

原载于《中国红十字会月刊》1922年第7期

总会救护委员会第三次报告

第一部分　民国廿七年八月至十二月间战事之演进

武汉会战期间，守军受日军重兵威胁，不得不作放弃武汉之准备，加之10月12日敌军从大鹏湾登陆后，21日侵入广州，粤省防务殊鲜把握。深恐敌人沿粤汉路积极北进，我军乃于10月25日自动退出武汉，当时由汉西上及南下各线，一时极形紊乱。

际此喘息未定之时，长沙于11月12日因遘大火，我方大军纷纷向粤汉线以西撤退，所有我各军团主力之分配势必调整。至粤汉铁路以东一带区域，形势未可逆料。……

【图1】广州未失守前各队的分布情况（1938年9-10月）①

长沙：第3医疗队，第58救护队，第24医护队，第47医防队

衡山：第22医护队，第50救护队

常德：第47医防队（后迁移至此）

辰溪：第51救护队

【图3】汉口未失陷前第2、3、4、9、11各中队分配图（1938年9-10月）

平江：第5医疗队、第8医护队

长沙：第3、15医疗队，第24医护队，第58救护队，第47医防队

【图4】汉口失陷后第2、3、4、9、11各中队分配图（1938年10-11月）

平江：第5医疗队、第8医护队；第56、68救护队

长沙：第3、15医疗队，第24医护队，第58救护队，第47医防队；第52、54、56、57救护队；第2医疗队。

【图5】：长沙大火后各队分配图（1938年11-12月间）

益阳：第62救护队　　　　常德：第68救护队

桃源：第54救护队

① 本部分图1、图3、图4、图5、图6，在原报告中系地图标注，现用文字标出驻湖南各地的中国红十字会各救护、医疗队。

太平铺：第56救护队　衡阳：第52、53救护队

零陵：第4、26医疗队，第17、27医护队

祁阳：第3、20、31、33、36、24、46医疗队，第45、67、72医护队，第66、75、76救护队

邵阳：第9、14医疗队，第65、67救护队，第32医护队

辰溪：第5、8、59医疗队，第12医护队，第52、57救护队

泸溪：第1、11、51医疗队，第18、21、12医护队

【图6】最近各队之分配（1939年1-2月）

长沙：第66救护队

湘潭：第65救护队

湘乡：第64救护队

衡阳：第43医防队

零陵：第4、26医疗队，第17、27医护队；第76医防队

祁阳：第3、20、33、36、46医疗队，第24、71医护队，第5、75救护队

邵阳：第14医疗队，第9医护队

辰溪：第47医防队，第12医护队

泸溪：第1、11医疗队，第18、21医护队

芷江：第52救护队

沅陵：第51A救护队，第5医疗队，第8医护队

益阳：第62A救护队；太子庙：第62B救护队

常德：第63A救护队；桃源：第54B救护队

郑家驿：第56A、56B、第3救护队

第二部分　本会救护委员会医务股之工作（1938年8月-12月）

一、武汉区域

信阳失守后，本会总队部接到军部通知，嘱汉各队后移，……始令第12、18两队于17日，第1、36两队于18日先后撤至长沙。

在东线，则将伤兵有本会第5汽车队向修水、长寿及平江等处输送。……当各队退集长寿之日，该城适被敌机轰炸，第59队队员致有数人受伤，押车童军一人亦被弹片所击，所有受伤人员及送长沙医治。

二、湖南区域

（甲）长沙—衡阳线

湘鄂边境之伤兵，系向长沙、衡阳输送。在敌军尚未迫近武汉之前，第五战区内如徐州、陇海各战线参战伤兵间有往长沙输送者。其时，本会第4中队所属各队即在长沙协助各医院工作，第三医疗队及第24、37两医护队，除协助训练本会救护队新队员外，并在本会所设立之空袭受伤民众收容所工作，当由第1、第36及第18三队由汉退至长沙后，即编入第12中队，暂留长沙服务于伤病兵最多之后方医院中。

长沙叠〔迭〕遭敌机空袭，本会各队附近亦落弹数枚，险遭波及，驻于广雅中学之总队部亦曾为敌机反复扫射，所有人员幸未受伤。自从汉口、广州相继失陷后，在长江南岸之伤兵俱向长沙集中，再向湘西、湘南各处疏散，至由水道运往宜昌者，以船只缺乏，为数甚少。

战局日渐紧张，当时敌军可沿数路进袭长沙：（1）沿长江或铁路线向岳阳；（2）沿公路线由崇阳向平江；（3）沿武宁、修水向平江等处前进。湖南省政府在此情况下，即拟迁离长沙，各军政机构亦相继移动。前方大军陆续经长沙而向后移者亦众，人心大恐，加之谣诼四起，相传岳阳业已不守，敌舰且进至洞庭湖中，后又盛传敌军已近平江及抵粤汉路之汨罗站，一时风声鹤唳，长沙大火即由是起。

其时，本会总队部干部人员仍留长沙外，其余人员业经分批遣送祁阳，所有在卫训班之新旧学员，亦经铁路、船舶分道离此，本会在湘鄂边境工作之救护车队，亦调集长沙，备将在长沙工作之各队及器械材料等件，向湘西、湘南等处输运。而该项车辆急需修理，恐彼时零件殊感缺乏，且购办之新车胎等件，亦复滞留安南，未能及时到达。运输所存汽油近余一百加仑，际此万分危急之时，适有汉口英大使馆转来苏格兰红十字会捐款750镑，当由“沙雀号”英舰代为致电英大使馆，请求指定此项捐款专作长沙购置汽油之用。但英方则规定付款地点须在上海或香港等地，同时该舰长还电告总会驻港办事处，说明该项捐款之用途。经过一番周折，救护总队终于获得该项捐款，方得购买汽油，以供运输，否则当长沙大火之际，本会所有材料什物定将损失不赀也。

长沙各医院及各收容所之伤兵，于11月12日大致疏散完毕，所余仅四百余名在车站候车而已。该时本会干部人员始行后移，但尚留有少数人员管理材料分库及运输站事宜。此外，并留有3队救护队，以备救护之用。13日晨，长沙即起大火，本会留守人员得悉长沙军政各机关俱已撤退，下午电话已断，消息不通，乃于当晚相率离长。当往猴子石渡口时，犹见先一日由长沙开往常德之本会各队所乘汽车尚滞留渡口，各机关待渡共计二百辆之多，而渡轮仅有三艘，且敌机不断轰炸，其困难危险情形，概可想见。本会有救护车二辆，致被敌机所损，各机关人员及司机多有受伤死亡者，本会人员幸告安全。

此后，本会各队分布于两线：(1) 由常德至沅陵，(2) 由衡阳至桂林。总队部设祁阳，衡阳并设有办事处，俾与各有关机关借资联络。关于衡阳情形，时有军队伤兵及难民过境，与大火前之长沙仿佛相同。第50医疗队与第22医护队，本在衡阳后方医院工作，直至该医院移动后，始行派往桂林。及至紧张时期已过，长、衡两地秩序虽渐恢复，但尚不免具有俨如邻近前线城市之感也。

（乙）长沙—常德—沅陵线

本会第2、11、12三中队于离长后，由王贵恒、罗昭盛、汪凯熙等中队长率领前往该线，沿路曾于猴子石渡口及常德、桃源各地迭遇敌机袭击，一路行人拥挤不堪，所有军队难民扶老携幼，连〔联〕络于途，轻伤员兵亦复相偕蹒跚而行，凄惨满目，不忍卒睹。虽山路崎岖，敌机狂炸，死伤累累，终不能阻其前进之决心，冀从速远离洞庭湖为愈也。

当局曾设法用民船载运伤兵五六千名，有常德至沅陵，但因水浅湍急，时有覆舟之事发生，其葬身鱼腹者不知凡几。交通既如此艰难，而粮食又感缺乏，人口激增，百物昂贵，米珠薪桂，伤兵难民更无以为生矣。如沅陵一城，平日居民不过四万，自难民伤兵麇集后，骤增达四十余万之巨，诚有人满之患。

后方勤务部、政治部为补救上述困难起见，于益阳至辰溪之间，每隔二三十里设一招待站。本会救护总队当派第52、54、56、57、63等五支救护队及第62医护队于抵达桃源后，即分布在各招待站，为伤兵服务。

本会总队部初拟各医疗、医护队派在该线各军医院工作，奈因各院多未能及时到达，因于沅陵、泸溪一带等候工作之际，设立诊疗所数处，为沿途难民伤兵诊治。至第51医疗队与第12医护队，业早在辰溪第一陆军医院工作。

沿途虽有招待所之设备，但徒步或乘船而来之伤兵，倘不能赶紧招待所所在地时，不得不寻觅空民房暂为栖止，饥寒交迫，为状厥惨。及至救护人员发现时，已奄奄一息，多有不及救治者。查沅陵以南各地，秩序较为稳定，粮食亦较充足。本会各队及第一、第三救护车队乃将上述伤兵尽量运送该处，以资安置，并拟将内科护病又扩增。卫生各种计划，一如衡阳至桂林一带所施行者推广及之。

中国红十字会救护总队第2、11、12中队常德—沅陵线救护工作表（1938.11–12）

日期		地点	伤兵治疗（绷扎）							病兵治疗（疟疾及痢疾）				
年份	1938		52队	54队	56队	57队	60队	62队	63队	52队	56队	57队	60队	63队
11.21–12.31		常德							1919					25
11.18–11.20		桃源 郑家驿						467						
12.11–12.31		郑家驿		1404										
11.11–11.20		郑家驿							611					
11.15–11.20		郑家驿				453								
11.17–11.20		郑家驿	1252							122				
11.21–11.30		郑家驿			151						158			
11.21–12.10		太平铺 茶庵铺	1634											
12.11–12.31		太平铺 官庄			341						487			
12.1–12.10		马鞍铺 官庄			917						454			
11.23–11.30		马底驿	3856							168				
12.1–12.10		马底驿	1112							173				
12.11–12.31		淘饭铺 沅陵				517						35		
12.1–12.10		沅陵					573							
12.11–12.30		沅陵	1797							246				
12.1–12.10		松溪铺 凉水井				1144						83		
12.10–20		麻溪铺					841						713	
总计			9017	3038	1409	2114	1414	467	2530	709	1099	118	1538	25
			伤兵人数共计18989							病兵人数共计3489				
			伤兵、病兵人数总计22473											

（丙）衡阳—桂林线

在此线工作各队，系由前浙赣调由之第五中队阮尚丞及第九中队汤蠡舟两中队长所率领之各队也。以上各队，分派在衡阳、祁阳、零陵各医院及收容所，为由长沙后移之伤病兵服务。因运输困难，各员经长久时间始行到达指定地点，伤病在卫生列车中沿途耽搁，无人看护，而本会有数队亦因之多有无工作之感。及至伤病员兵陆续到达后，各院乃充满大量病兵，除患疟疾、回归热、痢疾及肠病者外，多为营养不良，瘦弱不堪。多数伤兵尚穿夏季制服，不仅棉被无有，即军毯亦付缺如。伤兵衣服，龌龊已极，且满身白虱，而患皮肤病及溃疡者，亦触目皆是，故本会对于除为之裹伤割治外，且派有指导员多人替促各队尽力予以紧急处置，并预防其再有以上状态之发现。此外，拟具关于专为伤兵灭虱、沐浴、治疥之特别预算，以资购置各种器具，并指示办法，由救护队及医防队执行之。本会内科及医护各指导员，则常川在各院调查病兵之情形，随时指示治疗及护理方法。同时，本会又在各院设立特别饮食部，择其必需特别营养者，除供给大量牛奶外，并由本会资助其院方所规定给养费之不足，购置各种食品，如鸡蛋、猪肝及豆腐浆等物，俾收良好之效果。同时，新运促进总会、妇女指导委员会曾以大量棉被、棉衣以及牛奶等物，转交本会应用，工作得以顺利进行。此后本会务使各队均能按照商量工作一一做去，并深望各院亦能同样照办，则伤病受惠不浅矣。

（四）长沙—邵阳—芷江线

伤兵之向邵阳转移者，为数甚少。但洞口至芷江公路即将筑成，东西贯通，必成交通要道。本会总队部派邱长汉代中队长率第四中队各队在该线，计第 2 医疗队在长沙、第 65 医护队在湘潭、第 64 救护队在湘乡，第 14 医疗队、第 9 医护队在邵阳，以及第 32 医护队在洪江等处工作。

湖南区域运送伤兵人数统计表

线　别	驻在地	运输路线	队别	车　号	共运伤兵
长沙-沅陵线	长沙	益阳、常德、 桃源、沅陵	3 11	51、53、55 47、48、49、50、57、58	4644
长沙-邵阳线	长沙	湘乡、邵阳		51，85、86、96	450
总　数					5094

第三部分　战事卫生状况与本会医务工作

本节概述27年军民所发现之普遍病症及其防治方法之改进。此均以本会各医务队及各指导员所具报告为根据。

一、外科工作（略）

二、内科及防疫工作

甲、霍乱

……（2）湖南　起源地：在沿沅江之常德、沅陵两地。

蔓延区域：

1. 沿洞庭湖、长江而至湖北南部之汉口、宜昌；

2. 沿湘江而至长沙、衡阳、零陵；

3. 当秋夏之交，由战区难民传播至湖南邻省之贵州及四川。

丁、回归热

……但在湖北之襄阳、湖南之衡阳，当此冬令，其由虱子传染之回归热，已数见不鲜。

在衡阳各充满伤病兵之收容所，与祁阳之各军医院中（其他各处医院亦或如此），其伤病兵多系由各处转引而来，在病兵之发现患回归热者有百分之十（换言之，占全数伤病兵中之百分之一二），此种情形与院所之清洁及护理工作咸有直接关系。……现经予以及时隔离，并用914注射，更为之沐浴与灭虱，以后回归热之蔓延已大加遏止。

在本会灭虱沐浴工作未曾推行以前，祁阳各军医院对于伤病兵因于入院之时未予以灭虱，以致多发现回归热之传染。……

查祁阳各院回归热患者，俱系衡阳第十收容所转来，现已派遣医防队前往衡阳各军医院所施行灭虱工作。另外，将拟派医防队沿湘桂线一带调查该项疾病之状况，并置备各种诊断治疗灭虱之根据，供各医院应用。

三、医护工作（略）

四、环境卫生工作

在祁阳之军医院三处，经本会灭虱之士兵，已有3092名。至所用器具一部分，乃属于卫生署医疗防疫队所有，另一部分系由各防疫机关所捐助者。所需经费计每所开办费平均约为267元，经常费用以购置燃料、肥料及毛巾等物，约共250元，即每人每次所费约2角。

本会各医务中队工作分配表

中　队	救护	医护	医疗	医防	服务机关	驻在地
第 2 中队 王贵恒	52A 52B、 57A 57B	8 12	5	47	4 重伤医院 后方勤务部 伤兵招待站 1 后方医院 1 陆军医院 救治军民	芷江 马鞍铺 沅陵 淘饭铺 沅陵、辰溪 辰溪
第 4 中队 邱长汉	64 65 66	9 32	2		3 收容所 96 兵站医院 127 兵站医院　灭虱治疥工作 120 兵站医院 144 后方医院 51 后方医院	湘乡 湘潭 长沙 长沙 邵阳 洪江
第 5 中队 阮尚丞	53 55	24 71	20 3 36	49	171 后方医院 5 后方医院 56 后方医院 170 后方医院 8 收容所　灭虱治疥工作	衡阳 衡阳 祁阳 祁阳 衡阳
第 7 中队 尹奕声				43	170 后方医院　灭虱治疥工作	衡阳
第 9 中队 汤蠡舟	75 76	72 17 27	33 4 26		56 后方医院　灭虱治疥工作 62 后方医院　灭虱治疥工作 6 陆军医院 62 后方医院 15 陆军医院	祁阳 零陵 祁阳 零陵 零陵
第 11 中队 罗盛昭	63A 63B	62A 62B 60 21	59 11		后勤部伤兵招待站 同上 同上 同上 30 集团军医院 22 陆军医院	常德 薛家铺 益阳 太子庙 马溪铺 泸溪
第 12 中队 汪凯熙	54A 54B 56A 56B	18	1		后勤部伤兵招待站 同上 同上 同上 诊疗所	郑家驿 桃源 官庄 太平铺 泸溪

原件藏贵州省档案馆，档案号：M116-1-14

总会救护总队部第四次报告

（1939 年 6 月）

第二章　救护情况

……

（三）湖南区域

甲、常德—沅陵—芷江线（第二中队）

自第二、第十一及第十二等中队由长沙西移常德及湘西后，最切迫之问题厥为如何照料伤兵和难民。彼等以缺乏交通工具，均徒步西行。去年十一月间，时局较紧，以不能确知敌人究将自洞庭湖抑自长江进窥常德。该线之各军医多整装等待运输工具迁移，故无法收容伤兵。而大批难民西移时，食物亦感缺乏，物价为之腾贵，房屋不易获得，被迫宿露天者不下数千人。加以常德、桃源等空袭频仍，情形更为狼狈。

为求此问题获得解决起见，后方勤务部即在益阳、沅陵间，每隔十五至三十公里设一招待站。本会各中队所属之卫生队亦全部出动至上述各招待站，从事裹伤及内科治疗工作。大部分伤兵与难民抵达沅陵时，已历时三月之久。同时，有大批军队途径该线，以步行达两三月之久（系自川、滇、黔诸省开来），患病者甚众，致多数卫生队兼任彼等治疗工作，直至本年三月始竣其事。

各招待站及各卫生队分配表

队名及番号	招待站所在地	每站距离（以公里计）	备　注
第 62 卫生队 B 组	益阳		该组于本年 4 月 1 日转道长沙调赴赣北
第 62 卫生队 A 组	太子庙	50	该组于本年 4 月 1 日调至郑家驿
第 63 卫生队 B 组	薛家铺	15	该组于本年 3 月 1 日召回常德
第 63 卫生队 A 组	常德	17	该组于本年 3 月 24 日调往湖北
第 54 卫生队 B 组	桃源	30	A 组于本年 3 月 11 日调至桃源。全队于 6 月转道晃县调往陕北
第 54 卫生队 A 组	郑家驿	30	
第 56 卫生队 B 组	太平铺	30	A 组于本年 4 月 21 日调至辰溪，5 月 1 日调至泸溪。全队于 6 月 21 日转道贵阳调往陕西
第 56 卫生队 A 组	官庄	30	

（续表）

队名及番号	招待站所在地	每站距离（以公里计）	备　注
第 52 卫生队 B 组	马鞍铺	15	全队于本年 2–4 月间先后调赴芷江、晃县，从事灭虱治疥工作。6 月 20 日调桃源第 20 集团军。
第 52 卫生队 A 组	马底驿	15	
第 57 卫生队 A 组	淘饭铺	25	全队于本年 3 月 22 日调往湖北
第 57 卫生队 B 组	沅陵	15	
第 60 医护队	麻溪铺 渌溪口	25	派往第 30 集团军收容所，于本年 6 月调往洪江，仍服务于该收容所。
第 12 医护队	辰溪	40	服务于第 1 陆军医院

在此期间，各医疗队与救护队的驻在地点如下：在沅江，第 5 医疗队与第 8 医疗队在第一后方医院服务，送往该院施行手术及爱克斯光检查尚有 77 后方医院之住院伤兵。4 月 21 日至 5 月 5 日间，第 5 医疗队 4 组前往芷江协助医疗空袭受伤者。6 月，第 8 医护队被改编为医疗队，派至 77 后方医院工作。

第 1、第 11、第 36 医疗队，以及第 18、第 21 与第 70 医护队则在泸溪，第 36 医疗队与第 70 医护队于 1938 年 12 月 24 日调往祁阳。该队等抵祁不久，而第 1 医疗队与第 18 医护队，以其服务之医院不能到达，当即设立门诊治疗难民。该队等在 1939 年 2 月 8 日调往芷江，在第 4 重伤医院与第 32 后方医院工作，后又于 3 月 18 日来贵阳，服务于第 167 后方医院及战时卫生人员训练所。

第 11 医疗队与第 12 医护队仍留在泸溪，服务于第 22 陆军医院，并继续主持第 1 医疗队所设立之门诊处。迄 5 月底，该队调至芷江第 4 伤兵医院服务，第 21 医护队则于 5 月 1 日改编为医疗队，并于 6 月 9 日调往桃源附近的青山湾，服务于第 30 集团军兵站医院。

在麻溪铺（与渌溪口相隔仅数公里）之第 59 医疗队，服务于第 30 集团军收容所。该处亦设立门诊处治疗难民。6 月，该队奉调至泸溪，接替第 11 医疗队的工作。

在辰溪，则有第 51 医疗队与第 1 医护队服务于第 1 陆军医院。第 51 医疗队本系中央医院队。第 51 医疗队于 1938 年 6 月 5 日、第 12 医护队于 10 月 26 日先后抵达该处。去年底仍调回该院服务。第 12 医护队仍留在辰溪，协助该处之招待站，迄本年 6 月 10 日才调往晃县第 93 后方医院服务。

去年12月至本年6月，第47医防队亦驻辰溪。该队设立一门诊处，治疗平民，并从事空袭救护与大规模之防疫工作。据该队6月份报告，该医防队除治疗4月30日空袭平民外，还发动大规模的防疫工作，组建疫苗注射班，从事挨户注射。除平民外，还注射兵工厂四千人，当地矿工亦复不少。此外，该队还施行饮水消毒及卫生宣传工作。

……

该线数队自调往他线后，第11及12两中队即无形停顿，仅留第2中队于该线，该中队长王贵恒则派往湖北，率领第57与63卫生队负责运输伤兵工作。中队长王贵恒将该中队并入第3中队，即取道巴东返回原服务路线，因其时（四月），常德、沙市间之公路业经破坏故也。在此期间，第二大队调移无路地带（邻近洞庭湖之西岸），设队部于沅陵，由大队长彭达谋负责指挥湘军以西湘鄂一带第2、3、4及5各中队工作。其所属第1及第3汽车队，则协助运输伤兵及迁移军医院及药材等。第一、三汽车队救护车三两于月底派至湖北，原在桃源之第二材料库，亦于二十七年十月一日移泸溪。但芷江（4月21日）、辰溪（4月30日）相继被炸，本会各队设立之灭虱站，亦与医院同受波及。

乙、长沙—邵阳—芷江线（第四中队）

1938年11月长沙伤兵后移时，虽长沙至洞口的公路为新修而成，且建筑较佳，但经该线运往邵阳的伤兵，为数并不甚多。盖该路运输甚少，且洞口以上公路即残缺不全，直至本年4月以后方筑一路通至榆树湾，以连接常德至芷江之公路。因是之故，华中与西南的直接交通线，亦即最主要的伤兵运输线，遂赖以完成。

去年12月1日，长沙大火被扑灭后十天，第二医疗队与第65卫生队即自衡阳调往该处，服务于第120兵站医院，并协助湘雅医院从事平民与士兵之治疗工作。该处伤兵，尤其是病兵，大部分来自湘鄂赣边境。因该处迄尚我军防守，彼等中之轻伤或病者，均须步行至后方150公里（因公路已经遭到破坏，桥梁折毁，汽车输送已不可能），以致伤患脱力、营养不良与受冷者，比比皆是。同时，长沙殆系此线伤兵后送工作之中心，故路经该处之伤兵，逗留时间甚暂，即行送往他处。

由于士兵多生虱子，因而患回归热者不少，乃于本年2月24日派第66卫生队自祁阳前往长沙从事灭虱，并于第56收容所训练各院人员，担任同一工作。3月，第9医疗队自邵阳到达此间，协助第127兵站医院工作。

自3月南昌失守后，各医院复奉命离长沙。于是，第2及第9医疗队，即同时撤至邵阳。第 66 卫生队仍留该处，服务于 56 收容所，与之共同工作约一月者为第 81 卫生队（自 4 月 20 日至 5 月 10 日）。此时，所有自长沙至西、北、东三方面之公路均已破坏，而长沙至株洲之路轨亦经拆除。事实证明，敌人已无力再自南昌西进，故经过长沙之伤兵得有短时逗留之机会。未几，各医院复奉命返长，无路地带之担架兵及船舶输运，亦经改善。伤势较重者亦有收容之机会。但伤势十分沉重者，则多死于半途。而活动于鄂境沿粤汉路一带之游击队，其伤兵须经一月之输送时间，始克到达后方。

6 月 24 日，第 33 医疗队自衡阳派至长沙，治疗第 92 及 95 收容所之重伤者，继得湘雅医院之助，拨病房一间，收容重伤，该队除负责主治外，并与其他机关合作，防治该处霍乱。

第 65 卫生队于 1938 年 12 月 22 日离长沙赴湘潭，迄今仍服务于第 96 兵站医院。第 64 卫生队自 1938 年 12 月 17 日即驻于湘乡第三收容所。上述两处，均作为额外之收容所，被收容者大多为亲自长沙之轻伤病兵。

在邵阳，则有第 14 医疗队及第 9 医护队（3 月改编为第 9 医疗队）于 1938 年 12 月 3 日服务于 144 后院。住院者均来自长沙，2 月以后，新往该院者俱为内科病（疟疾、痢疾与营养不良）。3 月，第 9 医疗队派往长沙协助该处工作，但于 4 月 12 日偕同第 2 医疗队返抵该处。于是，该队即服务于 36 后院，第 2 医疗队则服务于 74 后院。5 月，该处常被敌机狂炸，各医院不得不与乡间寻觅房屋，用以安置不能行动之伤病兵。6 月初，第 2 医疗队又随同 74 后院移至大王庄。第 9 医疗队则调至永丰 128 站院。而第 14 医疗队则调至该镇郊外之 36 后院，分别从事工作。

5 月，当局决将疗养中之伤兵，自衡阳步行移往邵阳及其以西之地带。沿路设立招待站，本会第 55 卫生队即派往主持衡阳、邵阳间之 5 个招待站，第 53 卫生队则主持邵阳、洞口一带之招待站。

6 月下半月，据报桃花坪、邵阳、芷江霍乱流行，第 49 医防队及第 55 卫生队 B 组得讯后，驰赴桃花坪施行挨户注射，并着手设立霍乱隔离医院，从事井水河水消毒、测试改良、视察菜场及保健宣传等工作。6 月 26 日至 7 月 14 日间，各医疗队共实施防疫注射，计有 7150 人次，甫自贵州开到之士兵受注射者约一千人。此外，桃花坪、邵阳一带受第 53 卫生队注射疫苗者亦计有 5242 人。桃花坪仅有六七千人口，故经防疫注射的人数殆有百分之九十。霍乱隔离医院中收容患者 28 人，其中 7 人卒告不治。7 月 2 日以后，已无霍乱患者。此处该传染病流行，虽为时颇暂（6 月 20 日至 7 月 2 日），而致病者，已有平民 72 人，军人 60 人，死者达80人。其所以得及早扑灭，确为第四中队中队长林竟成及其所属各队努力方志之功也。

时邵阳亦发现霍乱，第55卫生队即组织流动防疫注射班、公路检疫站，并从事调查及清除宿舍、饮水消毒等工作。[①] 第49医防队亦自桃花坪派一组前往协助。当时与各该队所属卫生、医防队共同工作者，还有军政部第2防疫大队及卫生署第7防疫医院。但如果彼此单独应付，恐人事上更感不敷。6月8日至7月31日，共有霍乱患者176人，以后绝无仅有。此次成立，实赖林中队长果断敏捷有以致之。新运会所属第三救护队服务于邵阳第38后方医院。

该线西端，有本会第32医护队在洪江（当时公路不经过此）第51后方医院工作。该队自1938年12月开始即服务该院，其时设在邵阳，至本年1月始随西移往洪江。去洞口以西，全为步行。第32医护队到后，为协助医护工作，主持特别营养以及训练该院医护人员。6月，该处发现霍乱，该队当即发动防疫注射运动。

洞口至榆树湾公路完成以前，所有在该线各队，均由代理中队长邱长汉及第三大队部指挥。及通车后，第4中队即拨归第二大队部指挥，由林竟成任中队长。因鉴于无路地带重伤病兵乏人照料，乃派第4中队所属4队（第53、64卫生队，第33医疗队及第49医防队）于6月底待命北上，推进至长沙以北、岳阳、通城以南一带工作。

长沙—邵阳—芷江线（第四中队）（1939. 5-6）

月	队	驻在地	服务医院	伤员治疗			病患	特别营养	免疫注射				Del		门诊
				手术	RE	D			T.	天花	Ty	C	A	P	
4-5	卫生队55	衡阳-邵阳	6CTC服务		73	5853	351		21	21	44	3794			
5-6	卫生队53	邵阳-洞口	5同上			6328	654		1	191	48	519			
6	医防队49	衡阳-邵阳					100								
合计					73	12181	1105		22	212	92	8988			

① 7月间，第49医防队共注射13039人，第55卫生队注射9996人；军政部第2防疫大队及卫生署第7防疫医院注射25000人，两者合计5万人；邵阳人口约为7万人，有70%的人口已经注射。按：此系报告原注。

续表：长沙—邵阳—芷江线（第四中队）（1939. 1–6）

月	队	驻在地	服务医院	伤员治疗			病患	特别营养	Immunization				Del		OPC
				手术	R	D			T. A	天花	Ty	C	A	P	VI
1–3	医疗队2	长沙	120 兵站医院、湘雅	88	9	5161	415								
5–6	医疗队33	长沙	92、95 收容所湘雅	69	56	2597	97		34		36				
3–4	医护队9 医疗队9	长沙	127 兵站医院	22	7	536	221								
1–6	卫生队65	湘潭	96 兵站医院、2 收容所	50	8	15737	602		6	137	564	1764			
1–6	卫生队64	湘乡	3 收容所 46 兵站医院			5980	425								540
1–6	医疗队14	邵阳	144 \ 36 后方医院.	241	56	33148	24	277				50			
1–2 4–6	医护队 医疗队9	邵阳	144、36 后方医院 28 兵站医院	72	14	27309	351	640			20				
4–6	医疗队2	邵阳	74 后方医院	69	5	3738	277	333							
1–6	医护队32	洪江	51 后方医院			36245		682							
总计				611	155		2412	1882	40	137	620	2849			540

丙、修水—醴陵—衡阳线（第五中队）

该线起自赣西北以至湖南，系本年 5 月才计划者。第 62 卫生队 B 组随同中队长罗盛昭于 4 月 1 日离益阳赴修水，开展救护工作。自长沙行经平江长寿，于 4 月 18 日抵达目的地，即在第 27 集团军所属之第 105 及 118 收容所服务，后随同 105 收容所前进至三都。该线伤兵系经铜鼓、浏阳、醴陵逐站后送至株洲，再乘火车转送至衡阳。

第81卫生队在6月5日自衡阳移至醴陵（125兵站所）。据中中队长罗盛昭及陶伯德医师自修水报告称，该线救护情形与长沙以北仿佛，遂派第9、第14医疗队、第62卫生队A组及66卫生队推进之三都、醴陵间无路地带，参加第5中队工作。

第四中队，现属第二大队部。

修水—醴陵—衡阳线（第五中队）（1939.4-6）

月	队	驻在地	服务医院	伤员治疗			病患	特别营养	Immunization				Del		OPC
				手术	RED	D			T. A	天花	Ty	C	A	P	VI
4-6	卫生队62B	修水-三都	127GA, 105/118收容所												
6	卫生队81	醴陵	125兵站医院	10	35	3213	285					563			
合计				10	35	3213	285					563			

丁、衡阳—祁阳—零陵线（第九中队）

民27年11月，以敌人有自粤汉路两端同时发动进攻之趋势，粤汉路以东各省与中央的联络有被切断之虞。因之，若干机构为保全实力计，乃西撤至衡阳（新成的湘桂铁路起点）。当最初数月间，湘桂路车辆甚少，须粤汉路调来应用，以至由长沙运到之伤兵多未能继续后运，拥挤于衡阳各院之中。其居住问题，由于合用被褥，固得勉强解决，然适宜之护理工作则仍付阙如。加之战局未稳，空袭频繁，情况更为严重。数月以来，迄未见和缓。

……

第50医疗队与第22医护队于去年夏季服务于衡阳129后方医院，至11月17日随同该院调往桂林。此时，第53、57卫生队甫自江西到达衡阳，即分别派至该处第10、第115及第7收容所服务。由于运输困难，以致从12月至1月间的伤兵转运工作，至为迟缓。结果，各收容所因过分充塞，病者日增。有鉴及此，当派指导员数人于1月13日赴衡阳视察，发现各收容所多缺乏被褥，护理亦欠周全，且无环境卫生设备，平均5人中必有1人患病，大多患营养性水肿、痢疾、肠炎、回归热、疟疾、呼吸器传染病及疥疮、虱子等，约占75%以上。

上述病人，均由本会汽车队转运至祁阳各医院，由各队负责治疗。但以此种情况，各地皆然，故以下列措置，藉资应付。本会发起征募被褥、伤兵衣服及服务伤兵运动，并发动灭虱治疥工作（第一次防疫计划），更在该线各院所设立各种设备，改进医护及治疗方法。同时，由总队部派遣高级护士及医师前往指导督察，并令各队专设厨房，制备特别饮食，在本会所规定之特别费内，置办各种特别营养品。

2 月 4 日，第 49 医防队调至衡阳，服务于第 8 收容所，并协助第 53 及 55 卫生队，工作与第 171 及第 5 后方医院。该队抵达衡后，当即进行上述计划。是以，不独为各收容所及医院得益匪浅，且获得当地人民之同情与援助，一切工作上困难俱得迎刃而解。伤兵亦得到军委会战地服务团徐维廉先生之热忱援助，在衡阳设立“伤兵之友社”。该社是当时全国最初之伤兵服务团体，其宗旨是在于设法获得当地人民之援助，以改善伤兵生活。因是之故，本会在衡阳各队除负责内科治疗外，还兼推行防疫计划。[①] 此项防疫计划之推行，规模颇见宏大，然无“伤兵之友社”为之臂助，收效恐未必若是之大也。

……

4 月 6 日，衡阳遭日军空前狂炸。第 8 收容所被炸毁，第 49 医防队除损失大批医药器械外，还有一人受轻伤，灭虱站及特别营养厨房亦全部被毁。所在四队全体出动，协助当地人民进行急救工作。5 月 4 日，第 53 及 55 卫生队出发赴衡阳、洞口一带，协助该线之招待站工作。该队在第 8 收容所及 62 兵站从事医疗服务。至五六月之交，其工作由第 81 及 80 卫生队先后接替。第 49 医防队即于 6 月 25 日调至邵阳。

在某一时期中，祁阳成为收容来自长沙北部及东部伤势较重伤兵之中心，是以由多数医务队亦集中于祁阳（如下表所示）。

中国红十字会总会救护总队驻祁阳医务队分配表（1938—1939）

队　名	医院名称	日　期		备　注
		自	至	
第 3 医疗队	第 167 后方医院	1938 年 12 月	1939 年 3 月	调往广东曲江
第 20 医疗队	第 164 后方医院	1938 年 12 月	1939 年 1 月	调往江西吉安
	第 56 后方医院	1939 年 3 月	1939 年 5 月	
第 33 医疗队	第 6 陆军医院	1938 年 12 月	1939 年 3 月	调往衡阳

① 本会的防疫计划计分五项，第一项为治疗斑疹伤寒、回顾热及疥疮；第二项为治疗疟疾，第三项为治疗霍乱、痢疾及伤寒；第四项为治疗天花；第五项为治疗营养不良症。按：此为原注。

（续表）

队　名	医院名称	日　期		备　注
		自	至	
第 36 医疗队	第 170 后方医院	1938 年 12 月	1939 年 4 月	
	第 52 后方医院	1938 年 12 月	1939 年 5 月	
第 72 医疗队	第 190 后方医院		1939 年 3 月	
第 24 医疗队	第 56 陆军医院	1938 年 12 月	1939 年 2 月	
第 72 医护队	第 6 陆军医院	1938 年 2 月	1939 年 2 月	改编为第 72 医疗队
第 80 卫生队	第 109 后方医院		1939 年 3 月	

是时，内政部及军政部战事卫生联合训练所及第 167 后方医院，亦随同本会总队部于去年 11 月自长沙迁祁，驻扎在新建的茅草屋中。祁阳有医院两所，其建筑与救护总队部相同，其他各院，则分驻在寺院、学校等处，故伤兵尚无衡阳拥挤不堪之现象，但患内科病者仍旧甚多，如慢性创口传染、胃肠炎、呼吸器传染病、营养不良、疟疾、回归热、疥疮、虱子等。祁阳迄未遭敌机轰炸，故该处医院较为安定，工作亦较有规律。

复次，祁阳亦成为训练中心，本会防疫计划首先试行于此，然后再推行至衡阳及其他各处。关于此种工作，如训练卫生人员，应付战事实际工作，负责主要责任的为第 58 及 66 卫生队，并从事防疫、灭虱等实际训练工作，第 66 队之工作，从 12 月至 1 月之间，而第 58 队则开始于 2 月。第 68、71、75、77 卫生队及第 43、49 医防队则调至祁阳受训（关于防疫工作方面，为期约一月）。凡新入红会工作者，均由第 3、33 医疗队与第 24、27 医护队在有关之医院给以实际教导。

时当局令所有机关立即西移，本总队部奉命后，即于本年二月连同战时卫生人员联合训练所迁筑，惟训练所直至三月始抵此间。

下列各队，驻于零陵。

中国红十字会总会救护总队驻零陵医务队分配表（1938—1939）

队　名	医院名称	日　期		备　注
		自	至	
第 4 医疗队	第 7 陆军医院	1938 年 11 月	1938 年 12 月	调往江西万安
	第 62 兵站医院	1939 年 3 月	1939 年 5 月	
第 26 医疗队	第 15 陆军医院	1938 年 11 月	1939 年 3 月	调往江西河口

（续表）

队　名	医院名称	日　期		备　注
		自	至	
第 17 医护队	第 7 陆军医院	1938 年 11 月	1939 年 3 月	改编为第 17 医疗队
	第 62 兵站医院	1938 年 12 月	1939 年 3 月	
第 17 医疗队	第 115 后方医院	1939 年 4 月	1939 年 6 月	
第 27 医护队	第 15 陆军医院	1938 年 11 月	1939 年 3 月	调往江西弋阳
	第 68 后方医院	1939 年 4 月	1939 年 5 月	改编为第 72 医疗队
第 76 卫生队			1939 年 2 月	在各医院从事灭虱治疥运动，后担任防疫工作

该处工作内容与在衡阳、祁阳者完全一致。6 月，治疗霍乱之工作于祁阳、零陵两地，同时进行。

衡阳—祁阳—零陵线（第九中队）1939 年 1—6 月

月	队	驻在地	服务医院	伤员治疗			病患	特别营养	Immunization				Del		OPC
				手术	Re	D			T. A	天花	Ty	C	A	P	VI
1-4	卫生队 53	衡阳	10、115 收容所 171 后方医院	12	5	8697	392	346			40				
1-4	卫生队 55	衡阳	7 收容所、5 后方医院	6	592	19907	5723								
2-6	医防队 49	衡阳	8、116 收容所.5、79、94 后方医院 62 兵站医院			3413	1726 1550	8286	973		2574		6900	55535	
3-5	医疗队 33	衡阳	70 后方医院	73	29	4345	399	120				10			
5	卫生队 81	衡阳	62 兵站医院			328		30					173		
6	卫生队 80	衡阳	32 兵站医院			2619	211		236	33					
总计						39039	10001	8780	1209	33	2614	10	7073	55535	

衡阳—祁阳—零陵线（第九中队）（1939. 1–6）

月	队	驻在地	服务医院	伤员治疗			病患	特别营养	Immunization				Del		OPC
				手术	Re	D			T. A	天花	Ty	C	A	P	VI
1–2	医疗队3	祁阳	167 后方医院	337	242	5530	100								
1–6	医护队24	祁阳	167、50 后方医院			59733	58					2963			2693
1–6	医疗队36	祁阳	170、52 后方医院	89	12	13692	200	1049	1		12	19			
2–5 1–2	医疗队20 医疗队33	祁阳	56 后方医院 6LCI	71 47	569 10	9515	95 154								
1–6	医护队/医疗队72	祁阳	6LCI 109 后方医院	59	11	20428	473	215			2	513			
1	医防队49	祁阳	6LCI（DB 天花）			250	459						19514	1289	
2	医防队43	祁阳	6LCI（DB 天花）										9813	1062	
2–5	卫生队75	祁阳	56、109、170 后方医院								7	10433	37346	5420	
3–5	卫生队80	祁阳	109 后方医院			11101	112			480		532			
总　计				603	844	132901	1651	1264		480	21	14460	66673	7771	

衡阳—祁阳—零陵线（第九中队）1939 年 1—6 月

月	队	驻在地	服务医院	伤员治疗			病患	特别营养	Immunization				Del		OPC
				手术	Re	D			T. A	天花	Ty	C	A	P	VI
1–5	医疗队4	零陵	62 后方医院	104	184	20136					53				353

（续表）

月	队	驻在地	服务医院	伤员治疗			病患	特别营养	Immunization				Del		OPC
				手术	Re	D			T. A	天花	Ty	C	A	P	VI
1-6	医护队 医疗队 17	零陵	62、113 后方医院	29	60	7434	246				172	60			
1-3	医疗队 26	零陵	15LCI	70	93	9079	122		2						
1-5	医护队 医疗队 27	零陵	15LCI 68 后方医院	14	3	4528	126								
2-6	卫生队 76	零陵	62. 68113 后方医院								2140	1422	23696		
总计				217	340	41177	494		2		2365	1502	23696		353
GRAND TOTAL				911	1810	213387	12146	10044	13	3094	2419	17171			3046

自湘赣战局渐趋稳定后，该线之用作治疗工作于训练中心者，似已失去固有意义。同时，在该处治疗之伤兵已大半复原，而沿此线输运之伤兵亦为数甚少。故将集中在该线之各中队加以改编，并重行分配，实为必要。现留祁阳者，仅第 9 中队各队，直接受第三大队指挥。此外，尚有服务于湘东南、皖南、浙赣粤各省之第 6、第 7 及第 8 中队。又，第三材料库与第 2、第 3 两汽车队，亦收第三大队部指挥。

……

第四章　各战区医务状况及本会各队工作概述

（一）外科工作（略）

（二）内科及防疫工作（略）

（三）护病工作（略）

（四）环境卫生工作

本会自去年冬季起，开始为伤病事变灭虱灭疥。此项工作乃本会防疫工作计划之一，灭虱原为防止斑疹、伤寒与回归热之传染，但因部队中疥疮流行甚剧，而其防止方法与灭虱相同，故灭虱治疥同时进行。自二十八年 1 月至 6 月，本会先后派遣医防队 4 队，卫生队 7 队办理此项工作，共计完成者，在后方医院有 19 处，伤兵收容所 5 处，包括湖南（祁阳、衡阳、长沙、桃源、辰溪、芷江、晃县、零陵）、广西（灵川、阳朔）、江西（〔吉安〕固江）与贵州（贵阳）数省。经过灭虱之伤病士兵凡34762人，被服凡229409件。此种工作，因士兵灭虱时兼得热水沐浴，故甚受欢迎。

原件藏贵州省档案馆，档案号：M116-1-15

中国红十字会总会救济总队第五次总报告（1941年7—12月）

A. 平江—湘阴—长沙线（第四中队）

队　别	地区	军　部	医　院	门诊处	附　注
第49医防队一组 一组	衡阳 邵阳 长沙				担任防疫工作 担任防疫工作，9月开到，又赴邵阳，旋又于10月16日又回到长沙
第49医防队一组 一组	长沙 黄沙街 关王桥 金井 新市 洪源洞	第15集团军 第四军 第52军	第86收容所 第102师战院 第9师战院 第155、25及第2师战院 第145收容所	门诊处	担任灭虱沐浴治疥工作，于11月开始在各地工作 12月开始灭虱工作
第64卫生队 一组 一组	湘乡 湘阴 邵阳 黄沙街 泊罗	第四军	第3收容所 第95收容所 第144后院 第102师战院 第55收容所		8月开到 10月开到 11月开到 10月开到
第53卫生队 一组	邵阳 平江 衡阳 南江桥	第79军	第80收容所 第79军战院		担任防疫工作 8月开到 10月开到 11月开到
一组 一组	马鞍山 平江		第98师战院 第80收容所		完成灭虱工作

（续表）

队　别	地区	军　部	医　院	门诊处	附　注
第 59 医疗队	泸溪 邵阳 晃县		第 22 陆军医院 第 74 后院 第 124 后院		10 月开到 11 月开到
第 2 医疗队	邵阳		第 74 后院		继续工作
第 32 医疗队	洪江 石下江 渌口		第 51 后院 第 12 后院 第 120 站院		8 月开到 11 月开到
第 33 医疗队	长沙 邵阳 长沙		湘雅医院 湘雅医院		10 月初离长沙 11 初又返回

B. 津市—常德—桃源线

队　别	地区	军　部	医　院	门诊处	附　注
第 11 医疗队 一组	芷江 便水乡 钟和乡 青山	第 20 集团军	第 4 重伤医院 （第 182 师） 第 8 兵站	门诊处	7 月开到，担任霍乱预防工作 9 月开到
第 8 医疗队	陬市		医务所	门诊处	12 月亦担任医务所医务工作
第 12 医疗队	晃县		第 93 后院		继续工作
第 5 医疗队	辰溪		第 95 后院		继续工作
第 47 医防队 一组 一组 一组	辰溪 津市 安江 澧县	第 53 军	霍乱隔离病院	门诊处 门诊处	担任防疫任务 7 月开到 各组于 7 月间担任霍乱防疫工作，11 月开始训练工作
第 52 卫生队 一组 一组	青山湾 陬市 益阳	第 20 集团军 第 54 军 第 87 军	第 23 师战院	门诊处	7 月开到 7 月开到，担任环境卫生及防疫工作
第 65 卫生队	湘潭 长沙 澧县		第 2 收容所 第 130 师战院	门诊处	担任全城霍乱防疫工作 12 月开到

C. 衡阳—祁阳—零陵线

队 别	地区	军 部	医 院	门诊处	附 注
第 36 医疗队	祁阳		第 52 后院	门诊处	继续工作
第 72 医疗队	祁阳 衡阳		第 109 后院 第 62 战院		8 月开到
第 17 医疗队	零陵、祁阳		第 62 后院		11 月开到，担任防疫工作
第 15 医疗队	衡阳				8 月开到，担任防疫工作

D. 修水—铜鼓—醴陵线

队 别	地区	军 部	医 院	附 注
第 14 医疗队一组	邵阳 浏阳 攸县 茶陵 茶陵		第 144 后院 第 56 站院 第 129 站院 第 9 难童保育院	9 月开到 于 10 月长沙撤退是开到 12 月开到
第 66 医防队	长沙 修水 醴陵		第 109 收容所 第 125 站院	担任防疫工作 9 月开到 于 10 月长沙撤退时开到

此外，第 62 卫生队一组在郑家驿，服务于收容所。第 81 卫生队在醴陵，服务于第 125 站院（于 10 月长沙撤退时开到）；第 9 医疗队在永丰服务于 128 站院。

丁、汽车运输队

湖南第一汽车运输队：本年初，二千余伤兵由衡阳运至湖南西部各后方医院。第一汽车中队总队部在邵阳，为四小队组成，每小队有救护车五辆。此四队中，两队奔走于衡阳、邵阳间，其他两队则在邵阳之各地间工作，如安乡、洪江、芷江等。因湘省冬季多雨，山路滑腻难行，然一二月间所云伤兵近三千人未受敌机威胁。后方勤务部招待所及沿途之军医署、后方医院均予各队极大援助，物品之供给则有伤兵之友社所赠之寒衣及军毯等。此半载间，沿衡阳-芷江线第一运输中队所运伤兵达六千余人。

原件藏贵州省档案馆，档案号：M116-1-6

中国红十字会总会救护总队部各医疗队配属表

（三十一年十二月下旬）

大队	大队长	中队	中队长	区队	区队长	工作		驻在地	战区	备考
						军	医院			
6	彭达谋	64	邹公鼎	641	邹功鼎（兼）		民众诊所	湖南桃源	6	
				642	张宗洵	44 军		湖南津市		
		24	凌长庆	241	凌长庆		民众诊所	湖南衡阳	7	预备大队配属
				242	盛术良					
7	钱惠伦（广东曲江）	75	倪国桥	751	倪国桥（兼）		民众诊所	湖南衡阳		
				752	纪振刚					
9	林竟成（湖南长沙）	91	唐文铭	911	唐文铭（兼）		临时医院	湖南长沙	9	
				912	谢显					
		92	祖张琪	921	祖张琪（兼）	20 军		岳阳		
				922	赵坚白	9 师		湘阴		
		93	刘廷杰	931	刘廷杰（兼）	73 军	临时医院	湖南长沙		
				932	李成江					
		94	赵罗华	941	赵罗英（兼）		13 后院	衡阳		
				942	李玉纯		14 后院	衡山		
		95	林大章	951	林大章（兼）		73 收容所	湖南平江		
				952	许信兰					
		12	朱文俊	121	朱文俊（兼）	九战区	127 战院	湖南浏阳		预备大队配属
				122	谭超然					

原载于贵阳市档案馆编《战地红十字——中国红十字会救护总队抗战实录》

各医疗队新旧番号负责人及驻地服务机关对照表

队别			驻在地	服务机关	备考
原番号	新番号	主管人			
第522队	第641区队	邵公鼎（兼）	湖南桃源		
第642队	第642区队	张宗洵	湖南华容西门外	第33师野战医院	
渝第28队	第751区队	倪国桥（兼）	湖南衡阳	青山街27号	
渝第28队	第752区队	纪振刚	湖南衡阳	青山街27号	
第九大队	第九大队	林竟成	湖南长沙		
第371队	第911中队	唐文铭	湖南长沙	临时医院	
第443队	第921区队	祖张谋（兼）	湖南岳阳	20军	
第643队	第922区队	赵坚白	湖南湘阴	92师	
第022队	第931区队	刘廷杰（兼）	湖南长沙	73军	
第322队	第932区队	李成江	湖南长沙	临时医院	
第143队	第941区队	赵梦华（兼）	湖南衡阳	134后方医院	
第491队	第942区队	石志华	湖南衡阳	74后方医院	
第591队	第951区队	林大章（兼）	湖南平江长寿街	77收容所	
第592队	第952区队	许信刚	湖南平江长寿街	77收容所	
第141队	第121区队	吴宏卢（兼）	湖南浏阳	4军	
第142队	第122区队	朱文俊	湖南浏阳	127兵站医院	

原载于贵阳市档案馆编《战地红十字——中国红十字会救护总队抗战实录》

红会总队部第四中队所属各医务队 廿九年一月份工作报告

（一）军事情形

本月上半月，我军取攻势甚急，围攻大沙坪，战事激烈，故伤员颇多。惜敌防御工事甚坚，未能得手。

（二）各伤病官兵卫生机构工作情况

前线各师战院之伤病兵，较上月为少，因多数均已后送。79 军各师战院之伤兵，较第 4 军战院为多，由战事着重在通城大沙坪一带。……浏阳方面之伤兵，有时亦经长沙转，开到长沙不久至 96 兵站医院，与 96 收容所，共同收容，犹感不敷。现该两站所，均住有伤病兵数百名，因为时船舶运力不足，故转送困难。伤病兵先送至湘潭 56 收容所，轻伤病兵能步行者，送至邵阳；重伤病兵不能行动者，则由卫生船舶送至渌口，经火车转送至衡阳，湘潭近有 56 收容所，收容量每感不敷，渌口之 120 兵站医院，过往伤病者甚多。衡阳方面，各院所至伤病兵较邵阳方面为多。盖衡阳有火车之便也。

（三）所属各医队工作概况

A. 49 队

（1）长沙工作组在 96 收容所，计本月灭虱二千余人，因果长沙伤病兵增多，96 兵站医院之伤兵，亦须先经由 96 收容所灭虱站灭虱方能转入。故该站不敷要求，现已在 96 兵站医院另设一站，……仍由该组派人担任。

B 53 队（1）平江 80 收容所一组，共 3 人，协助灭虱治疥及交换绷带。

D 33 队　经过长沙伤兵大增，故本月该队重伤室重伤并甚多，工作紧张，惟重伤室仅有病床 50 张，不能应目前之要求，故该队商及湘雅医院同意，拟再开一楼为第二重伤室，不日即可实现。

……

原件藏贵州省档案馆，档案号：M116-1-8

中华民国红十字会总会救护总队部业务通报

（第 18 号，1943 年 5 月 20 日）

一、本部会奉军事委员会颁行战时监督本会暂行办法规定，呈报本年度中心工作计划。摘录要旨如次：

1. 加强救护力量。

A 增强西南战区远征军救济设施

B 创设战区救济院

C 发展西北战区救护作业

2. 严察防疫设施。

3. 普通保健示范。

4. 充实材料储备。

5. 努力制药生产。

6. 慎重器材保管。

7. 提高运输效率。

二、敌于洞庭湖发动攻势战事，集中于荆、岳一带，将该方面救护动态分述如次：

1. 派第六大队长董奎先出发前线，督导医疗队加紧救护工作。

2. 原设津市第642医疗队业向湘属桃源移转。

3. 现设桃源第64医疗中队及第2卫生材料分库逼近前线，已饬察视战事演进之情况，随军行动。

原件藏贵州省档案馆，档案号：M116-1-293

战时防疫联合办事处二十九、三十年工作报告（节录）

民国二十九年六月，军政部军医署、后方勤务部卫生处、卫生署、红会总队部四机构成立战时防疫联合办事处。

第二篇　工作实施

丁、防疫工作之视察与协助

（五）湖南常德鼠疫之防治

湖南常德于三十年十一月中旬发生鼠疫，复传与敌机散布异物有关。本处建议各有关机关派第六战区司令长官卫生处处长陈立楷、卫生署医疗防疫队第二路大队长石茂年、军政部战时卫生人员训练所检验学主任陈文贵连同湖南省卫生处主任技正邓一韪、湖南省卫生处处长张维均于十一月间先后到达常德指导防治，并由陈文贵主任确定鼠疫来源为敌机投散鼠疫样菌所致。本处为防止常德鼠疫传染延及内地，曾建议卫生署电饬原在浙江之外籍专员伯力士赶赴常德督导防治，经于十二月二十一日到达。

报告及检验

各地如发现敌机掷下物品或发生鼠疫时，当地卫生机关应立电告卫生署，军旅卫生单位电告军医署。其已有鼠疫发现之地方应逐日将疫情电告卫生署或军医署。

指定下列机关负责检验敌机掷下物品：

湖南耒阳：湖南省卫生处中正医院

长沙：军政部第九防疫大队部

芷江：卫生署医疗防疫第二路大队部

衡阳：衡阳实验卫生院

原件藏贵州省档案馆，档案号：M116-1-289

湖南常德发现鼠疫及防治经过

（一）鼠疫发现情形

（民三十年）11月12日晨，有蔡桃儿一名由家属送赴常德广德医院求治，该患者住常德关庙街，系11日晚骤发高热，至12日求治时有头痛、周身不适及神志不安等症状，当经该院作涂片检验发现，有两极染色杆菌颇与鼠疫杆菌类似，患者于13日晨死亡。经于当日下午4时由中国红十字会救护第二中队长钱保康、第731队队长肯德（外籍医师）、常德广德医院医师谭学华会同作尸体解剖发现，有可疑之鼠疫病理变化，内脏亦发现类似鼠疫杆菌，斯为常德第一例鼠疫患者，经临床诊断及尸体解剖显微镜检查而断定。

（二）流行概况

常德自11月11日发现疑似鼠疫病例后，11月13日续发现一四五病例，寓东门长清街，当经询悉，病者于11日曾发高热，13日死亡，经作肝穿刺术涂片检查，亦有类似鼠疫杆菌。嗣后于常德东门附近又相继发现第三、第四两病例。病者呈高热及鼠蹊肿大等症状，淋巴腺穿刺液涂片检查，均有类似鼠疫杆菌。第五病例于11月18日发现有高热、鼠蹊肿大等病象。11月23日，常德关庙街又有一例。

常德自11月11日发现鼠疫至11月23日，计有六例，以后至12月13日，迄无新病例发现，迨12月14日及19日发生鼠疫各一例。

（附：鼠疫患者名单）蔡桃儿、蔡玉贞、聂述生、徐老三、胡钟发、龚操胜、王瑞生、王贵秀

（三）防治经过

常德自三十年（1941 年）11 月 11 日突然发现疑似鼠疫病例后，有关各方纷电报告湖南省政府。湖南省卫生处、中国红十字会总会救护总队部、常德广德医院均有电报告。卫生署第六战区兵站卫生处亦有电报告军医署。中央方面当经有关各方积极加紧协助防治，卫生署、军医署及中国红十字会总会除分调人员前往常德加紧防治外，为防止敌机在其他各地有同样的举动计，军医及卫生两属曾先后详细商讨防治办法，战事防疫联合办事处召集紧急委员会会议多次，经拟就（1）《防治敌机散布鼠疫杆菌实施办法》；（2）《补充防治敌机散布鼠疫杆菌实施办法》；（3）《处理敌机掷下物品须知》。当经呈请军事委员会及行政院交有关各方按照办理。此外，关于防疫人员之分配与训练、药品器材之准备与补充各地检疫机构之设置，以及细菌兵器施用可能性之研究等，均订有详细办法按照实施。此次常德当地防治工作分项叙述如下。

1. 人员：此次参加常德鼠疫防治工作技术人员计有：第六战区司令长官部卫生处处长兼兵站卫生处处长陈立楷、战时卫生人员训练所检验学组主任陈文贵偕医士及检验技术员各二人，卫生署医疗防疫总队第二路大队长石茂年、卫生署第 14 医疗防疫队、湖南省卫生处主任技正邓一韪、工程师刘厚坤等，中国红十字会总会救护总队部第二中队及第 731 队、军政部第九防疫大队第三中队、第四防疫大队第一中队、湖南省巡视卫生队第 3 队、常德县卫生院、常德广德医院。此外，湖南省卫生处处长张维、卫生署外籍专员伯力士均于 12 月中旬先后赶往常德指导防疫事宜。

2. 器材药品：防治常德鼠疫所需要之疫苗及化学药品，系卫生署、军医署及中国红十字会总会救护总队分别运去大批鼠疫疫苗及治疗鼠疫化学药品胺噻唑，以济需要。此外，卫生署及军医署续向中央及西北两防疫处订购免疫疫苗，并向国外订购黄苯胺噻唑、氢化钙、喷雾器等等，以备急需。湖南省卫生处派往常德防疫人员亦带去一部分鼠疫疫苗血清及各种药品、器材，以济应用。

3. 组织及工作分配：常德于三十年十一月下旬，成立临时防疫处，以求事权统一，指挥便利，由湖南第四区行政督察专员欧冠兼处长，第 6、9 两战区兵站卫生处、卫生署及中国红十字会总救护队部等派在常德防治鼠疫之主管人员分任委员。该处设总务处、宣传、情报、纠察、补给及防疫七股，分由当地各有关机关负责主持。另设留验所及隔离病院各一所，隔离病院设病床50张。兹将常德临时防疫办事处工作情形简述于后。

（甲）搜集病例　由中国红十字会救护总队医务队三队及卫生署第14医疗队担当诊治工作，在常德四城门设置免费诊疗所，搜集鼠疫病例。

（乙）死亡调查　军政部第四防疫大队负责，遇有死亡病例报告，即派员通知各医务队调查并填写调查表。

（丙）隔离治疗　此项工作由红会总队部第二中队医务队一队担任，遇有鼠疫病例即收容于隔离病院内，予以治疗。

（丁）检疫工作　在隔离病院附近设置留验所并划定疫区，区内居民须全部迁入该所留验，由军警协助执行。此外，中国红十字会四个医务队于交通要道设置检疫站，办理来往旅客之检疫事项。

（戊）灭鼠灭虱　由卫生工程师设计办理，在街巷周围筑短壁，再将地板鼠穴掘开，从事捕鼠及灭虱工作。十一月下旬，计捕鼠二百余只，经解剖未发现疫鼠。

原载于《全国疫情》1942年第5期

中国红十字会在常德防治鼠疫之活动简史

肯　德

溯自去岁11月4日日本强盗由飞机洒下毒物后，常德即发现严重疫情，斯时中国红十字会（总队部及驻常德第二中队）踊跃从事发现及防治等工作，不遗余力。

第一病例系败血性鼠疫，送至广德医院就诊，当时广德医院谭医生向钱中队长及肯德区队长研讨病情及所发现之病菌，及病人急速死亡后，由肯德及谭医生执行尸体检验乃决定为鼠疫死亡后，且亦无须待诸动物试验矣。

自临床发现所取之鼠疫杆菌后，死亡迭夕，经肯德医生及魏视导员调查，均属同样病菌而亦证实，一面则发动卫生行政人员从事防治事宜。

第二中队乃及下令调所属各队即日来常防疫，数日内各队齐集常德，乃分驻四城郊，以防病势蔓延，令派一队于隔离医院工作。

贵阳总队部因疫情紧张，乃令第六大队派队协助，由李庆杰医生率领该队来常德，数日后贵阳派来陈医生复验前制之片及动物试验，证明确为鼠疫无疑，且此种病菌常德一带夙昔从未发现者，其为日机不顾道义所投掷者亦无疑问矣。

为防治鼠疫，总队部曾发下好津佛氏疫苗数千公撮及治疗鼠疫特效药索芳色雨射数千粒，一般工作队则竭呈从事挨家注射疫苗宣传等工作，惟限于人民知识水准较低，推进不无困难之处。至于学校员生各公司机关则均能接受注射，对于管制鼠疫外延更从事于调查检疫等工作，及十一月份已无鼠疫病例发现，且因中央卫生署及湘省卫生处均派来防疫队甚多，红会乃调三队归返前方，留二队仍从事检疫工作，数周后该两队亦被钱中队长于三月亦调返兵站医院工作。

于二三月间中央卫生署派请鲍里斯顾问调查常德疫情，忽发现鼠疫春季传染爆发性加强，尤以疫鼠指数增高甚速，需要加强防治力量。斯时肯德总队长负责中队部及调派两队赴常德，一队派驻桃源，更复向总队部请示协助药材及工作人员。经总队部送来加强鼠疫疫苗三万公撮及伍仟粒索芳色雨射，并由第六大队部派来军政部防疫队，由李庆杰医生率领工作。

常德红会之两队担任常德三分之一地区疫情报告、调查、检验死尸、病人注射疫苗及宣传等工作，军政部防疫队则被派赴桃源及莫林乡，肺鼠疫发作时复派至该区从事堵塞消灭等工作。经白力士顾问之指导工作，成绩甚佳，俟莫林乡之疫情扑灭后仍返桃源，与红会731队合力工作，第二中队部于四月中旬设立鼠疫检验室，经检验之结果桃源已发现鼠疫，因之桃源县城乃亦变为防疫区，一切防治工作不得不力求完成矣。

五月常德防疫处重新改组，对于检疫工作骤然加强，肯德中队长被聘为检疫组组长，红会两队于沿河进出口各设一站，从事检疫工作。桃源防疫处则聘红会第二中队长为技术组组长，队中各队员则从事宣传、讲演、检验、注射及捕鼠运动，成绩斐然。

自本年四月起，中国红十字会参与常德桃源防疫处为肯德中队长，彼时之建议与防疫当局及指导防疫事宜，其作风仅次于白力士专员及中央容处长、湘省张处长。六、九两战区陈、冯二处长，及林竟成大队长莅常德时，且追随左右，伺机贡献意见，防疫当局获益不少云。

此种防疫工作何时止息，自非余等所知者，惟余甚希于合理防治之下，鼠疫得于今秋绝迹，庶余等得以从事前方总队工作，则幸甚矣。

谨呈

总队长　林　鉴核

第二中队代中队长　肯　德

三十一年八月二十四日

原载于贵阳市档案馆编《战地红十字——中国红十字会救护总队抗战实录》

第2中队民国三十年十一月份工作报告

查11月份4日上午6时雾气蒙蒙之际，敌机一架于常德城郊往返低飞三周，投下谷麦絮状等物，警报解除后，由常德警察局镇公所将敌机所散布之谷麦等收集稍许送至广德医院。经该院谭学华及检验室技士本人除派魏炳华视导员前往常德调查外，并偕肯德队长于6日至广德医院，据谭医师声称“将来之谷麦等以无菌之生理盐水浸洗经十五分钟以远沉淀器沉淀作涂抹标本，以革兰氏染色镜检发现多数革兰氏阳性杆菌及少数两染色杆菌，再将剩余之麦粒培养于腹水中（因一时无其他培养基）同时向粮行令取麦粒作同样之梯状以资对照。该培养麦粒经24小时之后检视，由粮行取来麦粒所培养之试管其液较清，而敌机散布之麦粒者，其液较浊。取此浑浊液镜检发现多数革兰氏阳性杆菌及少数阴性两级染色杆菌以测量镜量其长度平均为1.5米克隆［编者按：系 micron 音译，即微米］，再取对照培养液镜检结果，则无此种杆菌发现”。当即将所制标本检视一过即有下列疑问：1. 该项细菌若为革兰氏阳性则可疑为肺炎双球菌但无被膜。2. 该项革兰氏染色标本不鲜，或系染液配制不善，或系技术不合，总之常德无设备完全之检验室而我等医师均属临床者，除一方请派专员外只能尽我等之努力负此职责，不问敌机三日大雾低飞之极大危险，其用意何在，而所检验之细菌实有类似鼠疫之疑。虽细菌学不能以形态为凭，但祈未证明以前事先预防未致大错，乃派魏炳华视导员常驻常德卫生院做调查工作，并更期做进一步之研究，拟征求豚鼠做动物试验，但该项动物本市无蓄养者，即家鼠亦不能匆忙捕得，殊为憾事。

8日县府召开防疫会议即派魏炳华出席，议决成立防疫委员会，预先成立隔离医院及捕鼠宣传等各项要案。

11日下午民众谣传城郊附近颇有因急病而死亡者，乃传告警察局尚有急性可疑病者或死鼠发现迅送广德医院留验，此时中队部各队均派在部队服务，即距离较近之472队在181兵站医院因伤兵拥挤一时无法分配来。

12日晨有患者蔡桃儿1名，送至广德医院求诊，本人得信后即晨与肯德队长前往该院检视，兹将该病者病历摘录于后：

"患者蔡桃儿女性，12岁，常德人，居家住关庙街蔡洪胜炭行内，于11月12日入院。据其母亲口述，患者21日晚饭前尚觉平常，至八时许忽然发生寒战，继则高热头痛周身不适及神志不安等状，体格检查其发育正常，营养尚佳，惟面带愁容神志不清，但并非昏迷，皮肤干燥而带灰色，但无紫癜及黄疸，两耳患湿疹，左耳下腺肿大及有触痛外，其他各部之淋巴腺均无特殊变化，肺音清晰，心脏较弱，脉搏细速，每分钟115次，脾脏肿大，离肋缘约二指半宽，肝脏亦能摸及，头项不能强直克匿格氏征为阴性，白血球数增至12050，噬中性细胞为百分之八十八，淋巴细胞百分之八，单核细胞百分之四，无疟疾原虫及其他血内寄生虫，但发现少数两极染色杆菌，将患者严密隔离。入院时之体温为华氏105度，脉搏每分钟112次，呼吸每分钟36次，除结以大量饮水及液体食物和冷敷法以退热外，并每四小时给以口服磺胺0.5克碳酸钠一克（一日三次），及无菌百分之一红汞10公撮由静脉注射。"

以上各症状均为败血症之症候，本人因无其他助手乃令魏炳华加紧在城区调查其他类似病人，并令472队刘伦菩偕卫生院刘善荣前来常德协助调查工作。

13日晨该患者病情增剧，皮肤发现紫癜，神志不清，惟体温稍降至103度，此时于其静脉血液内检得两极染色杆菌甚多，与P. H. Mamson Bahn氏所著病之《病学》第222页所载之鼠疫杆菌图谱相同，患者于是日上午八时因心脏衰弱而死，自起病至死亡仅相隔36小时。

尸体解剖所见：13日下午4时实行尸体剖验，由肯德、谭学华施行，尸体皮肤带灰黯色，外视无特殊现象，仅左耳下腺稍肿大外，其他淋巴腺尚无变化，在腹中腺部位至脐下部剖开皮肤及皮下组织腹膜均呈光辉色，切开腹膜腹腔，内无渗出液潴留，惟稍在淤血，存在于肠系膜间，肠作暗红色，微鼓，肝脏肿大，约在肋下三指有间质变性及淤血斑，胆囊肿大如鸡蛋大，脾脏肿大红二倍于正常，甚软，表面有出血点，脾髓如稀糜，肾脏有水肿状态，肾盂内含出血点，关于淋巴腺未见其肿大现状，即将脾内血液抽出少许放入琼脂基培养，并作血液涂抹片在此涂片上又见有多数之两极染色杆菌，与在静脉内所见者完全相同。

根据上述病状及各种检验结果疑为败血型鼠疫。

13 日晚所派前往调查之魏炳华视导员在启明镇四保三甲一户发现可疑病人，据称“患者聂述生男性，年 58 岁，于 12 日发病，有高热等症。13 日鼠蹊淋巴腺肿大即抽取淋巴液作涂抹片而返。”（魏视导员对于标本涂抹及消毒手续均甚明了）即将其涂片镜检之发现与前同样杆甚多，即行走递送隔离，但患者即于是日下午 7 时 40 分死亡，即通知卫生院前往消毒。

14 日晨本人与肯德队长尚在德山总司令部，忽得卫兵转报有死者棺木抬过查询，始知系由常德送回之急性病者死亡，乃即前往葬地查询，据尸父称死者蔡玉珍，女性，27 岁，寄居东门内长清街，不知门牌，死者于 11 日发病，有高热等病状，其他情形不明，于 13 日晚抬送德山时死亡。乃即开棺检验，尸体表面略带灰色，无淋巴腺肿大及其他现象。不便作尸体剖验，即抽取肝脏血液少许，镜检发现少数两极染色杆菌。

14 日下午至广德医院，据报今晨在门诊处又发现病例一，患者余老三经抽取淋巴液检验证实，再将蔡桃儿脾脏血液之琼脂培养作涂抹镜检，所有两极杆菌均为革兰氏染色阴性。

以上各种检验工作并无专家主持，又无完整设备可检，为临床论据的检验工作，自不能十分详尽，但于三日内发现同样病例 4 人，均于同等情况下死亡，而涂片检验已得革兰氏阴性两级染色杆菌，则常德流行鼠疫怠无可疑，乃分别电告大队部，派遣专员协助防疫（至于电文报告或有文句不妥处，但本中队部迭请增聘秘书文才人才，均经回批不准，本人集医务事务、会计、交际于一身，实无法有暇修饰文句）。

14 日第六战区长官部卫生处长抵德山，是日曾会同总司令部刘毓奇主任军委会俄籍顾问司威戚巴克及肯德队长等商讨防疫纲要。举凡管理预防发隔离工程、疗治、检疫、宣传、器材等项，均经论及。至于工作人员，常德身为稀少，为迅速扑灭疫病起见，乃决定先行将本中队各队暂予调回常德，从事防疫工作，候中央或各地卫生人员派到后再行回返部队工作。业继令调 111 队设置北站，472 队设置西站，647 队设置南站，731 队设置东站，572 队协助隔离医院工作。

16 日下午会同陈处长、刘主任赴湖南第四区专员公署谒见欧专员冠，并请郑县长及卫生院方院长聚集决定一切防疫问题，并解除工作上之困难，计议举定要案如次：

1. 隔离病院明日起改在东门外徐家大屋，令民众从速迁移，以便布置。

2. 由欧专员即日下令派警察局张局长为疫情情报股股长，三镇镇长为情报队长，督促各保甲长将疫情逐日报告。

3. 于防疫大队未到之前，暂由红会派队在卫生院协助检验工作，步骤既定，虽一时人员不齐，只能尽最大之努力调驻常德附近之472队全力人士调查检验工作，连日虽有急病死亡者，但检验均未证实。

本中队各队先后集中常德，计472队于11月17日移驻常德，522队于17日到达，111队及731队全体于19日到达，642队于29日到达，均在指定地点工作。为便易调查病患起见，支配各队于各城门设立免费治疗所，中队部为指挥便利，亦由德山迁驻城中大高山巷91号办公。凡警察局送来之死病报告，均经中队部转饬各队前往死者之所在地，详细调查并派472、642各队之一部分担任船舶检疫。

其他卫生机关到此间者，计湖南卫生实验处副处长邓一韪于20日到达卫生署，第二路大队长石茂年于18日到达，军政部第四防疫大队第一中队于23日到达，卫生署第14医防队于22日到达，军政部第九防疫大队第3中队于27日到达。连日各队展开人事调查及预防工作。

延至24日晚，又发现病例一，适值陈文贵一行抵此，该病例于送至隔离医院时死亡，25日以后即将该死者作剖验培养及动物试验等工作，经证实死者系鼠疫致死（详见陈文贵检验报告）。

常德防疫委员会于11月20日改组为常德防疫处，由欧专员冠兼任防疫处长，各方医务人员为设计委员，推湖南省卫生处副处长，邓一韪为主任委员（附组织系表一份），常德卫生院院长方德诚兼隔离医院院长，本会522队协助隔离医院工作。

拟定12月6日举行常德全市清洁大检查，本会各队全体参加工作。

各队预防注射工作，因总队部带来疫苗至12月1日始由陈文贵交下，故于12月2日开始注射。

兹将各队工作情形摘录于后：

第111队——11月15日该队接到本会队部电令调常预防鼠疫工作，该地即遵于月之17日率队起程于19日到达常德，设置于北门外，作疫病死亡调查检验工作，21日起开始设立民众免费门诊处，以利调查疫情，本门距疫区较远，疫病亦未波起，该队因队员较少故，工作甚为忙碌。

第472队——该队原在181兵站医院工作，其时10月份前沿作战负伤者已悉数运到常德，故该队对于负伤员兵之医疗工作甚形繁忙，连日计施行大手术40余人，重伤病室之伤兵145人，均由该队负责敷伤。待至11月14日常德类似鼠疫病人发现数起，乃令该队来常协助调查检验工作。而该队待该院大部伤兵转院后，遵即17日迁常驻东门外卫生院作调查检验工作，24日迁移驻西门民众教育馆设立民众免费门诊处，且在西门附近实施调查疫情，并担任上南门桃源轮埠实施检疫工作，堪称努力。

第522队——该队原驻公安××师工作，于月之29日赴师部洽商建立灭虫站6所，派员赴闸口监制灭虫箱，并在该师野战医院协助环卫工作，设立门诊，并建立该院灭虫站，邵队长于17日来常德提取公物时，适本中队因常德发现鼠疫正调派各队来常工作，故留该对队长留常，协助472队刘伦善队长检验调查工作及协助地方布置医院，住东门外卫生院，一面令全体队员迅速开赴常德。其时（10月15日至22日）该队部正在公安苏家渡领导当地保甲清洁街道，改良村镇环卫，故队员于26日晚全部抵常，驻东门外隔离医院附近韩家大屋工作。该队长为隔离医院改善厕所两处，疏通沟渠，并附近调查病人门诊治疗内外科131人。该队队员较少，甚形忙碌。

第642队——该队原驻郑家铎136兵站医院工作，因前方伤兵渐渐后送，该院收容伤病兵600余人，故该队工作忙冗，连日施行手术30余人，并担任重伤室之敷伤室治疗工作。该队接到本中队部命令后，因一时伤兵拥挤无法脱身，故须整理病房候重伤转出一部分后，迄于22日出发29日到达常德，设立民众免费门诊处，于南站调查病人以得疫情之真相，并在下南门轮埠实行检疫工作，形甚为努力。

第731队——该队原在安乡×××师工作，上月初因前线伤兵均已后运，故曾一度协助第七收容所敷伤及手术等工作。至11月5日，全队迁回三汊河×××师野战医院工作，肯德队长于11月11日来中队接洽任务，商讨工作方针，翌日得到常德发现类似鼠疫病人之消息后，该队长随即往常德调查。

15日电令该队队员来常工作，迄19日全体队员兼程到达，即分配于东门外设立民众免费门诊处协助调查疫情。

魏炳华视导员暂在中队部服务，该员自10月29日报到后即协助办理各种统计工作，自11月12日常德发现类似鼠疫病例后，即终日奔走于疫区及附近调查病患死亡，殊著劳绩。

兹附呈常德防疫处组织系统表一份，疫情调查病死经检验证实统计表一份，疫情调查未经检验证实病患统计表一份。

第二中队长钱保康

1. 中华民国红十字总会救护总队部第2中队疫情调查未经检验证实病患统计表

民国三十年十二月二日　　中队长　钱保康

月＼日	姓名	性别	年龄	地　址	调查者	检验结果	备　考
11＼12	夏幼梅	男	47	鸡鹅巷文家巷六保一甲十户	魏炳华	非鼠疫	病故
＼	李锡臣	男	17	鸡鹅巷六甲五户天胜馆	魏炳华	非鼠疫	病故
＼	陈张氏	女	20	北门外土桥街十一保八甲十六户	第472队	非鼠疫	
11＼16	杨正林	男	45	海会寺六甲四户	第472队	非鼠疫	
11＼19	杨楷	男	34	关庙街十六号	第472队	经检验？	查472队刘伦善培验，经石茂年剖验，又522队邵公鼎魏炳华等
＼	胡钟发	男	45	关庙街帮钟发诊所	卫生院	检验？	经石茂年剖验
11＼26	满维贤	男	36	大西门外十七保六甲	第472队	非鼠疫	病故
＼	蔡李氏	女	56	长庚镇四保三甲	第472队	非鼠疫	
11＼26	罗邓氏	女	52	清平乡四保八甲三户	第472队	非鼠疫	

（续表）

月 \ 日	姓名	性别	年龄	地　址	调查者	检验结果	备　考
\	饶寿会	女	22	清平乡四保八甲五户	第472队	非鼠疫	原住沅安镇七保二甲
\	陈吴氏	女	26	清平乡四保十二甲	第472队	非鼠疫	
\	梅周氏	女	40	清平乡四保十一甲一户	第472队	非鼠疫	
\	郭焕章	男	63	长庚镇十一保十二甲甲长	第472队	非鼠疫	
\	刘黄氏	女	22	长庚镇十一保十二甲六户	第472队	非鼠疫	
11 \ 27	周嘉珍	女	19	启明镇十保四甲九户	第522队	非鼠疫	
\	刘袁氏	女	22	启明镇十保六甲二十户	第522队	非鼠疫	
\	张熊氏	女	33	启明镇十保九甲	第522队	非鼠疫	
\	朱新和	男	35	小西门外义民收容所	第472队	非鼠疫	
11 \ 27	王倪氏	女	27	南站码头船上	第522队	非鼠疫	
\	张熊氏	女	27	皇经阁五十八号	第731队	非鼠疫	
\	魏云阶	男	30	下南门问事处	第731队	非鼠疫	
\	丁德珊	男	54	北门内皂角庵	第111队	非鼠疫	
11 \ 28	胡秦氏	女	28	关庙街四十三号	第111队		
\	刘大发	男	4	大西门外二十四号	第472队	非鼠疫	
11 \ 29	张氏	女	75	长庚镇八保十八甲临三户	第472队	非鼠疫	
\	张玉林	男	48	长庚镇十二保四甲	第472队	非鼠疫	
	合计			26名			

2. 中华民国红十字会总会救护总队部第二中队部疫情调查病死经检证实统计表

民国三十年十二月二日　　　　　　　　　中队长　钱保康

月\日	姓名	性别	年龄	地　址	调查者	备　考
11\12	蔡桃儿	女	12	关庙街蔡洪胜柴炭行	广德医院	住广德医院病故，经检验，详请载报告
11\13	蔡玉珍	女	27	常德长清街	本会第二中队部	病例不明，于德山检验尸体
11\13	聂述生	男	58	启明镇四保三甲一户	魏炳华	
11\13	徐老三	男	25	甘露寺杨家巷五保五甲五户	魏炳华	原住常德北门皂角庵
11\27	龙超胜	男	28	关庙街十八号	李庆杰	
	合计			五名		

3. 常德防疫处组织系统表（略）

原载于贵阳市档案馆编《战地红十字——中国红十字会救护总队抗战实录》

第2中队部民国三十一年四月份工作报告

（一）人事方面

（a）各队分配之地点

522队工作于87军防地。642队工作于53军防地。111队及472队在常德从事防御鼠疫工作。731队有队员2名从事常德鼠疫工作。尚2名留中队部任门诊工作。魏视导员炳华亦在常德协助各队工作。

（b）472队之刘队长前曾得帕拉肠热症，近已恢复健康，现工作于常德该队。731队之王君继炽，已学毕鼠疫化验室工作，近返桃源。

（c）此月内所在常德队员，发生数起不当事件，余已分别惩罚，惟工作精神均甚良好，虽常德防疫会工作进展甚迟，亦不无影响也。

（二）各队工作状态

111 队、472 队及 731 队一部，并魏视导员均从事于常德鼠疫工作。522 队与 642 队推进各该军队之环境卫生及门诊事宜。同时关于注射预防针，大部分为牛痘苗及少数之鼠疫疫苗而已。于卫生工作，余等正实施推进各部队之灭虫灭疥工作及应用洗面淋具、每周卫生检查、蚊帐设备、厕所改良等事宜。731 队于桃源与长老会合作设一门诊处，由长老会供给房屋药品及少数之经费。每周就诊者，难民及 20 集团军之官兵等甚形踊跃，凡疥疮均可免费与以洗浴，同时关于桃源鼠疫防御，亦积极推进。于队中部设鼠疫化验室一处，以为检验考察之需。

（三）战争状况及交通

前线甚安静，前后医院人数不多。关于 118 及 82 师皆驻防常德附近，交通便利，以是尚无红会协助。

（四）材料库之情形

关于药品，如宾尔弗散、酒精、索路弗拉米地，均已用罄，希及时补助为盼。

（五）传染疾病

桃源第 6 战区属之第 1 军法执行分监部狱囚所患“回归热”至今尚未能铲除。魏视导员前曾赴 87 军视察卫生，该军环境卫生如：灭虫灭疥工作尚称满意（疥疮百分比例约百分之十至十五）。该员视察环境卫生尚符相当之注意。惟其报告及调查工作，尚觉未能全部而已。

（六）鼠疫

自 4 月 7 日，余曾表示以后情形，将迅速推进，惟此一月之间虽经无数会议及议决各项工作，似仍在进行。然于鼠疫蔓延速率作比尚觉不足。盖因当局做事精神甚形迟缓，虽经白力士及余之督促，效能仍觉不速。如：检验设施，原决议借助一营军队作为检验外围，结果至两星期之久，始有头绪，可见一斑矣。同时医务人员之组织无领导之人。石大队长（卫生署防疫大队长）仅于 4 月 20 号抵常德，至斯时起，佢希使现状有所改建，其他如宣传尚似不足（余曾由宣传计划书呈常德防疫处）。盖一般市民常识甚低，因之防疫政务困难重重，彼等且利用武力，凡动检查、注射及死亡病患之报告以外，防疫经费至今无着，政府之急救经费亦未从发下应用。

防疫会议屡经举行，余尝来往于防疫会与 20 集团军之间。盖第 6 战区陈长官曾令该集团军负责防疫事宜，以企实际有所收获。白力士之议见，余亦发动使之议决，惟决议后往延迟不得执行彻底，致阻疫政之顺利推行。

至今疫鼠已达百分之五十，而患鼠疫者有增矣已（4 月份患者 25 名内有肺鼠疫 2 名）。果鼠疫病者早送至隔离医院尚可救治，虽隔离医院设备不足，已有 6 名经诊治痊愈者内肺鼠疫 1 名。

近日情形：医务组织内已有石大队长负责，尤希李队长早日由黔经抵常德，协助石大队长处理事宜。一营兵士已在检留工作。5 月 1 日即可下令市民强迫注射鼠疫疫苗。白力士正建议选基本队作消除全市老鼠之壮举。盖常德老鼠如能在热季间消灭，鼠疫亦可绝迹，最近当有卫生署之重要人员抵常，以企有所建树。

桃源现已防疫分处。以组织常德鼠疫传播至大后方，防疫会与余所组之化验室每日检查老鼠，以观桃源是否波及情事。731 队王队员曾经派赴白力士处学习化验室工作。至今技术超群，堪为优良之助手。于桃源以检验老鼠 90 只，仅两个疑似片，经白力士复验结果亦不能断定。盖因非经特殊染色或动物注射则不能决断其有无也。余等于桃源正进行工作，欲选一标准例片以为证实。水上交通检查由桃源 153 兵站医院及卫生院负责，余等为负有注射疫苗及检举病患死亡报告等工作，对旅客市民之统制与宣传均甚注意。余曾著文经登载常德、桃源各报纸，以为鼠疫疫政之解释，并时作鼠疫预防之演讲。

余每周赴常德参加会议处理各队在常工作事宜及研究各项问题约二三日。其余时间则从事桃源防疫事宜及推进 20 集团军环境卫生。余曾于总部纪念周作一次公开之演说，并著成《战地医务改进及我见》一小册，分发各部队医务官长以外，731 队指导事宜，如技术方面及道德方面，以企有补实际。

最后，余甚希李队长早日抵常，协助防疫事务。余为外员，不能直接参职务事宜，惟企在红会工作名义努力有所建树，以企有符余之神圣使命也。

三十一年四月三十日　肯德

原载于贵阳市档案馆编《战地红十字——中国红十字会救护总队抗战实录》

三十一年一月至四月份疫情简报

一、鼠疫（湖南省部分）

新发现鼠疫后，……至十二余地，计发现 8 例（详见第 5 期）。本年1月13日，又发现死亡1例。此后直到3月中旬无新病例。但自3月24日起，又开始流行。初于3月24日及28日各疫死1例，4月份则共发现19例，死亡14例，内计腺鼠疫9例，败血症型8例，肺型2例。5月上旬，发现疫死5例，此后尚未续获该方面之报告。本年4月29日，敌机反复在常德上空投三异物，经检验结果现未发现跳蚤，又未检验出细菌，经动物接种，5日后亦无变态。此外，距常德30公里之桃源县鼠疫亦告染疫，经于28日及29日检验老鼠二只，结果证实1只，疑似1只。

关于常德鼠疫，目前之防治工作，除原有之常德防疫处负责实施外，卫生署医疗防疫总队3月中旬曾组织第二卫生工程队携带各项应用器材，前往办理灭鼠工作，更为要求各地防疫人员实施凡习防治鼠疫实施工作起见，常德曾成立鼠疫见习班，已于3月17日开班。卫生署医疗防疫总队第二大队大队长为加强该地防疫工作，已电调第四防疫医疗院及第十巡回医防人员赴常，军政部第四防疫大队亦派第一中队于5月4日赶赴常德。卫生署复鉴于该地鼠疫之严重，乃派防疫处处长兼本处主任委员容启荣偕同来渝述职之湖南卫生处处长张维于4月24日起前往常德，分别指导主持防疫事宜。5月6日，抵达该地，并于8日赴桃源调查鼠疫发现情形。

原载于《全国疫情》1942年第6期

第002队队长刘廷杰工作情形报告

职于9月25日夜2时率队离三姊桥向长沙桥头驿一带移动，于次日（26日）午前到达野战医院，即分一部分人员转运伤兵，职等则又随其他一部分向霞凝港推进，当日午后4时半到达，即在此暂时收容伤兵向后方转运，至次日（27日）战况骤变，敌人向老刀河进攻，霞凝港虽驻军开至长沙，此处距捞刀河仅15里，只一山之隔，老百姓逃走一空，但远方未接命令，虽焦急万状亦无可如何，该日午后即情况更加危急，散兵便衣队汉奸到处皆是，周围枪声密集，敌人有向此方转移趋势，飞机正日不断用机身扫身，终日无法工作，乃现设法用船将伤兵向长沙方面转走，至夜9时始接得命令，速向江西岸移动待命，乃全部急速上船渡江，行至江中时，对岸我方驻军即开枪向船射击，我等高声叫喊方始停射，然亦受惊不浅，达西岸后方始安心，我到房子乃迁至回龙洲，后在草内乱睡了一夜，次日（28 日）因同师部隔绝，消息一点不明，伤兵下来的很少，且多为轻伤，重伤无人抬，多被敌人杀死，职因各处伤兵均由此走向后方，有许多四五天未换过药，乃同院方商议于此设一换药站为友军伤兵换药，至夜间周围及对岸枪炮声交响，敌人向霞凝港进攻，该处因我方已开来不联防，故敌人一时无法冲过，枪炮声一夜未停，职等亦一夜未安睡，远远望着长沙大火，29 日去送伤兵，人员返此谓长沙已搬空，将伤兵全送至湘潭 160 兵站医院，今日盐、油、肉均无，只好终日用红薯煮饭充饥，困苦万状，30 日亦如此度过，幸队中无人生病，此尚可告慰，直至 10 月 2 日午前 10 时方接到命令，令向湘阴铁角嘴移动。职等用随院方即时移动，刚离开回龙洲五里余，敌人即到霞凝港飞机沿江扫射，职等一路不时卧倒前进，幸无一人被难，于夜 11 时到达铁角嘴，乃暂宿于此，次日（3 号）又迁至沙田坪刘氏支祠开始收容伤兵，数日来收容 90 余名。

此次敌人发动五师团之兵力进攻，但损失有四十团之众，由霞凝港经湘阴退走的仅 7 千余骑兵，步兵则全未退出，大部被消灭，不久可扫荡一清。职等现暂时在此收容湘阴方面伤兵护理，短时内或不移走。

谨呈

总队长　林

抄呈

大队部　中队部

第 022 队队长　刘廷杰

1941 年 10 月 8 日湖南湘阴沙田坪

原载于贵阳市档案馆编《战地红十字——中国红十字会救护总队抗战实录》

第九大队第 923 区队随第 10 军参加常德会战战斗经过实录

民国三十二年 11 月初敌寇数路进犯湘西，迨至 11 月 22 日，常德东南之沧港、麻石桥、牛鹿滩、薛家铺、石门桥、兴隆街、放羊坪、斗姥镇及德山间之各要点皆相继被敌占领，本队随第10军于11月19日奉令由衡山驻地向资江北岸战地前进，经八日之强行军，于11月26日抵达桃花江，是日该军各师已奉令分至向家冲、牛鹿滩、麻石桥之敌攻击。本队为便于工作而利业务起见，决跟随第十军军部行动，于27日推进至软桥时，伤兵已纷纷下来，本队即予收容，并予以裹扎医治后，当转送卫生大队，本日共计收容伤兵22人。

28日，前线战事甚为猛烈，敌寇用炮施放催泪性毒气，本队即派员前往救治，颇收功效，是日各师推进三十余里，本队亦随军部挺进至仙宫殿，本日共计收容伤兵26人。

29日，前线各师节节推进，一部分已攻抵德山，本队随军部仍在仙宫殿，是日计收容伤兵21人。

30日，前线我攻势猛烈，敌寇无法抵御，数日来连克薛家铺、兴隆街等要点多处，并另分一部分兵力增援冲抵德山之我军，至时德山全属我有。本队随军部亦续前进至唐家铺，是日计收容伤兵18人。

12月1日，敌因不克支持，由桃源调来一部分兵力，与我顽抗，至此战争形成胶着状态，本队仍随军部驻唐家铺，是日计收容伤兵20人。

2日，我军奋力狠杀，敌不支，败退至谢家湾，我与敌展开激战，本队随军部仍驻唐家铺，是日共收容伤兵32人。

3日，各师节节推进，敌向八斗湾、太平桥败退，本队随军跟进至余家坝，是日计收容伤兵23人。

4日，前线续在激战，本队随军部仍驻余家坝，该日共收伤兵8人。

5日，敌经不住我军猛攻，纷向沅水北岸溃退，我军即跟踪追击，此时第58军已到达前线，协同第10军追击残敌，本队随军部仍驻余家坝，是日共收容伤兵19人。

6日，前线我军合力向北退之敌追击，并另分一部分兵力向沅江北岸之敌追击，余搜索沅江南岸之敌将其肃清，残敌纷向常德撤退，截至9日，第10军奉令至桃江镇整编，另留一部分协助58军作战，本队亦随军部移驻桃花镇，此四日中共收容伤兵62人。

此次会战中，在第10军战地内发现敌之番号，计有第三师团、第十三师团、第十一军团各大部分，及支那派遣军全部总兵力约三万余。本队在第十军收容伤兵共243名，该军伤亡率约与敌一与一之比。

本队到达桃花江后，继续会同长官部14卫生大队及卫生所收容各部队落伍受伤官兵，及设立门诊工作，医治一般病人，自11日至本

(15) 日止，续收容伤兵43名，病人28名。

12月21日，第十军奉命回衡山原驻地整训，本队亦于是日随同回衡，于12月27日晚始行到达，现仍继续工作中。

原载于贵阳市档案馆编《战地红十字——中国红十字会救护总队抗战实录》

第2中队部呈报三十四年六月份本中队部所属各队工作情形

查本中队六月份工作情形如下：

（一）队务动向：642队队长杨同一部分队员赴华容59军野战医院协助治疗伤病官兵。

（二）队员迁动：队员张贵生由111队调赴642队工作，李智杰由贵阳抵111队工作，萧昌斌小组于472队报计工作，除522队徐飞至今尚未向522队报计工作。

（三）各队工作情形：111队及472队于常德从事防疫工作，对于鼠疫、霍乱等注射防疫宣传及就近门诊工作，均多有贡献。731队于桃源从事门诊化验室宣传及环境卫生视察、注射防疫针及协助兵站医院开刀等工作不遗余力。522队于全军卫生视察及指导工作，其多于霍乱注射、卫生宣传（发散宣传品）及门诊等，对于松滋县民众协助亦多。642队一部队员在津市施诊门诊，其余大部分赴华容五圭野战医院治疗伤兵。

（四）传染病：疟疾及夏日流行腹泻病发现甚多。鼠疫：本月仅发现鼠疫病人一名，染疫鼠类指数亦底，惟印度跳蚤则骤然增多。防疫处最近奉命改为湘西防疫处，处址仍设常德，另设桃源分处。凡桃源及常德临近各县，均设检疫站。新改组机构，因行政关系又发生新的阻碍，因以妨碍防疫行政工作，由湘省政府派邓一韪专员防疫设施之任务。本月防疫工作不甚活跃，换户之鼠疫宣传督导工作仅于最近举行，毒杀鼠类之计划因重土（Barienie Cartaneti）至今未计，无从实施，桃源亦感同样困难，惟换户宣传督导工作复查均于本月完竣，下月青霉素注射液、鼠疫防疫之苗则在计划施行之中。

一般事宜：

(a) 职因属于常德检疫组事宜，曾三次赴常德参与各种会议，于七月二十七日伯里士与邓专员来桃源相携赴总部访霍总司令，商谈要公，并请协助注射事宜，于二十八日又相携赴陬市检查一般情形及流动检验室。

(b) 于本月三十一日，职曾访视二十九集团军王总司令接洽本中队各队分配新到各军师之工作。

(c) 本月曾访大战区柏处长交涉统制运输米粮事宜，并蒙准以廉价购买酒精于该去所辖之酒精厂，俟后本中队之酒精当不成问题（每加仑七十元）。

(d) 红会632队现已抵第二中队区工作，事前并无通告该队，以后按置直祈队部来令指示。

(e) 本中队曾推动桃源饮水消毒事宜，虽人民及行政上多所困难，尤希力争推动并补助漂白粉，盖第二库所存该药甚多，时间过久，有腐坏趋势。

(f) 111队及472队奉令解散，输送班已将该班于月底解散矣。

(g) 中队部船舶班奉令已解散，惟船舶不宜卖成合理价值，且本中队部可利用该船不时运输之用，暂泊队部岸边。

最近得总队部正式任命代理中队长职，职将竭尽所能完成红会各项使命，庶不负企许之深，以争取红会永久之令誉也。

谨呈

总队长林　鉴核

民国三十四年八月五日

第二中队代中队长　肯　德　谨呈

原载于贵阳市档案馆编《战地红十字——中国红十字会救护总队抗战实录》

第二次湘北会战中之红十字会救护工作总报告

林竟成

编者按：本期行将付印的时候，忽然得到救护总队第二大队林副大队长竟成，及〇二二队队长刘廷杰、五三一队队长贾宗舆，参加第二次湘北大会战救护工作的报告书，其奋勇牺牲，努力服务的精神，实堪矜式，为我医务人员效忠党国服务人群的楷模，我们得到这些宝贵的材料在本刊发表，诚足以光篇幅，谨向林、刘、贾三位先生以及此次参与大战中救护工作的诸位同志致敬！

一、会战经过

自九月七日至十七日，敌约四五千人进攻湘北大云山，企图扫荡我军游击区，经我第×军及×××军击退克复大云山，敌伤亡数千，倭寇受此巨创后，集结兵力约五个师团，人数在五万以上，配合飞机、大炮、战车等，于九月十七日夜至十八日晨乘我军不备，大举进攻，强渡新墙河，采取闪击锥形渗透战术，其要点在利用便衣队、骑兵、伞兵、飞机、大炮、战车等，突破一点，开辟道路，然后从小路进攻，无孔不入，袭击各部队首脑部，不断狂炸交通线，使部队失却联络，因而溃散。故最初进展神速，关王桥、长乐街、新市、平江、金井、高桥等地，相继失守，进抵长沙东北相持于捞刀河一带。二十七日下午，且有敌之便衣队骑兵数千人进入长沙市区，转窜至浏阳、株州〔洲〕，但敌终因过于深入，我方大军仍在敌后侧击敌人，截断敌之连〔联〕络线，故敌之粮食弹药均不能接济，遂不得不溃退。卅日夜起，敌开始由长沙溃退，一路遭我军截击，故损失颇重，据统计敌之死伤约在四五万人左右。至十月七日，敌全部溃退至新墙河以北地区。我军此次集合精锐部队，保卫长沙，动员××个军人数在××万人以上，为开战以来最大之战役。现长沙无恙，洞庭湖滨我国之粮库无损。二次湘北大捷，对于我国抗战前途之粮食，人民心理之振奋，国际形势之好转，意义至为重大。

二、救护各队移动及工作之情形

一、救护第四中队　九月十九日晨，敌机狂炸长沙，闻前方紧张，即派员四出雇船，卒以重价，仅雇得大船三只，连夜将存长沙材料库速同331、332队之重要器材药品，X光机、显微镜等，以及各队寄存长沙之公私物品，计三百五十余件，抢运上船，连同职员眷属妇女小孩三十余人，载满两船，由余世法、祝智放、林春熙三员，先期押运至衡阳。其余一船则留待紧急时启行。并与长官部卫生处取得连〔联〕络，决定与该□同进□□□长各队均作移动准备，但仍照常工作。二十四日晨，接到长官部通知，同其移至南岳，遂将中队部以及各队所余之公私对象，抢运上船，所有新近由前方后送之职员眷属以及不良于行之女职员，均同时于空袭紧急中离开长沙。我则同卫生处移动，行至中途忽遭空袭，输卒行李不知去向，四处找寻无着，遂只身登长官部民船，于二十五日到湘潭，当晚乘火车至衡山，转南岳，与卫生处暂在南岳大旅社办公，后偕长官部迁圣公学校。此时设法与各队连〔联〕络，并在衡阳设临时办事处，由杨焕文队长主持之。时军事情况益急，敌曾一度窜株洲，粤汉路有被打通之危险，遂派员到衡阳作载运材料、眷属至耒阳之准备，并将大队部材料以火车运往柳州，其余急时由汽车运茶陵。十月三日我去衡阳办理要务，十月七日长沙克复，遂率331、332两队兼程返长，于八日到达。除军队外，本救护队实为第一个到达长沙之团体，市面行人稀少，商店闭户，情况萧条。目前材料一部已运回长沙，一切已恢复常态。

二、531队　该队始终随×总部工作，进退与之，自九月廿日起至十月十五日，均随×部在最前线实施救护工作，队员输卒均能历险吃苦，三日不眠，夫少物多，致队部物品无法扫数携带，幸重要公物无损失。十月九日复派该队队员顾道清率输卒五名，由平江南下掩埋遗尸一百八十具，死马一〇一匹，此种工作精神实在难能可贵。

三、533队　该队在平江南江桥于九月四日奉命至通城防治疟疾(通城恶性疟疾流行)，战事发生时，该队曾分两部工作，一在君子堂×师战院留守部，一在板江×师战院前方作业部工作，于九月二十一日随×师战院向浏阳方面进发。因敌机轰炸关系与战院失去连〔联〕络，该队追寻战院越幕阜山去钟洞，因夜间失路，输卒所担过重，将私人不重要者焚烧，经平江三眼桥向焦溪岭进发，路遇492队遂同行。因我军部队行进，拥挤不堪，遭敌机俯冲狂炸扫射，返复不已，吼声震天，机枪声如连珠，弹片横飞，相距不过二十米，物件稍有损失，幸队员无恙。该队经浏阳后遭敌机轰炸，乃转徙醴陵，并在该处设门诊部，次日去攸县与143队连〔联〕络，暂在×后院工作为伤兵敷药，十月九日奉命开长沙，派长沙重伤医院及本处门诊部工作。

四、022队　该队始终与X师战院同进退，于十八夜起向绿塘铺、杨林桥、石子岭、三姐桥、桥头驿、霞凝港、乔口等地移动，随时随地协助野战医院工作，并设换药站为经过伤兵换药，沿途登山涉水，屡遭寇机狂炸扫射，而各人员仍本大无畏精神完成其任务。至十五日该队随×野战医院仍回白水原地工作，重要公物均无损失，且即设门诊部为民众治疗。

五、491 队　敌自九月七日起开始攻我大云山，该队派赵璟、卓文华二员，至花桥第×军军部军医处设裹伤所，裹伤三千余名，及至战状紧急情势紊乱时，第×军战院已渡河南撤，浮桥被敌炸断，该队于夜十二时涉水渡河，队员全身皆湿，沿途我军上开，人马挤塞，并遭敌机不断狂炸，死伤枕藉，该队员之得免于难者，仅毫厘之间耳。输卒首经此役，面无人色，竟至相率泣下者有之。该队工作人员曾三夜不眠，追踪第×军战院至高桥，即在该地设裹伤站。寻战院及 492 队均未遇，故派员来长请示。遂令该队回长沙与 493 队合并，于二十四日晚随×兵院退湘乡工作，十月八日奉命开长沙至×收容所工作，五日复开长乐街第×军工作，此次该队后退以输卒不足，均自动抛弃行李，保持公物，故重要公物均无损失。

六、492 队　该队于九月十九日随×师战院推进至脱甲桥工作，三日间共计治重伤兵一千三百余名。二十三日情况变化，该院奉命移学士桥待命，医院尚未移动，即遭敌之便衣队袭击与敌机之狂炸，遂与院方暂避山中。旋院方副官纠合士兵二十余名，持枪向高桥突围，遇敌便衣队，遂将私人笨重物品弃去，夜与医院循山径小路摸索前进，天明至雷公岭以生薯充饥，经沙市仁寿山又遭敌机轰炸，医院担架兵伤三人死一人，队员杨保华被冲散，枪声四起，漏夜奔命，天明至羊古滩，无法横渡，遂以打稻木桶渡过，清查人数医院，只军医数人看护兵九名，担架兵十余名而已。至石头岭遭敌机狂炸，过焦溪岭又遇敌机狂炸，几罹于难。我军士兵被炸死伤数百名，临时为之敷伤。该队复随×战院至浏阳醴陵，×战院驻衡阳，该队经×战院之请求至泗汾，设立敷伤站，共换药三日两夜，敷伤人数千二百余名，六日该队至渌口×战院工作，十三日奉命开长沙，该队随军进退，两次突围，旅程八百里，现奉令至湘阴李家塅×师战院工作。

七、641 队　于九月十八日敌机在长乐街竟日狂炸中，先遣女队员三名随×师眷属去长沙。其余队员随×师战院涉水过河（浮桥被炸），水深及胸，衣服全湿，担子过重，遂将私人行李抛弃一部，各人均以公物为重，黑夜行军，队员均担负公物向平江进发，沿途敌机狂炸于上，敌骑追踪于后，夜行崎岖山路，日间则不得一饱，但仍旧是随时实施救护工作，途中历遇危险，饱受艰辛，曾有两日冒雨而行，衣服淋湿无法可换，被絮多数弃去，夜无御寒之具，输卒两肩，均为重担压破皮肤，幸人均安然无恙，重要物品悉数携出，惟私人物件则损失达三分之二。此种精神，实堪嘉许。该队至平江时，忽遇敌机九架狂炸，遂与战院失却连〔联〕络，后闻该院退浏阳追往访问仍无所获，旋至醴陵转攸县，后奉令至衡阳协助〇八一队在×后院工作。此时衡阳伤兵涌至，正需队协助正殷之时也。十月二十日复奉命开长沙，于二十六日转关王桥第×军工作矣。

八、643 队　九月十七日洞庭湖吃紧，长沙危急之时，全队分成两组工作，一组由赵队长率领队员四名，随×师至沅江甘溪港立裹伤所，及协帮助阳该师战院医疗工作。另一组由队员刘裕需、吴汉钧二人随×军战院至乔口、湘阴一带，担任救护敷伤工作。该组并曾于十月六日敌人从湘阴撤退之时，到城内抢救负伤将士，当时风声鹤唳，满目伤亡，防军寥若晨星，居民逃避一空。经彻夜工作，于翌晨始将伤者尽数救出，运回乔口途中曾与敌前哨相遇，一伤兵与民夫遇难，而刘吴二同志则达到任务脱离危险，亦云幸矣。该组直至十月十二日始返回益阳，总计收轻伤兵二百五十余名，至于×师方面因阵地未动摇，又有水路可运输。对于救护方面，大致尚依正轨进行，且在二三个月内，可治愈者均留师部战院医治，前后共收治百余名，现该队仍派员至该所工作。此次该队始终随军工作，各员工之忠于职责，勇于用命，精神极佳，殊堪钦佩。

九、493 队　该队于长沙紧急时，奉命与×兵站院移动，先将笨重物件由民船运衡，全体轻装待发，于二十四日长沙紧急时步行至湘阴、湘乡，于二十八日到达×兵站医院工作，旋于十月八日奉命回长沙。此时长沙伤兵众多，而收容所多乏敷料，故协助敷伤，并在本处设立免费军民诊疗所，每日治疗伤病军民一百余人。长沙劫后，民众被敌杀伤者颇多，亟待医药上之救济也。现该队又奉命二十九日开往平江×总部接替581 队工作。

十、331 队　该队重要公物于二十九日先期由民船运衡，于二十四日下午奉令离长沙至湘潭，由湘潭乘火车至衡阳，派在×后院协助 081 队敷伤工作。此时衡阳伤兵众多，急需队协助，故适逢其时，甚为得力。十月七日复由唐文铭队长率该两队驰回长沙，先在本处所设之免费军民诊疗所，并往×收容所协助敷伤，后又商借天主堂医院设本会重伤医院，十三日开始收容重伤兵，实施手术治疗，计有病床七十张，工作极为紧张，甚得长沙各方之好评。

十一、321及322队　该队先期将重要公物八十余件，分批以火车民船运往衡阳，二十六日运材料行李四十余件，不意火车行至三门站，适遇敌机轰炸，火车被炸，幸公物无损失，仅私人行李七件被炸。该队于九月二十六日随×兵站医院至湘潭工作，后派往前方南江桥×军工作。

十二、081队　该队驻衡阳，为本中队此次惟一未曾移动之队。但衡阳为伤兵必经之路，该队在×后院工作，极为紧张，遂派杨焕文队长主持衡阳本处临时办事处事宜，并由322队糜雪亭同志任文书，对于后方调度连〔联〕络，以及招待本会过往人员，诸多襄助，为时一月，倍极辛劳。

三、总结及建议

1. 此次湘北会战前后本中队悉依预定计划办理，各队均遵令随军进退，日夜奔驰，越山涉水，历尽艰难危险，九死一生，且能于敌机狂炸或为敌追击之中，随时随地工作，完成任务，此足以证明本会各医务队，已能与部队于最困难危急时配合工作，其意义颇为重大。其与部失却连〔联〕络者，亦均奉令至指定地点伤兵卫生机关工作，尽力颇多，且于长沙克复后，迅即向前方欣然挺进，长途移动，将近千里，各队工作人员均形容消瘦，而精神甚佳。即患痢疾及疟疾者，亦自告奋勇追随前去，毫无倦色及怨言。此种服务精神，殊为难能可贵。且于不得已时将私物抛弃，保存公物，故各队重要公物均无损失，兵站区各队亦均能随伤兵卫生机关随时随地工作，协助良多，而长沙中队部各员，于长沙危急时努力协同抢运公物，致公物材料毫无损失，亦属可嘉，此次各队移动，输卒至为得力，每人担重七八十斤，日夜驰奔，登山涉水，日食不得一饱，夜眠无被，两肩压破，但无一落伍或潜逃者，中队部输卒马永先、姜润全二名，奉命奎宁丸三万五千粒至533队，经平江附近遇敌，该卒竟能将原物挑至衡阳，毫无损失，亦属难能。综观上次会战本中队各工作人员，均能克尽厥职，无一队有一闲员，无一请假、无一开小差者，吃苦冒险耐劳奋斗，精神之佳，士气之盛，可谓空前，拟请各予嘉奖以资鼓励。再者此次各员工输卒，维护公物，损尖私人行李，天寒缺衣被，请予救济，以慰工作。

2. 各队预备费极少，且均已垫支旅费办公费及输卒费伙食费用无所余，而每月经费延迟，汇至前方须迟两月，一旦有变，汇寄不通，借贷为难，此次各队即深感此苦，长途移动，钱尽粮绝，时遭断炊之苦，故各员工多日食不得一饱者，因此拟请增加各队预备费，以备急需。

3. 前方无路区每队仅配十名输卒，不足应用，于战时移动尤为困难，在此情形之下，势必牺牲私人行李或及公物。以此次之经验，每队除原有输卒十名外，至少须增五名，方能勉强应付，此应请立即实施者。输卒无制服，不特有碍观瞻，且通行不便，每为部队所留难或押扣，实属妨碍工作，请速发输卒制服，以利工作。

关于战时我国卫生勤务方面，谨将此次各队之经历，综合感想缕陈如下：

1. 此次会战情状激烈，变化迅速，致野战医院多与部队失去连〔联〕络，进退失据，无所适从，致伤兵下来均多未经军师野战医院，而野战医院多损失既重，且无伤兵，不能尽其任务，成日移助，少能工作，前方伤兵多自动下来，无有伤票，其他野战区卫生机关之配备连〔联〕络运输俱感困难，不能完成任务。

2. 因缺乏统一指挥与联系，致使野战区卫生机关与兵站区卫生机关失却连〔联〕络，每互相推诿责任，撤退过速，各不向前，且因无人指挥，致移动不定，配备地点不合，伤兵无法转送。

3. 伤兵输送力不足，担架不敷应用，且配备失当，连〔联〕络不足，多未能发挥作用。

兹依管见作下列之建议：

1. 今后最好于每一个伤兵输送线设一统一指挥之机构，且其责任为指挥连〔联〕络监督，调度该线战区及兵站区之卫生机关，最好卫生机关能有通讯工具之装置，以资迅速指挥与联络，凡战院退至后方或兵站区卫生机关，不奉令先期撤退或遗弃伤兵者，均应加以严厉处分。

2. 输送担架及人力应加强，并有适宜配备与连〔联〕系使用。

3. 作战紧张时，战地推移过速，致野战区卫生作业困难，初步敷伤亦属不易。最紧要之补救办法，厥为各部队应普遍每连设卫生兵两名，予以适当训练，携带救急箱及饮水消毒箱，负敷伤救及饮水消毒之责，每班班长亦应受急救之训练，即每个士兵亦应加以救急包正当使用法之训练，并实施练习之。

原载于《卫生报导》第 5 期，1942 年

湘北战地部队医务卫生工作一年来之回顾与前瞻

林竟成

一、前言

去年七月奉令将四中队所属四九、五三、六四三队向湘北前线无路区推进，经一度与贾区队长宗舆至湘北前线各地视察，并与当地军政卫生机关接洽之后，即调四九及五三队分别推进于某地某伤病官兵收容所，及某收容所工作；六四队由××经××推进于某地某伤兵收容所工作，除协助各该收容所治疗伤病兵外，并推行当地军民医疗、卫生、预防注射及开设军民诊疗所等事宜，此为湘北前方无路区初次有红会工作人员之踪迹，颇受各方之欢迎。后以收容所伤病兵无多，遂亲至最前方某军各师视察，认为师野战医院为吾人工作最适宜之所，盖有三要：即重要、扼要及需要是也。大多数伤病兵均可留医于军师野战医院，治愈归队，不必转至后方，不特直接增加部队战斗力，且节省国家因转送后方所受无谓之输送医药及其他之消耗，此即吾人协助该院之重要性也。伤病兵倘于野战院，不能得到合理之治疗及护理而转送后方，反失治疗之时机，或反传播传染病之种子于后方，且因长途输送之不宜，收容所之未能尽责，往往轻者变重，重者死亡，盖愈转送后方一步，病人之体力愈低降，治疗亦愈棘手，此即吾人协助该院工作之扼要性也。军师野战医院之药品材料不敷需要，医务人员之技术不尽合于要求，此即吾人协助该院工作之需要性也。有鉴于此三要，故八月间即自将四九队分三支队，第三支队留某地，第二支队进于某街××师战院工作，并亲率第一支队推进于某地某师战院工作，此为红会最先推进于师野战医院工作之队，亦即红会推进部队工作之前锋。此外，并令六四队准备推进于××街第××师战院，五三队推进于××桥××军工，在战院工作月余，颇博军事长官及各同仁之协助与欢迎。九月十八日起，敌以六师团之众，六路会攻长沙，一幕激烈之湘北会战遂以展开。吾人在××师及××师战院协助外科治疗工作，至为紧张，盖每日均有大批伤兵下来，昼夜不绝，最激烈之时战院仅离火线十里，在不断炮声及天空上敌机盘旋之声中，从事救伤工作。各工作人员极为兴奋而镇静的〔地〕在此紧张局势下工作。因敌在营田登陆，我军因战略关系，遂于二十四日后移，五三队由某地于失陷前一日退出，四九队第一支队随某师战院，由××经××始与第三支队及五三队会合，再至××回××整理，沿途困苦颠危、饥寒交迫，步行十一日，行程八百余里，途遇敌机追踪轰炸，幸均无恙。惟公私物件损失颇巨，幸各人之精神甚佳，且是役给予吾人以极宝贵难得之经验。到达××后数日，即奉命复开××，重至湘北前线。六四队分配在第×军各师战院。五三队分配在××军战院，四九队分配于××军××师战院及第×军军部战院工作，人员材料均较团前充实，所协助工作之范围，亦较前扩大与更有系统，且进而推展医务卫生工作于饰之各团，因鉴于上次湘北会战缺乏输夫，致公私对象因之大受损失，乃有输送队之组织，至是本会之战地医务卫生工作，遂益为湘北各部队所认识矣。在此一年之中吾人上承层峰之领导与指示，各军事长官及各军师卫生人员之协助与合作，以及各队工作同志之服务精神，得有相当之效果，此一切情景深印于作者脑海之中，而不能或忘。谨就回忆所及，将此一年来工作概况，及所得之经验，连同建议各项作一较详细之报告。盖今日我国部队医务卫生尚乏有优良之系统与组织，以及实际适用之办法，故此一得之愚，或可为他山之助，并希医界先进有以教之！

二、组织

每一医务队担任协助一个军之医务卫生工作，每队复化分三支队，分别在三个师战院及各团工作，每支队有医生一人，护士或医护员一人，及医助卫助四人，并附有一个输送班，每班有输夫九人，班长一名，担任运输药品材料、工作人员行李并协助灭虱治疥及病室清洁等工作。此外附有担架二付，于必要时担任输送伤兵。

三、工作之方式

吾人初次至部队协助医务卫生工作，且初无任何强制之权力，为求取得对方之合作与信仰，以及欲收工作之效果起见，故一年来即采取下述之方针及方式：

（一）绝对不作恶意之批评

初至部队工作，因军医机构之特殊性及复杂性，言语及行动稍一不慎即易启人怀疑之心，伤害感情，而生不必要之误会，因而增加工作上之困难，故吾人绝对遵守不作恶意批评之信条。

（二）不干涉行政

吾人之协助范围以技术为主，避免干涉关于卫生行政主权之任何嫌疑，惟在必要时作善意婉转之建议而已。

（三）以真实服务精神及良好工作态度为合作基础

吾人不作任何夸张虚伪之宣传，盖真实服务精神及良好工作态度，乃最佳之宣传，借以取得对方之信仰与合作也。

（四）不居功力守协助范围

吾人之工作，本为协助性质，若有成绩，自当归该机关之卫生主管长官，且在军师长前，尤应推崇该军师卫生主管长官之合作与协助。盖凡人偶患足疾须借拐杖以行走时，自必重视拐杖，若一旦能自行走动，自必舍弃拐杖矣。因无人自己能走动而愿意旁人说彼须借拐杖而行走者，故吾人切勿自视为别人之拐杖，而应为别人服务之耕牛！

（五）多次的请求与不惮烦的解释

若遇有重要之建议，一次不得要领，则以多次恳切之解释反复行之，以达到目的而后已，但避免任何足以引起误会或伤害感情之言语。

（六）不怕吃苦与部队共同行动

前方部队每多移动，吾人初至部队工作时，渠等每以吾人不能与部队共同行动为虑，此实为一种侮辱，故自始至终即勉励各队员以一个原则：即凡中国部队能到之地，红会工作人员亦应能到之。至今此简单之原则，已深印于各队员脑海之中，因无人能有充分之理由，反对或推翻此原则也。

四、工作种类范围及其问题

吾人之工作种类及讨论之范围为：（一）外科治疗及急救；（二）内科治疗；（三）防疫工作；（四）环境卫生；（五）护理工作；（六）个人卫生；（七）训练工作及卫生教育；（八）医务设备；（九）伤病兵之输送问题；（十）其他。此十项工作，吾人根据因地因时制宜之原则，而灵活运用之。盖部队移动频繁任务不一，故部队医务卫生工作，初不能拘泥固执限于某种，故吾人须随时选择工作。如作战时则以救伤为主，平时则以训练工作、卫生教育、环境卫生、内科治疗，及预防工作为主。春冬季则注意灭虱、治疥、种痘等工作；夏秋季则以预防胃肠系传染病及扑虐为中心工作等等。如此，不特深合部队之需要，且吾人精神上亦无闲暇松懈之苦。至于吾人工作之范围，初不限定于军师野战医院，且及于团部卫生队。关于医务环境卫生及士兵之个人卫生，盖吾人之工作对象，不仅为伤病兵而为整个师之官兵也。不仅为伤病兵之治疗问题，而为整师官兵之卫生保健问题也。以预防重于治疗、护理重于用药为矫正部队以往错误观念之重要目标。虽吾人之力量有限，因而致力者亦有限，或不无理想太高之讥，但吾人之工作目标，不能不向大处着想，而向小处着手。盖吾人工作之最大动机，在于引起及刺激各军师长官及卫生人员，对此重要理想予以深切之注意也。在各种工作中均有教育之意义，盖吾人人力有限，固不能包办全师卫生之工作，故吾人一切以引动他人，协助他人，使能在不需吾人时，亦能自己独立照常进行。换言之，即在于建立部队卫生之楷模，此即总队长指示吾人之工作方针也。

兹将吾人各种工作及其问题逐项略述之如下：

（一）外科及急救

吾人外科工作着重在一般敷伤之无菌及消毒之示范，以防止再传染及保护组织抵抗力为目的，并不主用价昂之消毒药（如汞色素及雷勿奴尔等），而仅采用凡士林或攸琐纱布，有时即以无菌纱布覆盖之，并主张对于正常伤口非必要时不多换药，此外并注重骨折之固定、休克之治疗等。至于手术方面，因运输困难，伤兵至野战医院通常在二十四小时以外，故扩创术无施行之价值，其他繁复之手术多因时间问题而不能举行，最常见之手术厥为切开排脓、止血、取异物而已。此外，如肢截除术亦仅偶尔为之。总而言之，吾人之外科治疗，乃系外科预防而已，然而此实为部队最重要之外科工作也。总之，战时外科工作，不在施行繁复之手术，而在第一次之合法敷伤；故士兵救急包之合理应用，极应于平时训练之。在前线之敷伤，亦极关重要，若处理不当，则送至后方，虽施手术者如何吃力，而结果不过为国家多留几个残废无用之人，或长久未能重上战场之伤兵而已。此外，多数重伤者因在火线上失血过多，未及输送而死，故担架兵及一般士兵之简单急救常识（尤以止血为最重要）应于平时多加训练。关于前方之敷料消毒，颇成问题。盖战院多未备高压消毒器，利用蒸笼灭菌，据云又不可能，而在团卫生队或更小之组织所用外科器械消毒（如换药镊等），仅于第一次经过煮沸消毒，以后每次用后浸于百分之十至二十来沙水内。依吾人之见解，师战院应各备一高压消毒器，将各军位所使用之敷料中消毒后，再分发与各军位，而各军位已用过之敷料应洗涤后再缴回军医处转野战院，消毒后重行分发借以节省经费，在战时伤兵，常如阵雨骤至，军医每感不敷，且多忙于填写伤票、张罗输送问题之解决，实为最需要吾人协助之时。战时战院分为两部，一在较前方收容伤兵，一在稍离前线之地，留医轻伤病兵，故人员每感不敷，颇需吾人协助，吾人并注意及检伤问题，即依伤者之轻重程度、受伤种类，以定手术或输送之先后，如此则不至延误治疗时期，而工作之效率亦因之增加。在平时吾人注意下腿溃疡之治疗及其预防（指示士兵每晚洗脚修短指甲、治疗疥疮、普设蚊帐、小创口即应就医等），盖此为部队最常之疾病也。在治疗方面，吾人提倡少换药多休息，及注意患者营养，现并从事于下腿溃疡之系统的治疗研究，俾能觉出较为合理有效简单之治疗方法，以缩短治疗之时期。

（二）内科

在敌我相持之阶段，大规模之攻击次数不多，而继续之时间不长，余多为不时之小规模游击战，故此时病兵问题之严重性，实超过伤兵以上。据长沙某收容所统计：在无大攻击之月份，伤兵仅估百分之三至百分之五；稍大攻击时，伤兵亦不过估百分之三十六左右；即大规模之攻击时，亦非伤兵即较病兵为多。盖伤兵先送而病兵则暂留故也，盖病兵之护理较难，治疗亦不易为力，耗费国家之人力与物力尤较伤兵为多。但部队士兵均在壮丁年龄，且处在同一生活环境之内，常见之疾病无多，大部分均为传染病，如疟疾、痢疾、肺结核、回归热、肺炎、天花，及其他营养不良等疾病。上述各常见之疾病，大部分均为可以预防之疾病。故吾人之内科工作方针在于（一）实施合理治疗（如疟疾之服用足量奎宁等），（二）提倡预防工作，（三）注意一般护理问题，（四）注重病人之营养（办理特别营养）并设立重病室由吾人负责治疗，鼓励战院尽量留医病兵（除心脏病、肺结核及其他慢性疾病外），勿轻后送。盖依目前情况，病兵应尽量留医于野战医院，则病兵之死亡率可以大减，而国家经济之损失亦较少。

（三）防疫工作

传染病在今日我国部队各种疾病中，占最重要之地位，其重要性有时且超过战伤，历史所得之教训，战时死于传染的每较死于敌手者为多。我国部之患传染病者，根据吾人统计之推测，当占内科疾病中百分之五十以上。最严重之传染病，为胃肠系传染病，其中尤以赤痢最烈，赤痢在夏秋季，约占全体病兵百分之三十，为军中各种疾病死亡百分率最高者。其次则为虫媒介传染病，疟疾在夏秋季约占全体病兵百分之四十，回归热在冬春季亦颇流行。根据过去统计，占全体病兵百分之十，发热病兵经血片检查为回热阳性者，约占百分之四十以上。斑疹伤寒亦时有发现，但因诊断方面缺乏检验工具，故遗漏颇多，天花亦散见于各部队中。肺结核患者颇多，盖因营养缺乏，过劳或环境不良而致潜伏之肺结核，乘机复发。总之，上述军中常见之传染病，除结核病问题较大外，其余均可设法预防；故部队之预防问题，实重于治疗，而防疫工作实为增强战斗力，以支持长期抗战最重要之部队卫生勤务。预防较治疗经济，此为显明之事实。目前我国部队带兵官及卫生人员，尚多不明防疫工作之重要性，仅着眼于治疗工作；故吾人最重要之使命，在使各部队长官及卫生人员充分认识了解防疫工作之重要性，因而开展各种防疫工作之实施。

防疫工作举其大者，不外四端：（一）环境卫生；（二）卫生教育（以上二点，当于下文另述之）；（三）预防接种。部队预防接种工作推行较易于民众，且较彻底，盖部队一切可以命令行之。关于种痘方面，吾人赠送痘苗，协助各部队切实种痘，造具名册并检查反应，各部队均能按照种痘法令办理，故天花仅有散见而无流行，新补士兵，在师管区未曾种痘，送来后而各师均未能常备新鲜痘苗补种，故天花未能绝迹。关于霍乱预防注射，吾人在本年五月初即按每军四万剂之数量（四军共二十万剂，每 c.c. 含有霍乱菌六十万万者，每人注射二次，每次 1c.c.），送至某处各军应用，于五月底以前即由各医务队协助各师工作人员注射完毕，受注射者达百分之百，但随后补充之新兵，则因疫苗问题而未曾补注。伤寒疫苗因缺乏大量，故仅少数曾受注射；其实依日前军事情况，部队之移动性并不甚大，即接受伤寒预防注射三次，或注射霍乱伤寒疫苗两次，亦属可行；盖伤寒疫苗之预防效果确实，且较持久，来年一次即可，故吾人在可能上宜为部队注射伤寒疫苗。总之部队预防接种之问题，不患不能普遍，而患不能有足量之痘苗及疫苗之按期迅速供给。盖过去因交通问题，输送迟缓，每有过时之感。此外，尤应注意师管区壮丁之种痘及预防注射。际此抗战期间，材料以节省为原则，每管牛痘苗平均可种十人，则每师一百二十打足敷用矣。（四）隔离消毒。凡驻有四中队所属医务队之某处各军师战院，均附设有隔离病室，收容传染病兵，由吾人予以隔离治疗，及排泄物之消毒。此外，某处之四九队第三支队，某处之三二队，某处之第八队，均设有室，收容传染病兵，故四中队在前方以及某某等处，已布成隔离病一严密之防疫隔离网，因之传染病病兵之遗漏者颇少。总之，吾人总使急性传染病病兵尽量留于前线，不特死亡率较输送至后方者为低（例如痢疾留医于前方者，实较之输送至某处者为低，盖沿途输送，疏于照料营养及医务护理俱差故也），且免传染病种子之传播愈广。关于疫情报告，均由驻在各师之医务队负责与各该师军医处联络，并负责报告各该地之民众疫情及防疫事宜。此外，由中队部与各医务联络指挥，并以某处防疫专员名义与各军军医处及与其他卫生机关联络。最后吾人须提及者，即防疫工作应为一整个的，部队不能与民众分开，前方亦不能与后方分开也。

关于军中常见传染病之流行及其预防问题，兹分述之如下：

霍乱

因预防注射之普遍，故军中颇少流行，根据二十九年各方面报告，部队仅发现疑似霍乱二例。

伤寒

部队中时有散见，但不严重，其散见之缘因，盖因预防注射及环境卫生尚未能普及所致耳。

赤痢

赤痢实为夏秋两季部队中（除疟疾外）最为流行之病（约占全体病兵百分之三十），死亡率最高，依据统计阿米巴性较细菌性为多，预防及医疗均颇不易，盖特效药既无法应用，既患之后不仅可以致命，即或不死，非经数星期，以致〔至〕数月体力不得恢复，影响于战斗力至巨。而预防须借环境卫生之积极改善，与乎军中之粪便垃圾处理、防蝇设备及饮水消毒等工作之普遍推行也。部队之赤痢如能减至最低数量，则方足表示防疫及环境卫生工作之成功。在部队服务之卫生人员，应视此疾为除敌人外最大之敌人，亟谋有以扫荡之，其增加抗战力量，必非浅鲜也。

疟疾

部队中，夏秋季疟疾甚为流行，约占全体病兵百分之四十，以隔日疟为最多，恶性疟疾亦时有发现。部队中之疟疾问题在于缺乏奎宁及不明奎宁服法。大部分疟疾患者，因服用奎宁不足，往往变成慢性，故复发之例极多；间有颇多军医以静脉内注射盐酸奎宁认为杰作者，孰知不经济无有甚于此者。关于预防方面，目前部队既无如许奎宁，以供预防之用。最可能及最有效之办法，厥为隔离疟疾病兵，予以合理治疗；即使其服足奎宁之济量，并将此种合理之疗法极力宣传，以介绍于部队之卫生人员。吾人使患疟病兵分别隔离于专卫生队及野战医院，由吾人诊治，或派员至部授予一完全之奎宁剂量（即日服 0.3 奎宁三次，连服一星期）并登记之（前方部队已由中队部送去大量奎宁，足敷应用），以及建议各师设备蚊帐。现×军军部及各师战院，每病兵均有蚊帐，而各连士兵，数人可共有大蚊帐一顶，故该军之患疟人数较少。

回归热

回归热在部队中亦为常见之传染病，约占全体病兵百分之十，时发时愈，往往经时数月，耗费人力及物力颇巨；根据吾人以前统计，其死亡率亦有百分之五，惟自吾人在湘北普遍设立灭虱站后，已大见减少（详见下文灭虱工作中）。吾人并备有足量之九一四，经显微镜检查为回归热阳性者，即予以九一四注射，故仅量使回归热病兵留于战院，予以特效之治疗，此为各种传染病中最有效果之治疗与预防者也。

斑疹伤寒

斑疹伤寒亦时有发现，但因缺乏检验设备，故颇有遗漏，其死亡率虽高，幸尚未见流行。

天花

天花仍散见于各部队，其缘因系新兵之未加补种，故宜注意师管区之入伍壮丁种痘工作，查师管区之壮丁患天花者极多，此为极堪注意之问题。

白喉、猩红热及脑膜炎

以上三种传染病极少发现。

肺结核

肺结核在病兵中颇为常见，盖士兵营养缺乏，且劳动过度，环境变更极易引起潜伏之肺结核复发。此等肺结核患者，最好之办法只有转送后方而已。此外，并应注意壮丁入伍前之体格检查。

花柳病

部队中之花柳病颇为严重，盖患病率颇高，问题之严重在于全数均系未经治疗，或治疗不足，故部队花柳病之预防及治疗问题，只好俟最后胜利之后解决之，此时并无满意之善策也。

（四）环境卫生

环境卫生在军阵卫生中，实占最重要之地位。盖部队中之防疫与保健，非恃环境卫生之改善，不足以言效果，其重要性有如此者。欲言部队环境卫生之建设，必先了解部队环境卫生之特殊性，盖一切总以适合于战时战地之要求为原则。部队环境卫生建设之有条件为：（一）可以命令式行之，（二）人力充足；其不利之条件则为：（一）移动性甚大，（二）运输困难，（三）缺乏经费。故针对对此有利及不利之条件，吾人部队境卫生设施之原则应为：（一）经济化。际此抗战三年，物力艰难，部队环境卫生设施，总以尽可能经济为原则，以符合战时之要求。具体说，吾人当多利用人力及就地取材，利用当地最廉价之材料，在可能上征用之。例如在湘北最多及最廉之材料为竹、稻草、泥、沙；有此四者，可以应付极大部分之需要，此外再益之以树木、石灰、火砖等，万事俱备矣。（二）简单化。简单则便于移动，亦易于管理，且便于仿造，即弃之而不足惜。（三）合理化。一切环境卫生设施总须合理化。简单之外，须顾合理，即切于实用，而无过与不及之弊。（四）标准化。当思部队之灵活作战行动迅速者，似其各项均有标准之设施，故部队环境卫生之设施，亦应标准化。每师中各单位之环境卫生设施，均应一律依规定之标准进行，大之至一军三师中，亦应采取同一之标准，盖一军之地区不太大，而物质环境不致悬殊过甚也。总之，部队环境卫生之设施，不在于标新立异，以及陈义过高，理想太超，与乎复杂巧妙之精心杰作，而在乎如何能觉得经济、简单、合理，切合于我国一般部队目前之需要，而能普遍推行者；盖虽极佳之设计，若不能普遍实施，则全归无用也。外国部队环境卫生最简之设施，若移置之于我国，则觉太不简单矣！因国情不同故也。故吾人部环境卫生之设施，不患过于简单，而实患不能简单耳！目前我国部队环境卫生，实在试验时期，甚少成规可资遵循。盖满意适合国情之环境卫生设施系统与办法，不管其为技术的，或为行政的，均尚待建立。而吾人之目前工作固一半在试验，一半在学习与研究也。此外，部队环境卫生之阻力，厥为一般部队长官及卫生人员对于环境卫生之重要性及其内容认之不足。盖彼等多以内务整洁（部队注重检查内务）即为环境卫生之全部，故徒务外表之观瞻而视厕所、厨房等为无足轻重者，或有认为今日我国部队卫生建设，根本谈不到者，故吾人第一步最重要之工作，厥为应如何说明，并说动彼等对于环境卫生发生兴趣，并有正确之认识与乎积极之行动。此外，环境卫生除建设外，尚须有良好之管理，方能收效。而每日严密之管理，实较一次之建设为难，过去部队卫生人员，关于环境卫生之管理，每不在其工作日程之中，故应规定师团部卫生人员之团部所属各单位环境卫生视察办法，列为日常主要之工作。此外尤有良好之管理。对于士兵卫生教育，使能认识环境卫生之重要及作用，使能与吾人合作，此亦为极端重要之事；尤以我国士兵知识水准太低，尤为重要。盖若无卫生教育以助之，则环境卫生绝不能有完全成功之可能也。

根据吾人工作之经验，以及第×军卫生巡回视导队视察之结果，（关于×军卫生巡回视导队之组织详见于下文）将各项环境卫生工作及意见分述之如下：

营舍

前方兵舍均系利用民屋或庙宇，故其环境如何，因驻扎地不同而差异，一般言之，经驻军一番整理之后可无问题。

湘北第×军及××军，所驻各地兵舍，利用本地泥土，配成各种色彩，以之粉刷墙壁至为雅洁可观，实可代替石灰，既不费一钱，而取之不竭，用之十分美观。依吾人此次随×军巡回视导队视察结果，民屋经驻军一番之整理即整洁可观，前后判若天壤。盖湘北民屋往往牲畜厕所积水坑群集于屋内，颇不合卫生。若干驻军周围环境特佳，或莳花木，或削山辟地为公园，环境美化，且每一单位几均有一运动场及合作社（每团或每营），此盖后方人士所不能想象者也。

关于防蚊设备，×军军部及各师之战院每一病人，均有蚊帐一顶，其各单位数个士兵亦共有大蚊帐一顶，此为颇足称道者。

至于防蚊头罩，认为不能适用，盖夏季士兵无毯，仅有头罩，有等于无，即使有毯，而夏季炎热亦绝不能完全蔽其体也。

厕所

前方部队之厕所建筑，多不合理，坑之深度不够，且多无盖。依吾人意见，驻军可采用深坑式（七人以上）有盖厕所，其材料可采用竹、稻草、泥砖，及少许之木材（稻草围墙及稻草屋顶稻草编就及竹柄之盖，坑用木或竹架，上覆沙土）；小便设备以瓦钵，或用竹钵，中夹棕皮或树叶以代瓦钵，亦属经济合用（×军曾有采用此种设备者）。行军时以浅坑式厕所为宜，用后以砂土掩埋之，但此种习惯，应予养成。

第×军各单位（各连）均有一有盖之深坑式厕所，××师全师之深坑厕所，均挖至一丈至一丈五尺以外（已不需要出粪坑），××师之厕所且有洗手设备（木桶竹管式）。此外，尚有以竹帘作为二道防蝇设备者。湘北可适用钻孔厕所，吾人前在×××师，曾建立颇多之钻孔厕所，惟钻孔器缺乏，且运输携带不便，故难普遍实施。此外，关于胃肠系传染病人大便之处理，自应合法消毒后而掩埋之，故卫生机关应有粪便掩埋坑之设置。

垃圾处理

依吾人意见，部除各单位只须备一有盖（稻草盖或竹编盖）之垃圾掩埋坑，无须有垃圾焚化沟之设备。盖较复杂而需火化，前方空地颇多，挖设掩埋坑可无问题，垃圾箱亦无须设备。至于卫生机关则应有垃圾焚化沟之设备，第×军各单位之垃圾处理，均依上述办法实施。

厨房

厨厨中最紧要之条件厥为防蝇设备及污水处置，当见第×军有竹制纱罩以代布制纱罩者，甚为经济合用，可供仿效，此外，该军某单位取野生之铁城墙树（湘名），或名老鼠树、毛叶子树（粤名），或名羊角子树（鄂名）、虎刺之根（江浙名），（根须大者）将其外皮剥下捣烂，用水洗之，可留下极粘〔黏〕之胶质汁，将此粘〔黏〕液涂之于竹签上或纸上以代捕蝇纸，此为不费一文、极可靠之捕蝇纸也。

关于污水处理，依吾人意见，以除油去渣与渗水部分连合一处为较简单，即用棕皮或用竹筐置于除油之木箱上，外即围以碎石为渗水坑。

给水

河水、湖水、塘水之保护水源办法，如分段、标志、禁止倾倒垃圾及粪便等，不难办到，惟关于井水颇成问题，盖湘北前方多系非砖砌井壁之浅井，而设置于田中，或塘边者，故水质不可靠，水之改良如井栏井台及排水等，均可做到，惟如用石灰砂浆填塞砖砌之井壁，则非各单位经费能力所能负担，且部队时时移动，亦不肯如此做作。最简单之办法，即以砂厚约二尺，填塞井壁之外围四周（即以砂为井壁）使外面水之渗入，经砂滤而入井。

每个单位似应有沙滤桶之设备，仍以两个砂滤桶为合用，因可向民间借用，若用单桶而由中央小桶取水，则反多添制中央之小桶，且出水较双桶缓而水量亦不够用，如水过浊，可在第一桶加矾澄清。

在平时部队饮水，均系煮沸消毒，惟洗餐具及漱口之水多用生水，故平时除提倡饮用沸水外，在夏秋两季（四月至十月）饮水之氯素消毒，亦为必需。平时驻军可用缸水消毒法，以分发每连一简便饮水消毒箱，为一有效可行之办法，每师若八十单位，七个月之消毒，一百六十（每单位两磅）漂白粉已足分配，但以用配就之消毒水为宜，因如用漂白粉则小勺之容量仅为0.06公分，不能准确也。本年夏季曾由中队部制备一百只简便饮水消毒箱分发湘北各军应用，惟为数太少，未能每连一个，现正设法完成每连有一个简便饮水消毒箱（余氯测验箱不必每连一个）。最重要之问题，厥为如何使各单位能每日不断按规定之办法实行缸水消毒，而无敷衍不确定之弊。欲达到此目的，必需先期举办一饮水消毒班，召集各单位之伙夫及特务长予以数小时之示教。此外，并需各营之医官负责时时检查各单位之饮水消毒工作是否确实，严加督促。至于须得带兵官之合作，如营连长等，则更不待言矣！在行军时吾人前曾在×××师协助设立饮水消毒站，即部队出发前二小时，由师军医处或团卫生队派看护兵携带饮水消毒箱，于每五里至十里可以休息之地，向民间先借一水缸将水消毒，备部队来时之饮用，效果颇佳，似可推行此种办法。

最困难及最需要者厥为作战时战地饮水消毒之办法，盖此时不能取得沸水，只能饮用生水。饮水消毒小瓶，虽简便可用，但因每人一瓶，数量与费用均可观，颇难办到；且即使每士兵均备有消毒小瓶，而多数均不欲麻烦；且饮水迫不及待，往往未经消毒。故欲行之彻底，必须有赖于卫生教育及长官之合作与监督也。

盥洗及沐浴场所

第×军各单位均有盥洗场，均木桶竹管式，颇为简单经济，且合卫生。沐浴场均为竹管淋浴式，亦甚合理。

灭虱

在前方汽油桶制蒸气灭虱器，因材料困难，输送不便，故不能采用；热坑式因缺乏铅铁皮，且温度不高，亦不适用。去年在湘北，吾人利用民间酿酒灶改为灭虱器，甚合经济、简单、确实之原则。盖湖南民间酒灶到处皆是（江西、安徽亦有），且现已严禁酿酒，借用民间酒灶，等于废物利用，即部队移动，物还原主。因建设容易，弃之亦不足惜，每个灭虱站备酒灶二个可供十人一次之棉衣服毛毯等灭虱之用，每日可处理二百人。建筑利用泥砖，并以灰砖炉条，燃毛柴及松柴、煤炭均可。开办费每站一切设备费五十元已足，每人每次灭虱费用约五分至八分，且其建筑简单，管理容易，二十分钟温度可达九十度以上，效果确实因有各种之优点。现湘北各军，吾人均采用此种灭虱器为部队灭虱，至为满意。去年在湘北前方设酒灶灭虱站，计达四十站，灭虱工作备受前方各部队之欢迎。盖过去部队中卫生人员，均以为灭虱为烦难昂贵之工作，初不知能如此简单省费者。今年第×军已能自立单独建设酒灶灭虱站，不须吾人协助，此为最堪兴奋之事。在最前线，或游击区，因部队时时移动可利用行军锅灭虱器，亦颇简单便利。惟行军锅灭虱器之缺点，在于容量太小，以及灭虱时间受造饭时间之限制，且反不及酒灶之经济。每师灭虱站，依吾人之意见，应设六站，即每团一站，师直属部队一站及野战医院一站，每月应灭虱二次至三次，尤应注意新兵入伍前之灭虱，前方部队之灭虱较之后方医院伤病兵灭虱较为重要，且工作较为便利，因可以命令式行之，秩序井然，工作迅速。去年灭虱时曾有不少单位，各士兵身背毛柴，前来沐浴灭虱，而离火线五里之地及游击区内亦设有灭虱站，实堪合人兴奋，而××之收容所以及××之院所，均设有灭虱站，故在本中队区域以内，由最前方至×处之伤病兵至少须经五次以上之灭虱。依湖南气候自十一月至五月为灭虱时间，共计七个月，各工作人员于雨雪之中推行此种工作，其精神颇有足多者！本会灭虱治疥之工作，均已深印于各官兵之脑海中矣。

（五）护理工作

护理工作在部队卫生勤务中，实占重要之位置。盖依吾人之意见，部队卫生工作首为预防工作，次为护理工作，最末为医疗工作，传染病患者疾病率之高，此为预防之欠注意。而伤病兵死亡率之高，小部份〔分〕之原因在于医疗失当，大部份〔分〕原因则在于输送之不合理，以及护理工作之欠缺。盖部队之医官（其本身应为护理人员）往往以为医官者医疗也，用药也；对于护理工作往往认为看护兵之事，故部队中应执行护理工作者应为医官，惟部队医佐受正式护士之训练者，实不多见，而短期训练之看护兵（训练不合理留待下述）乃承当一切之护理工作，彼等所知有限，且必须在严密监督之下方能胜任，且有甚多看护兵未经训练，尚系临时由担架兵或其他输送兵递补，彼等对于护理工作，毫无兴趣与认识，故难有良好之工作。按编制野战医院有看护兵三十六人，团卫生队有看护兵五人，每营有看护士兵三人，共计十四人，师卫生队有看护士兵二十四人，师军医处有看护士兵九人，但事实上多不足额，或派做勤务兵之类工作。某军战院有医官数十人，而看护仅有三数人，如何能推行正常护理工作，其实无良好之护理工作，决不能有良好之医疗工作。看护在某种意义上实较医官为重要，盖医官所能接触病人之时间极短，而看护兵与病人接触之时间则甚长。此外，部队中卫生人员往往认为外观之整洁或美化即为护理工作之全部者。吾人在部队工作另一之重要口号，厥为“护理重于用药”，以针对时弊。吾人之重要工作，厥为如何能在部队中建立一种最低限度之护理工作系统，吾人之理论不必过高，只求合于伤病兵之日常衣、食、住之需要，依吾人之见解，如部队中能有最低限度之护病工作系统（如总队部所颁师部工作大纲中所列明之各单位护理工作者），以及有合理之输送系统（包括输送前及输途时之照料如保温、开水及睡处之设备等类最简单之护理工作），则前线之伤病兵死亡率，即可减低百分之三十以上。

多数病兵之治疗，须借助于特别营养，例如痢疾、脚气病、夜盲症、营养性水肿及发高热等，均需予以特别营养，特别营养实较药品或其他疗法为重要。依目前情形，吾人既主张尽量留医病兵于各师战院，故各师战院自应办理特别营养，该项工作亦即为护理工作中最重要之一项。现驻有本会支队之各军师战院，均由该队会同各该院人员于重伤病室及隔离病室办理特别营养，除提取该伤病官兵之每日伙食费外，不足之数，由各支队事业费项下津贴三十元为特别营养费，依湘北前方价格，每人平均须有三角五分，可敷应用，特别营养既为每个战院应有之设备，则特别营养费应由各该师战院筹有专款，永久继续办理。此数十元之特别营养费，各师力能负担，可无问题也。吾人之津贴营养费，仅可视为一种提倡之作用耳。

（六）个人卫生

个人卫生重在个人卫生习惯之养成，部队系过一种纪律严整之团体生活，除须借重卫生教育使能了解卫生常识外，可以用半强迫办法，以使每人均合于个人卫生之要求。

第×军各单位各个士兵均有手巾、牙刷，头发、指甲大部分均能按期修短，定期沐浴及定期换衣（每星期一次）均能做到，痰盂每班有一个。

疥疮为部队中最普遍之传染病，平均约占全体士兵百分之八十以上，其影响士兵之健康，实非浅鲜。吾人决不能以癣疥小疾视之，因患疥士兵如此普遍，影响士兵之睡眠、行动及工作之注意力，此尤为其小焉者；而搔爬往往引起其他传染，因而形成脓泡疮等，全身溃烂不能工作；且疥疮实为酿成下腿溃疡最重要之原因，而下腿溃疡实部队中最顽固之疾病。疥疮一疾为有绝对把握治愈者，若能加以扫荡，其所收效果之伟大，实较之繁复精心之外科手术，超越多矣。吾人在部队工作者，如不能对是疾加以扫荡扑灭，而妄谈外科手术或以无外科手术为苦闷者，或瞧不起治疥工作者，均对部队卫生缺乏深切之认识。过去部队疥疮之如此普遍者，其故在于无合理彻底之治疗与隔离。吾人在部队工作，首先即着重疥疮之治疗，打破一般疥疮无法扫荡之心理。治疥与灭虱同时进行，实为最合理之办法。吾人最初用20%凡士林硫磺膏，后改用土硫磺及猪油，且亦有用盐酸及次亚硫酸钠者，最近均用硫化钙溶液，此实为最廉价效之治疥药剂，足可普遍应用者也。治疥之程序为：第一天沐浴灭虱用硫磺膏20%或硫化钙溶液擦疥，第二、三、四天继续擦疥，第五次再沐浴灭虱，及最后一次之擦疥药；轻者经一回之治疗，即告痊愈，重者须再经第二回或第三回之五天疗法，亦可治愈。治疗前先将患疥者登记，并与未患疥者分开住处，以后按名册实施治疗，患疥与未患疥士兵之隔离住处以及继续不断之治疥与蒸衣服，实为最重要之点，且必须得带兵官之通力合作方能收效也。过去××军各师，尤以×××师之治疥最收效果，×××师之患疥人数仅占百分之二十左右（以前占百分之九十以上），××军各师亦减低至百分之四十左右，第×军全军最近由吾人亲自检查，全军平均患疥人数仅占百分之十六（轻疥疮亦计算在内患疥者多系新兵），其中有数连无一疥疮患者，去年此时该军患疥者在百分之九十以上，可谓已收极显著之效果矣。至患溃疡之人数亦因之而减少（反之患疥百分率甚高之师而患溃疡者之百分率亦高），其原因在于长官之注意与雷厉风行所致，×师×团，因师长限期肃清疥疮未能做到，致团附罚立正而医官罚跪或打手心，可见该军长官治疥之决心而疥自可治矣。目前部队中之治疥工作已收效果，送至后方伤病兵之患疥者亦较从前大为减少矣。

在湘北因粮食较贱，士兵均能饱食，故一般营养状态尚佳，惟新兵较差，各师均吃糙米，故脚气病颇少发现。军中之小菜虽不乏青菜、萝葡〔蔔〕、豆腐及豆类者，但前方仍缺乏青叶之蔬菜，而部队中尚有喜用粉皮（即由红薯粉所制成者，因质轻耐存价廉及容量大之故）及米豆腐者（即由米做之黄色豆腐）。夜盲患者散见于各师，尤以新兵患者为多，应禁止食用此物，并普及种菜运动，第×军各单位均个别自己种菜，颇堪效法。此外蛋白质及脂肪似亦太少，盖士兵仅于特殊少数之日方有肉食也。

官兵之体格检查，颇为重要，尤以新兵入伍前之体格检查为然。吾人所见之新兵，其毫无疾病或缺点者，实百不一见。而砂眼、疥疮及各种传染病如天花、痢疾、回归热等，均以新兵患者为多，往往将传染病种子带至部队中，因而发生流行。吾人曾检查××师补充团新兵二百七十七人无一健全者，且多系一人兼患数疾，其结果如下：

疥疮一百七十四例	62%
砂眼八十三例	30%
溃疡三十五例	12.2%
贫血及营养不良者一百二十九例	46.5%
泻肚二十六例	9.4%
痢疾十五例	0.5%
曾患疟疾四十五例	16.2%
夜盲五例	1.9%
多未种痘及预防注射	

从上表可知新兵之不健康情形，若新兵与旧兵站在一起可不难识别。若依体格而论，多数均不能合格，而师管区送来之新兵不如谓之送来病兵为妥。且多未届兵役年龄，彼等皆以之充当勤务兵。去年湖南××等处霍乱流行甚烈，其来源亦为师管区新由贵州来之新兵所携带。由上述事实可使吾人有两点之认识，即（一）部队于新兵入伍前应行严密体格检查，其有患传染病及疥疮者应隔离治疗，愈后入伍；入伍前应先灭虱，其不堪兵役及有重大缺点者，应即遣回。补充团之士兵，应每月检

查体格一次，并记载之以资纠正，借以测验体格之进步与否。（二）师管区卫生勤务之恶劣已为不可掩饰之事实，盖缺少合格之卫生人员及医药设备，其影响于部队卫生，或民众传染病之流行者至为重大。吾人如欲改进部队卫生，则师管区之壮丁卫生工作亦应注意及之。

（七）训练工作及卫生教育

训练部队卫生人员为推进目前我国卫生勤务最重要之工作。因部队医事人员资历及技术参差不齐，非加以短期训练，不能负担推进部队卫生勤务之新工作，故吾人在部队之工作，如总队长所指示者，实为一种教育与训练之工作。吾人以少数之人员不能代替一师之卫生勤务，所以无论何种工作，吾人均请部队医事人员，与吾人共同工作，例如手术、内科治疗、护理工作等，均有部队医事人员参加，使各种工作成为部队本身日常应有之工作，其目的在使至某种时期，即不复需要吾人之协助而各种工作仍能独立，照常进行，方可认为成功。换言之，吾人不在包办各项工作，以示吾人之能干，亦不能独立工作，以免形同割据，与该机关无涉，势必至在该机关内形式一种异物，一切苦心形成之工作，必随吾人之移动而俱去，如石沉大海徒劳无功，故吾人自始至终均为辅导与示教工作，无论在战院或团卫生队或至各连，均本此工作方式，此为吾人第一种之训练工作。关于第二种之训练工作，厥为举办军医及看护训练班，吾人在第×军曾举办军医训练班四期，每期五个星期，该军之尉官，完全调训完毕（每期调四分之一受训不至影响工作），吾人之教育方针为（一）预防重于治疗，（二）护理重于用药，（三）实习重于理论，（四）精神重于技术，所订之课目均以此为根据。盖如欲于一个月短期之时间给予基础甚差之受训者以充分之技术，此实为欲望太奢之举。吾人最大之目的在使受训者对于部队卫生勤务有正确之认识，充分之了解，与乎有奋发之精神，坚强之自信心，并改变已往之错误观念与乎散漫之积习，并使各种课目发生联系。例如将主要常见之症状（如发热疼痛……等等）从生理病理以至于治疗用药连成一串之教学，使学员能有连想彻底之了解。此四期军医之训练班对第×军卫生勤务之推进，颇有影响，此后并拟将此种工作推行于其他湘北各军。总之，以一军为训练之单位亦颇便利，若能以一集团军或以一战区为单位可以训练校官军医，则规模较大，而人材〔才〕与时间似较为节省。兹将×军军医训练班之课程列之如下，以就教于高明者。（待续）

原载于《卫生报导》第5期，1942年

湘北战地部队医务卫生工作一年来之回顾与前瞻（续）

林竟成

教育方针：

1. 精神重于技术；
2. 实习重于理论；
3. 预防重于治疗；
4. 护理重于用药。

第×军干部训练班军医大队课程

一、解剖生理病理及治疗概要

课目　讲授时数：十小时　实习时数

内容要点：

（一）发炎

（甲）局部及全身发炎之症状——注重发炎不是一个可怕的现象而是一种自然抵抗力。

（乙）发炎之治疗——要旨：

1. 当增强其发炎自然保护之现象，不当遏抑之。因之，局部的，当给予热敷或冷敷；全身的，当给水休息以及炭〔碳〕水化合物。
2. 物理性及化学性退热剂——注重顶好不用药。
3. 局部的治疗法及适应及不适应症——如早期不当切开排脓等
4. 全身的治疗法。

（二）呕吐及恶心

（甲）原因——注重在呕吐及恶心是一个自然保护之现象。

（乙）治疗——注重在不直接制止呕吐及恶心，而治疗及保护其全体之机构平衡。

（三）失水——此项可与呕吐及恶心一起讨论，可讨论输血及生理盐水之注射。

（四）肠胃之功用及保护——肚泻、便秘、肠穿孔、肠出血、腹疼，吃泻药之应注意。

（五）痛——种类、诊断、镇痛剂使用之注意。

（六）咳嗽——原因、种类、治疗。

当注重：如有痰者在病人体格健全时不当止咳，而当用祛痰剂把痰放在肺中顶坏。

（七）气促皮紫及缺氧

（八）水肿——心脏及肾脏性水肿之分别毛地黄及利尿剂之用法。

注意：1. 毛地黄之适应及不适应症　2. 利尿剂应不伤害肾脏　3. 一切以助其自然为原则　4. 将心脏衰弱及血管循环之障碍分开介绍肾上素。

（九）营养性水肿及脚气病、炭〔碳〕水化合物、脂肪、蛋白质维他命之代谢作用。

（十）昏迷——昏迷之各种原因及紧急处理。

（十一）介绍贫血治疗之原则（铁及肝）吐血及咳血之治疗。

（十二）黄疸之各种原因

二、军阵外科学　讲授时间：二十小时；实习时间：三十小时

内容要点：

1. 细菌及传染——链状菌（包括丹毒葡萄状菌破伤风气坏疽）。

2. 无菌之消毒——理学及化学消毒法。

3. 麻醉。

4. 急救——止血、休克。

5. 外伤烫伤及冻伤——敷伤及教做扩创术排脓及切开。

6. 骨折及脱臼。

7. 骨炎及关节炎。

8. 脑震荡及脓胸。

9. 检伤。

10. 中耳炎、砂眼、鼻出血、交感性眼炎。

实习：临床示教血管结扎换药夹板之安置法，多马氏铁架安置法，人工呼吸法，狗及蛙之解剖。

三、军队内科学　讲授时间：八小时　实习时间：二十小时

内容要点：

1. 几种重要寄生虫——钩虫、蛔虫、疟疾（注意奎宁之合理用法）。

2. 呼吸系病——支气管炎、伤风感冒、肺结核、肺炎。

3. 胃肠系疾病——食物中毒、肠胃炎。

实习：病室示教，显微镜示教。

四、传染病及传染病管理（军阵防疫学）讲授十小时

内容要点：

1. 防疫学概论——传染抵抗免疫流行性之管理法及传染病之调查报告法。

2. 霍乱、伤寒及痢疾之诊断治疗及管理——预防注射。

3. 斑疹伤寒及回归热之诊断治疗管理——灭蚤。

4. 天花、脑膜炎之诊断治疗及管理——种痘。

5. 白喉、猩红热之诊断治疗及管理——注意：色芳里迈之合理用法。

6. 鼠疫之诊断治疗及管理。

实习二十小时，临床，预防注射传染病之统计，虱、蚤、蚊、疥虫之示范。

五、军队皮肤病及花柳病　四小时

内容要点：

1. 梅毒、淋病、疥疮及下腿溃疡——注意疥疮之合理治疗及花柳病治疗不足之危险，以及下腿溃疡之预防及治疗方法。

六、环境卫生　讲授十小时，实习十五小时

内容要点：

1. 环境卫生之重要（半小时）；2. 水源保护洁水及消毒水（一时半）；3. 厕所建筑及粪便管理（一小时）；4. 垃圾及污水处理（一小时）；5. 灭虱蚊蚤蝇鼠（一小时半）；6. 环境卫生之实施及管理（半小时）。

实习：水井改良，明矾沉淀，缸水管毒，深坑厕所，浅坑厕所，粪硬掩埋坑，灭虱站，环境卫生调查及检查。

七、护病学　讲授七小时，实习二十三小时

1. 护病学概论（一小时）；2. 护士主任病室管理法（一小时）；3. 病室整洁及病人用具之料理（一小时）；4. 内科护理法（三小时）；5. 饮食学概要（三小时）；6. 外科护理法（四小时）；7. 洗衣作管理法（一小时）。

实习：1. 灌肠法及留标本法；2. 存留灌肠法；3. 疥疮治疗法；

4. 头虱灭除法；5. 病人饮食分配法；6. 隔离技术；7. 搬运病人及其他护理；8. 热敷冷敷法及热水袋灌置法；9. 眼耳鼻喉护理；10. 导尿法；11. 手术前护理法；12. 手术室布置；13. 手术室之预备及手术后之护理；14. 换药；15. 皮下注射之预备；16. 静脉注射之预备；17. 敷料之预备；18. 生理水及蒸馏水制造法；19. 消毒品制造法。

八、化学战剂防治法　二小时

九、军医统计　二小时

十、卫生勤务　二小时

防空一小时　担架教练二十三小时　红十字条约一小时

抚恤条例一小时　陆军礼节一小时　阵中要务一小时

军队内务一小时　精神讲话四小时　政治讲话四小时

讲授八十四小时，实习一百四十一小时，合计二百二十五小时。

在第×军方面吾人尚曾举办看护训练班共三期，每期亦系五个星期（系抽调各师之看护士兵集中训练）。此外，各师（××军各师亦然）均单独办理看护兵训练班，训练期间三个月，均由吾人加以协助，在实习期间由吾人领导在野战医院工作。总之各师看护兵之缺点，在于训练之理论太多且过深，而一般最重要应知道之实用技术反而缺乏，故知道颇多而不能实地应用，盖实习太少而课程支配不当也。

士兵一般卫生教育亦极重要，部队中各项卫生勤务，非助之以卫生教育则不能有完全成功之希望，部队中卫生教育最重要之工具，厥为卫生讲话，卫生讲话不必由部队卫生人员担任，其实应由连长担任之。第×军方面，规定各单位每星期有一次之卫生讲话，其材料与题目由军医处编就（依时令拟定题目并予以简单明了之说明），发至各单位，依此向士兵作卫生讲话，以后由该军卫生巡回视导队随时抽考之。盖如此则连长必自己看过，连长自己先受教育，然后及于士兵，因士兵对连长之信仰与服从较卫生人员为高，连长要士兵怎样做，当然他自己要以身作则。部队卫生勤务推进之最大阻碍，实由于下级干部与连排长之不能了解与合作，故吾人必须使彼等明白部队卫生勤务非仅为部队卫生人员之事，而实为全体官兵所应负责与合作之事，决非一朝一夕之事而为日常不断之推行。要知卫生人员实为一种兵种，可谓之卫生兵，因卫生勤务实直接对于战斗力有极大之影响也。卫生讲话，不应仅由一人讲话，而应作问答之方式行之。

卫生讲话应乘机进于各种训练班，如军官大队、政工大队、军士队等，吾人曾在第×军军官大队等参加卫生讲话，该大队全为连排长故极重要，此外部队卫生教育工作在部队中之政治工作人员，应负一些责任。

（八）医务设备之检讨

部队中之野战医院、师卫生队、团卫生除等之医务设备，必须有最低限度之标准，而又能不妨碍移动时之运输。换言之，即能应付一般需要而又能搬得走，或弃之不足惜，方为适宜。依吾人所知第×军四个野战医院之一般设备，较之后方医院已超过甚多，若前线战院医务进步，将来可以刺激后方医院之进步，伤病兵如输送后方医院，见其医务设备尚不及前方之野战医院，必有责难之辞矣。以吾人观之，目前之×军战院若干部份〔分〕，似已超过战院所应有之设备，此则应为考虑者也。团部卫生队之设备虽有缺点，但亦不能谓为大差。

关于药品器材，若依每士兵每月两角之药费计算，以今日药品器材之昂贵，实感不敷，但若能扫数以之购买药品器材，并有合理之支配，尚足应付一般需要。今日一般部队关于药品器材设备，最大之缺点厥为支配不适宜，种类太多，数量不足，不必要、不常用、价值昂贵、功效不确实之药品颇多，而重要最常用之一般药品反而缺乏，或数量太少，如硫磺、硼酸粉、硫酸钠、奎宁等是也。其处方则喜列多种药，以博病人之信仰，此种不合理之现象应绝对改革。吾人在第×军所建议下述四十八种内外科药品，认为足敷一般之需要：

外用

硼酸　　含氯石灰（漂白粉）
醇　　过锰酸钾（灰锰养）
硫酸锌　　碘酊
（来苏儿）复方煤溜
油醇溶液　　弱蛋白银
（养化铝）氧化锌（升汞）氯化高汞
硫酸铜　　樟脑
肥皂　　硫黄
（鱼石脂）磺酸基鱼
石油酸铔　　柳酸
含铔氯化高汞　　（依太）醚
（氯化依太）氯二烷（或猪油，及黄腊和才油）凡林士

内服

（亚司匹灵）醋柳酸	奎灵
（小苏打，重炭酸钠）菠而鼠李	
（食盐）氯化钠	硫化钠
葡萄糖	氯化铔
复方甘草合（白朗氏止咳药）磷酸可待因	
盐酸吗啡	安息香钠咖啡精
巴北特鲁	枸橼酸铁铔
木炭	六个一稀四铔
色芳里迈	乳酸钙
（甘汞）氯化低汞	硫酸镁

注射药

新六〇六	盐酸吐根素
樟脑油	肾上腺素
盐酸吗啡	奎灵
奴勿卡因	

上述四十八种药品中，仅来苏儿、醇、蛋白银、依太、氯化依太、碘酊及安瓿为溶液，酊剂仅碘酒一种为必需，其余均非必要。粉剂及丸剂容积小，且携带及给予均较便利，品之数量依需要而定，常用者多购，不常用者少购，器械亦然，剪刀、镊子等数量亦应敷用，盖战院及卫生队（每分为两处工作，故器械每不敷分配）。此外，购置药械应由军部统筹办理，以免时间运输及旅费之虚耗，且大批购买较贱，此亦为吾人最重要之建议。总之，药品种类愈多，则应用之错误亦愈多。譬如用兵，不善用兵者虽多无用，反而败事，善用兵者，能知变化。例如以奎宁水或苦瓜煎汤所成之苦味水，均足以代替一切之苦味剂。或有以为如药品太少恐失病人之信仰，吾人认为在必要时为心理治疗起见，不妨制造假药即以普通价廉无害之淀粉等，制就各种药品以慰病人之心，此实有益无害之举。依吾人意见，即使抗战进至最艰苦阶段，吾人只要尚有开水、食盐、棉花、纱布四者，即足以应付一切之伤病治疗，如无金属镊子，吾人可以竹制镊子，或竟以筷子代替之。只要我等卫生人员能了解无菌及生理治疗之原则，能有刻苦奋斗之精神，则作战部队能抗战多少时候，吾人亦决能坚持至多少时候，十年或更久决无问题也。故若干卫生人员以设备不足，药品不敷，认为部队卫生勤务无法进展者，实

为严重之错误，以吾人观之，推进部队卫生勤务之最大同题，不在于设备之不足，而在于部队卫生人员之认识不足，缺乏自信心与乎精神之散漫，而欠奋发与负责耳。

（九）伤病兵输送问题

伤病兵之输送为我国部队卫生勤务中最严重之问题，盖伤病兵死于不合理之输送，实较死于不合理之治疗为多。伤病兵之输送问题有四：（一）输送力之不足，即担架兵之不足。依编制我国部队卫生队仅有担架二十付，担架兵六十名，连合掩埋排四十名，亦仅有一百名，最多能出担架三十二付（三人伍），以之输送伤兵由火线至营裹伤所，以至于团裹伤所显然不敷应用；师卫生队有担架四十付，担架兵一百二十名，掩埋兵四十名，最多能出担架五十二付（三人伍），由团裹伤所至师裹伤所，以至于师野战医院，其距离常为二十华里以上，故亦不敷应用；野战医院仅有担架二十付，担架兵六十名，以之转送至收容所亦不敷应用。总之，以目前之担架力量，在敌取攻势时，伤兵绝不能于六小时内由火线输送至师野战医院。曾忆去年湘北会战，吾人在×××师战院时，该师野战医院距火线仅二十里，最迫近时为十里，而通常伤兵之到达野战医院时间常超过十二小时，或竟在二十四小时以上，一日夜到达战院之伤兵竟达三百余名，其中多步行或少数由民众输送回来者。故在战院中实不能做扩创术。盖其适应时间已过，且因转移甚速输送力不足，无暇及此也。在我取攻势时，可有民众担架以补其不足，但敌攻我时，则民众纷纷逃避。依去年经验我军后移时，民众均携妻挑物躲入山中，即给予输送十里十元之工资，亦竟无一人愿去者，即强迫之亦必逃去。兼之道路破坏区域，运输困难，而部队之担架兵又多不足额，故伤兵输送颇成问题。为欲在其他兵种中临时抽调协助，则因目前师之兵额多尚未补足，恐无余力及此，而带兵官是否注意此事，实为最大之问题。（二）输送之不合理，即未能将伤兵分类，以别先后输送之程序，程序纷乱，则时间虚耗，重者延误，轻者亦无利益，故伤兵之分类实为重要之事。（三）输送之组织不健全，各单位之距离不均，配备缺点，野战医院与师裹伤所之距离常过远，有时收容所即在野战医院之邻右。根据吾人经验，我军后移时输送组织更为纷乱，往往从野战医院送出之伤兵不知道送往何处，收容所之去向不知，收容所之担架兵平时缺额甚多，均借民众担架，战时每日伤兵麇集五百名以上，欲以二十余付之担架送三四十里之远路，迫得走投无路，故收容所他移时，均不设路标，惟恐为人发觉，盖此时收容所亦不收容伤兵，因担架兵均送伤兵外出未回，而部队或以武力强迫收容，不管伤兵如何，送至收容所其事已了，而收容所无办法，只好遗弃之；且部队后移，多未及通知收容所，收容所多仓惶退出，状颇狼狈。此盖缺乏负责合理配备，统一指挥之机关衔接，与连〔联〕络失调所致。而最大原因，则在于各方之输送力均不足故也。(四) 输送时与输送前后之缺乏合理照料，例如伤兵输送前，骨折多未固定，止血未完善等，输送时之保温开水等均未能注意，输送后之休克、治疗及止血等工作，亦多忽略，故伤兵不死于输送前，即死于输送时，不死于输送时，即死于输送后，良可慨叹也。

至于病兵之输送，野战医院方面多未能顾及实际情况，及该病是否应予后送，总以减轻责任、减少死亡率、减少材料及公费之消耗、人员之麻烦而迅速送出；而收容所亦在输送重于治疗口号之下不管如何，来则送之，今日为我之病人，明日即为他所之病人，而输送时及其前后又乏照料，更常见病兵于下雪天穿单衣卧于担架上，无毯，仅盖一些稻草，冻极而哭。至今此种印象深印于脑海之中，思之寒心，而病兵至收容所时多求开水而不得，温暖之睡处亦不易得，夏天则曝晒于炎日之下，故愈送一程，则病亦加重一分，致多数轻者变重，重者死亡，如不变重或死亡，至后方时已自然全〔痊〕愈矣。吾常谓依目前情况，输送应与治疗并重（其实应改治疗为休息较妙），无输送则治疗亦无效果，但无治疗，则输送不免徒劳无功，其结果送死，故吾人常主张于目前情况中尽量将病兵留于野战医院中（除心脏病、肺结核及其他慢性之疟疾外），而收容所多留不宜立即输送之病兵数日，亦为目前情况所许可，而工作并不太忙也。

在××收容所之病兵，常见其已能吃三碗干饭者，或伤兵已完全痊愈者，或经吾人治疗后而复原者，例如回归热疟疾患者及轻伤者。以上各种健康之伤病兵，论理应使立即归队，重新作战，惟一般仍为后转至××、××、××或更远之地，实为耗费国家人力物力以及减低部队之战斗力，颇为不合理。故吾人建议省会应存一兵站医院，此兵站医院应为集团军之兵站医院，或依分区收容办法，在某处之红会 33 队重伤室，49 队重病室及隔离病室，均为该院之一部分，由吾人分类，何者应后送，何者应留医，痊愈者即予归队不必后转，而无须烦编荣誉队者之许多唇舌矣。吾人之工作，从最前方至后方，亦可较为有系统，且可借以知前方各队之伤病兵处理（各野战医院及收容所）之是否合理也。现某处不久即将开来一兵站医院，此种计划当可现矣。

（十）其他

今日欲使部队卫生勤务迅速进展，须有一种促进与监督之特殊组织以收刺激，发动竞争之效果。第×军于本年曾有卫生巡回视导队之组织，系以军及各师军医处主任、野战医院院长。军医处二等军医正、各师团卫生队队长、以及本会工作人员，共同组织之，定为每二月至全军各单位视导一次。第一次系于十月八日出发，半个月所收效果颇大，该队分为医务、环境卫生及个人卫生三组，制定视导表格，并定奖惩及改革办法，由军长明令行之，故各单位竞争甚烈，俱倾全力建设，由吾人派员指导，尤以环境卫生为然。此次视导队之出发，给予各单位卫生人员、带兵官及士兵以极大之刺激，各项工作迅速进展，其他各军亦有仿效之必要。视察之标准，依吾人所拟定之五种视导记录，兹录之于后。此表之作用在于（一）比较优劣，（二）日后进步或退步之印证，（三）视察时不致忽略或遗忘，（四）记载现状及改善意见，寄发各单位以资改正，并于第二次视察时可以借知已否改善，（五）标率分数多寡，系以表示该项在各项中之重要地位如何，使各位得知何项较为重要而应加以注意。惜多未明标准分数之意义，而稍有争执，盖竞争过烈亦非所宜，部队最爱面子，其实爱面子者都是好人，连面子都不要者，则不可救药矣。吾人以为文明之竞争（军与军竞争，师与师竞争，团与团竞争，连与连竞争，野战医院与野战医院竞争），实为促进部队卫生勤务良好之第一步办法，劝导与说服，实为吾人最重要之第一步工作。卫生巡回视导队最大之作用，实为宣传作用也。

第×军卫生巡回视导队野战医院视察记录表（甲表：医务）

军　师　地址　　　　　　　　　　　　　　　　日期　年　月　日

项目		标准分数		应得分数		现状	改善意见
		分	共	分	共		
护理办公室	1 记录图表	4	10				
	2 整洁	2					
	3 设备	4					
隔离病室	4 房屋病床	5	15				
	5 放映设备	5					
	6 粪便处理	5					

（续表）

项目		标准分数		应得分数		现状	改善意见
		分	共	分	共		
药房	7 卫生器材设备及保管	10	16				
	8 调剂是否合理	6					
绷带交换室	9 设备	3	6				
	10 消毒	3					
伤病官兵状况	11 沐浴	2	14				
	12 衣服清洁否	2					
	13 剪甲	2					
	14 理发	2					
	15 洗面用具	2					
	16 牙刷	2					
	17 茶杯	2					
18 特　别　营　养		5	5				
医疗	19 医官服务精神	5	15				
	20 学　识	5					
	21 医疗情形	5					
护理	22 看护兵服务精神	4	10				
	23 学　识	2					
	24 护理情形	4					
25 担架兵教育		4	6				
26 担架设备		2					
27 统计图表		3	3				
总　计		100					
备　注							

视察组组长　　　　　　　　　　　　　　第　次

第×军卫生巡回视导队野战医院视察记录表（乙表：环境卫生）

军　师地址　　　　　　　　　　　　　　　　　　　　　　　日期　年　月　日

项目		标准分数		应得分数		现状	改善意见
		分	共	分	共		
1. 医院周围状况		5	5				
病室	2 地面	2	33				
	3 墙壁	2					
	4 窗及采光	4					
	5 通风	2					
	6 容积	2					
	7 病床及被褥	4					
	8 蚊帐	10					
	9 痰盂	2					
	10 其他设备	2					
	11 整洁	3					
灭虱站	12 式样及设备	4	15				
	13 灭虱程序	3					
	14 每月灭虱次数	3					
	15 灭虱效能	3					
	16 住处整理	2					
厨房	17 防蝇设备	4	10				
	18 厨夫清洁	2					
	19 食品储藏	2					
	20 残料处置	2					
给水	21 水质	3	12				
	22 消毒	9					

（续表）

项　目		标准分数		应得分数		现状	改善意见
		分	共	分	共		
厕所	23 防蝇设备	5	20				
	24 排气装置	1					
	25 大便设备	3					
	26 小便设备	2					
	27 式样	3					
	28 粪便处置	3					
	29 清洁	3					
30 垃　圾　处　置		5	5				
统　计		100					
备　注							

视察组组长　　　　　　　　　　　　　　　　　　　　第　次

第×军卫生巡回视导队卫生队（医务所）视察记录表

军　师地址　　　　　　　　　　　　　　　　日期　年　月　日

项　目		标准分数		应得分数		现状	改善意见
		分	共	分	共		
诊断室	1 门诊记录	3	9				
	2 整洁	2					
	3 设备	4					
隔离病室	4 房屋病床	3	11				
	5 防蝇设备	2					
	6 被服用具处理	2					
	7 粪便处理	4					
药房	8 卫生器材设备及保管	8	16				
	9 调剂是否合理	8					

（续表）

项目		标准分数		应得分数		现状	改善意见
		分	共	分	共		
伤病官兵状况	10 沐浴	2	13				
	11 衣服	2					
	12 剪甲	2					
	13 理发	2					
	14 洗面用具	2					
	15 牙刷	2					
	16 茶杯	1					
17 特　别　营　养		3	3				
医疗	18 医官服务精神	5	15				
	19 学识	5					
	20 医疗情形	5					
护理	21 看护兵服务精神	4	10				
	22 学识	2					
	23 护理情形	4					
外科室	24 设备	3	6				
	25 消毒	3					
护理办公室	26 记录图表	3	8				
	27 整洁	2					
	28 设备	3					
29 担架设备		2	6				
30 担架兵		4					
31 统计图表		3	3				
总　计		100					
备　注							

视察组组长　　　　　　　　　　　　第　次

病室栏见环境卫生

第×军卫生巡回视导队部队个人卫生视察记录表

军　师　团　营　连地址　　　　　　　　　　　　　　　　视察日期　年　月　日

项目		标准分数		应得分数		现状	改善意见
		分	共	分	共		
卫生教育	1 卫生讲话	8	18				
	2 抽考成绩	10					
卫生习惯	3 个人毛巾	4	25				
	4 头发指甲	4					
	5 个人牙刷	3					
	6 随地吐痰	2					
	7 定期换衣	2					
	8 定期沐浴	2					
	9 姿态精神	2					
	10 全身清洁	4					
预防接种	11 种痘	10	25				
	12 霍乱预防注射	10					
	13 伤寒预防注射	5					
皮胃病	14 疥　疮%	15	20				
	15 下腿溃疡%	5					
营养	16 营养状况	4	12				
	17 饮食（粗米）	4					
	18 蔬菜（肉、菠菜、豆腐）	4					
总　计		100					
备　注							

视察组组长　　　　　　　　　　　　　　　　　　　　　　　第　次

一、综合

第×军卫生巡回视导队部队环境卫生总视察记录

军 师 团 营 连地址 视察日期 年 月 日

项目		标准分数		应得分数		现状	改善意见
		分	共	分	共		
营舍	1 周围状况	5	26				
	2 地面	2					
	3 墙壁	2					
	4 窗及采光	4					
	5 通风	2					
	6 防蚊设备	5					
	7 容积	2					
	8 清洁状况	4					
灭虱站	9 式样及设备	3	10				
	10 灭虱程序	2					
	11 每月灭虱次数	2					
	12 灭虱效能	2					
	13 住处整理	1					
厨房	14 防蝇设备	3	6				
	15 厨夫清洁	1					
	16 食品储藏	1					
	17 残料处置	1					
膳堂	18 防蝇设备	3	6				
	19 采光通气	1					
	20 餐具设备	1					
	21 清洁	1					
水质	22 水质	3	11				
	23 消毒	8					
马厩	24 清洁情形	1	3				
	25 马粪处置	2					

（续表）

项目		标准分数		应得分数		现状	改善意见
		分	共	分	共		
厕所	26 防蝇设备	5	18				
	27 排气装置	1					
	28 大便设备	3					
	29 小便设备	2					
	30 式样	3					
	31 粪便处置	2					
	32 清洁	2					
处污理水	33 渗水坑或污水桶	2	6				
	34 水沟	4					
盥洗场	35 设备	3	5				
	36 清洁	2					
沐浴场	37 设备	4	6				
	38 清洁	2					
39 垃圾处理		5	5				
总　计		100					
备　注							

视察组组长　　　　　　　　　　　　　　　　　　　　第　次

五、工作效果

我国卫生勤务之落伍，其原因甚多，其中最重要之问题，厥为（一）部队长官之漠视与认识之不足，（二）部队卫生人才之缺乏，（三）经费之不足。故欲彻底改革，须从基础做起，而往往涉于人事问题，困难甚多，吾人以少数人员而欲求速效，或完满之结果，实为不易。盖我国部队卫生勤务之缺点有如慢性之痼疾，绝非一朝一夕所能完全治愈也。故吾人绝不敢夸张吾人工作之效果，但若干部份〔分〕显已收相当良好之影响，与乎向前进展之倾向。举其荦荦大者有：（一）促起部队长官及卫生人员对于部队卫生勤务之注意，（二）介绍预防工作与环境卫生及合理之治疗，与护理之系统，使部队卫生人员明了其重要性而逐渐改变其旧观念，（三）协助训练部队卫生人员，如军医训练班及看护训练班等，（四）治疥灭虱工作之普遍推行，患疥士兵百分率之大量低降，（五）协助留医伤病兵于战院，（六）补充人力与药品器械之供给，（七）其他重要之建议。总之，吾人之工作已普遍给予湘北各军以深刻良好之印象矣。

六、今后展望

吾人在部队工作年余，深知部队卫生勤务对于部队战斗力有直接重大之影响，对于抗战最后之到来，有加速之作用，而工作之推展实有光明之前途。例如湘北第×军各项卫生勤务均有长足之进步，若再加以努力，有成为卫生模范军之可能；而各部队对于本会工作人员之欢迎，尤使吾人更感惭愧与兴奋。此后吾人应如何研求工作之效率与合理，并将吾人工作充分推展至团部及最下层之连部，且更要深入士兵圈内去实地体验士兵的生活，以期对于全师士兵之防疫与保健问题得有更普逼之效果。吾人应充分利用时机，时时行动，因行动即工作。此外，关于各工作人员学术技能之进修与补充，应有学术之刊物以及轮流调训与研究实习。各工作人员之工作精神与态度亦应时时警惕与自勉，而在前方与后方之部队应于相当时间予以互相调替，以增工作之兴趣，各科指导与视导员之常至前线指导。上述各节为今后工作进展最重要之因素，而不可不加以注意也。

七、结论

（一）我国部队卫生勤务推行之最大障碍，在于下级干部，如连排长对于部队卫生之不能充分了解与合作，故连排长之卫生教育最为重要。吾人以为中央军校及各种短期干训团均应有卫生勤务之课目及得力之讲师，并应有各种示教方法。

（二）应在每战区内设一训练中心，以训练各种部队卫生人员，俾能于短期内抽调各师卫生人员加以训练，教授最好即负责推进该战区内之部队卫生者而与学者日夕共同工作之人，如此庶使教、学、做打成一片较为有效。

（三）抗战至于今日，医卫界非无进步，此后战时卫生勤务，应力求合理化，各师卫生勤务及前后方伤病兵卫生机关之工作，亟待推进与改革，最好能由军医署会同其他有关机关组织一卫生巡回视导队，至各师各伤病兵卫生机关及各师管区视察并指导之。

（四）卫生勤务最重要者厥为组织与工作系统，我国卫生勤务亦以此为最重要研究之问题。再各师之购药，最好能规定种类及数量，集中在指定国营之制药厂采购，如此则较为经济便利，且可杜绝其他流弊。

（五）军阵卫生一切均以预防为主，不特防疫工作、环境卫生等是预防，其他内科甚至外科手术亦莫不含有预防之意。

（六）卫生勤务应与战路战术相配合，应活用之，不宜呆滞与死板。

（七）卫生勤务以“动”为主题，即于静中亦不能忘记“动”，但并非“乱动”，例如无系统不依情况的输送，即是“乱动”，吾人所要求的是合理的动。

（八）前方军阵卫生工作与后方之公共卫生，应有联系不能孤立。

（九）部队卫生勤务，以增进全体战斗力为主，应为大多数谋幸福，不以标新立异为一二人表现个人之精心杰作为重。

（十）军应为部队卫生工作之大单位，师为独立单位，连为最小之单位，以一队分配于一个军工作，三支队分配于三师，颇为适宜。

（十一）本会各队在部队中工作，仅能建议而无行政力量，此为最大之困难。盖屡次建议，如不接受，则毫无办法；最好能于集团军军医处，或战区司令长官部，战区兵监卫生处能有吾人之合作建议地位与名义，则吾人之建议，必较为有力。过去在湘北服务之外籍医师，因系外籍故敢作无忌惮之批评与建议，此点实较吾人为痛快，而彼等服务之精神，殊堪令人钦佩，惜彼等之批评未尽合实际情形，稍觉遗憾耳。

（十二）抗战至今，我国卫生勤务非无进步，战区如此之大，而我国人才与物质均较外国缺乏，第一次欧战时在许多军队中，其赤痢、伤寒、霍乱、回归热、斑疹伤寒等病例，亦均较我国今日为多，据云其一般敷伤情形，亦不较我国今日为佳，故吾人固不必自豪，但亦不必悲观与自馁。

（十三）本会救护总队部从救伤进而至防疫、保健，从后方医院、兵站医院、前方收容所，推展至师野战医院，以及团卫生队，各种重要之工作，如救死、扶伤、防疫、环境卫生、灭虱、治疥、护理及特别营养等工作，均从后方逐渐推至前方，从一隅至于普及，从粗略至于精细，从错误至于改正，作者均在层峰指导之下亲与其事，因此得知本会各项工作之历史的进展。故一种观察，若不从事物之整个之发展过程中，连续的历史进步中求之，而取一事、执一端批评之，必陷于武断之境地，而失公允之道。

（十四）吾人常至湘北最前线某著名据点，该处距敌人仅五百公尺，敌之防御工事历历在目，敌之大炮不时轰击，行人往来，买卖如常。敌昨由对河向某处发炮六发，毁房屋一所，击毙一人，而住在被毁房屋之邻居竟安之如故，视若无睹，在敌枪炮火交织之田野，依然是一片翠绿，农民照常耕种，如不知前有敌人者，火线上之官兵，士气极旺，自信力极强，均抱敌来则消灭之之信念。由此可观我国人民之镇静与弹性，使吾人认识农民之伟大，而明了抗战何以能支持至如此长久之缘因。吾人身履前线，对于祖国锦绣的河山，壮丽的原野，淳朴的农民，不禁发生无穷之爱恋，故最后吾人不妨再提一次那一句话，以结束本文，即："凡我军能到之地，我红会工作人员亦应能到之!"

原载于《卫生报导》第 6 期，1942 年

本会会务纪要

本会救护总队医务股主任荣独山，前于去年十月间赴第×战区视察。据报，洞庭湖沿岸，本会原有医务队八队，大江北岸现派六队，两岸已派三队，均随军工作，以后再增派三队至长阳一带工作，中队部设××，以便指挥。目前运伤路线，主要利用×江上驶或利用沿江两岸之公路及大道，而×江将成为抗战区卫生机关之中心地点。

原载于《中国红十字会会务通讯》创刊号，1941 年

湘北前线之本会医疗工作

林竟成

【长沙通讯】本会救护总队部第四中队所属各队，近来工作，提纲言之，可分为：环境卫生、医药、救护、灭虱治疥、卫生教育、空袭急救等数项。环境卫生方面，491 队、611、642 队及各指导员、视导员、技工等，在第×军所作最佳，军医学校战地考察团前至第×军考察，对其各项卫生设施有极佳之批评，并对本会工作，深为称誉，谓渠等参观五

十余单位均未有与第×军之完善者；33 队在长沙，531 队在××所设立免费军人诊疗所，平均每日有百十人就诊。33 队伤院及 493 队伤院，现各收容伤病兵五十余人。去年十二月上旬，642 队及戴工程师根法，曾随 102D、305 团至游击区办理救护、环境卫生及灭虱等工作，截至十二月底四中队已设立五十个灭虱站，计院所站七站，部队站七站，可增至六十站，每师以六站为标准，根据长沙 33 队及 493 队所设之灭虱站工作统计，平均每日有六十七人灭虱，每人灭一次平均费用一角七分。关于部队卫生教育方面：近月已渐由军师而至团连，491、641、642 各队均按预定计划，下团工作，即半月在野战医院，半月在团卫生队。本人与郭戴雨视导员亦曾驻团工作，借以视察团卫生医务之推进办法。08 队及 321 队在衡阳、渌口，对于空袭急救均能奋不顾身，冒险抢救。去年十二月十九日，株洲被炸，伤者八十余人，于八小时内，均送至××、321 队施行手术，予以医疗，工作至深夜四时半方止。

又讯，林中队长竟成本年元旦由前方函勉中队部同仁三义：

（一）从今天起，我们要更坚定为国家服务的观念，不怕任何艰难困苦，绝不动摇。

（二）我们要以大公无私清白廉洁自矢，这是公务人员最起码的要求。

（三）我们遇事要有负责任的精神，并且要有良好的工作态度，此外还要从实践中不断地去学习，以充实自己的技能和学问。

原载于《中国红十字会务通讯》第 3 期，1941 年

军阵环境卫生设施之建议

林竟成

本会四十九、六十四医务队，在第四军之环境卫生、驻地各项建设，早经分别完成。目前为注意其管理方法，及行军作战阶段中之环境卫生设施，因此有：（一）各连设置卫生兵两名之建议，其任务于战场为连部之急救兵，于驻地为环境卫生之管理者，并兼顾传染病报告及简易之治疗等。（二）向该军建议，于军官大队课程中增设卫生讲话，目的在使部队基层干部明了卫生知识，使随时随地，注意士兵生活环境，使之合乎卫生要求，此点关系至为重要，现已在进行中。（三）全团军

医每旬须至各连，作环境卫生视察一次，填具表格，分列各连卫生设施情况，及改善意见一份，送师军医处一份，送团部一份，送连部一份，以便按照改进。上述三点，如能按步推行成功，则整个部队之环境卫生制度建立，于部队之利益，更有可观也。

过去一般情形，部队中官兵训练均有卫生常识课目，惟往往因收集之材料不足，未能引起大众兴味。第四中队同人有鉴于斯，已商请周美玉女士编著《部队卫生讲话手册》，分四十八个题目，文字通俗，每个题目约讲十五分钟至二十分钟。将来由各军师军医处印就后，发交各连连长，规定每星期讲一题目，一年内可以讲完。

原载于《中国红十字会会务通讯》第4期，1941年

湘北流行春季传染病

林竟成

本年度灭虱工作，虽经救护总队部第四中队于前方军师及后方院所竭力提倡改进，不过，因经费及实施方法上有缺陷，因此，在若干方面，尚未能切实做到，致回归热及斑疹伤寒，在湘北均有流行。截至四月二十三日止，平江南江桥××部队，共经检查出回归热一百八十例，此病最初发现，系由某团中补充新兵传染而来，当时情形颇为严重，病兵累累，第四中队所属之五十三医务队及各视导员乃协助该师军医紧急处理：（一）各单位按期彻底举行灭虱；（二）各团成立隔离病室；（三）检查、购药、治疗。幸赖部队长官督促及各方面合作努力，渐渐使之扑灭。

斑疹伤寒二例，亦发现于南江桥××部队。当时五十三医务队同人甚为焦急，派员前往连部指导，隔离及预防，幸未蔓延。益阳××师部队工兵营，于四月上旬发现回归热，本会六十四医务队，携显微镜前往协助灭虱、检查、治疗，先后共经检查出八十余例。长沙四十九医务队隔离病室内，三月中旬至下旬，亦共发现回归热八例。

天花：四月份湘北各地民众及各军师，均散见天花，尤以长乐街、车田坊居民发现二十余例。本会四十九、六十四医务队当即派员前往隔离，均经四星期而扑灭。此外，衡阳、长沙亦曾发现，幸未流行。

脑膜炎：长沙四十九医务队之隔离病室，发现二例，经详细调查，

系驻防之××师。最初发现于该师之二七四团，先两例均死亡，未及送医院治，后一例亦因时间太晚，不及救治。该师之防炮连亦发现一例，死亡，均经脊髓检查确实，幸以后未流行。

原载于《中国红十字会会务通讯》第4期，1941年

本会在湘省各地促动组织防疫委员会

——第四中队工作报告

回归热在五月份长沙、湘潭等地，仍多有发现，因天气渐暖，衣较少，虱子向外活动之机会较多之故，惟前方部队已无流行者。疟疾及痢疾，现渐猖獗，霍乱亦有发现。本月份各队以预防霍乱及胃肠系传染病为中心工作，长沙、湘潭、衡阳均已有本会促动组织防疫委员会，本会各队均参加该会大部份〔分〕之最重要工作，尤以努力推行霍乱预防注射为目标。民众方面，现已注射五万人；部队方面，已送去霍乱疫苗十二万，五月底均已注射完毕。关于疟疾，现已将奎宁送至各队应用，切实治疗，并提倡野战医院及部队之设备蚊帐。

环境卫生

本月环境卫生，亦已配合防疫目标为工作中心，注意实施大规模之饮水消毒，厕所及厨房之防蝇设备。部队方面，计有六师实施饮水消毒，每连设饮水消毒箱一只，每营设余氯检验箱一只，并开办饮水消毒班，予特务长及炊事兵以饮水消毒及普通夏令饮食卫生之训练。在部队中，如此大规模有系统之饮水消毒，实为创举。长沙方面，由第四中队派输卒一班，专司码头给水消毒，计有七个给水码头。中山码头且利用旧有之砂滤站，每日饮水消毒在一万石以上，秩序甚佳，推行亦顺利。

长沙设立X光透视检验处

救护总队部第四中队，于六月一日在长沙湘雅医院三楼设一X光透视检验处，免费协助长沙各卫生机关诊断，并为一般军人免费透视检查。该项工作由余世法技士主持，颇博得外界之好评，请求检查者，平均每日约七人。

原载于《中国红十字会会务通讯》第5期，1941年

本会第四中队最近工作之一斑

引 言

第二次湘北会战，敌于三十年九月七日开始发动，集结四五千人，进攻大云山，经我军击退，十七日敌复集结兵力十五万人以上，并配合飞机、大炮、战车等，效其盟兄希特勒之闪击战术，分兵三路，大举进攻，强渡新墙河，因我军早设陷阱，诱敌深入，期以一鼓而歼灭之。故敌人最初进展颇速，旋我敌相持于捞刀河一带，我方大军并在敌后大施活动，截断敌之补给线。三十日夜起，敌开始大崩溃，我军乘胜追击，予敌重创，至十月七日敌完全溃退至新墙河以北地区，大会战至此告一段落，据统计敌死伤约在四万人以上。本会救护总队第四中队，由林竟成队长率领，随军工作，至为努力，兹将该中队工作报告，摘录如下：

一、四中队部

九月十九日晨，敌机狂炸长沙，闻前方紧张，即派员四出雇船，雇到大船三艘，连夜将军需器材药品装运上船。天明，二艘先开衡阳，一艘则留待紧急时启行。留长各队军作移动准备，但仍照常工作。二十四日，敌进至高桥时，船于空袭中离长沙。十月三日，林中队长偕陶存乐去衡阳办理临时要务。十月七日，以长沙方面情况转佳，遂率三三一及三三二队兼程驰回长沙，于八日到达。除部队外，本会实为最先到达长沙之团体，旋即恢复常态矣。

二、五三一队

该队始终随总部工作，进退与之，自九月二十日起，退出平江至大桥等处，至十月十五日仍随该中队部实施救护工作。队员、输卒均能历险吃苦，三日不眠，夫少物多，仅带重要公物，十月九日，复派该队队员顾道清率输卒五名，由平江南下，掩埋遗尸一百八十具，死马一百〇一具。

三、五三三队

该队在平江南江桥，于九月四日奉命至通城防治疟疾。战事发生时，该队曾分两部工作，一在君子堂，一在板江，于二十一日移往浏阳，越幕阜山去钟洞，经平江三眼桥、安定桥向焦溪岭进发，路遇四九二队，旋至醴陵，设门诊部，迟一日去攸县，与一四三队连〔联〕络，暂在×后院工作，为伤兵敷伤，十月九日奉命开长沙，现复开衡阳。

四、〇二二队

该队与××师战院同进退，于十八夜起向绿塘铺、杨林桥、石子岭、三姐桥、桥头驿、霞凝港、乔口等地移动，随时随地协助野战医院工作，并设换药站，为过往伤兵换药，十月十五日，该队迁回白水原驻地，重要公物均无损失，设门诊部，为民众治疗。

五、四九一队

敌自九月七日起，开始攻我大云山，该队派赵璟、卓文华二医护员，至×军部军医处设裹伤所，裹伤××名。旋该队退至高桥，设裹伤站。寻战院及四九二队均未遇，故派员来长请示，遂令该队开长沙，与四九三队合并，于二十四日晚随某某院移湘乡，仍在该院工作，于十月八日奉命开长，至××收容所工作，于二十五日复开长乐街工作。

六、四九二队

该队于九月十九日随×师战院推进至脱甲桥工作，三日间共计裹伤××余名，二十三日情况变化，暂避山中，夜与战院循山径小路摸索前进，经羊古滩、石头岭、焦溪岭，一路迭遭敌机轰炸，随地工作，该队因×院之请求至泗汾，设立敷伤站，共换药三日两晚，裹伤人数××余名，六日该队至渌口工作，十三日奉命开长沙，该队随军后退，两次突围，旅程八百里，辛苦备当，十月二十六日开湘阴李家塅工作。

七、六四一队

该队于九月十八日敌进抵关王桥长乐街，竟日狂炸中，先遣女队员杨革新、王兰馨、姜惠连等三名至长沙，该队于晚十一时随××师战院涉水过河，黑夜行军，各队员均负或挑一部公物，经梧口、翁江，而向平江进发，随时实施救护工作，后至浏阳、醴陵、攸县，在衡阳协助〇八一队工作，至为紧张，于二十六日转往关王桥。

八、六四三队

该队于九月十七日，洞庭湖吃紧，长沙危急之时，将全队分成两组工作，一组由赵队长率领四队员，随某师至沅江甘溪港立裹伤所，及协帮助阳战院医疗工作，另一组由队员刘裕需、吴汉钧随×军战院至乔口、湘阴一带，担任救护医伤工作，该组并曾于十月六日趁敌人刚从湘阴撤退之时，到城内抢救负伤将士，经彻夜工作，将伤者悉数救出，运回乔口，并在途中与敌哨兵相遇，至一伤兵与民夫遇难，而刘、吴二同志则达到任务，脱离危险，亦云幸矣！该组直至十月十二日始回益阳，总计收轻伤兵×名。

九、四九三队

该队于长沙紧急时，奉令与某兵站医院同移动，于二十四日长沙紧急时，步行至湘潭、湘乡，在××兵站医院工作，旋于十月八日奉命回长沙，此时长沙伤兵颇多，而收容所多乏敷料，故协助敷伤，并在本处设立免费军民诊疗所，每日治疗伤病军民，现该队开往平江工作。

十、三三一及三三二队

二十四日下午奉令离长沙，开赴衡阳，派在××后院协助〇八一队工作，十月七日由唐文铭队长率该两队驰回长沙，八日到达，先在本处设免费军民诊疗所，并往某收容所协助裹伤，后又商借天主堂医院，设本会重伤医院，于十三日开始收容重伤兵，实施手术治疗，计有病床七十张，工作极为紧张。

十一、三二一及三二二队

该两队于九月二十六日随××兵站医院退往湘乡，于十月九日回湘潭，继续工作。

十二、〇八一队

该队驻衡阳，为四中队此惟一未曾移动之队，但衡阳为伤兵必经之路，该队工作，亦至为紧张，该队杨焕文队长主持衡阳本处临时办事处事宜，对于后方调度连〔联〕络以及招待本会过往人员，倍极辛劳。

原载于《中国红十字会会务通讯》第7期，1942年

卫生作业应再接再厉才能配合愈战愈强的部队

第二次湘北大捷，振奋了全国的人心，同时也增加了第四中队各工作人员对于协助部队推展卫生作业的信念和热忱！在这次会战中，本中队各队随军进退，配合各队作战，各工作同志表现了空前的耐劳、吃苦、冒险、犯难、勇敢、牺牲的精神。这是第一次湘北会战经验和学习的来的可珍贵的收获，本人深为感动而欣慰！又蒙上峰之指导和赞许，并得各方的好评和协助，至为可感！现在敌人虽已败退，仍有三度进犯的可能，我们也要抱定三度再与敌周旋的决心。而此后各部队医护预防和环境卫生工作急待重整，民众之痢疾疟疾却在流行，亟需予以医药救济，盼本中队各同仁以再接再厉之精神，抱“敌能毁之我能建之”的决心，依上峰之指示，实行“快干、苦干、实干”，协助部队推进卫生作

业，与部队之愈战愈强相配合，以取最后的胜利。未了，感谢敌人给予了我们两次难得的锻炼和经验，这正合孟子所说的："天之降大任于斯人也，必先苦其心志，劳其筋骨，饿其体肤，困乏其身，行拂乱其所为"。如果再有三次湘北会战，无疑的，我们会有更优异的工作成绩的表现，协助部队予日本鬼子以更大的打击！

原载于《中国红十字会会务通讯》1942 年第 7 期

行政院颁给救护湘黔线出力工作人员荣誉状

本会救护总队部第四第九及预备大队所属工作人员，于去年当日军侵湘桂犯黔南之时，从事战地救护及医疗难胞工作，冒险犯难，救死扶伤，始终不懈。行政院队本会此次工作出力人员祖张琪等三十二名，各颁给人民荣誉奖状一方。又本会胡秘书长兰生，荣获中央社会部奖章一枚。

原载于《中国红十字会会务通讯》第 34 期，1945 年

救护总队部拟组流动手术医院

本会救护总队部近为配合反攻及伤员工作，现将所辖医疗队，充实内容，以备在战地展开军阵救护及办理难胞医药救济。又为加强野战救护，拟组流动手术医院。最近豫鄂及湘西大战，第六、第九两医疗大队，分别从事战地救护，深为各该战区长官部赞许。

原载于《中国红十字会会务通讯》第 34 期，1945 年

红会岳阳分会医院（普济医院）一九四九年工作报告书

窃本院自前院长陈寿谆呈准去职后，三月份由何道明牧师代行职务维持现状，一面电邀启运来岳。运深悉本院经济拮据，又值时局动荡之际，前途艰难不言可喻。惟运原曾担任本院医务工作两载有余，旧有员

工情感均洽，为爱护本院、造福病胞计，实亦义不容辞，故不揣愚昧，贸然于三月八日承乏斯职，肩此艰巨。谨将工作报告如次：

一、清发员工欠薪　运到职后，首即商请西差会设法清发员工欠薪，俾使安心工作，当承西差会采纳，将员工欠薪发清。

二、促请董事会聘任会计　董事会当于四月聘来会计李维纵一员，专司收支账目，并负责保管银钱。四月以前，系何道明收师负责办理，李会计至九月时因参加长沙专区贸易公司工作，后即呈准离职，一时无人接替，为推宜计，特召开员工大会议，遵众公决，暂由院内同仁酌予兼任，将来仍须董事会物色一员负责，以昭慎重。

三、撙节开支　所有离院员工在业务未发展前暂不补用。底薪在五十元以上者减低，如院长薪金较前减低三分之二强，医师减低三分之一弱；护士为廿六元至四十八元，四十元以内者不减。自周代纶（原有）及新聘侯树藩两医师于五六月间先后离院后，仅运一人兼负医务之责。当解放军尚未入城时，岳市变成真空，人心惶惶，朝不谋夕，本院人员仍照常工作，门诊、住院均未停止。

四、修葺房屋　各部房屋均已污漏，亟须修检，业由西差会何道明牧师经办。门诊处油漆粉刷，焕然一新，其余各处仅检漏粉刷，病房则因时局关系不及油漆矣。

五、辟祈祷室，以便员工祈祷

六、设护生训练班　考取护生十名，以培养护病人才，为本院将来扩充之用。

七、收支　自李会计四月一日起接办起截至十二月底，计结存人民券二百一十一万六千二百七十元。四至七月份系以银洋计算共收四千九百一十六元九角二分，共付四千三百八十二元六角六分；八至十二月份，系以人民券计算，共收一千六百八十六万三千四百一十元，共付一千五百四十万零零二百五十二元。结余之银洋以岳市人民银行当时牌价每元一千二百元，折合人民券（详甲表）。

八、门诊人数

1. 收费部分（四至十二月份）：计二千六百五十三人

2. 免费部分（四至十二月份）：计九千七百九十三人，九个月门诊人数一万三千四百四十五人。

九、门诊挂号

1. 四至七月份，银洋收费一百八十八元八角五分，免费二百二十五元二角八分。

2. 八至十二月份，人民券五十四万八千四百元，免费八十八万□千五百元。

十、门诊药费

1. 收费部分：四至七月共计收银洋九百二十五元三百三十元一角四分五厘，八至十月人民券四百零四万元零二百二十元。

2. 免费部分：共计免银洋一千零九十九元八角五分，人民券五百九十四万四千八百元。

十一、住院人数

1. 收费部分：四至十二月份一百四十五人

2. 免费部分：四十八人总计三百三十一人

十二、住院费

1. 收费部分：四至七月份，计银元一千四百四十五元七角；八至十二月，人民券五百七十五万五千七百五十元。

2. 免费部分：四至七月份，计银洋六百零九元七角，人民券一百八十七万四千四百一十元。

十三、死亡

1. 收费部分：十一人。

2. 免费部分：一人，九个月共计死亡十二人。

十四、院内活动

1. 组织员工福利社，开荒种菜，残饭喂猪，以福利员工。

2. 组织监事会，由员工轮值众业，以杜流弊。

3. 组织账务审查委员会，由员工公推审查员负责审查，每半月终审查一次，以示绝对公开。

4. 月会由各部负责人报告一个月工作，并检讨应兴应草事项。

5. 小组会议

十六、布道工作

本年归主人数，解放后为启运与工友李案德。

一九五〇年工作计划

如业务发展，拟将一九四九年未竟工作次第完成，如扩大化验室，装设爱克斯光，扩充病床，并改办护士学校，增加图书及添设药圃等，故一九五〇年预算略有增加。谨此报告。

院长　刘启运

附录　甲表：

岳阳私立普济医院 1949 年 4 月至 12 月收支决算表（部分）

部门	分类		4-7 月	8-12 月	附注
			银币	人民券	
收入	经常门	门诊挂号费	18885	538200	538200
		门诊药费	925415	4040220	
		住院费	144570	5888470	内粤汉路局二月份员工住院费 310000
		差会津贴	179250	5755750	
	特别门	暂　收	8743	310770	粤汉路运转金
		其　他	477295	16863410	售奶粉、面粉、豆粉、毛毯等，毛毯系何牧师经手
	合　计		491392	610770	16863410
支出	经常门	薪　金	282190	3842620	详乙表
		膳　食	761325	4344793	米菜油盐柴炭
		文　具	2929	273820	印刷纸张笔墨簿籍
		邮电书报	5502	334850	

原件藏岳阳市档案馆，档案号：M32-1-1

二、专　题

本省近事·捐廉提倡

自前商务大臣等以日俄开衅，战地华商绅民被难凄惨，经中西绅董合办上海万国红十字会电达湘中，抚宪即饬洋务局飞札各属筹款协助，辰州府刘太守奉文后，即拟捐廉资助洋三百元以为提倡，一面分饬所属概捐薪俸，并晓谕绅商一体筹助，俾应急需。昨日已备由申覆，请俟筹有成数即另文批解云云。人之欲善，谅有同心。湘省官绅商富，毋让太守独居其美可也。

原载于《湖南官报》第639号，1904年4月30日

红十字会长沙支会募启

启者：现因日俄交哄，我东三省被难居民困苦万状，上海中西志士创设万国红十字会，专以拯救难民免遭惨祸。今于长沙设立支会，刊布捐册，由同志诸君分任劝募，随人乐捐，不拘多少，以期集成巨款转寄上海总会，共襄善举。所有捐册业已编定号数及经手人姓氏，以便稽考。凡已经捐助诸善士，务请注明台衔，由敝会先行送登《湖南官报》并寄登上海中外日报，以昭大信。诚恐捐册未能普及，如有志士仁人情愿慨捐者，请至藩围后矿务总局内代办支会处问明书捐可也。长沙支会同人公启

原载于《湖南官报》第641号，1904年5月2日

【附注】该启随后四十余天接连刊载于官报之首，直至6月15日，即第641–685号。

公 启

启者：代办长沙红十字支会总募叶葵初先生现有要公出省，所有经理会务均归廖荪陔、金仍珠两先生接办。倘蒙乐善诸公踊跃捐助以及领册、缴册等事，均请至藩圉后矿务总局询明投交，决不有误。特此奉布，各位善士台鉴。 长沙代办上海红十字支会所告白

原载于《湖南官报》第686号，1904年6月16日

【附注】该启随后两月接连刊载于官报，第686–745号，直至8月7日。

书画助赈润例启

俄日交哄，各有损伤，中外商民，流离失所。海内仁人君子倡立红十字会，以济时艰，是乃仁术也。区区力薄，素颜莫偿。惟冀索我画者，慨赠笔赏，代为捐助，共襄盛举，谅亦诸公所乐从也。

甲辰秋七月 皖北痴道人 谨启

五尺宣纸条幅，每条二百文；六尺宣纸条幅，每条三百文；圆、折扇，水墨一百文，着色二百文。

原载于《湖南官报》第751号，1904年8月23日

长沙红十字支会第一次收捐告白

收郇小亭先生洋二十元，收金仍珠先生洋二十元，收殷衡荪先生洋十六元，收韩吉人先生洋十二元，收陈莲远先生洋十四元，收方饶波先生洋八元，收汪笙白先生洋八元，收张薇卿先生洋八元，收金福堂先生

洋四元，收管瀛甫先生洋四元，收张建中先生洋一元。

款到即登，如有错误或交款日久未见登报者，请向经募人查问，或迳赴矿务局支会办公处陈明办理。　长沙支会谨启（本段文字历次告白均刊出，以下略）

原载于《湖南官报》第643号，1904年5月4日

长沙红十字支会第二次收捐告白

收叶揆初先生洋二十元，收陈理卿先生洋二十元，收赵介卿先生洋二十元，收廖广隆宝号洋二十元，收潘季鲁先生洋十六元，收洪岱生先生洋十二元，收孟调臣先生洋十元，收龚藕田先生洋十元，收梁辰生先生洋八元，收胡蕃周先生洋八元，收蒋翰农先生洋八元，收张润庭先生洋五元，收乐诚斋先生洋四元，收史蓉生先生洋四元，收林熙春先生洋一元。

原载于《湖南官报》第644号，1904年5月5日

长沙红十字支会第三次收捐告白

收美国荣海蓝先生洋廿元，收美国路思义先生洋十元，收美国盖葆耐先生洋十元；收汇丰恒钱号洋十元，收长沙学院街内地会洋廿元，收杨汉溪先生洋六元。

原载于《湖南官报》第645号，1904年5月6日

长沙红十字支会第四次收捐告白

收朱旭初先生洋二十元，收汪文翰先生洋十六元，收龚仁山先生洋十二元，收钮孟龙先生洋十二元，收王友陶先生洋十元，收王子和先生洋十元，收严欢容先生洋十元，收邓寅阶先生洋四元，收刘海亭先生洋

四元，收徐寿林先生洋二元，收宝奏厅洋二元，收抚署号房洋二元。

原载于《湖南官报》第646号，1904年5月7日

长沙红十字支会第五次收捐告白

收沈翼孙先生洋廿四元；收史竹荪先生洋二十元；收余锌臣先生洋十六元，收张芝年先生洋十六元；收黄子麟先生洋十元；收杨灿生先生洋八元，收方幼卿先生洋八元；新化畤富厂银三两四钱二；收寸心千古室洋四元；收彭南湘先生洋二元，收杨云轩先生洋二元；日本北平乐意先生洋一元，收王登甲先生洋一元，收樊秋博先生洋一元，收柳韵荃先生洋一元，收刘韫山先生洋一元，收抚署茶房洋一元，收荣少文洋一元，收唐季安洋一元，收杨仲宣洋一元；收熊普林先生洋半元。

原载于《湖南官报》第647号，1904年5月8日

长沙红十字支会第六次收捐告白

收吴仲翔先生洋二十元；收聚昌绸缎号洋十元；收单普霖先生洋二元，收欧云亭先生洋二元，收谢希庵先生洋二元，收彭德斌先生洋二元，收张永平先生洋二元；收冯席珍先生洋一元五角，收易赐福先生洋一元五角；收张曙光先生洋一元，收邓子平先生洋一元，收林子卿先生洋一元，收余学超先生洋一元，收唐凤亭先生洋一元，收余锦鋆先生洋一元，收周少坤先生洋一元；收王禹平先生洋半元。

原载于《湖南官报》第648号，1904年5月9日

长沙红十字支会第七次收捐告白

收孟彬如女士洋五十元；收袁双侣女士洋三十元；收沈杏生女士洋十二元；

收孟子耕女士洋十元，收朱铭延女士洋十元，收金束氏女士洋十元，收梁增潇女士洋十元；

收孟心诚女士洋四元，收杨好善女士洋四元，收黄成氏女士洋四元；

收孟如保女士洋三元，收李宜君女士洋三元；

收瞿舜容女士洋二元，收周芙初女士洋二元，收陈云鸾女士洋二元，收王疑生女士洋二元，收陈凤仪女士洋二元，收梁德安女士洋二元，收曾秉渊女士洋二元，收孟寅生女士洋二元；

收桂乐施女士洋一元，收王徐氏女士洋一元，收梁丙懿女士洋一元，收梁康民女士洋一元。

原载于《湖南官报》第649号，1904年5月10日

长沙红十字支会第八次收捐告白

收海棠仙馆银十两；收葛荚庭先生洋十二元；收周慕连堂洋十元；收颐庆和钱号洋八元；收不书名氏洋五元；收蔡利生堂洋四元，收孟崇如先生洋四元，收严柜香先生各洋四元；收大丰缎号洋二元，收人和缎号洋二元，收恒丰裕号洋二元，收义丰元号洋二元，收同升恒号洋二元；收卫队什长公捐洋二元；收蒋质斋先生洋一元，收左继生先生洋一元，收王光英先生洋一元。（按：蔡利生堂初刊为洋十元，现据更正广告改为洋四元）

原载于《湖南官报》第650号，1904年5月11日

长沙红十字支会第九次收捐告白

收院署十科公捐洋十元；收院署戈什哈公捐洋二元；收彭以忠洋一元，收何光第洋一元，收粟启龙洋一元，收彭得胜洋一元，收张金鉴洋一元，收雷正斌洋一元，收邓国俊洋一元，收毛玉贵洋一元，收许德斌洋一元，收张蓝南洋一元。

原载于《湖南官报》第652号，1904年5月13日

长沙红十字支会第十次收捐告白

收湖南官报馆洋三十元；收胡尊三先生洋二十元；收成琢如先生洋六元；收李熏吾先生洋四元，收邓蔚然先生洋四元，收成冬生先生洋四元；收孟崇如先生续捐洋三元，收新化三益厂银二两，收刘勇介祠洋二元，收刘佩兰堂洋二元；收彭子善先生洋二元，收王秦卿先生洋二元；收王亭萼先生洋一元，收孙雨皋先生洋一元，收周汝森先生洋一元，收陈詹岩先生洋一元先生，收贺汝霖先生洋一元，收李仙樵先生洋一元，收周恕斋先生洋一元，收成庚申先生洋一元；收新化公宝厂银一两；收新化顺禄盛厂洋一元，收张恺陶先生洋一元；收龚定生先生洋半元。

原载于《湖南官报》第653号，1904年5月14日

长沙红十字支会第十一次收捐告白

收张绮梅先生洋一百元，收钮稽山鹤樵洋四元，收钧隆钱号洋二元，收恒和钱号洋二元，收李浚源先生洋一元。

原载于《湖南官报》第654号，1904年5月15日

长沙红十字支会第十二次收捐告白

收曾侠为先生洋四十元，收曾百恕堂洋二十元，收孙和钱号洋十二元，收天申福钱号洋六元；收贻□斋洋二元，收无名氏洋二元，收陟瞻子洋二元，收曾忠恕堂洋二元，收曾敦本堂洋二元。

原载于《湖南官报》第655号，1904年5月16日

长沙红十字支会第十三次收捐告白

收吕文涛先生洋二十元，收谭湛泉先生洋十元，收邹竣德先生洋十元，收李文霖先生洋五元。

原载于《湖南官报》第656号，1904年5月17日

长沙红十字支会第十四次收捐告白

收乐鼎甫先生洋十元，收陈曦仙先生洋十元，收许新甫先生洋十元；收福寿和堂票钱三千文；收宝续堂先生票钱一千文。

原载于《湖南官报》第658号，1904年5月19日

长沙红十字支会第十五次收捐告白

收朱怀谷堂洋一百元，收张小经先生洋五十元，收□□先生、廖子才、天成宝号等七户，洋二十元；收张竹□先生十六元，收□□虞洋十元，收宋雨田先生洋十元，收江口辰太郎先生洋十元，收□□□先生洋十元；收刘伯庚先生洋五元；收□宣正先生洋四元；收黄纯陶、向清源、薛迪凡先生等八户，各洋三元；收张祇先生洋二元，收张子山先生洋二元，收任鹤堂先生洋二元；收曹筱乐、徐湘梧、胡振昌等十五户，各洋一元。

原载于《湖南官报》第660号，1904年5月21日

长沙红十字支会第十六次收捐告白

收盛记宝号洋四元，收长善盐行宝号洋四元，收□恒荫堂洋四元，收□怡裕堂洋四元；收福记宝号洋二元，收善记宝号洋二元，收利记宝

号洋二元，收和贵宝号洋二元，收宝源通宝号洋二元，收同瑞昌宝号洋二元，收善顺乾宝号洋二元，收无名氏洋二元；收凌裕兴宝号洋一元，收陈力新宝号洋一元，收易万丰宝号洋一元，收镒太恒宝号洋一元，收蔡隆昌宝号洋一元，收饶阜康宝号洋一元，收邓凌云宝号洋一元，收金太顺宝号洋一元，收人和生宝号洋一元，收广生酱号，收隆裕昌宝号洋一元，收宽昌行宝号洋一元。

原载于《湖南官报》第661号，1904年5月22日

长沙红十字支会第十七次收捐告白

收魏高荫堂洋四元，收永康福宝号洋四元；收黄耀春堂洋二元，收萧怡丰宝号洋二元，收吉祥□宝号洋二元，收裕厚昌宝号洋二元，收黄崇德堂洋二元，收黄信义堂洋二元，收邓金氏洋二元，收无名氏洋二元，收不书名氏洋二元，收屈乌氏洋二元，收守分氏洋二元，收黄屠氏洋二元，收饶童氏洋二元，收温惠记洋二元；收惠庆裕宝号洋一元，收三佳公洋一元，收恒心人洋一元，收必从人洋一元。

原载于《湖南官报》第662号，1904年5月23日

长沙红十字支会第十八次收捐告白

收保安团洋十元，收无名氏洋十元；收李源茂银号洋六元；收万成永宝号洋四元，收熊新盛银号洋四元；收胡铎润堂洋二元，收詹文裕宝号洋二元，收李怀竹堂洋二元，收天申福宝号洋二元，收锦霞宝号洋二元，收无名氏洋二元，收东协盛宝号洋二元，收公昌与宝号洋二元，收姚旺和宝号洋二元，收恒泰行宝号洋二元，收泰记宝号洋二元，收王廷寿堂洋二元；收王佩珩先生洋一元，收李鲁生先生洋一元，收蒋咸生先生洋一元，收贺之翰先生洋一元，收文星期先生洋一元，收曾隆茂钱号洋一元，收曾铭新记洋一元。

原载于《湖南官报》第663号，1904年5月24日

长沙红十字支会第十九次收捐告白

收蒋少穆先生洋二十元；收刘校亭先生洋十五元；收四典同德堂洋十二元；收朱文琴先生洋十元；收生记宝号洋六元；收正和生洋四元，收廖祐初先生洋四元；收毛海航先生洋三元，收贺西垣先生洋三元；收曾礼仁先生洋二元，收沈经纶先生洋二元，收同康泰宝号洋二元，收郑谦和宝号洋二元，收郑恒丰宝号洋二元，收李虞卿先生洋二元，收刘林洪先生洋二元，收蒋衍生先生洋二元；收王懋生先生洋一元，收青莲室宝号洋一元，收中西宝号洋一元，收文元楼宝号宝号洋一元，收无名氏洋一元，收福大乾宝号洋一元，收万太和宝号洋一元，收鸿吉宝号洋一元，收祥和行宝号洋一元，收永丰源宝号洋一元，收蒋性成先生洋一元，收贺宝丞先生洋一元，收张子贞先生洋一元，收毛子健先生洋一元。

原载于《湖南官报》第664号，1904年5月25日

长沙红十字支会第二十次收捐告白

收熊倬云先生洋二十元；收余劲庭先生洋十元，收胡仁山先生洋十元，收凌榕懋先生洋十元；收王宫藻先生洋八元，收蒋鹤曹先生洋八元；收王世桢先生洋六四元，收段峨生先生洋四元，收张仲友先生洋四元，收邓松坪先生洋四元；收邓蔚如先生三元；收马连城先生洋二元，收王德润堂洋二元；收雷蓉村先生洋一元。

原载于《湖南官报》第665号，1904年5月26日

长沙红十字支会第二十一次收捐告白

收黄经纬女士洋十元，收唐崇祐女士洋十元，收李韵女士洋十元；收第一女学堂洋四元，收唐漱芬女士洋四元，收皮嘉贞女士洋四元，收

李慧娥女士洋四元，收黄念兹女士洋四元，收俞杏林女士洋四元，收吴凤南女士洋四元；收彭竞女士洋二元，收左如女士洋二元，收龙希孟女士洋二元，收龙珏女士洋二元，收蒋佩宜女士洋二元，收朱启权女士洋二元；收许馥女士洋一元，收许徽女士洋一元，收潘苹秋女士洋一元，收许璧女士洋一元，收吴常春女士洋一元，收许佩琼女士洋一元，收曾灿华女士洋一元，收许佩琅女士洋一元，收胡懿琼女士洋一元，收姚觉旭女士洋一元，收张淑园女士洋一元，收张惠园女士洋一元，收李兴亚女士洋一元，收蒋宝仁女士洋一元，收侯宗格女士洋一元，收黄本春女士洋一元，收黄本琼女士洋一元，收晏复华女士洋一元，收黄特英女士洋一元，收黄本玫女士洋一元，收梅济时女士洋一元，收王闾智女士洋一元，收欧阳扉女士洋一元，收陈凤仪女士洋一元，收杨淑仪女士洋一元，收何媛士、屈翘秀女士洋一元，收刘振坤、陶菊琼女士洋一元，收萧振华、郑业恒女士洋一元，收蒋溶女士洋一元，收康瑞君女士洋一元，收汤钧女士洋一元，收周友卿女士洋一元，收陈德祉洋一元。

原载于《湖南官报》第666号，1904年5月27日

长沙红十字支会第二十二次收捐告白

收张莹伯先生银十两；收叶赤演先生洋十元，收□寿嵩先生洋十元。

收张罗若先生洋六元；收朱浣青先生洋五元；收牛秋浦先生洋四元。

收□西园先生洋三元；收吴仲符先生洋二元四角。

收乐敬之先生洋二元，收杜茂林先生洋二元，收万康年先生洋二元，收杨丙先生洋二元，收□珽先生洋二元，收易尤先生洋二元，收石少朴先生洋二元，收宋仁粹先生洋二元。

收万森先生银一两；收乐元超先生洋一元，收熊涛先生洋一元，收陈文富先生洋一元，收关鸿勋先生洋一元，收易熙先生洋一元，收杨嘉枢先生洋一元，收杨通能先生洋一元，收夏默林先生洋一元，收易寿松先生洋一元，收陈渠珍先生洋一元，收陈策先生洋一元，收朱光斗先生洋一元，收王启之先生洋一元，收杨香渠先生洋一元，收张仲和先生洋一元，收季增棫先生洋一元，收郭庆藩先生洋一元，收谭□源先生洋一元，收彭权先生洋一元，收徐石瑞先生洋一元，收易世科先生洋一元，收萧锡瓒先生洋一元，收杨传清先生洋一元，收陈传谟先生洋一元，收

刘星田先生洋一元，收张耕堂先生洋一元，收黄续宣先生洋一元。

收何宪凯先生票钱一串文。

原载于《湖南官报》第668号，1904年5月29日

长沙红十字支会第二十三次收捐告白

收陈冀先生银十两，收杨再涎先生银一两。

收杨本彰先生洋五元；收贾懋壮先生洋四元，收万镇铭先生洋四元，收陈汝斌先生洋四元。

收张瑞麟先生洋二元，收叶世滢先生洋二元，收邓振涛先生洋二元，收田梦生先生洋二元，收周继机先生洋二元，收刘续黎先生洋二元。

收林郁轩先生票钱二串文；收张辉瓒先生票钱一串文，收黄辉祖先生票钱一串文，收安仪骥先生票钱一串文，收黎作园先生票钱一串文，收叶仁骏先生票钱一串文，收熊作孚先生票钱一串文，收师锡彤先生票钱一串文。

收柳大熙先生洋一元，收李振鸿先生洋一元，收王蓝生先生洋一元，收傅鸿章先生洋一元，收萧锡荣先生洋一元，收周澄先生洋一元，收胡连升先生洋一元，收鲁清平先生洋一元，收林廷汉先生洋一元，收张涣夔先生洋一元，收朱诒兰先生洋一元，收项绩熙先生洋一元，收罗园屏先生洋一元，收项以祥先生洋一元，收朱慎先生洋一元，收向明喜先生洋一元，收刘文藻先生洋一元，收尚若仁先生洋一元，收周世耀先生洋一元，收杨纪武先生洋一元，收朱彪先生洋一元，收赵镇南先生洋一元，收何上林先生洋一元，收周诗先生洋一元，收马孝笃先生洋一元，收熊浚先生洋一元。　长沙支会谨启。

原载于《湖南官报》第669号，1904年5月30日

长沙红十字支会第二十四次收捐告白

收陈琪瑞先生洋十一元；收沈承启堂洋十元；收廖德庆堂洋五元，收张继卿先生洋五元；收刘诒穀堂洋四元；收谢芷香先生洋三元；收钱

星宝先生洋二元；收姚本诚先生票钱二串文；收印世珍先生票钱一串文，收田忠恕先生票钱一串文，收黄汉辇先生票钱一串文，收陈龙飞先生票钱一串文。

原载于《湖南官报》第670号，1904年5月31日

长沙红十字支会第二十五次收捐告白

收盛□馥先生洋一元，收王诚先生洋一元，收田熊查先生洋一元，收周仁先生洋一元，收李乐鉴先生洋一元，收田宗湞先生洋一元，收熊纯发先生洋一元，收李潜国先生洋一元；收李苏允先生洋一元，收李安国先生洋一元，收陈屹先生洋一元，收陈湘英先生洋一元，收陈普生先生洋一元，收王应昭先生洋一元，收王云轩先生洋一元，收严石浮先生洋一元，收李庆轩先生洋一元，收利和丰宝号洋一元。

原载于《湖南官报》第671号，1904年6月1日

长沙红十字支会第二十六次收捐告白

收长沙协台徐银二十两，收抚标左营王银二十两，收抚标右营熊银二十两；收积善堂洋二十元，收冯关模先生洋五元，收钟荣泰先生洋四元，收寿鹿堂洋三元，收同顺兴钱号洋二元，收邹洪盛钱号洋二元，收县学堂洋二元，收燮竹居士洋二元，收亦政堂洋二元，收□洪茂钱号洋一元，收同茂钱号洋一元，收钟广福宝号洋一元，收何道生宝号洋一元，收补拙山房洋一元，收近仁书屋洋一元。

原载于《湖南官报》第672号，1904年6月2日

长沙红十字支会第二十七次收捐告白

收长善兴号十六家共洋九十六元；收华容保甲巡警局洋十元；收陆仲芳先生洋六元，收华容育婴局洋六元；

收王正庭先生洋五元，收华容堤工局洋五元。

收禹甸垸先生洋三元，收盛桂亭先生洋二元，收詹培基先生洋二元。

收刘咏秋先生洋一元，收赵鹤平先生洋一元，收方晋卿先生洋一元，收周心田先生洋一元，收齐松山先生洋一元，收陈熙道先生洋一元，收柳桂山先生洋一元，收李行青、袁顺亭先生洋一元，收王少卿先生洋一元，收罗寿岑先生洋一元，收彭子猷先生洋一元，收许兆魁先生洋一元。

原载于《湖南官报》第673号，1904年6月3日

长沙红十字支会第二十八次收捐告白

收蒋少章、姜作梅先生洋十元；收叶蕙田先生洋五元；收彭承敬堂洋四元。

收张二仲先生洋二元，收彭寅生先生洋二元，收朱吉初先生洋二元，收饶虚先生洋二元，收熊石韬先生洋二元，收梁敬之先生洋二元，收王谷泉先生洋二元，收曹树棠先生洋二元，收无名氏洋二元，收汪庆余堂洋二元，收龚宝伦堂洋二元。

收梁鹤年先生洋一元，收向忠勤先生洋一元，收田应林先生洋一元，收李家亢先生洋一元，收沈宗前先生洋一元，收殷葆祺先生洋一元，收朱怀新堂洋一元，收苏骏遹先生洋一元。

收任和森先生一串文；收杨笃贞先生钱五百文；收林修梅先生洋五角；收鲁涤平先生三百文，收陈作舜先生钱三百文；收杨正洪钱二百文，收王涌泉钱二百五年，收易堂龄先生钱二百文。

原载于《湖南官报》第674号，1904年6月4日

长沙红十字支会第二十九次收捐告白

收车伯夔先生洋十元；收饶子益先生洋二元，收朱慕固先生洋二元，收张石珊先生洋二元，收曹毅亭先生洋二元，收杨纪森先生洋

二元。

收两盛和盐号洋一元，收大吉帽庄洋一元，收全兴帽庄洋一元，收李洪茂宝号洋一元，收新茂槽坊洋一元，收李树晋先生洋一元，收彭广泰宝号洋一元，收游宏泰宝号洋一元，收刘伯庚先生洋一元，收熊子洁先生洋一元，收李□初先生洋一元，收佘靖臣先生洋一元，收吕溪舲先生洋一元，收陶养钧先生洋一元，收吴祺贞先生洋一元，收杨云甫先生洋一元，收陶绍先先生洋一元，收程潜先生洋一元，收唐赞宸先生洋一元，收蒋宗卿先生洋一元，收陶忠海先生洋一元，收邓世英先生洋一元，收谢屏藩先生洋一元，收廖廷钧先生洋一元，收张子卿先生洋一元，收彭廷仪先生洋五元。

收陈云峰先生钱一串文，收鲁荇舲先生钱一串文，收杨洪图先生钱一串文，收周则范先生钱一串文；收何鹏翔先生洋半元。

收何乾盛宝号洋五角，收陈宝生先生洋五角，收毛树駇先生洋五角，收曾祥甲先生洋五角。

原载于《湖南官报》第675号，1904年6月5日

长沙红十字支会第三十次收捐告白

收麦升阶先生洋二十元；收王靖宣先生洋十元，收蒋尚德堂洋十元，收陈万士先生洋十元。

收陶仲觉先生洋四元，收邬庆艺先生洋二元，收谭子固先生洋一元，收徐义成先生洋一元，收陈复初先生洋一元，收谢安国先生洋一元，收陈□献先生洋一元，收钱鹍济先生洋一元，收周兴菡先生洋一元，收齐□亹先生洋一元，收钱琅洋一元，收□□藩先生洋一元。

收李缪先生钱一串文，收王正彪先生钱一串文，收戴冠元先生钱一串文，收张崇靖先生钱一串文，收李发先生钱一串文，收归之翰先生钱一串文，收刘元证、庄德怡先生钱一串文，收梁钜饶、彭□函先生钱一串文。

收萧昌炽先生钱九百文，收莫南凤先生钱五百文，收刘楚藩先生洋五角。

原载于《湖南官报》第676号，1904年6月6日

长沙红十字支会第三十一次收捐告白

收龙敦厚堂洋二十元，收关经先生洋二十元；收龙萸溪先生洋十元，收黄震霆先生洋十元。

收俞经贻先生洋五元，收龙铁元先生洋五元；收陈显光先生洋四元，收许景山先生洋四元。

收龙仁成先生洋三元，收谭锐甫先生洋三元，收许怀寿先生洋三元。

收黄春晖堂洋二元，收一念堂洋二元，收罗老圃堂洋二元；收宝善堂洋一元，收徐荣甲先生洋一元，收唐吕氏洋一元，收张先寿先生洋一元，收无名氏洋一元，收万竹鹄先生洋一元，收胡昭臣洋一元，收齐横农先生洋一元，收夏桥煦先生洋一元。

收龙雷氏女士洋三十元，收何琳荪女士洋三元，收李淑仪女士洋三元，收杨龙氏女士洋一元。

原载于《湖南官报》第678号，1904年6月8日

长沙红十字支会第三十二次收捐告白

收曾广镛女士洋四十元，曾陈氏女士洋四十元；

收曾郑氏女士洋二十元，收曾□氏女士洋二十元，收曾黄氏女士洋二十元，收聂荣德堂女士洋二十元；

收□淑庄女士洋四元，收王郁芳女士洋四元，收冯章瑶仙女士洋四元，收陈□芳女士洋四元，收陈良慈女士洋四元，收罗李氏女士洋四元，收严粹祥女士洋四元，收郁凤蕊女士洋四元。

收沈绣兰女士洋三元，收舒惠贞女士洋三元，收孙□祥女士洋三元；

收孙漱芳女士洋二元，收侯任寰女士洋二元，收袁玉仙女士洋二元，收黄经贤女士洋二元，收周凤仪女士洋二元，收曾谌荪女士洋二元，收曾罗氏女士洋二元，收何□生女士洋二元，收宁昌愿女士洋二元，收胡馨龄女士洋二元，收曾传鸣女士洋二元，收□□清女士洋

二元；

收曾栋夏女士洋一元，收易璋女士洋一元，收曾传芳女士洋一元，收张鸽华女士洋一元，收□□□女士洋一元（以下还有12名女士各洋一元，字迹模糊不清，无法辨识其姓氏名字）。

原载于《湖南官报》第679号，1904年6月9日

长沙红十字支会第三十三次收捐告白

收汤自庵先生洋五十元；收欧阳价人先生洋十元；收汤寿庚堂洋四元，收汤寿演先生洋四元，收春晖草堂洋四元；收汤师善堂洋三元。

收陈荇煦先生洋二元，收汤敬修先生洋二元，收陈瑚祥先生洋二元，收义丰恒布庄洋二元，收补不足斋洋二元，收汤几奴先生洋二元，收巩增先生洋二元，收公善堂洋二元。

收曾阅生先生洋一元，收罗福瑞先生洋一元，收汤崇让堂洋一元，收侯宁先生洋一元，收舒进德堂洋一元，收裕丰全宝号洋一元，收丰泰祥宝号洋一元，收彩霞宝号洋一元，收贞记宝号洋一元，收天顺布庄洋一元，收元和宝坊洋一元，收源茂宝庄洋一元，收义昌宝号洋一元，收德和昌宝号洋一元，收庆昌祥宝号洋一元。

原载于《湖南官报》第680号，1904年6月10日

长沙红十字支会第三十四次收捐告白

收东洲卡员绅洋十元，收涞河卡员绅洋十元，收白沙分卡员洋十元，收聂宗文先生洋十元，收萧岳优先生洋十元；收□楚森先生洋八元；收饶广裕先生洋六元；收祝春灵先生洋五元，收黄琇斋两先生洋五元；收王瑞龙先生洋四元；收唐兆健先生洋三元；

收王骁峰先生洋二元，收祁效绅先生洋二元，收经伯景先生洋二元，收刘传艺先生洋二元，收孙树敏先生洋二元，收邓敦善先生洋二元，收刘□□先生洋二元，收□□□先生洋二元，收□才□先生洋二元，收□□□先生洋二元；收沈毓彬先生洋一元，收张鸿业先生洋

一元。

收绸荻画山馆一串文；收赖本宰女士洋十元，收姜平杨两女士洋十元；收张育袭女士洋二元，收姚德云女士洋二元。

原载于《湖南官报》第686号，1904年6月16日

长沙红十字支会第三十五次收捐告白

收汪孟莱先生洋二十元；收杨咏仙先生钱十二千文；收长沙内地会福音堂及诸位教友洋十元；收胡铁元先生洋六元。

收贺滋泌先生洋四元，收黄经宝先生洋四元；收萧樽秋贵堂洋二元，收却疾山人洋二元，收润福寿贵堂洋二元，收寿元堂洋二元，收周恭臣先生洋二元。

收陈韵逸先生洋一元，收胡朋寿先生洋一元，收唐荀融先生洋一元，收唐翼之先生洋一元，收杜韵□先生洋一元，收林五福贵堂洋一元，收□□□贵堂洋一元。

收玉福堂钱二百文，收郑稚文学童洋十元，收郑容文学童洋十元，收郑临生学童洋十元，收归荣阳本耿洋廿元，收郑长生女士洋十元，收郑泉生女士洋十元，收唐韵琴女士洋四元。

原载于《湖南官报》第690号，1904年6月23日

长沙红十字支会第三十六次收捐告白

收杨同荣堂洋四十元，收何□彭义学堂公捐洋廿元，收彭慈德堂洋二十元。

收姚承□堂洋十元，收彭日新堂洋十元，收上□都义学、收十三都义学洋十元，收蒋诒敬堂洋十元，收罗□□洋十元，收□□记洋十元。

收萧顺吉堂洋六元，收丁钟桂堂洋六元。

收丁□□寿宝坊洋四元，收乾元典宝号洋四元，收恒义兴宝号洋四元，收恒义兴宝号洋四元；收□□堂洋三元，收信孚仁宝号洋三元，收楚益堂宝号三元。

收黄公和、飞天吉宝号洋二元，收余饶堂先生洋二元，收永记宝号洋二元，收尚鲜隆宝号洋二元，收盛用和宝号洋二元，收钟义仁先生洋二元，收凌树卿先生洋二元，收福联贵堂洋二元，收凌连益堂洋二元。

收徐生和宝号洋一元，收同兴宝号洋一元，收周瑞成宝号洋一元，收玉大振宝号洋一元。

右款系衡州唐观察经收募寄。

原载于《湖南官报》第691号，1904年6月24

长沙红十字支会第三十七次收捐告白

收杨咏华先生洋十元，收欧阳南杰先生洋三元，收集益画社主人洋三元，收琴西斋主人洋二元，收宁乡俞洋二元，收冯福秋先生洋二元，收彭若蘅先生各洋二元，收谭立德堂洋二元；收王毓秀堂票钱二千文，收海存山馆主人洋一元，收彭福廉先生各洋一元。以上系集益画社主人经募。

收余瑾珲先生银九两二钱八分。

原载于《湖南官报》第696号，1904年6月29日

长沙红十字支会第三十八次收捐告白

收竹醒楼主人洋六元；收萧蕴生先生洋五元；收汉义宝号洋四元，收乾兴典宝号洋四元；收茂隆钱店洋三元。

收德成和宝号洋二元，收□齐乾宝号洋二元，收袁长发先生洋二元，收罗维新先生洋二元，收罗秋浦先生洋二元，收罗天和堂洋二元，收黄宏茂宝号洋二元，收丰同人宝号洋二元，收广有宝号洋二元，收元昌钱店洋二元，收惠源钱店洋二元，收维新柏钱店洋二元，收大昌成缎号洋二元，收安达福宝号洋二元，收正孚仁宝号洋二元，收裕孚布号洋二元，收裕松协缎号洋二元。

收尹镇昌宝号洋一元，收叶同盛宝号洋一元，收正记花号洋一元，收冀佐成先生洋一元，收李同孚宝号洋一元，收袁双盛宝号洋一元。

以下是十小洋合一元：收锦元宝号洋八元，恒隆钱店洋五元，收唐冠文先生洋五元，收□孚兴宝号洋四元，收黄和卿先生洋四元；收陶湘汉先生洋二元，收守记洋二元，收费菁卿先生洋二元，收何敬夫先生洋二元；收同春生宝号洋一元，收荣馨斋宝号洋一元，收饶菅氏洋一元，收无名氏洋一元，收叶氏洋一元，收不留名洋一元，收邱记洋一元。

右款系衡永道谭观察交来，程月樵通守经手募寄，共大洋六十四元，毫千四百十角。

原载于《湖南官报》第701号，1904年7月4日

长沙红十字支会第三十九次收捐告白

收罗义昌米店洋十毫，收颜义茂砻坊洋六毫，收永元茂宝号洋六毫。

收燕诒堂洋五毫，收谢熊三先生洋五毫，收莫贤训堂洋五毫，收卓丰宝号洋五毫，收衡一宝号洋五毫，收德生祥宝号洋五毫，收义源饶宝号洋五毫，收同丰大米店洋五毫，收同裕花号洋五毫，收益茂钱店洋五毫，收致信钱店洋五毫，收宝丰昌米店洋五毫，收益茂饶花号洋五毫，收太丰钱店洋五毫，收同德生宝号洋五毫，收□义昌米店洋五毫。

收裕昌米店洋四毫，收经春盛宝号洋四毫，收怡丰油号洋四毫，收镇湘砻坊洋四毫，收合文元砻坊洋四毫，收天昌宝号洋四毫，收美成宝号洋四毫，收刘天茂宝号洋四毫，收美玉宝栈洋四毫，收永祥纸行洋四毫，收李晟茂宝号洋四毫，收何杨茂宝号洋四毫，收胡子靖先生洋四毫，收孙□宝号洋四毫，收太成宝号洋四毫，收陈茂宝号洋四毫，收罗居易堂洋四毫，收易双顺宝号洋四毫，收恒孚宝号洋四毫，收福来纸行洋四毫，收邵广袤宝号洋四毫，收钱昌和米店洋四毫，收蔡长发店洋四毫，收阎盛福糖店洋四毫，收怡茂坊洋四毫，收刘茂昌米店洋四毫，收萧胜昌米店洋四毫，收邓同昌米店洋四毫，收立成花行洋四毫。

右款系衡州府唐太尊寄来，程沅樵先生经募，共计小洋二百七十毫。

原载于《湖南官报》第702号，1904年7月5日

长沙红十字支会第四十次收捐告白

收黄□仆先生洋十元，收陈坤□先生洋四元，收陈钧源先生洋二元，收黄棣萼堂洋一元。

原载于《湖南官报》第703号，1904年7月6日

长沙红十字支会第四十一次收捐告白

收恒裕兴宝号洋四十毫；收德大厚宝号洋十毫，收魏澍德堂洋十毫；收同福当宝号洋六毫，收吉昌玉宝号洋六毫，收大康成宝号洋六毫，收恒升宝号洋六毫。

收玉大振宝号洋五毫，东山旧主洋五毫。

收大吉宝号洋四毫，收冯运祥宝号洋四毫，收朱利生宝号洋四毫，收祥茂宝号洋四毫，收恒美利宝号洋四毫，收赵鼎盛宝号洋四毫，收顾顺昌宝号洋四元，收德生祥宝号洋四毫，收全顺冬宝号洋四毫，收李炳炎先生洋四毫。

右款系衡州府唐太尊寄来，程沅樵先生经募，共洋百四十角。

原载于《湖南官报》第704号，1904年7月7日

长沙红十字支会第四十二次收捐告白

收王仲衡先生洋十毫，收曾佑习先生洋十毫，收黄明轩先生洋十毫，收朱碧澄先生洋十毫，收黄和卿先生洋十毫，收李三多先生洋十毫。

收黄其思先生洋八毫，收周京甫先生洋八毫，收黄余庆先生洋八毫，收尹叶臣先生洋八毫。

收蒋恢绪兄弟洋六毫，收贺鼎臣先生洋六毫，收罗协臣先生洋六毫，收恒昌宝号洋六毫，收伍克明先生洋六毫，收阜丰宝号洋六毫。

收曾玉山先生洋五毫，收何永昌宝号洋五毫，收高裕元先生洋五毫，收傅雨乾先生洋五毫，收聚顺宝号洋五毫，收蔡复兴宝号洋五毫，收陈柱清先生洋五毫，收朱谟心先生洋五毫，收□昌宝号洋五毫，收何恒益宝号洋五毫，收管琼书先生洋五毫，收黄素青先生洋五毫，收贺国罗先生洋五毫，收高积厚宝号洋五毫，收宁安康宝号洋五毫，收刘济盛宝号洋五毫，收贺□泮兄弟洋五毫，收同升宝号洋五毫，收熊存养堂洋五毫，收李茂盛宝号洋五毫，收黄宏茂宝号洋五毫，收彭裕隆宝号洋五毫，收刘竹钦先生洋五毫，收屈名炫先生洋五毫，收吉丰宝号洋五毫，收严复临先生洋五毫，收周名虹先生洋五毫，收陆清瀚先生洋五毫，收萧三星先生洋五毫，收伍仰文先生洋五毫；收邱记洋二号，收无名氏洋二毫。

右款系衡州府唐太尊寄来程沅樵先生经募，共洋二百八十二角。

原载于《湖南官报》第705号，1904年7月8日

长沙红十字支会第四十三次收捐告白

收王龟五先生洋二元，收王常五洋二元，收龙俊卿先生洋二元；收王培芳洋一元，收唐鼎升先生洋一元，收福阜祥宝号洋一元，收王藻芳先生一元，收王沾祖先生洋一元，收鸿兴宝庄洋一元；收王觳成先生洋四十毫；收黄嘉之先生洋二十毫，收彭实甫先生洋二十毫；收泰记宝庄洋十毫，收美泰宝庄洋十毫，收予太和宝号洋十毫；收森泰和宝号洋八毫，收荣泰宝庄洋八毫，收金吉宝庄洋八毫；收无名氏洋七毫；收高荣卿洋五毫，收福记洋五毫；收王松亭先生洋二毫，收刘凤庭先生洋二毫，收朱柏慰先生洋二毫，收□□□先生洋二毫，收王载生先生洋二毫。

右款系衡州府唐太尊寄来程沅樵先生经募，共大洋十二元，小洋一百五十九角。

原载于《湖南官报》第708号，1904年7月11日

长沙红十字支会第四十四次收捐告白

收四吉宝堂洋十毫；收聚记洋八毫，收裕记洋八毫，收承记洋八毫；收振记洋六毫，收彭记洋六毫，收慎记洋六毫，收乾记洋六毫，收嘉记洋六毫，收知中和宝号洋六号，收吉记洋六毫；收理记洋五毫，收怡盛记洋五毫，收受记洋五毫；收元记洋四毫，收三槐宝堂洋四毫，收仁记洋四毫，收王旋吉先生洋四毫，收高修方先生洋四毫，收刘凤跃先生洋四毫，收钱卿记洋四毫，收黄大德先生洋四毫，收曹寅省先生洋四毫。

右款系衡州府谭太尊寄来程沅樵先生经募，共小洋一百三十三毫。

原载于《湖南官报》第710号，1904年7月13日

长沙红十字支会第四十五次收捐告白

收白岩继平君洋二十元；收米山长辉君洋十元，收张济沧先生洋十元，收下拙氏洋八十毫。

收田岛岩平君洋五元，收水野梅开君洋五元，收堀井觉太郎君洋五元。

收猪熊隆三君洋三元，收大越荣佑君洋三元；收安龙政太郎洋二元。

收日□子政三君洋一元，收国松和三郎君洋一元，收岛田周吉君洋一元，收竹林光太郎君洋一元，收小关夫人洋一元，收池田夫人洋一元，收田岛夫人洋一元。

以上共大洋七十元，小洋八十毫。

原载于《湖南官报》第712号，1904年7月15日

长沙红十字支会第四十六次收捐告白

收彭韫玉先生洋二十元；收岳小峰先生洋十元；收胡汇用先生洋四元，收聂少华先生洋四元；收上官纪臣先生洋二元，收汪文舟先生洋二

元，收劳载光先生洋二元；收葛心兰先生洋一元，收欧阳卫卿先生洋一元，收□锡卿洋一元，收无名氏洋一元；收赵芳谷先生钱一串文，收王菱舫先生钱一串文，收叶月岩先生钱一串文，收李翰卿先生钱一串文。

共洋五十一元，票钱四串文。

原载于《湖南官报》第713号，1904年7月16日

长沙红十字支会第四十七次收捐告白

收欧阳采勤先生洋十六元；收廖璧耘先生洋十二元；收王锦泉先生洋八元，收刘和竞先生洋八元；收钟炳乐先生洋六元，收廖继海先生洋六元，收刘香生先生洋六元；收徐南岳洋三元，收梅黼丞先生洋三元；收张绶岚先生洋二元八角。

收刘舜琴先生洋二元，收聂其相先生洋二元，收何步云先生洋二元，收钟廷光先生洋二元，收欧阳得象先生洋二元，收彭菊舫先生洋二元，收叶瑞琪先生洋二元，收李国钦先生洋二元，收袁绍臣先生洋二元，收陈煜才先生洋二元，收□□□先生洋二元，收廖迈生先生洋二元。

收张海春洋先生一元五毫，收王德培先生洋一元五毫，收廖琮春先生洋洋一元五毫；收刘克仁先生一元五毫，成迪源先生洋一元五毫，收骆守桢先生洋一元五毫，席端卿先生洋一元五毫，收文延生先生一元五毫。

收水口山矿局亲兵巡丁捐款列表

杨锡三洋六毫，廖麓园洋六毫，廖西甲洋六毫，廖迪光洋六毫；

沈澍霖洋五毫，邱华臣洋五毫，文仁山洋五毫，成虎臣洋五毫，周汉昌洋五毫，廖功猷洋五毫，曾梓亭洋五毫，乔诗健洋五毫，廖适明洋五毫，廖瑶□洋五毫，张玉龙洋五毫，彭寿山洋五毫，宋峄田洋五毫，叶峦白洋五毫，汤光玉洋五毫，李皓生洋五毫，廖少春洋五毫，胡佳聪洋五毫，龚松熊洋五毫，王仁□洋五毫，廖凯钦洋五毫，廖辛相洋五毫，龚春寿洋五毫；

黄大生洋四毫，彭清生洋四毫，龙岳芝洋四毫，颜光裕洋四毫，廖正和洋四毫，向葵臣四毫，罗贻宛洋四毫；杨福盛洋三毫，萧桂生洋三毫，欧阳载松洋三毫，欧阳春乾洋三毫，李定纪洋三毫。

收水口山矿局各厂夫役捐募列表

朱斋臣洋六元；康远龙洋五元；钟道维洋二元，康泽哲洋二元，康

远协洋二元，康汉泽洋二元；康远柏洋一元，谭光逢洋一元，朱忠运洋一元，欧阳晋洋一元，朱孝智洋一元，阳政俊洋一元。

以上共捐大洋二百元正。

原载于《湖南官报》第714号，1904年7月17日

长沙红十字支会第四十八次收捐告白

收彭慎思堂洋三元；收湘潭杨紫城先生洋二元，收义利和厂洋二元。

收江右朱德润先生洋一元，收湘潭王鹤寿堂洋一元，收张莹长宝号洋一元，收王崇厚堂洋一元，收湘潭王恭寿堂洋一元，收龚庆祥先生洋一元，收曾滋德堂洋一元，收李思贻堂洋一元，收朱承勋先生洋一元，收王毓凤堂洋一元；收湘潭陶园张氏洋一元。

再，五月十一日登报第三十六次捐款，系衡州彭景云孝廉经募，由衡永道谭观察寄湘支会代收，转寄上海总会，前未分析登明，理合更正。

原载于《湖南官报》第715号，1904年7月18日

长沙红十字支会第四十九次收捐告白

收王继城贵堂洋四十元，收连益之先生洋十元，收王祖华先生洋二元，收梁增禄先生钱二十文。

原载于《湖南官报》第717号，1904年7月20日

长沙红十字支会第五十次收捐告白

收朱德记洋二十元；收王青山先生洋十四元；收源太和宝号洋一元，久大昌宝号洋一元；

收乾元隆洋十毫，萧胜茂宝号洋十毫。

收麟庆贵堂洋五毫，收舒玉堂先生洋五毫，收庄□宣先生洋五毫，收福德广宝号洋五毫，收舒兴堂宝号洋五毫，收戴昌文先生洋五毫，收无名氏洋五毫，收邹门氏洋五毫。

收萧云茂宝号洋四毫，收萧益顺宝号洋四毫，收黄续□先生洋四毫。

收萧永和宝号洋三毫，收□□□先生洋三毫，收王运臣先生洋三毫，收杨渊茂宝号洋三毫，收章文运先生洋三毫，收王□航先生洋三毫，收曾三阁先生洋三毫，收邓言允先生洋三毫，收龙正卿先生洋三毫。

收邱正之先生洋二毫，收胡美坤先生洋二毫，收袁文楼先生洋二毫，收张尚□先生洋二毫，收胡英坤先生洋二毫，收向标林先生洋二毫，收卢良绅先生洋二毫，收董初□先生洋二毫，收罗育楚先生洋二毫，收董古亭先生洋二毫，收杨正泽先生洋二毫，收万武臣先生洋二毫，收王葵□宝号洋二毫，收麻正逵先生洋二毫，收万□澮先生洋二毫，收虢农幽先生洋二毫，收桂参之先生洋二毫，收杜华艺先生洋二毫。

以上共大洋三十六元，小洋一百八十三毫。系衡州府唐太尊寄来朱德臣先生经募之款。

原载于《湖南官报》第718号，1904年7月21日

长沙红十字支会第五十一次收捐告白

收福成兴宝号洋三十毫；收同裕祥宝号洋二十毫。

收协和祥宝号洋十毫，收顺祥发宝号洋十毫，收唐顺昇宝号洋十毫，收赵万钟宝号洋十毫，收楚□桃宝号洋十毫，收严寿和宝号洋十毫，收王萼荣宝号洋十毫，收屈文明先生洋十毫。

收赵永和宝号洋六毫，收森太和宝号洋六毫；收裕义和宝号洋五毫，收德顺源宝号洋五毫。

收□□义宝号洋四毫，收萧全兴宝号洋四毫，收文兴乐先生洋四毫，收王兴惠先生洋四毫，收□□□先生洋四毫，收□□□宝号洋四毫，收□德斋先生洋四毫，收□□□宝号洋四毫，收成顺和宝号洋四

毫，收□□□先生洋四毫，收成太和宝号洋四洋，收□□□宝号洋四毫，彭大佳宝号洋四毫。

收彭荣翰先生洋三毫，收彭荣聚宝号洋三毫，收昌寿宝号洋三毫，收忠信堂洋三毫，收□元宝号洋三号，收沈又卿先生洋三毫，收谢子蕃先生洋三毫，收闻桂卿先生洋三毫，收曾文廷先生洋三毫，收曾智宽先生洋三毫，收尹群俊先生洋三毫。

收邓芝卿先生洋二毫，收彭昌藻先生洋二毫，收邓蓝廷先生洋二毫，收曹万金先生洋二毫，收王奂视先生洋二毫，收李则安先生洋二毫，收赵鳞兴先生洋二毫，收彭玉盛先生洋二毫，收顾明喜先生洋二毫，收彭昌俭先生洋二毫。

共收小洋一百五十七角，系衡州府唐太尊寄来朱德臣先生经募之款。

原载于《湖南官报》第720号，1904年7月23日

长沙红十字支会第五十二次收捐告白

收俞悫人先生先生洋十元，收宝庆同乡会洋十元；收宁国刘栖霞堂洋四元，收彭子善先生洋四元；收刘莲鸿先生洋三元，收浙江张永乐堂洋二元，收吴琢梵先生洋二元；收宋运青先生洋一元；收朱上礼先生洋一元，收刘鸿生先生洋一元，收易孔祥先生洋一元，收蒋作翼先生洋一元，收彭俊先生洋一元，收黄本导先生洋一元，收彭道威先生洋一元，收龚尔位先生洋一元，收彭斠矩先生洋一元。以上共洋四十五元。

原载于《湖南官报》第721号，1904年7月24日

长沙红十字支会第五十三次收捐告白

收罗魁元先生洋十毫，收胡勤义先生洋十毫，收李宗谦先生洋十毫，收朱恩诚先生洋十毫，收杨仁卿先生洋十毫，收胡修茂宝号洋十毫，收裴友成先生洋十毫，收孙松卿先生洋十毫，收彭礼鹤先生洋十毫，收廖□亭先生洋十毫，收永太和宝号洋十毫，收乾昌廷宝号洋十

毫，收朱依霞先生洋十毫，收立成和宝号洋十毫，收徐复兴宝号洋十毫，收曾轩哲先生洋十毫，收曾亮艮先生洋十毫，收吴人倪先生洋十毫，收万全盛宝号洋十毫，收万缘亭先生洋十毫，收董芳和先生洋十毫，收祥致和宝号洋十毫，收和□□宝号洋十毫，收胡永昌宝号洋十毫，收□□□宝号洋十毫，收胡玉书先生洋十毫。

收萧芳若先生洋六毫，收唐立喜先生洋三毫，收萧芳谭先生洋三毫，收印举甲先生洋三毫，收蔡寿山先生洋三毫，收胡厚臣先生洋三毫，收张养吾先生洋三毫，收曾云峰先生洋三毫，收胡敦五先生洋三毫，收陈定俊先生洋三毫，收朱南屏先生洋三毫，收谭启发先生洋三毫，收朱纯卿先生洋三毫，收王三阳先生洋三毫，收张尚德先生洋三毫，收罗宜之先生洋三毫，收涂成祥先生洋三毫，收胡继传先生洋三毫，收倪隆健先生洋三毫，收聂飞□先生洋三毫，收何代达先生洋三毫，收萧方斋先生洋三毫。

以上共捐三百二十九毫，系衡州府唐太尊寄来朱德臣经募之款。

原载于《湖南官报》第723号，1904年7月26日

长沙红十字支会第五十四次收捐告白

收裕松协宝号大洋二元，永大和宝号大洋二元；收刘焕亭先生大洋一元，收天元昌宝号大洋一元，收永丰信宝号大洋一元，收同泰兴宝号大洋一元，收刘登修先生大洋一元，收刘登庆先生大洋一元，收刘登科先生大洋一元，收刘登进先生大洋一元，收刘登继先生大洋一元，收刘登瀛先生大洋一元，收公顺昌宝号洋一元。

收王南生先生洋五毫，收宝泰孚宝号洋五毫，收福兴昌宝号洋五毫，收裕昌盛宝号洋五毫，收德郁祥宝号洋五毫，收正泰和宝号洋五毫，收□泰宝号洋五毫，收怡复和宝号洋五毫，收昇太□宝号洋五毫，收德孚瑶宝号洋五毫，收华昌和宝号洋五毫，收乾盛宝号洋五毫，收福森昌宝号洋五毫，收永泰兴宝号洋五毫，收严顺酒号洋五毫。

收袁正兴宝号洋四毫，收陈永大宝号洋四毫。收陈青山先生洋三毫，收茂林复宝号洋三毫，收袁先简先生洋三毫，收袁福兴宝号洋三毫。收袁正林先生洋二毫，收李承福先生洋二毫，收詹远聚宝号洋二毫。

收杨裕源宝号洋一毫，收杨玉珊先生洋一毫，收李惠奎宝号洋一

毫，收□养正宝号洋一毫，收刘同昌宝号洋一毫，收邓鹤荪先生洋一毫，收刘圣昌宝号洋一毫，收李宏发宝号洋一毫，收李同丰宝号洋一毫，收李汉卿先生洋一毫。

以上共捐大洋十元，小洋一百七十一毫，系衡州府唐太尊寄来，朱德臣先生经募之款。

原载于《湖南官报》第727号，1904年7月30日

长沙红十字支会第五十五次收捐告白

收唐本孚洋四元；收呼升记洋八毫；收欧全记洋六毫，收石禄记洋六毫，收陆贵记洋六毫，收裴和记洋六毫，收屠升记洋六毫，收刘酿记洋六毫；收刘升记洋四毫，收钱荣庆先生洋四毫，收刘记洋四毫，收周记洋四毫，收王春记洋四毫。

以上共捐洋四元，小毫六十二角。

原载于《湖南官报》第728号，1904年7月31日

长沙红十字支会第五十六次收捐告白

收李伯贞先生洋二十七元，收张培初先生洋十六元，收后乐山先生洋十元，收李冠之先生洋十元，收萧仰乔先生洋六元，收常兰轩先生洋三元。

收协昌和宝号洋一元，收周贞吉先生洋一元，收薛嵩楞先生洋一元，收李星谷先生洋一元，收□梅□先生洋一元，收屈□华先生洋一元，收晏德武先生洋一元。

收史紫云先生洋五毫，收陈渠生先生洋五毫；收余春霖先生洋三毫，收谈松廷先生二毫。

以上共洋七十一元，实收大洋三十二元，小洋一百零七毫，市钱二十八千三百文。

原载于《湖南官报》第729号，1904年8月1日

长沙红十字支会第五十七次收捐告白

收大成公司洋三十元；收胡煜如先生洋五元，收戴砚农先生洋五元，收郑□甫三先生洋五元，收沈益堂先生洋四元；收胡燃藜先生洋三元，收黄景珊先生洋三元，收陈廉甫先生洋三元，收李冠庭先生洋三元，收罗煜如先生洋三元，收刘锦泉先生洋三元；收戴箕山先生洋二元，收郭晴先生洋二元，收李昌初先生洋二元。

以上共洋七十三元。

原载于《湖南官报》第730号，1904年8月2日

长沙红十字支会第五十八次收捐告白

收王青山先生洋二十四元；收惠孚馆洋十元，收朱德记洋十元，收朱寿记洋十元，收朱贻义贵堂洋十元；收恒义兴洋八元；收宋赋梅贵堂洋六元；收萧纯甫先生洋五元，收萧纯记洋五元；收王观察贵□洋四元，收项子笔先生洋四元，收胡益丰宝号洋四元。

收朱金记洋二元，收朱邹记洋二元，收谢余记洋二元，收远太行洋二元，收谢麟三先生洋二元，收谢三记洋二元，收朱金吉宝号洋二元，收欧笃仁贵堂洋二元，收袁□□堂洋二元，收董民记洋二元。

收祥春生宝号、收同顺店洋一元，收□盛店洋一元，收万顺行洋一元，收联春生宝号洋一元，收闵万芬先生洋一元，收黄□□贵堂洋一元，收汤阜文先生洋一元，收黄敬卿先生洋一元，收王馨□先生洋一元，收振昌和宝号洋一元，收朱耀衡先生洋一元，收朱耀卫先生洋一元，收刘东昇先生洋一元。

收黄宏茂宝号洋十五毫，收唐桐荣贵堂洋十毫，收存养草堂洋十毫，收朱日甫先生洋十毫，收朱正甫先生洋十毫，收朱洪记洋十毫，收朱弼记洋十毫。

右款系衡永道谭观察寄来转托朱德臣部郎代募之款，计三册，共实收大洋八十四元，小洋六百一十毫。

原载于《湖南官报》第741号，1904年8月13日

长沙红十字支会第五十九次收捐告白

收锡福堂洋十元，收申节记洋十元；收贺承业堂洋八元，收谢锦堂斋洋八元，收杨留余堂洋八元；收刘德禄堂洋四元，收萧月珊先生洋四元；收谢五公洋三元，收九芝堂洋三元，收庆余轩洋三元，收刘夔敬堂洋三元，收刘义德堂洋三元。

收曾秉卫斋洋二元，收积余堂洋二元，收普余堂洋二元，收□余堂洋二元，收有余堂洋二元，收余穀堂洋二元，收□□□堂洋二元，收德□堂洋二元，收□□被行洋二元，收蕉莲馆洋二元，收毛蓝山先生洋二元，收积厚堂洋二元，收盛□吉业洋二元，收廖集祜堂洋二元，收李厚德堂洋二元，收杨□□堂洋二元，收黄凤乐堂洋二元，收欧复宁公洋二元。

收盛福宝号洋一元，收杨磊华先生洋一元，收陈孝全先生洋一元，收杨英华先生洋一元，收王炼公斋洋一元。

右款系衡永道谭观察寄来，转托陈润甫部郎代募，计二册，共实收大洋六十三元，小洋四百三十毫。

原载于《湖南官报》第742号，1904年8月14日

长沙红十字支会收捐告白

水口山矿局运砂各船户共捐大洋四十八元。

右款系在第四十七次收捐告白水口山矿局共捐大洋二百元之内，已于六月初五日登报统计，收数确属相符，惟所关各捐户项下漏为开列各船户名目，合行补登。

原载于《湖南官报》第745号，1904年8月17日

长沙红十字支会第六十次收捐告白

收洞天逸士洋一百元；收盛佩卿先生洋二百角；收咸益宝号洋四元，收合益灰号洋四元，收天益灰号洋四元，收□益灰号洋四元，收恒

益灰号洋四元。

收邓松林先生洋二元，收黄怡义宝号洋二元，收杨俶纯先生洋二元，收陈俊义先生洋二元。

收李敬本堂洋一元，收黄景航洋一元，收黄邱荃先生洋一元，收李季平先生洋一元，收续树祥先生洋一元，收黄卫荣先生洋一元，收□泰国先生洋一元，收李敬修先生洋一元，收□□南先生洋一元，收万紫林先生洋一元，收赵爱□先生洋一元，收万楚英先生洋一元，收香□□贵堂洋一元，收邓洪盛先生洋一元，收黄发盛先生洋一元，收黄迪临先生洋一元，收林鹊勋先生洋一元，收黄品御先生洋一元，收洪豫夫先生洋一元，收黄椿□先生洋一元，收黄苨盛先生洋一元，收□□□先生洋一元。

收皖北痴道人代捐笔资洋六元，又钱四千四百文。

以上共收大洋一百五十七元，小洋二百毫，票钱四千四百文。

原载于《湖南官报》第751号，1904年8月23日

长沙红十字支会第六十一次收捐告白

收钱峰记洋二元，收钟声明先生洋一元，收袁紫轩先生洋一元。

原载于《湖南官报》第753号，1904年8月25日

长沙红十字支会第六十二次收捐告白

收岳州厘金局总办方　洋三十元；

收岳州上水卡收支委员王　洋二十元，收岳州下水卡收支委员全　洋二十元；

收岳州上水卡收支委绅吴　洋十元，收岳州下水卡收支委绅罗　洋十元；

收岳州上水卡轮船局委员周　洋四元，收岳州下水卡轮船局委员吴　洋四元，收岳州羊楼司茶厘局委员伍　洋四元。

原载于《湖南官报》第778号，1904年9月19日

长沙红十字支会第六十三次收捐告白

收杨懋兴宝号洋十三元，收雪溪各茶帮洋十二元，收同德源宝号洋十元，收湘潭张凝先生洋四元；收稽铳先生洋三元，收周同兴宝号洋三元，收谦泰祥宝号洋三元；收毛同和宝号洋二元，收刘璧湘先生洋二元，收周普照先生洋二元，收春茂和宝号洋二元，收怡茂宝号洋二元，收春生华宝号洋二元，收茂兰□宝号洋二元。

原载于《湖南官报》第779号，1904年9月20日

长沙红十字支会第六十四次收捐告白

收皖北痴道人捐笔资洋银九元，市票钱四千二百文。

原载于《湖南官报》第781号，1904年9月22日

长沙红十字支会第六十五次收捐告白

收顾保泽先生洋四元，收张莲三市票钱二千文。

原载于《湖南官报》第787号，1904年10月1日

长沙红十字支会第六十六次收捐告白

收朱道生先生洋十二元，收陈永茂宝号洋十二元，收向发源宝号洋十元，收德大生宝号洋六元。

收杨鸿先生洋五元，收吕家驹先生洋五元，收周寿鸿先生洋五元，收封长茂先生洋五元；收杨枝桢先生洋四元，收贺祖礼先生洋四元。

收乐锦盛先生洋三元，收伍凤翔先生洋二元，收架文教先生洋二

元，收阳本沼先生洋二元，收□顺方先生洋二元，收黄同佑先生洋二元，收陈仕元先生洋二元，收邱世寿先生洋二元，收吴万奉等先生洋二元，收源裕顺宝号洋二元，收陈大兴宝号洋二元，收陈大茂宝号洋二元，收和丰宝号洋二元，收茂福生宝号洋二元，收穀睦宝号洋二元，收力鼎昌宝号洋二元，收□万亿宝号洋二元，收宋正顺宝号洋二元。

收万誉品宝号洋一元，收天泰昌宝号洋一元，收天宝祥宝号洋一元，收田泽钧先生洋一元，收苏宝泰宝号洋一元，收林恒泰宝号洋一元，收乔连发宝号洋一元，收何聚兴宝号洋一元，收洪集兴宝号洋一元；收王绍祖先生钱四百文。

以上共捐洋一百十四元，钱四百文。

原载于《湖南官报》第797号，1904年10月11日

长沙红十字支会第六十七次收捐告白

收高灿顺先生洋八元，收朱发大先生洋八元；收丰裕厚宝号洋六元，收邓元丰宝号洋三元，收杨恒源宝号洋三元；收林永通宝号洋二元，收朱大春宝号洋二元，收□新盛宝号洋二元，收谢德元先生洋二元，收泉茂隆宝号洋二元，收傅恒源宝号洋二元，收义盛协宝号洋二元，收朱福贵发宝号洋二元，收王恒聚宝号洋二元。

收陶茂隆宝号洋一元，收聂寿世宝号洋一元，收禹永和先生洋一元，收翼报诚宝号洋一元，收聂长兴宝号洋一元，收又生斋宝号洋一元，收李升泰宝号洋一元，收杨源盛宝号洋一元，收□裕盛隆宝号洋一元，收尹协泰盛宝号洋一元，收卢裕盛隆宝号洋一元，收李承饶宝号洋一元，收吉泰祥宝号洋一元，收义泰和宝号洋一元，收陈怡泰宝号洋一元，怡盛隆收宝号洋一元，收董庆昌宝号洋一元，收源远□宝号洋一元，收罗隆贵堂洋一元，收庆荣群宝号洋一元，收萧森泰宝号洋一元，收余恒义宝号洋一元，收佘泰祥宝号洋一元，收申恒发宝号洋一元，收义茂仁宝号洋一元，收陈□□永宝号洋一元，收汤丰泰宝号洋一元。

以上共捐洋银七十三元正。

原载于《湖南官报》第798号，1904年10月12日

长沙红十字支会第六十八次收捐告白

收李沈氏洋三十元；收和顺利宝号洋三十元；收徐芳林先生洋六元；收无名氏洋四元；收莫光适先生洋三元，收罗元富先生洋三元，收王星升先生洋三元，收陈常业先生洋三元，收陈銮星书屋洋三元；收李翼记洋二元，收盛春记洋二元，收刘应旋先生洋二元，收刘仕来先生洋二元，收王德胜先生洋二元，收刘远阁先生洋二元，收胡云昌先生洋二元；收汪祖发先生洋一元。

以上共捐洋银一百元。

原载于《湖南官报》第800号，1904年10月14日

长沙红十字支会第六十九次收捐告白

收皖北痴道人捐笔赏洋五元，市票二千文，市钱五千一百文。

原载于《湖南官报》第816号，1904年10月30日

长沙红十字支会第七十次收捐告白

收同丰厚宝号洋十元，祥泰吉宝号洋六元；收有心人无名士洋五元，收罗少安先生洋二元，收□□宝号洋二元，收无名氏洋二元，收□□氏洋二元，收怀厚堂宝号洋二元，收□□□□洋二元，收万成□宝号洋二元；收颜为贵先生洋一元，收苏季坡先生洋一元，收□□□洋一元，收无名氏洋一元，收□□□洋一元。

以上共捐洋四十元。

原载于《湖南官报》第817号，1904年10月31日

长沙红十字支会第七十一次收捐告白

收黄勋业堂洋十六元；收孙永达先生洋六元；收孙晋生先生洋四元；收吴琴秋先生洋二元，收郭庆升先生洋二元，收严和行宝号洋二元，收渔吉行宝号洋二元，收源春和宝号洋二元；收彭宝泰先生洋一元，收彭顺初先生洋一元，收陈南祯先生洋一元，收福和荣宝号洋一元。

以上共捐洋银四十元正。

原载于《湖南官报》第818号，1904年11月1日

长沙红十字支会第七十二次收捐告白

收湖南抚署无名氏洋六元。

原载于《湖南官报》第837号，1904年11月21日

长沙红十字支会第七十三次收捐告白

收皖北痴道人捐第四次笔资，市票钱一十四千三百文。

原载于《湖南官报》第849号，1904年12月3日

长沙红十字支会第七十四次收捐告白

收湖南候补道况颜山观察捐七十生辰同寅公送屏份余钱一百零六千七百文。

原载于《湖南官报》第859号，1904年12月13日

抚署发下沅州府开呈募捐红十字会款册照登

沅州府知府王瀛捐洋银十元，前署芷江县知县林泽零趸募捐洋银二十二元，又零趸募捐钱三十千零一百六十文；芷江县典史韩锦零趸募捐洋银九元。

分府差遣委员试用从九（品）范嘉文零趸募捐洋银六元，又零趸募捐钱一千二百八十文。

郡城内外绅士零趸募捐洋银六十元。

以上共筹捐洋银一百零七元；市钱三十一千一百四十文，按照市价作成洋银三十六元六角。共计洋一百四十三元六角。因系零趸募捐，每书一二百文为多，所有捐户姓名不及备列。

原载于《湖南官报》第864号，1904年12月18日

长沙红十字支会第七十五次收捐告白

收刘润生捐长平银四十两，收欧阳卫卿先生捐撰寿序润笔市钱十千文。

原载于《湖南官报》第867号，1904年12月21日

长沙红十字支会第七十六次收捐告白

收湖南候补道况颜山观察捐七十生辰同寅公送屏份余钱，市票十三千四百文。

原载于《湖南官报》第874号，1904年12月28日

长沙红十字支会第七十七次收捐告白

收白龙王宫捐市钱三千文，三汊矶□□安尔少尹捐制钱一千文，又三汊矶关款洋一元。

原载于《湖南官报》第905号，1905年1月28日

长沙红十字支会第七十八次收捐告白

收湘裕公司捐市票十六千文，收曹志清捐助婢价洋四十元。

原载于《湖南官报》第954号，1905年3月28日

洋务局收湘潭县募捐红十字款各捐户数目（一）

前署湘潭县沈举倡捐大洋三十元；仁义礼智信五字号，捐洋银二十元。

易吟室、湘万茂、茂恒新、谭同昌、王源顺、吉庆昌、瑞昌兴、光裕义、万春钱号、仁裕合、仁和兴、中成隆、油色思馔堂，以上十三户各捐洋银十元，共洋一百三十元。

义元典捐洋银八元。

安丰义、荣吉利，以上二户各捐洋银六元，共洋十二元。

右庆、庆丰祥、益义行、益丰和，以上四户各捐洋银五元，共洋二十元。

裕昌宝、怡利和、吉星行、恒泰行、吉祥行、大生、悦庆祥、李善怀堂、吴恒泰、人和祥、罗永孚、郑正耀、顾继隆、义生祥、吴元泰、人和兴、怡和祥、聂宁和、徐显昌、天咸亨、蔡鸿慈、傅岳生、文华□、万惜分、顾春阳、康福发、邓发万、孟继鸾、万立感、伍兆员、邹学海、彭寿嵩、□先明、方怀惠、怡丰兴、华成隆、慈盛庵、曾用通，以上三十八户，各捐洋银四元，共洋一百五十二元。

裕和、黄恒记、□堂泰、查庐□、惠生和、德永福、邓□盐行、德和、祥寿行、福寿馆、祥昌行、□正义行、□大福、义寿成、李锦华、陈五义堂、大得生，以上十七户，各捐洋银三元，共洋五十一元。

厚昌福、生茂隆、裕泰宝、新泰宝、曾德生、乐济堂、常记、韩丰和、黄公义、仁昌、德昌行、正兴堂、邓寿丰、钱仁昌、廉昌荣、义和新、王吉茂、永生祥、万和丰、大升行、祥联馆、怡盛祥、永和福、刘松竹堂、劳春、关和谦、□□氏、两宜正、饶新□、王有丛、德昌原、钱盛全、荣长远、苏兆年、屈显仁、金石声、章尚志、苏士宪、范泽□、余鹤祥、福和堂、万泰厚、祥福禄堂、同宝栈、邹谿堂、怡春栈、万源栈、怡寿鹤、上合继祥、万和馆、胡长和、戴深茂、罗馥昌、杨德号，以上五十四户，各捐洋银二元，共洋一百零八元。

原载于《湖南官报》第803号，1904年10月17日

洋务局收湘潭县募捐红十字款各捐户数目（二）

陈洪发　张经堂　万成昌　利昌发　同茂馆　胡承茂　黄长茂　甘怡和……（以下字迹漫漶，无法辨识）泰盛、胡应泰、望台□、同□□、□飞馆、风一、谭济堂、谭茂和

以上一百十二户，各捐洋银一元，共洋一百十二元。

原载于《湖南官报》第804号，1904年10月18日

洋务局收湘潭县募捐红十字款各捐户数目（三）

东兴隆、黄聚裕、田中福、仁义泰、同春福、朱洪昌、楚崇斋、济生堂、福星堂、颐□和、鲁和、荣和祥、升祥昌、王万堂、顺天福、王万盛、余太华、顺仁和、日升昌、德昌行……（以下字迹漫漶不清）丸香阁、胡和泰、寿美、□茂、李玉春、义利全、万丽堂、黄□泰、□大恒、福祥泰、日升坊、刘□闲堂、宝贤栈、鸿兴斋、义生、唐敦虞、天升恒、陈长飞、胡永洪、义成裕、刘裕兴、杨盛馆、□□和、易三堂、余太华、义仁和、大□□、杨记号、和兴荣、日昇昌、元吉行、伟□

义、义盛隆□、同祥仪、仁昌号、裕通号、盛裕厚、生茂成、钱丰通、经年勤、窦区宁、无名氏

以上一百十一户，各捐洋银一元，共洋一百十一元。

右款合前两日收数，统共捐者三百五十户，洋七百五十四元，内小洋四百五十角。

原载于《湖南官报》第805号，1904年10月19日

湖南学院吴收长沙府各学募捐红十字会款各捐户数目（一）

长沙府学经募：

授廖云汉捐洋二元，训导杨福庵捐洋二元，俞蕃台捐洋一元。

黎嘉捐钱五百文，龙□虞、欧阳保年共捐洋一元。

常缉明、蒋恭钦各捐钱四百文。

黄济瀛、费学农、李维新、荣玺、王先孚，以上各捐钱三百文。

曹慕黄、彭志运、皮崇复、□鼎□、□□□、张宇侯、黎飞献、李亹、黄□经、徐柏棻、齐肃实、唐植良、谢冬，以上各捐钱二百文。

以上共洋银六元，钱五串四百文。

长沙县学经募：

孔宪觐、徐绎立各捐洋二元，蓝震捐钱二串文。

何震、兰乐中、李芳、朱聪范，以上各捐钱一串文。

朱惠征、朱庆璋、李卜年、易象、党振纲，以上各捐洋一元。

杨斋瀛、刘桧、黄瑁阆、周哗、□炎艺、毛润凤、张实兰、周寿应、杨春帆、朱之任，以上各捐钱六百文。

颜士杰、钱世繁、党赞祁，以上各捐钱四百文。

隗第祯捐钱三百文。

以上共洋银九元，钱十三串五百文。

原载于《湖南官报》第810号，1904年10月24日

湖南学院吴收长沙府各学募捐红十字会款各捐户数目（二）

善化县学经募：

教谕余焘森捐洋一元，训导陈为炳捐洋一元。

郑寿鼎、邹光焘、汪兆□，以上各捐洋一元；蓝珏献捐钱一千文。

董熹、朱树□，以上捐钱六百文。

□□□、□琼山、黄仁声、黄迈祺、□□、彭□台、□艺昌、陈士桢，以上各捐钱四百文。

齐笃增、彭于渠，以上各捐洋四角。

吴兆焘、罗焕浚、彭濂、周镳、□介黎、卢冀相、沈尹、闻贵龚、□宽、刘涵彝、曾寿□，以上各捐钱二百文。

以上共洋银五元八角，钱七串六百文。

湘潭县学经募：

训导兼理教谕国郭卿岩捐洋四元，保甲局捐洋八元。

谭安吉、谭宝雅堂，以上各捐洋六元。

□义介堂、善化绅士苏铸澍，以上各捐洋四元。

南大□南公逊捐洋三元。

十一都上三家保和团、十四都保安堂、杨氏祠，以上各捐洋二元；

六都二家友德团、十一都下三甲一团、十一都太甲集义团、上时期都一甲三合团、十一都十甲平安团、十一都八甲台镇团、陈云莲，以上各捐洋一元。

董继赓、马仲彝，以上各捐洋五角。

杨继茂、应缘□、应昌钦、欧盛来、经伯然、赵户续、刘雅萌、何善夫，以上各捐洋四角。

以上共洋银四十八元，小洋四十六角。

原载于《湖南官报》第811号，1904年10月25日

湖南学院吴收长沙府各学募捐红十字会款各捐户数目（三）

湘阴县学经募：

教谕汪昌楷捐洋二元，训导李显莎捐洋二元，左景昌捐洋二元。

关立廷、孙家鼎、易世勋，以上各捐洋一元。

以上共洋银九元。

宁乡县学教谕王树声捐洋四元，训导乔隆盎捐洋四元。

以上共洋银八元。

浏阳县学经募：

教谕毛宗德捐洋一元，训导徐登灼捐洋一元。

黄昭蕃捐钱二串文；楼瑛、谭传炜合捐洋一元；崇德堂捐洋六角。

陈长策、张待瀛、徐生泰、徐同兴庄，以上各捐钱二百文。

以上共洋银三元六角，钱二串八百文。

醴陵县学经募：

教谕陈寿纶捐洋三元，训导何安行捐洋三元。

何征康、唐赞宣、黄凤池，以上各捐洋二元。

钱昌陶、丁宝箴、刘华、袁世杰、文元村，以上各捐洋一元。

谢荣甲、谢嵘合捐洋一元；林云、林雯合捐洋一元；潘大明、李秀璋合捐洋一元。

廖銮、王之杰、叶建中、□树膺、刘实炳、刘康清、杨夔元、乐光澜，以上各捐洋五角。

以上共洋银二十元，小洋四十角。

原载于《湖南官报》第812号，1904年10月26日

湖南学院吴收长沙府各学募捐红十字会款各捐户数目（四）

益阳县学经募：

教谕谭莹捐洋一元，训导刘廷泽捐洋一元；周盛芬捐钱一串文。

莫令仪、蓝耿标，以上各捐洋钱三百文。

王策湘、何国应、熊家蕙、熊谦吉、吴士仪、熊孟萧、毛大钧，以上各捐洋二角。

贾皓、匡卫寿、蔡鳌、刘文皋、胡玺、周猷焘、朱□、陈阳济、雷嘉彦、周晋亿、钟靖民、陈蓉、孙大闿、□亮祖、萧耀梁、周宪鼎、杨恩树、张自熙、蔡岱独、周郡棠、任世杰、钟炳勖、贺罗銮、王运昌、庄瑛、李周青，各捐钱二百文。

以上共洋二元，小洋十四角，钱七串文。

湘乡县学经募：

教谕王华标捐洋二元，训导江远攀捐洋八角。

罗义生、文祖球、朱缙、萧宝瓒，以上各捐洋一元。

欧阳仑、董其光、戴琅琊、朱光楚、彭诗品、王炜，以上各捐洋五角。

董美寿、袭钧涛、王世蕃，以上各捐洋四角。

罗发彦、谢佐劲，以上各捐洋二角。

黄秋庵、王聘侯、陈芳棠，各捐钱二百文。

齐文轩、胡骏载、钟龙舒、齐守初、蒋书宁，以上各捐钱一百文。

徐鼎铭，捐钱六十文。

以上共洋六元，小洋五十四角，钱一千一百六十文。

原载于《湖南官报》第813号，1904年10月27日

湖南学院吴收长沙府各学募捐红十字会款各捐户数目（五）

攸县学经募：

教谕杨生春捐洋一元，训导经郃泽捐洋一元；龙文蔚捐洋二元。

唐时雍、王国桢、胡庶华，以上各捐洋一元。

夏尚忠、王钟铁，以上各捐洋六角。

唐镜花、黄莹、刘芙华、杨益，以上各捐洋四角。

贺经邦、陈兆森、苏瑞兰、刘文凤，以上各捐洋三角。

刘莲鉴、陈鑫丽、杨苍福，以上各捐洋二角。

以上共洋七元，小洋四十六角。

安化县学经募：

教谕丁南燮捐洋二元；训导杨光国捐洋一元。

梁维钧、张炳珪、□□煜，以上各捐洋一元。

□□阳，龙震临，以上各捐钱二串文。

刘庆韶、刘明倜、刘明佑，各捐钱一串文；

阮发士、闻□渤、梁益穆、刘心斗、鹍万、廖仁闾、谌荣松、刘兆崧、夏赞义，以上各捐钱四百文。

盛阳岳、谢鉴灵、梁效灏、梁炳曜、夏兆奎，以上各捐洋二角。

以上共洋六元，小洋十角，钱十一串文。

原载于《湖南官报》第814号，1904年10月28日

湖南学院吴收长沙府各学募捐红十字会款各捐户数目（六）

茶陵州学经募：

学正覃沅藻捐洋一元，训导刘本榕捐洋一元；吴炳焕捐洋四角；谭庚治、周更新、马止敬，以上各捐洋三角；谭涛文、谭良选、王朝士、王运寿、彭岐鼎、贺吉人、尹奉莘，以上各捐洋二角。

以上共洋二元，小洋二十七角。

统计十三学，共收洋银一百三十一元，小洋二百五十一角，钱四十八千四百六十文。

原载于《湖南官报》第815号，1904年10月29日

善后局收临湘县募捐红十字会各捐户数目（一）

临湘县知县郑炳　倡捐纹银一百两，募捐赤十字社洋银三十元。

培元局、徐进修堂，各捐洋银三十元。恒泰典、元阳子，各捐洋银二十元。

大德祥、闻义生、集□生、谦泰和、谦吉永，以上五户各捐洋银八元，共洋四十元。

茂昌和、大昌祥、熊吉泰，以上三户各捐洋银六元，共洋十八元。

吴国英、何裕生、昌裕川、广源川、天聚和、天顺长、锦丰泰、复泰谦、大德常、三玉川、大德玉、谦益盛、傅巨生，以上十三户各捐洋银四元，共洋五十二元。

赵之望、刘万丰、程恒足、现钱号，以上四户各捐洋银三元，共洋十二元。

公济代当、熊义盛、戴灼堂、黄正懋、李万盛、泰昌和、秦岩泰、复兴恒、陈永远、王兴茂、刘□记、仁义和、李直卿、杨斐舟，以上十四户各捐洋银二元，共洋二十八元。

新昌隆、余正昌、乔仁寿、谦益乾、葛鼎和、□联巽、全盛裕、朱盛、正兴源、丁泰和、正大祥、杨恒銮、李大兴、柳亿中、徐生生、协万和、杨运昌、沈麓云、李少怀、王义泰、沈中和公、李益吾、李高照、李以文、李邵同，以上二十六户各捐洋银一元，共洋二十六元。

原载于《湖南官报》第919号，1905年2月21日

善后局收临湘县募捐红十字会各捐户数目（二）

桃林巡检严治、杨懋兴、黄帮土栈，以上三户各捐钱十千文，共捐钱三十千文。

广生恒捐钱八千文。

义和兴、裕茂和、兴泰恒、全益慎、春生福、德盛和、源裕昌、祥茂和、亿茂和、春生华、怡德茂、春茂和、太和源、同德源、福康祥、乾兴裕，以上十六户各捐钱六千文，共捐钱九十六千文。

永兴隆、怡和庆、樊永茂，以上三户各捐钱五千文，共捐钱十五千文。

方志盛、大义生，以上二户各捐钱四千文，共捐钱八千文。

人和生、晋康、长顺益、羊楼司保甲局，以上四户各捐钱三千文，共捐钱十二千文。

义兴仁、张宏泰、杨裕兴，以上三户各捐钱二千文，共捐钱六千文。

晋大祥、瑞兴祥、裕庆贵、杨恒兴、同裕仁、裕生和、颜茂春、余福顺、恒昌义、黄仁寿、恒源茂、沈祥发、陈和昌、曾为贵、周国昇、周祖审、沈德秀，以上十七户各捐钱一千文，共捐钱十七千文。

原载于《湖南官报》第920号，1905年2月22日

篆刻助赈

红十字会，诚义举也。予捐助绵力，借以篆刻集资，故有冀同志也。润目：石章每字洋二角，中字、小字每字一角。　南门外继贤街龙祠内　陈万白。

原载于《长沙日报》1905年4月19日

洋务局经收各处捐集红十字会款数（一）

衡永道捐集洋五十元，岳常道洋五十元。

永绥厅票钱一百千文，南洲厅洋三百元。

永州镇洋五十元，绥靖镇银一百二十两。

衡州协洋五十元，澧州协洋五十八元，银一两四钱。

乾州协洋二十元，厘金总局一百二十两，洋四百八十九元。

商务局洋一百元，营务处银四百一十两，洋五百三十元。

长沙府洋六十元，钱□千文，又第二次由盐署交来洋四十二元。

衡州府洋七十三元，又第二次洋五十元。

宝庆府洋一百元，又第二次洋五十元。

辰州府洋一百元，永顺府银三十九两零四分五厘。

郴州洋三十三元，又小洋六百七十角；澧州银五百五十两零二钱八分，又第二次洋三十三元，钱四十千文；桂阳州小洋一千角。

长沙县洋一百三十一元，湘阴县洋七十三元，浏阳县洋一百二十八元，小洋二十角；茶陵州洋一百元零零二角；醴陵县洋二百五十八元。

零陵县洋二百五十八元，小洋一百五十五角；道州洋二十九元，小洋五十四角；江华县洋二百元，新田县洋五十元。

衡阳县洋一百元，清泉县洋一百元，衡山县洋二十元，耒阳县洋五十三元，又小洋五百二十角。

邵阳县捐集洋二百元，新化县洋三百元，城步县洋五十三元。

沅江县洋一百二十元，沅陵县洋四十一元，又第二次由辰沅道署交来洋二十一元。

原载于《长沙日报》1905年5月2日

洋务局经收各处捐集红十字会款数（二）

泸溪县洋五十元，黔阳县洋一百二十元。

永兴县洋四十元，又小洋五百角；兴宁县洋一百九十六元九角五仙；桂阳县小洋三千二百角。

慈利县洋一百二十元，安福县洋一百八十元，安乡县票钱八十千文。

蓝山县小洋二千三百零四角。

巴陵县洋八十三元，又第二次由岳关道署交洋一百五十八元；临湘县洋一百二十元，平江县洋三百十四元，临武营洋三十元，岳州赈粜局洋十一元，信字旗洋一百六十元。

以上款项均本局经收，陆续移解善后局照收归款。嗣后，如有续收数目，再当补录。其各处间有迳解善后局收款者，本局无从查数，概置不登。再，各处多由警户捐集，不便登芳名，务希鉴谅幸甚。洋务局启。

昨报所登绥靖镇洋五十元，实系银一百二十两；又，城步县洋十三元，实系银五十三元。合并更正。

【注】兴宁县、蓝山县的捐数已据次日报载径直更正。

原载于《长沙日报》1905 年 5 月 3 日

札催缴册

洋务局为札催事，照得上海设立万国红十字会，经奉前抚宪赵饬局移行各属一体劝筹，以襄义举等因，遵即刊发捐册，通饬筹办并声明无论书捐与否，该捐册均应缴还各在案。兹查各属先后捐集借缴前来，有已捐未据缴还捐册者，亦有未捐竟将捐册不缴者，亦有仅据缴到一本……

原载于《长沙日报》1905 年 5 月 14 日

中国红十字长沙分会办事处广告

中国红十字会理事总长沈君仲礼特请日本医学博士及医团诸君来湘担任义讲，暂假西园明德学堂为办事处。长沙分会成立在即，谨于本月初三日午间十二钟至五钟，由名誉特别监理员等特别茶话会，除邀请各界慈善家届时光临藉聆教益外，恐因时间仓促，柬邀不周，特此广告。务乞惠然，以匡不逮，无任盼祷。

敬启者：湖南红十字会总医院现设东茅巷，所有各处捐款暨来往公文信件，均请送至本会事务所查收为祷。　湖南红十字会启。

原载于《长沙日报》1911 年 12 月 22 日

湖南红十字会广告

本会自去岁组织成立以来，蒙大都督暨各大慈善家惠馈捐款，建立医院，顷将半载，业已医痊武汉伤兵二百余人。兹特改为永久医院，定于阳历三月底结束，具造清册。凡诸君捐款或有未经登报者，请将台衔捐数开送太平街朱乾益栈，交本会会计员朱恩黻君，以便刊登，敬扬仁风而昭大信。特此布达，即希公鉴。　湖南红十字会董事公启。

原载《长沙日报》1912 年 3 月 13 日

湖南红十字会开院广告

同人等蒙大都督惠拨东茅巷行台为本会医院，已医痊伤兵二百余人，今和讲既成，战祸永息，民国之庆，同胞之福。现备制药品，聘请驻院医士，改为永久医院，专治时疫疠症以及贫苦无告之病民。兹定于阳历三月十五日开院，凡属病者，均请惠临，勉完慈善之举，并仰答大都督栽成之德意。至于一切专章，请至本医院查询可也。　湖南红十字会董事公启。

原载于《长沙日报》1912 年 3 月 13 日

中国红十字会湖南分会广告

敬启者：本分会于阳历四月十三日召集会员开大会于东茅巷本会医院内，议决与上海红十字总会联合办理，定名为中国红十字会湖南分会，从前湖南红十字会名义从兹取消，公举谭大都督及各界名流为名誉职员，已登本日《长沙日报》“来函门”内。凡从前已捐洋二十五元以上及未捐而愿交足此数，或由本会职员介绍，交纳会费洋二十五元按照会章入会者，本会概承认其为会员。请诸君于阳历四月二十三、五、七日午前十时至十二时，持捐款收据至浏阳门正街聂宅报名，由其焜注验，过时恕不恭候。凡店铺捐款者，可由店主出名注验，俟大会时即当传知。现已一面电告上海总会，请其速寄徽章前来，俟到时即当分送诸君也。此启。

中国红十字会湖南分会书记员　聂其焜　启

原载于《长沙日报》1912 年 4 月 21 日

红十字会广告

本会定于阳历五月一日午后二时（海关时刻）开大会于东茅巷本会医院内，选举新职员。凡本会新举职员、旧会员暨新纳捐款二十五元以上经本会承认为新会员者，均请持收据先期至本会书记员浏阳门正街聂宅宝君其焜处领取入场券，以便届时赴会。如有因事不能到会者，不能以书信或请人代表意见。特此登报，恕未周知。

中国红十字会湖南分会启

原载于《长沙日报》1912 年 4 月 28 日

熊凤凰之慈善事业

熊士因湘西战事正剧，所有伤兵与灾地人民俱须救济，以重人道而恤民生，特商同常德绅商首领组办灾地妇孺救济会与伤兵救护队。以常德小西门内西官祠为总事务所，再在战区与灾地设立分所，实地救护。其款项由各地慈善家捐募，特将一切详情及暂不来京理由奏由政事堂。奉批令，复准电请汤、沈二君转告知照，并予协助进行，以襄善举。当即转电□君招集发起人，与绅商各界巨子于十号开成立会于西官祠内，推举职员着手办理进行。当议定会内设救护、招待、庶务、文牍、会计五股，公举熊氏为理事长，李寿熙、蒋谦二人为副理事长，李君兼为救护干事长，蒋兼招待干事长，钱湘荷为庶务干事长，高杰为会计干事长，余湘冀为文牍干事长。除另举干事办理进行外，并将成立情形当日电告军民两长查照。二公以熊君此举实为最大慈善事业，极表赞助，故特拨鹤俸各捐洋千元，以示提创〔倡〕外，并电请熊君即日来省，商办一切进行。熊公以因筹办募款各事，本拟即日前来，故特电复二公，谓十五前后定即来省云。沈公以该会队原系私人组合之慈善团体，端赖官厅之襄助保护，始克以资推行。除通告各道尹、各知事查照，随时协助进行外，并派武陵道尹余君节高为襄办专员，会商熊氏助办一切，随时具报查考云。

原载于长沙《大公报》1916 年 3 月 13 日

湖南红十分会驻常事务所职员、衔名

正理事长：熊希龄　副理事长：李致桢

募捐干事：蔡正潜　徐亮寅　楼家贤　李致椿　李寿熙　饶高福　罗兆鼎　罗宝书　吴其林　曾春轩

文牍干事：余笠云　陈际翔　殷士奇　李期新　王伟麟

会计干事：高　杰　杜毓贤　林丙荣　钱德涵

庶务干事：钱昌澜　胡善思　余明曦　张建鸿　李士心

医队长：罗感恩医士　副队长：薛受益

救护队长：廖名缙　副队长：张宏铨

原载于长沙《大公报》1916年3月13日

湖南红十分会驻常事务所职员、衔名（续）

文牍：田梓材　庶务：胡善志　会计：胥大诚

名誉董事：郭立兴君　凯德君　冯义臣君　蒋谦君　涂德乐君　卡斯威尔君　罗感恩医士　张叔明君　高桥新二君　戴展诚君　余嘉锡君　蒋国经君　刘达璋君　刘斌君　郑绍康君　毛希蒙君　张伯良君　王际春君　王朴君　吴友炎君　贝允昕君　陈锐君　张柘君　张立镛君　吴江君

驻常医院士暨看护士

西医士：罗感恩　涂德乐　中医士：鲍为良

西看护士：罗美春女士　林德春女士　中看护士：段秀清女士

看护生：傅守贞女士　李桂生女士　陈续光女士　陈绍光女士

中男看护士：段理良　孔伯滋　陈子俊

看护生：赵三元　马竹名　崔禹三　戴晋轩　鲍宝臣　杨树青　余声周

原载于长沙《大公报》1916年3月14日

红十字会津贴之给发

湖南红十字会向由公家每月津贴洋三百元，前经财政部核将该会津贴删除，兹该会因经费支绌，请求省署维持。沈使以该会自开办以来成效尚著，值兹军事未息，正赖极力进行。昨特批，仰财政厅暂仍依照原案核发，以维善举。

原载于长沙《大公报》1916年3月16日

红十字会收到西路救济捐款报告

福建巡按使许　捐洋五百元正，警察厅长张　捐洋二百元正
湘江道尹张　捐洋二百元正，阜湘公司捐长平票银一千两正
杨君丙琪捐票纹四两正，万君衡伯捐票洋一百元正
交通银行捐票纹二百两正，蔡君湘乔捐票纹五十两正
陈君鲁卿捐票纹一十五两正，萍乡矿局捐票纹五十两正（未完）

原载于长沙《大公报》1916年3月19日

红十字会收到西路救济捐款报告（续）

许君吉生捐票纹一十两正　胡君尹甫捐票纹五两正
尤君缦卿捐票纹五两正　秦君曙升捐票纹四两正
曾君锦棠捐票纹一两正　陈君叔达捐票纹二两正
姚君成德捐票纹二两正　宋君锦章　捐票洋二元正
黄君叔衡捐票纹二两正　魏如禄宣　捐票纹二两正（未完）

原载于长沙《大公报》1916年3月20日

拨汇红十字会经费

沈巡按昨收汉口广西银行汇电：该南宁总行助常德红十字会经费常洋一千元，当即代出收据，拨由湖南银行迅即汇往常德，转交红十字会具领并取收条缴署备案。

原载于长沙《大公报》1916 年 4 月 4 日

中国红十字会湖南分会收到西路救济捐款数目

津市厘金局长屈君振翰　捐钱十一串文
津市厘金征收局员司　共捐钱一十四串文
廖君约仁捐小洋一百角，程君梅村捐小洋十角正
徐君述甫捐小洋十角正，熊君文齐捐小洋十角正
徐君似甫捐小洋五角正，左君孟武捐小洋十角正
桂军樾卿捐小洋十角正，贝君健联捐小洋十角正
汤君辛香捐小洋五角正，罗君涤庵捐小洋五角正
廖君少云捐小洋四角正，何君伯钧捐小洋十角正（未完）

原载于长沙《大公报》1916 年 4 月 10 日

熊宣慰办理湘西救济详志

熊士秉三奉命宣慰湘西并筹办医疗、救济两队，其大概情形已迭志本报。兹得熊氏办理一切详细情形分述于左。

（甲）医疗队

医疗队原为医治受伤军人之用，故熊君分为两队，除于常德设立

一队外，并于辰州派设一队，以便伤军就近医治。惟是经济困难，不能另辟医院，况常德距战区亦远，就医伤兵为数当亦不多，无另开医院之必要。故常德一队则委托广济医院代办，并举定该院医博士罗感恩君为医疗队队长，每月津贴该博士洋四百元，刻已经熊君先行给付一千六百元，俾资应用。又辰州一处，商由该处宋恩医院将医疗队附设于该医院内，并推定该院美医士黄济中为队长。所有前敌伤军，均就近赴该医院医治，其医药等费，均由熊君拨给。但该队直接战区就医者必多，该院势必不敷容留，亦经熊君拟定办法，如伤军过多，该院不敷容留时，可将受伤轻微或医治将痊可者，转送来常；常院不敷，再送往长沙或汉口各院医治。似此办理，庶于节减经费之中仍不失普救之意。熊君前据辰州医疗队长黄济中报称，该院迩来就医伤兵过多，该医院原有看护不敷分布，特请酌派数人前往，以资补助。熊君当即电由长沙红十字会医院派看护四人并医士薛受益君前往帮同办理，薛君等已于日前附轮前往矣。

（乙）救济队

救济队原所以拯济受难黎庶，惟是此次受难区域过广，非委员分往各该区详细调查，按情放赈，殊不足以使民沾实惠、款无虚糜，是以熊宣抚特画定麻阳、芷江为一区，派该会干事田梓材、胥大诚两君携款一万二千元前往，分别赈抚；辰溪、会同为一区，派干事张宏银、胡善治两君携款八千元前往放赈。至晃县、凤凰、靖县、绥宁等，刻正分别派员前往调查，以便拨款赈济。辰沅道属各县，去岁收成歉薄，仓储空虚，加以两方大兵麇集，供给军粮尤多，刻间谷米颇形缺乏，无从籴购，若徒携款往赈，民仓缺乏，亦不能免危险之现象。故熊宣抚特电沈使拨发仓米六万石，运赴辰州以上各地方，分配办理平粜，以维民食而资救济。业经沈使准予先拨三万石，运赴各该处办理平粜。连日力夫运谷下河，颇形忙碌。永顺、桑植等县向为匪徒巢穴，劫杀巨案，时有所闻。上月永顺县署被劫，各情已志本报，刻间桑植匪势亦甚猖獗，该数邑士绅除已联名禀由当道派湘西陶副使前往剿捕外，并电恳熊宣抚前往救济。熊君当以该数邑遭匪蹂躏，殊为可悯，刻下官军前往剿捕，该匪等虽属乌合之众，难免无抗拒情事。故特组织医疗、救济两队，派定钱湘荷、余长〔湘〕冀两君前往办理一切救济事宜，已于三号出发矣。

原载于长沙《大公报》1916年4月9日

中国红十字会湖南分会收到西路救济捐款数目（续）

柳君磊尘捐小洋四角，　蒋君先觉捐大洋一元正
赖君嵩陔捐小洋十角正，宋君琳心捐小洋八角正
陈君伯屏捐小洋四角正，郑君敦甫捐小洋五角正
谢君缉敬捐小洋六角正，张君青选捐小洋四角正
袁君哕初捐小洋八角正，杨君钟秀捐小洋十角正
袁君岳亭捐小洋八角正，邓君卿南捐小洋八角正
毕君成谟捐小洋十角正，温君绪堂捐小洋八角正
杨君蕴素捐小洋八角正，杨君景云捐小洋八角正
杨君齐云捐小洋八角正，杨君紫云捐小洋八角正
杨君登云捐小洋八角正，杨君立安捐小洋八角正
杨君冀安捐小洋八角正，李君抡三捐小洋八角正
刘君运成捐小洋八角正，盛君省齐捐小洋八角正
王君春圃捐小洋八角正，欧君玉衡捐小洋二角正
温君伯才捐小洋八角正，袁君雪洲捐小洋一角正
乐君谱元捐小洋一角正，乐君梓青捐小洋十角正

原载于长沙《大公报》1916年4月12日

中国红十字湖南分会通告

查《万国红十字会条约》第二十条："凡红十字会所用旗帜、臂章及其他符号，须由该管陆军长官认可后，方可使用"。又第二十三条："白地红十字记章符号无论平时战时，凡非本条约应享保护之卫生上移动机关、固定营造物，如医院办事处以及办事人员，或保护材料之用，一概不得使用。"本分会设立湖南已经四载，所有佩章、臂章、旗帜、标志均蒙军署认可在案，即衡阳、湘潭、常德等处分会亦均遵照定章办理，诚以本会责任在于出入战地救护伤兵，性质何等尊严，事业何等危险，万不容任意假用，信用一失，流弊无穷。近见省城各处住户，缴纳

会费为会员者，多自制红十字旗悬街门首。查本会收纳会费，原期集腋成裘，其性质与捐款无异，赠送佩章亦系名誉报酬之意。若自行悬挂旗号，不独违背本会定章，抑亦抵触万国条约。在会员诸君不能得保护之实益，而任事同人徒增危险之负担，想智者当不为也。除呈明将军兼巡按使暨警察厅厅长外，为此登报声明。嗣后，除本分会所办医院事务所及临时救护所外，如有私制旗帜、臂章未经本分会令印者，本分会概不承认，以免混淆而辨渭泾。

又据湘潭分会来函报告，该处近有人用天主堂名义出售红十字券，并有"万国公会"字样，每家家主取钱一串文，其余各人每人取钱一百文。查本分会正会员纳费洋念〔廿〕五元，特别会员纳费洋二百元，佩章、证书均由本分会事务所乐心田聂宅向全国总会颁领发给，并无在外出售情事。除将前函报告总会外，合并声明，凡入会者请向乐心田聂宅接洽，以免受欺为要。特此布闻，即希公鉴。

原载于长沙《大公报》1916年5月24日

红十字会悬挂匾额之盛典

去岁湘西一带，惨罹兵灾，居民流离，困苦万状，湖南红十字会发起常德分会，募集巨捐，分组救济、医药两队，前往辰州、洪江一带，联合各处教会医院办理疗治、抚恤诸务，全活甚多。迨至事竣，经熊秉三先生呈请大总统颁给亲书"博爱谓仁"四字匾额，专寄来湘。现已制成，定于昨日午后二时敬谨悬挂。先期由会备制入场券，送致各界参观，共襄盛典。计到会者约二三十人，美领事约翰逊亦到，谭兼督因有要公未到，即由曹耔谷君代表主席。首由理事长聂其焜君报告开会原由，当由曹耔谷君演说，略谓本会创始于辛亥，中经许多艰难而能以最少金钱造成最大医院，做得许多事业，实为非常荣幸。世界有部落有国家，战争在所不免。而红十字会则无部落国家之分，一视同仁，此皆本之耶稣爱人之意云云。即由曹君代表督军开幕，忽呈"博爱谓仁"四字见于匾额上，右书大总统颁，中盖荣典之玺，左书湖南红十字分会中华民国五年十二月。复由聂会长演说会务之经过及后来之希望，甚久始散。

原载于长沙《大公报》1917年4月17日

为湘南乱事告各慈善家

平　子

衡湘之间僻在山野，民从古未知战事。今突夷为枪林弹雨之区，其恐慌为何如？战争未息，若有奔北逃亡之事，倚武器以肆劫掠，必无有能过问者；其被害为何如？至两军交绥之点，田间不能保护，妻子不能顾及，犹其余事，此所谓兵燹也，视水火等祲为尤甚。红十字会者，系救济战斗员之慈善事业也。今闻已束装戒途，实已履行其职务矣。吾谓凡关于救济战地灾黎之慈善事业，如妇女救济会、难民抚恤所及其他发赈、保产等行，凡负慈善家之喻者，于此尤不可不首先筹及之。夫慈善家之行为，原本良心上之主张而认为义务者也，故虽不受人督促，然亦不忍听人呼吁。予亦灾黎之一也，不惜自污，谨代为乞怜中外各大慈善家，其亦有动于中〔衷〕否。

原载于长沙《大公报》1917 年 10 月 8 日

衡州红十字会之保护居民

国军进逼衡阳，衡城居民恐日内即有战事，纷纷迁徙，其无处迁徙者，甚形惶恐。该处红十字为保护居民起见，特设一红十字女会员寄宿舍，专以保护衡城之妇女。惟入会者，每人须纳入会金七十余串，每人每日伙食钱五百文，士绅家眷入会者甚多云。

原载于长沙《大公报》1917 年 10 月 21 日

中外红十字会均向商界募捐

中国红十字会昨致总商会云：敬启者，前奉上募集山东被兵欧役善后赈启，幸蒙鉴收，至为欢欣。不维时变之来更迭靡已，今又吾国对德奥布告宣战。敝会以恤兵为天职，一切筹备刻不容缓，复加以土匪遍地，受伤军民来院医治者络绎不绝，在在须款，急于燃眉。惟仰善长仁囊争解，义浆乐输，无论捐募多寡，希即连同原启一并寄下，毋任企祷之至云。

昨省长致商会缄，云：启者，顷准驻湘英领事赛君函送红十字会捐启十张，托为劝募，除由本省长捐洋一百元外，兹特送上捐启一纸，请酌量乐助，以全善举，无拘多寡，连同捐款一并送署，以便汇交。所有捐启录后。

敬启者：兵凶战危，古哲垂之明训，救灾恤难，仁人具有同心。此次欧战发生，瞬经三年，士卒伤残数逾百万，敝领事官昨得本国红十字会函嘱，定于十月十八日起，代募捐款以为经费。据称，该会每日须款近八千磅，合之华币逾五万元，纯赖好善君子慷慨乐输，庶几残废兵民，疮痍获治。窃思中英素称辑睦之邦，湘楚尤多好义之士。爰具小启，敢乞仁浆，如蒙惠捐，请署台篆。所有捐款已商允中国红十字会湖南分会理事长聂君其焜代收，即请迳交聂君掣取收条，随当登报鸣谢，以扬仁风，借伸谢悃。

原载于长沙《大公报》1917 年 10 月 29 日

湘潭最近之情况

湘潭来函云：潭邑于去岁袁氏称帝时，湘西一带发生战事，商民甚形惶恐。绅耆李君润生、罗君顺循商之驻潭各国牧师组织红十字分会，当由长沙红十字会转达上海中国红十字总会承认。现因湘南战事吃紧，人民慌恐异常，李、罗两君特又商同阳君惠舟集合绅商等筹备一切，仍名为红十字会湘潭分会，并附设救济会，专以救护战地人民出险为主义。该分会仍附设于贫民工艺厂，救济会地点则已定益智学校附近，业由美国高牧师赴省垣谒见督军及该国领事，面呈一切，已邀许可。复经驻潭第八师十六旅旅部及警厅公署出示保护，以维慈善而免侵扰云。

大军经过潭邑时，所掳长夫未返者尚多，商会门首每日有老幼妇女索夫索子，号啼哭泣，惨不忍闻。在会诸人当此情形，实已无法对付，惟给付钱米暂济未返长夫家用，然已供不赀矣。闻该会会长萧君云逵暨美国长老会高牧师往晤驻潭张旅长，愿率警厅巡士前赴战地收束未返长夫，伤者医之，亡者掩之，以尽人道主义。张旅长以战地危险婉辞高牧师暂勿前往，已允电知前敌军队设法处理未返长夫云。

自督军不准强拉长夫之令颁发后，湘潭商会责成各团招募长夫以应运输之用，其经费由各商家暂垫，复由驻潭张旅长令知所部，不得拦掳人民，于是潭邑市面渐有劳动家足迹，乃昨二十五号兵站，令警厅加招长夫，以应军用。警厅巡士不闻不问，竟拦掳街市行人二百余名，置之县后罗祖殿内，如有以钱文求脱者，则任其扬长而去，一时商民哗然，群向商会诘问，后经商会多方请求，警厅始允释放所掳之人，市面稍觉安静，闻该厅恢复后多系历办潭邑警察之人，似此情形恐于潭邑警务前途不免发生障碍云。

原载于长沙《大公报》1917 年 10 月 30 日

湘绅与侨湘外人保护居民办法

省城居民近日甚形惶恐，无可讳言。在省乡绅及侨湘外人为维系人心起见，一面劝告居民勿相惊扰，一面预防后患，筹设妇孺救济会。万一省城发生何种危险，即由外人出面救济一般避难之妇孺，闻已与各国领事、各教堂、各慈善堂预约，如有不测，即就省垣内外各领事府、红十字会、各教堂、各慈善堂及联合中学校等特约之各处分设妇孺救济会，门悬外国旗帜及妇孺救济会牌额。每处请两外国人亲往保护，无论何项妇孺均可入会暂避，不取会金。惟入会寄居者，不能多带什物，会内职员均有特别徽章，并具粥食、草荐，以备饥寒。其开办经费已由总慈善公所预垫票银四千两，尚在筹划扩充经费，每处暂备米五十石，其他油盐各项亦略有准备。此不过为预防危险起见，所谓事有备而无患也。军政长官现在保护吾民甚为得力，万不至有何危险发生，吾民尽可安居乐业，甚勿自相惊扰也。

原载于长沙《大公报》1917 年 11 月 18 日

湘潭慈善事业之发展

潭邑贫民工艺厂附设红十字分会历有年，所距美国医院仅咫尺耳。去岁阴历十月，本邑发生战事，分会及美国益智学校、长老会礼拜堂、男女医院各处妇孺老幼避入者不下万余人，茶饭一切概由该会供给，不取分文。被火灾民，每日抬饭前往散赈，并每人给米一升至数升不等；兵民伤者共百数十人，当经医院治疗。所有伙食、药料、添设被褥及医士看护薪津一切用费，皆系该会筹措。死亡兵民，该会派人分途安厝，并注册标识，以待存查。此外，尚有未伤之北军数十人，该会多方救护，并供以饔飧，助以路费，全活实多。除资助医院常年药费洋银数百元外，共享票银约三万两。今春南军溃退，风声吃紧，人民避入以数千计，均由该会给以餐膳，月前北军伤兵五十余人，由天符庙移入医院，药料、伙食一切用费仍由该会担负。惟兵事倥偬需款必多，日昨美国高牧师伯兰、理事长李君润生邀集绅商各界在三育会开会，决定此后每年资助医院药料花洋六百元，以资扩充。所有临时各项费用，无论大小，仍旧施行，如不敷时，再行劝募，闻该绅商等一致赞成，将来该会实力充足，当为潭邑空前绝后之大慈善也。

原载于长沙《大公报》1918 年 5 月 31 日

义赈会五月份收支款项之报告（节录）

放款　散放醴陵县急赈米陆石，资遣醴陵县被难灾民回籍川资，计遵道会共救济难民五十名，本会共给川资一百圆；青年会共救济难民一百九十名，本会共川资二百八十圆；韭菜园及高升巷，红十字会共救济难民三十五名，本会共给川资七十圆，拨放湘乡县急赈现洋一万圆，拨放平江县急赈现洋一万圆，拨放岳阳县急赈现洋七千圆，拨放临湘县急赈现洋七千圆。以上各县放出急赈，除由本会派出调查、放款两长在各县各镇各乡分两次榜示各灾户姓名钱数，俾众共览，以昭核实，将来仍刊刻征信录，庶随时随地可以考查。

……（略）

原载于长沙《大公报》1918 年 6 月 1 日

督军抚恤妇孺救济会死难职员

中国红十字会因湘中军事倥偬，特于各镇乡设立妇孺救济分所，以救济各镇乡之妇人孺子，业经呈请出示保护在案，并蒙赞助输捐，以宏救济。昨据设立嵩山镇地方之第五处分所，救济员唐云祥正在履行救济上之职务，被军士枪毙，恳请转呈大帅绥予抚恤，旋由红十字会据请呈请，奉批呈悉。据称该会分所救济员唐云祥在大坝桥地方履行职务，横遭凶毙，惨苦情形，殊堪悯恻，自应从优抚恤，以彰义烈而慰幽魂。仰候令行抚慰处给予抚恤光洋四百元，即由该会长转知该故员亲属前往俱领可也。此令。

又据第一百零六分所救济员被军士戕杀，亦据情呈请抚恤，奉批呈悉，林敬臣、郭少闰、周寿生、王运生等四人因乱身死，饬抚慰处查明抚恤，并准通令各军妥为保护，各该分所仰即知照此令云云。闻此两案，由红十字会转知该两分所救济故员之亲属前赴抚恤处领取恤金矣。

原载于长沙《大公报》1918 年 6 月 5 日

红十字会请究乔口劫案

长沙红十字会颜福庆呈报督军，以乔口有兵士抢劫救济会财物、捆殴干事各情，禀请究办。昨有批示云，呈悉。查此案前据该会干事英人戈德白陈诉到署，当即令行交涉署查明虚实，以凭察核。兹据该会长呈同前因，仰候饬查明确，再行核办。此批。

原载于长沙《大公报》1918 年 9 月 10 日

筹赈湘灾之消息

沪函云，中国红十字会湘赈特派员唐文治君以湘灾待赈孔殷，迩来天气渐寒，散放棉衣尤不可缓。业经与该会会员切商，将前汇存长沙中日银行洋五千元、存义赈会任寿国处洋一千九百元及所募得洋二千一百元，赈款足成九千之数，又棉衣一万一千件，不日起运来湘。仍推魏旭东、武筱航两君来湘办理，约十月三四号动身云。

原载于长沙《大公报》1918 年 10 月 9 日

湖南义赈会报告书（续）

补助长沙镇乡妇孺救济会本会暨岳阳救济会

天下之可怜者，孰妇孺若哉？柔弱其体，蒙昧其识，受人欺侮，吞声饮泣，求生不能，求死不得者，皆此辈也。当兹兵燹，则尤惨矣。不见夫林梢月下，鬼影憧憧，青草池塘，浮尸点点，非此辈之贞魂毅魄耶？至于孤儿吮乳，饿死尸旁，黄口悲啼，失足道左，皆母死而子随之矣。往者不可谏，来者尤可追。粟君戡时、梁君宗实感时抚事，于是大发其慈善之悲心，假红十字之力附设镇乡妇孺救济会，自长沙以至各县共设二百数十所，虽或有效、有不效，而奔赴赤十字旗下，其庇荫者盖不少矣。查该会会章，除旗帜、袖章、告示由总会颁发，其余饮食之需，油烛之费，皆出于本地之捐助或征集于避难之人，其为费轻而易举，然镇乡之是否办理合法，则考察勤焉。比考察之费，所以独多也，行之既久，费莫能继，于是本会同人集议助之，遂助光洋一千元。又岳州美国人韩君德生创设救济会，亦由本会补助台票一千串文，此补助救济会之事也。

上海济生会与红十字会先后来湘施赈

天下之事，有大力者倡之，则轻而易举。上海为中外通商巨埠，物力雄厚，而好善之士又多荟萃海滨，故凡南北各直省遇有水旱偏灾、兵戈疫疠，则上海慈善之士必出其雄才大略，筹款救济。故中国言慈善堂者，必以上海为中心也。湘省巨灾，熊会长既以函电呼吁于各行省官商慈善界矣，而尤属望于物力雄厚之海滨，除各省以款汇寄会长或迳交本会，本会则既拜而施之矣。而上海济生会与红十字会则出其资财独力施放，此尤湘人所拜祷者也。按，济生会已在株洲、醴陵各筑瓦屋百余间，以庇难民；又拨助宝庆红十字会四千元，以资平粜。至其湘赈主任黄君国英规模宏远，尚有振兴株醴实业及贷款灾民等计划，可谓造福无量。而红十字会又专为湘灾特创湘赈一部，阮君惟和、唐君浩镇又负疾先后亲莅湘省，闻调查计划。其干事魏君延晖、武君兆桐、刘君大成等各本其冒险之精神，出入锋镝，探赜索隐，以究其实，可谓勤且老矣。而沈仲礼、唐蔚芝两先生又以全力为之后盾，计赈株洲面粉二千包，醴陵面粉三千包，共值六千元。又现洋四千元，计宝庆二千元，湘阴一百元，其他一千九百元存本会。又电汇衡山一千六百元，寒衣一千件，将由魏、武二君共运寒衣一万余件来湘。此本会之所知也。其他本会之所不知与源源而来者，盖无穷也。又闻佛教慈悲会亦将来湘施赈，岂天地仁厚之气尽终于东南海滨一隅哉？

借款概数

本会成立之初，仅恃熊会长筹拨一万元，其他尚在劝募中，则借款尚焉，前共借定八万数千元，后以时势迁移，金融紧急情形亦随而变计，共借得二万八千元，今则本息均还矣。……

原载于长沙《大公报》1918 年 10 月 20 日

湖南义赈会报告书（续）

经费概数

……以上自四月本会成立起截至九月十五日止，共用光洋五千九百八十七元五角。此据会计课报告概数，尚未核结，内有与会计课报告不同者，即代上海红十字会运面粉赴株洲、醴陵散放用费四笔未载入。因醴陵放面粉二员，本会又续派为醴陵补查员，其用途尚未截清，故不为正确之数。又汇收红十字会四千元，除宝庆二十元，湘阴一百元业已付清，其余一千九百元存本会，亦未列入收捐概数内。俟放面粉用度截清，再行收入付出。又代收红十字会付衡山赈款一千六百元，未动用，只代存。将来于此等项另列代收付一门，免另造报销，合并声明。

余存概数（略）

九月十五以前收入数

……又前列收数南台票一项稍误，今照会计原数更正，上海红十字会四千元一笔，前未列入收数与代出者，亦未列入付数，至余存之一千九百元前由红十字会阮子衡先生拨存汉口，朱菊尊先生处以便拨用。此时仍存朱菊尊先生手，合并声明。

九月十五日以前付出数（略）

原载于长沙《大公报》1918 年 10 月 25 日

湖南义赈会报告书（续）

余存数

……实存汉口光洋一千九百元，即红十字会拨交朱菊尊先生手；实存代收衡山赈款光洋一千六百元，红十字会拨交衡山。

原载于长沙《大公报》1918年10月26日

散放衡山难民棉衣

——上海红十字总会之义举

衡山地当兵冲，被灾最惨。时届冬令，贫民俱兴无衣之叹，该邑绅商特将灾情函致上海红十字总会请求赈济。该会允放棉衣千件，大洋千六百元。兹将该会与湖南义赈会文电录下，以见红十字会之热心善举。

上海红十字总会电义赈会云，义赈会任寿国先生鉴：衡山商绅等来函，痛达灾况极惨，贵会已往查赈，极佩大德。本会湘赈部有洋一千六百元，棉衣一千件，拟乞李务照先生拨交会中旷惺斋、李子荣两君散放，祈电复，即分别汇运。沈敦和、唐文治。真。

义赈会当即电覆上海红十字会云，上海红十字会总会沈仲礼、唐微之〔蔚芝〕先生等鉴：真电悉。天祸湘民，孑遗将尽，迭蒙赒恤，拜德何穷。衡山当攻战要冲，蹂躏尤惨，蒙兹特惠，得庆再生，一俟寄到，即当派员会同该绅妥放。伏冀益施广厦，广庇三湘，普挹琼卮，来苏七泽，则湖清岳峻与公等并寿矣。任福黎。元。

上海红十字总会随又来电义赈会云，织机巷义赈会任寿国先生鉴：元电敬悉。衡山赈款一千六百元已电汇中日银行买办王伯南先生，拟付棉衣运存日清公司，乞分别接洽，速转交旷惺斋君散放，不胜感祷。敦和、文治等。铣。

义赈会随即电覆上海红十字会云，上海红十字会沈仲礼、唐蔚芝先生等公鉴：铣电敬悉。到即照转。福黎。筱。

原载于长沙《大公报》1918年11月11日

中国济生会湘赈主任入湘报告（续）

……又次为中国红十字会。该会上海总办事处夏间组织湘赈部，先派干事阮惟和带同干事魏、武诸君到湘，分往株、醴、衡州、宝庆等处调查，继派唐郛郑携四号面粉五千包，现银五千元入湘散放。今又派魏、武二君拨新旧棉衣一万一千套来湘散放，英抵长沙时，适两君皆往株洲；及抵株洲，两君又赴醴陵，及抵醴陵，两君以先回省，卒未一晤，至今怅怅。但见株洲商会存有上海中国红十字会新旧棉衣二千套，醴陵县署亦存有二千套，两君已托株洲商会长及醴陵王知事调查造册，以便散放。周、王二君似觉为难，因以派存棉衣只得二千套，不敷甚巨，调查必须从严，否则恐难支配。

……

因以初次出发时，查明中国红十字会仅长沙分会曾设妇孺救济会之外，此种关系最大，战时不可少之设施，中国红十字会均未计及，不得已欲借本会白十字会帜办理此事。拟请于南北于战事延及之区，指定中立地点，俾一般灾黎得避炮火，以维持人道之第一者也。此一计划正在积极进行，因时机未熟，故未发表。今得天主教同情，首先成立，且以白十字为标识，不相相遇之巧，且减本会之义务，故喜中望外，二次入湘，所见所闻，以此为最满意者也。以上乃在湘进行之各慈善机关之经过情形也。

原载于长沙《大公报》1918 年 11 月 18 日

发给各难民棉衣之报告

中国红十字会湘赈干事武小航君十一月末由长沙报告灾情，已录沪报，本报转登于此。云：敬电谅邀钧鉴，三、四批棉衣赶即催领催放，另有电达。现在各灾区，醴陵得棉衣最多，计青年会发一千五百件，济生会发五千件，连本会所发之二千件，共八千余件，但南乡待赈之氓尚夥，拟俟五批运到，加发一千件。该县迭经兵燹，幸各慈善团纷纷救济灾民，已有生机。目下湘中极苦之区，以华容为最，水灾甫过，继以瘟疫，兼之秋田未成，盗匪充斥，生者无衣无食，死者无棺，惨情不堪言状，绅士屡请赈济，特与义赈会袁君商妥，先发急赈洋一千元，业已专电奉闻，兹将该处难民充饥之物附邮呈览，谅非仁人所忍睹也。任寿国先生已回湘，拟先在岳阳开设粥厂，华容灾民附食，以该两县连境，均系民不堪命之区，议从阴历十一月十五日起，下年正月十五日止，设立两月，约需洋一千五百元，此系依最少之数计算。如开办后就食者多，尚须增加，钧总如何，祈详示遵行。至醴陵有知事筹设之议，株洲赳赳，甚多灾民畏避，关于设厂赈济，目前尚难办理，容俟岳华开办后再议进行。上月长沙大西门城外火灾，至今小户流离堪悯，特发新台票五百串，交由义赈会散放，连前赈湘潭、靖港之数，共合洋一千元。中日银行款现实在三千元，留作开厂之用，势难再作他项赈款。我校开会情形如何，务计谕知为叩。再，岳、华一带，拟亲往查看，哀此孑遗，千闻不如一见。至发赈设厂等事，亦须亲自督催，务祈普沾实惠，俟与任、袁两君商定后再行电陈。

附清单二纸：

宝庆二千件，衡山一千件，醴陵二千件，株洲（属湘潭）二千件。

临湘一千件，平江一千件，湘乡一千件，宁乡六百件。

湘潭一千件，华容一千五百件，湘阴一千件，隆回（属宝庆）六百件。

浏阳一千件，岳阳一千四百件，又冬帽二百二十顶。

衡阳二千件，靖港（属长沙）二百件。

长沙七百六十九件，又四百三十六件，共计一千二百零五件。

以上共发放棉衣二万零件，帽二百二十顶。

衡山　光洋一千六百元；岳阳　光洋一千元；平江　光洋一千元；

华容　光洋一千元；临湘　光洋九百元；隆回　光洋四百元；

宁乡　光洋四百元；

湘潭火灾赈新台票一千二百五十串，共合光洋一千元。

以上共发现款七千三百元。

华容难民充饥之物，现陈列大马路先施公司下层窗中。

原载于长沙《大公报》1918年12月10日

岳阳冬赈近状记

湖南义赈会自在岳阳梅溪桥靖江王行宫设立分会以来，事务纷繁，灾民踊跃，前由长沙运棉衣数千件，分配发给，将近告罄。昨经督察长袁明翼电请长沙任坐办，俟北京运衣过岳，截留五千件以备继续散放。袁君关怀桑梓，可谓热心之至矣。

湘省此次兵灾，凤凰痛念尤切，于是牵动一股善士大发慈悲，解囊捐助，在汉口购置被絮数千床，由武长火车相继运送，昨有湖南义赈会督察长袁明翼亲领三千二百床支配妥善，向岳、平、临、华及安乡各县分运。

上海中国红十字会沈仲礼、唐蔚芝两先生怜湘省水患兵灾尤甚往昔，特派干事员武君兆桐在岳州设立施米厂，散放白米，救济灾民二千余户，给米七百余担之多，需款三千元有奇。武君深恐有冒领滥放之弊，并托复初会某教士在外密查，故领米之人极贫者尚居多数。武君拟择灾区最重者，如醴陵、株洲一带设厂赈济。嗟！我灾黎可以度岁矣。

长沙湖南义赈会任坐办因上海中国济生会主任黄国英到湘，并有一万余款须待督察长袁明翼君商酌情形，携往灾区散放，特电召袁督察长晋省。袁君已于今日（十二号）搭火车往长沙矣。

原载于长沙《大公报》1919 年 1 月 14 日

上海赤十字会赈济火灾

上海红十字会湘赈部干事武兆桐君，昨日来湘交给湖义赈会新台票钱五百串文，施济大西门外火烧被灾极贫各户。兹经派员会同警察按户查察，所有施赈联票亦由该员等亲手交给各灾户收执，以便即日亲诣义赈会照兑。其赈给各灾户钱文，则按照受灾轻重酌量分配云。受赈各户略志如左：（统计各等灾户，共给新台票钱五百串文）

特等一户邓福生，烧毙人命一口，给新票钱二十六串文；

甲等二户，梁罗氏及刘辉斌，各给新票钱二十串文，计四十串文；

乙等二十五户，方玉田等各给新票钱八串文，计二百串文；

丙等三十九户，俞玉成等各给新票钱六串文，计二百三十四串文。

原载于长沙《大公报》1919 年 1 月 23 日

岳阳特约通信

上海中国红十字会特派干事武兆桐携带巨款来岳阳设立湘赈部，开厂施米，迭详各报。日前武君亲赴醴陵开办施米厂，将岳阳一切职务交付岳阳湖南义赈会监放长陈定贵代行。该厂原定章程，每人每天领米六合，按日一领，两月满期，人员有限，似觉太繁，遂改五天一领，每次得米三升，灾民无奔负之叹。近来岳阳大雪，泥途行走不便，陈君因桑梓关怀，将期限极力缩短，议定两次放完，施米地点移至金家岭、李春谷住宅。本月十六号为第一次散放，每人已领一斗二升，今日（二十四）为第二次散放，每人仍领一斗二升。所有手续从此告罄，灾黎得以度岁云。

湘省迭遭水患兵灾，人民失所，疮痍满目，上海京直奉水灾义赈会、中国济生会主任黄国英筹备巨款，特为株洲、醴陵两灾区建造灾黎居留所，收栖难民，并于两处开办工赈织布厂，以工代赈，及设因利局、施米厂各情节，已志前报。兹悉黄主任于十六号到长沙，闻华容县水灾奇重，遂未勾留，当夜亲约湖南义赈会督察长袁明翼驰往拯济，十七号即来岳阳。……

原载于长沙《大公报》1919 年 1 月 27 日

岳阳特约通信

华容县此次水灾为数十年来所未有，官绅商预防无策，慈善家赈抚未能，前经湖南义赈会、中国济生会、红十字会联合筹款，修堤补缺，无微不至。昨日华容县夏逢时知事特派委员鲁瀛带队士四名来岳阳，向湖南义赈分会请领被絮一千床、新棉衣五千件，又向红十字会请领旧棉衣一千五百件，于今日（二十六号）雇民船两艘，绕道荆河，运往华容散放云。……

原载于长沙《大公报》1919 年 1 月 29 日

岳阳特约通信

赈济贫民

中国红十字会特派干事武兆桐在岳阳设厂施米，一切手续已于阴历年底结束。兹悉该厂余米数十担，武君去后，遂托付湖南义赈会督察长袁明翼详细调查极贫之户，以凭补给。袁督察专委调查长陈定贵与协助员某君于三十夜及初一、初二、初三数日之内，沿街暗访，遇有丐者、瞽者，即给以三五升或一二斗不等。闻该会之米，渐次施罄云。

岳阳县知事丁春膏于日前收到湖南张省长运来赈济灾黎之食米一千袋，近因数目不符，尚未支配散放，兹将其布告照录如下：为布告事照得月前本知事晋省，面陈地方困苦情形，深荷省长悯念，兹奉派员运米一千袋来岳赈济，当经令知岳阳财产保管处先行点收，实止九百九十九袋，一俟召集城乡绅首议定分配，即行分别委员，认真散放，务使灾黎得食，实惠均沾，先兹布告，仰即知照。此布。

加捐警捐（略）

建筑市场

岳阳火车站一带地势崎岖，久藏骨骸。自该站开辟以来，在附近谋生活者，日见发达，惟岳阳人民不知利害相关，早将土地卖与外人者实凡有徒。岳阳中国红十字会理事长美人韩理生曾在火车站附近购置田山土地一大段，全数让归平和股份有限公司，开辟马路，建筑市场，期成租界效果，近来对于坟墓逼迁在即，并出有布告……

原载于长沙《大公报》1919 年 2 月 9 日

岳阳特约通信·赈务近状

上海中国红十字会特派之湘赈干事武兆桐于临、华、株、醴各灾区赈衣施米，迭纪本报。武君只身一人驰驱鞅掌，奔走风尘，热心公益，艰险不辞。该会赈务已经告竣，武君今日（二十六号）由长沙乘火车来岳，往城隍庙湖南义赈分会，闻须勾留一二日，即搭轮赴沪云。

原载于长沙《大公报》1919 年 3 月 1 日

岳阳特约通信·十字会解释地界

岳阳中国红十字会因去岁湘战蔓延，曾在火车站附近购买田山、土地一大段，东抵铁路地界，西抵福音堂地界，南抵烟家冲石路中心，北抵文庙及乾明寺公地，四围均有木墙，专为救济中国妇孺而设。该会近睹大局已平，无须此项基地，业将木墙内所有田山屋宇围墙，全数让渡与平和股份有限公司管业，开辟马路，建筑市场，并布告各卖主从速迁坟，详载本报。查平和股份有限公司系中国人欧阳弁元、范旭东、景本白、李赞候创办，惟公司之名义未加“中国”二字，四围木墙有借有租，界线不甚明晰，以致岳阳公民率怀疑虑，议论纷纭。该会特发出布告，恺切解释。兹将其原文照录如下：

岳阳红十字会日昨遍贴布告云，前公布木墙以内一语，恐有误会，特此声明。查原文有此，抵文庙公地及乾明寺公地，明明该公地未卖，不在其内，且此公地及陶姓公屋均系借用乾明寺地，并有租金买卖、土地契约为凭，断无含糊之理。当日之所以有此木墙者，原为救济会之防范作用，非为买地而设也。事后本会捐款用尽，无款可筹，屡请原业收回，不愿者多，乃由本会转卖，抵界清楚，契载明白。至迁坟一节，受业主既委托本会理事监察代迁究与商量一定办法，再行函知该地内各有坟之家可也。特此声明。

原载于长沙《大公报》1919年3月4日

上海中国红十字会湘赈成绩

去岁湘省惨遭兵燹，以致人民苦不堪言。上海中国红十字会特请徐家汇交通部工业专门学校学监武兆桐担任湘赈干事，需款数万，给衣施米，遗爱犹存。武君来湘，就临一十九处，近因和议已定，赈务自应收束。武干事于探二月二十六号到岳，二十八号往汉口转轮赴沪。兹其所经过之灾区及所赈给之品数，披露众览。

计开：醴陵棉衣四千件，现洋三百元，食米二百十六担，面粉三千包；宝庆棉衣三千五百件，现洋二千元；隆回棉衣一千一百件，现洋四百元；湘潭棉衣一千五百件，面粉八十包，新台票一万零二百五十二串；株洲棉衣二千六百件，面粉二千包；岳阳棉衣一千四百件，现洋二百五十元，食米七百零四担；华容棉衣一千五百件，现洋八百二十三元，食米二百七十三担；平江棉衣一千件，现洋一千元；临湘棉衣一千件，现洋九百元；湘乡棉衣一千五百件；湘阴棉衣一千五百件，现洋一百元；长沙棉衣一千六百五十五件，现洋四百五十元，新台票一千七百五十串；浏阳棉衣一千件；宁乡棉衣六百件，现洋四百元；衡山棉衣一千件，现洋一千元；衡阳棉衣二千件；攸县棉衣五百件；耒阳棉衣五百件；零陵棉衣五百件，面粉六十包。总共灾区一十九处，赈给棉衣二万八千三百五十五件，现洋八千一百二十三元，食米一千一百九十三担，面粉五千一百四十包，新台票一万二千零二串。

原载于长沙《大公报》1919年3月5日

岳阳绅民电保敌侨之诚恳

大美国复初会岳州福音堂牧师、中国红十字会岳阳分会理事长德国人韩理生，入美国籍一十余年，其妻本美国人，现任岳阳大美国贞信女学校校长。兹因欧战告终，凡居留协约国内之德人，一概送回原籍。岳阳全县人民念韩理生在岳阳办理慈善事业最多，人民颇受幸福，故公举代表富绅李春谷、阮绍煌、冯永贻等要求湖南省长电达中央，准予免遣。今将其原电照录如下：

长沙湖南省长、湘江道尹、敌侨检查所鉴：查岳阳福音堂韩理生原系德籍，早入美国复初会办理会中教育事务，均遵美国章程，并归美领事警察所。以德领事前搜寻内地德人回国当兵，于韩理生并未过问，是其明证。在岳教会同事，外国人多数美国，英国亦有之。欧战发生，考其行为，该堂外国人毫无疑论，所配师母又系美籍，前在上海由电车跌下，左足已成废疾，儿女俱无。迩来二三年，岳阳兵灾屡见，韩理生创办岳阳红十字分会及妇孺救济会，对于军界地方获益良多，不特地方相信，即军界亦所深知。前日屡列事迹呈请县长（丁春膏）转详嘉奖在案。八年一月适听明令检查敌侨出境，又呈县长转详，免予放回。兹奉敌侨检查所通知，定以二月二十六日到沪为准。窃韩理生为人素性谦和，热心慈善较之德侨托足政治者迥然有别。为此公电，谨照中国最高行政机关代为请求一条，敬乞赏准施行免予放回，以顺舆情而维善事。岳阳绅界李春谷、夏占魁，学界阮绍煌、方泽森，商界冯永贻、陈煊，妇孺救济会会长易荣生、红十字会会员王时备等。铣。（十六日）

前电去后，李等近日接到各处复电，均云查照内务部翰电第一条核夺办理，兹将曹督军、张兼省长复电原文照录如下：

保定府督署来电云，岳州绅商学界、红十字会李春谷诸君览：铣（十六号）电悉。已电请张兼省长查照内务部翰（十五号）电第一条"教士不论男女，如因所办慈善事业确有未能离去情形者，得免其遣送，地方官吏应迅速查明切状，报由该管最高长官核定"，核夺办理矣。特复。曹锟。（十九号）印。

原载于长沙《大公报》1919 年 3 月 8 日

益阳通信·筹办十字会

昨据政界某要人云：该县原有红、白两十字会，嗣因军事停顿，即行废止。兹有某某等要人，拟复筹办十字会以资保护，俟集议既定，即行租赁房屋开办。至于内容一切情形，此时尚不能探其详细，所闻如是，故特志之。

原载于长沙《大公报》1919 年 3 月 30 日

关于华容赈款之批示

华容徐人凤等呈诉夏知事蔽赈坑饥公恳遴员查究由，具呈省长，当奉批云：据呈已悉。此案现据该县呈称，各处赈款前经议决，以所收济生会、义赈会、红十字会洋共八千余元，发给护城，以中央令发滨湖各县水灾赈，支配四乡各溃垸均作堤之用。兹因护城各业户情愿加收亩费，是以兑条二成，并未收回，现在义赈会之三千元，已据该会来函翻异各等情。该知事莅任以来，对于堤垸不遗余力，所拟以上代赈办法亦极周详，本省长方深嘉慰。兹据呈称，全县灾情以东内乡为最重，既知该知事扼款不发，何以迟至半年之久，始行控争，显系故意为难，听唆妄渎，似此刁健，亟应严拏究办，以儆效尤。姑念灾患余生，免予深究，仰即遵照息讼。现在中央赈款尚未奉发来湘，该县护城官垸既赖亩费兴修，所存济生会、红十字会赈洋应即查照，工赈须分四乡，将一切溃垸续行修筑，不必退还，并候令行该知事遵照可也云云。

原载于长沙《大公报》1919 年 5 月 15 日

湖南红十字会启事

敬启者：本会定于五月三十一日下午二时在本会开年会，凡我会员诸君届时务乞惠临为幸。除另函通知外，恐未周知。特此登告敬约。

原载于长沙《大公报》1919 年 5 月 23 日

华容人民呈请分配赈款

华容民人徐人凤等并恳省长令饬该县知事查照工赈，原议分配四乡，各溃垸赶紧修筑以救灾黎。窃省长当以此案业经令行，华容县将所存济生会、红十字会赈洋查照工赈，原议分配四乡等为修筑堤垸之用，仰该民迅速回县呈请县知事，秉公支配，以恤灾民云。

原载于长沙《大公报》1919 年 5 月 28 日

上海各善团赈济醴株两处经过情形

株醴灾情惨酷甲于湘省，虽经湖南义赈会及各善团陆续施赈洋银、谷物、衣絮之类，仍苦灾多区广，康济未能。上海义赈会及佛教慈悲会恻然忧之，爰有联合放赈之举，计先后由该两会筹集巨资，派遣妥员在该两处调查灾户情形，择各会施赈未周之处，分别以七种方法施赈。兹分配其情形如左：

（甲）大赈　计醴陵分东西南北中五路，并株洲路共六路，共赈三千七百十五户，计大口八千八百余口，小口八千七百余口，共赈洋三万四千二百五十八元九角，其放赈标准系为大口发大洋二元六角，小口减半。

（乙）加抚　即加赈之别名，计灾区六路共赈三百三十二户，大口九百零八口，小口八百十五口，共赈洋三千四百二十元零三角，其放赈标准，所有加抚各户，均系丁壮伤亡，仅存老弱妇女，甚至有一家毙三命四命者，死者遇难极惨，存者生计已枯，故于大赈外优给加抚，以示体恤。其额视大赈应得之款加给　倍。

（丙）资本　其办法系择有职业而经济不足者酌予贷资，计一百四十二户，共贷给资本洋一千七百四十五元，其标准系厘为四等，即一等发现洋二十元，每等递减五元，至四等而止，均系城市原有铺肆工艺负赈各户，自经兵灾，资本货物焚掠殆尽，辍业已久，亦间有乡间恃织布、推车为业，损失小车、织机无力购买者，故于大赈外斟酌情形，加发资本，俾营生业。

（丁）稻种及耕牛　醴株惨遭焚掠，被灾各户稻种苦无存余，故由该二会，该附近未被灾之处，采购每石稻洋二元，计六路共放出稻种一千五百零九石七十五升，共计合一万五千零九十七亩半，每亩放种一斗，早迟两稻各半，均于大赈时附带发给。至耕牛，因醴株习惯，佃户极苦，强半无牛耕，时需用各出租赁其有牛者。避兵时，各牵入深山，故损失较少，间有十数户因乱失牛者，特于发给大赈稻种外，又发耕牛半价，每头十元，以资津贴，计发一百十三元。

（戊）急赈　计一百零六户，共洋二百十五元。

（己）寒衣　计六路共发有扣者四千九百八十件，有带者四千九百三十三件。

按：佛教慈悲会本为最有名誉之慈善团体；义赈协会又为国内外各慈善大家所组织，专赈各处灾荒，此次见株醴二处为湘省特别灾区，特由该二善会联合赈济，以七大方法赈六路灾情，无法不良，无款不实，所以株醴人民虽被奇灾，仍能渐次休集，进图复业，则知该二善会之救人功德，固无与并，而世之热心慈善者可以兴矣。

原载于长沙《大公报》1919 年 6 月 1 日

中国红十字会常德分会时疫医院简章

第一章　总则

一、本院系因疫发生临时筹办，定名曰：中国红十字会常德分会时疫医院。

一、本院设在东门外五铺街，由本会助办之广德医院。

一、本院以院务主任一人，医务主任一人负责办理。

一、本院设在城外，如城中有染疫之人，急报本会派人抬床护送，呈请旅部启城。

第二章　宗旨

一、本院因防时疫传染起见，按照中国红十字会第二章一条之规定，特设时疫医院，专治霍乱、吐泻之症，俟各处时疫肃清闭幕。

一、来院就医者，不论中外贫富男妇老幼，随时施治，病人住院，一律免费，并无号金等各项名目，其有愿居特别病房者，须另自出资，概充医院捐款。

一、病人医愈后如自愿出资酬谢，悉充医院捐款，不得私相授受。又并无别项需索，设施治无效身故，富者任其自由入殓；如系贫苦者，由本院施送普通棺木，抬送指定义冢浅厝。

第三章　义务

一、院务主任经理本院一切事物及银钱出入账项等事。

一、医务主任管理医药事宜，督责医生看护人等医治病症。

一、病人一经入院，不论重轻，不得提前拨号，除特别病房病人逐日收费外，并无酬劳费及额外开支名目，如有私相授受者，当以违章论罚。

一、医生看护人等薪水均由医务主任开单会同院务主任，送由本会按月核发。

一、医务主任与院务主任各分责任并须另订医药规则、病人规则、办事人应守规则，通知本会择要宣布。至时疫□盛时，病房设有不敷，当即分送本处官厅指定水巷口防疫隔离所，所需费用仍由本会担任。

第四章　报告

一、每日将号簿收支大略、医愈姓氏逐日开单报告，本会开幕后，当刊印征信录成绩分送捐户病家，并报告上海总会。

第五章　经费

一、不拘中外绅商，各界巨细捐款，悉用红十字会常德分会正式收据加盖指捐“时疫医院”字样为据，病人治愈后如自愿捐助，亦以本分会正式收据为凭，一面登报征信。

一、医药用品及医生看护、工役、杂用等项均由本会按月发给，俟医院闭幕后造具决算表汇交本会刊布。

一、特别病房每日收回药资等费给以收条，并入捐款项下作正开支。

原载于长沙《大公报》1919年9月17、18日

中国红十字会常德分会时疫医院院内规则

一、本医院专治急痧、霍乱、吐泻、绞痛、吊脚瘰等症，不诊别项。

二、凡来医院就诊病人，先赴挂号处报告姓名、年岁、籍贯、住址、门牌号数，领取号票陪送诊病室诊治。

三、凡住院病人应将号票系在手腕，以防病人与诊候表移讹错。

四、凡割诊病人，气血亏弱，胃中消化无力，七十二句钟内不能饮食。中医生制有滋养药水调补气血，殆可以饮食时，由医生签字后注明“可以食米”字样，方可进食。

五、凡割诊病人七十二句钟内不能饮食，虽觉饥饿，万不可食，如亲友探访及陪伴者，切勿私赠食物，致误本人生命。（未完）

原载于长沙《大公报》1919年9月19日

中国红十字会常德分会时疫医院院内规则（续）

六、诊病室看护凡见有挂号病人，不论轻重，立刻知照医生诊治，随到随看。至交班接班时，若遇重症，切勿推诿，病人性命攸关，稍延时刻，施救不及，均应以慎重人命为主义。

七、凡病人穿来衣服及银洋物件须交明账房，编号存储，免致

遗失。

八、本医院雇用男女侍役之亲友，一概不准到病房接洽，以免传染；如违，罚辛工一月。

九、诊病室看护男女病房侍役，凡接班时延宕迟误者，罚薪水一月。

十、凡遇病人痊愈出院，如自愿略赏酒资，随时送交账房收存，月底按份分派。不准向病人争论多少，亦不得向病人私索分文，倘隐匿不报者，查出议罚。

院务主任吴其林，红十字分会干事医务主任罗感恩，广德医院院长美国人，时疫医院每月预算经费约七百四十余元。院务主任、医务主任及西医生均尽义务，不支薪水。常德分会理事长熊希龄、副理事长李致桢。

原载于长沙《大公报》1919年9月21日

湖南红十字会会员诸君鉴

敬启者：敝会自成立以来，黾勉从事，成绩昭彰，口碑俱在，但以常年经费向无的款，挹兹注彼，已属不支，且医院一切支应在在需款，非有常年经费，现状实难维持。以本年经常预算计，收支两抵不敷之数，有四千八百余元之巨，临时特别费尚不在内。苟不急筹办法，必致功匮垂成，实与初心相背，瞻念前途，栗栗可惧。日前大会时，业将困难情形详细报告，佥以与本会关系最密切者，莫若会员，本会经常费既属不敷，自应由各会员分别担任。查现在本会会员已达五百人，集腋成裘，众擎易举，况我会会员诸君皆系慈祥恺恻之士，谅荷踊跃从事，力抵于成，俾本会得尽天职，以服务于社会，造福利民，曷其有极，是为启。

（一）常年会员费以十元为最低额，每人每年缴纳一次。如蒙多助，尤所欢迎。

（二）凡缴纳常年会员费者，应享有权利如左：

甲、会员缴纳常年会员费者，由本会给予白地红十字盖用钤记之证牌一面，悬挂会员住宅门首，以示优异。

乙、凡缴纳常年会员费者，除由本会给予证牌外，并由医院每年赠诊病挂号免费诊券一册，计二十张，凡执此证者，本会医院以特别挂号例待遇之。

丙、本会所给之证牌，自　月　日起每年更换一次，诊券亦然。

丁、凡缴纳常年会员费者，如遇疾病需医生出诊者，减收半费，其必须住院就诊者，特别优待。

戊、凡缴纳常年会员费一次一百元者，除享受各权利外，并征集其相片悬于会堂，以彰盛德。

（三）以上各条均系会员缴纳常年会员费之优待权利，非会员不在此例。

（四）凡团体商号以及个人乐助常年费或代募者，均得适用本会会章。

原载于长沙《大公报》1919 年 10 月 22 日

红十字会救护二十师军士

红十字会会员等昨日下午在小吴门外遇着陆军第二十师兵士数百人（闻系七十七、八、九团兵士），时湘军已四面入城，红十字会会员等恐生冲突，劝该兵将军械服装解除，当由该会护送红十字会云。

原载于长沙《大公报》1920 年 6 月 13 日

红十字会探访记

东茅巷红十字会，这回对于救济救伤等事，甚为出力。记者昨日特往访问，所得如左：

一、救济事务：　该会的救济部，知道北军出走，省城居民心起恐慌，预先由理事长颜君福庆和各教会牧师会议设立妇孺救济会办法，将城内城外分为多区，每区有个集中地方，并推一人做个主任，由各主任察看该区内形情，分设各所。计在城内的（一）东区：遵道会，主任邓牧师；宣道会（专理东长街），主任雅牧师。（二）南区：信义会，主任辛牧师。（三）西区：循道会，主任任牧师。（四）北区：圣公会，主任丁牧师。（五）东北区（司马里戳子桥小吴门一带）：费宅，主任费雅。在城外的（一）东区：信义会监工处（浏阳门外），主任萧牧师。（二）南区：内地会，主任吴牧师。（三）北区：湘雅医院，主任颜君福庆。又长老会，主任凌牧师。至大西门、小西门外，有华洋保安会救济，故未设立。各区设立的救济会业经报告该会的共有六十四所，幸北军快去，南军快来，市面没有多大损失，所以城内外的妇孺住了一两晚，遂都出去了。

一、救伤事务：　该会的救伤部也甚出力，闻救得的北军伤兵约四百余人，连解除了武装的溃兵共九百余人。那些溃兵多自上游下来，所有枪械，或在途中为南军夺去，或到省后缴归了南军。该会照章只收没有枪械的散兵。近日有许多军士向会里追问枪械，大概是误会了。溃兵伤兵现分作三处收留。一该会东门的临时医院（伤重的都居此）。一北门外的湘雅医院（伤轻的移此）。一都正街某小学的寄宿舍。闻前日尚由南区送到二十师溃兵二三十人，那收留的溃兵都没有徽章，问起他们来，无人不说属于二十师，大约都知道二十师和湘人感情较好的原故。至将来释归办法，当照章呈请政府发落

一、掩埋事务：　掩埋部已在各处掩埋了尸首十余具，尚拟到长岳铁道沿途掩埋余尸。

原载于长沙《大公报》1920 年 6 月 15 日

各处向商会筹款·红十字会借洋一千元

红十字会现在加设临时医院，收容伤病及溃难兵民，现在收容已有千数百人，刻尚陆续而来。昨特函请商会筹拨光洋一千元，米折一本，并希先发米五六十石，以济急需云。

原载于长沙《大公报》1920 年 6 月 15 日

红十字会二次探访记·湘潭送到一批俘虏

前北兵在湘潭败退之时，湘潭长老会收有受伤北兵三十余人，受伤

湘军二十余人，北兵家眷妇女小孩共三十余人，又北兵俘虏百余人。前日（二十二号）由民船运送来省，送交东茅巷红十字会，暂置东茅巷席祠之临时病院。记者昨往观览，狼狈情形，极为不堪。内有十三四岁之少女，系湘潭某槽坊店主之女，头受枪伤，枪弹尚留脑内，亦随送来省，由红十字会转送湘雅医院，恐不易医治也。该会尚住有伤兵数十人，系由湘阴下游及浏阳等处送来者云。

原载于长沙《大公报》1920 年 6 月 24 日

益阳特约通信

蔡钜猷部下副官蔡鹏洲日前由洪江率同兵士一棚来益，闻其任务系解送军饷，现驻城内蔡氏宗祠。十五日上午，第一支队第一营炮队开赴沅江。军队巡逻街市现甚严厉，每一昼夜计凡五六次。

近来益属土匪暨假冒军人者甚多，故驻县军队几无日不有所获，获后情节稍重者立正典刑云。红十字会定期派员护送受伤北兵十八名前往汉口一节，已志本报。兹闻该会送该伤兵上船时，吩咐数次云：（一）身上如带银元须缴护送员，抵汉口时退还，以免受累。（二）身上如带有武器须丢脱。（三）沿途只准静坐船心，禁止由船头或船窗观望。（四）船抵市镇停驶时，禁止上岸，所有交涉或采办，由护送员刘吕担任。闻该伤兵等均俯首静听，形容悲惨。此次北军入城均由商会接济招待。昨据该会人员报告，招待费约费一万元，接济等费亦达数千之谱（一万数千元均系垫款），加以陈司令要商会筹款二万，商会遂于昨十六日召集绅商筹款会议，结果又不外由各商帮分担募收城堡房捐暨营业捐各捐云。

原载于长沙《大公报》1920 年 7 月 22 日

拨款救济岳阳红十字分会

岳阳红十字分会近以用途浩繁，曾请谭督饬县维持拨款救济在案。鲁知事以该县近来财政异常支绌，即本署亦甚不活动，是饬拨该分会款项一节，实力未逮。昨已屡列困难情形，呈请谭督，转饬岳阳属局照拨，以维该分会之现状云。

原载于长沙《大公报》1920 年 9 月 6 日

湖南红十字会募赈广告

敬启者，敝会昨接敝总会为各被灾省分〔份〕演剧募赈之启，各省各县均有募助吾湘，分会义难袖手，兼以敝会经费向来支绌，更经历年以来艰苦，以致亏空日深，无可设法。爰集同人，特请由汉来湘之游艺团到会演技数日。该团在湘所演技艺，见者称绝，仍多有以未窥全豹为恨。兹经敝会商请该团于演时多加新奇戏法，每日更换，务期有以饱酬惠顾诸君之热心，而敝会所得券费，既可协济总会灾赈，又可补助敝会之亏空，一举数善。谅蒙赞许，用特缕陈梗概，尚冀仁慈善士共襄善举，幸莫大焉。是为启。券价光洋五角，男女通用。

注意：本券以券面日期为限，如有此券而未观剧者，可留此券作为本会医院特别挂号证，但以本年阳历年终为限，过期无效。

中国红十字会湖南分会启

原载于长沙《大公报》1921 年 1 月 5 日

红十字会救护队出发

湘省红十字分会因前方战事发动，救死扶伤，责任綦重。特将省垣救护灾民等事，函请华洋筹赈会转请湘雅医院担任，积极抽调员役组成战地救护会，于昨出发岳、平矣。

原载于长沙《大公报》1921 年 7 月 30 日

红十字会设立临时医院

前方战事正亟，伤残将士在所不免。长沙红十字会因便医诊起见，特商同市政公所将北门外旧马路工程局房屋借作临时医院之用，一面函请湘雅医院推派医士二人就近赴该院诊治伤残将士，以期便利。业荷两方许可，约明后日即正式开办云。

原载于长沙《大公报》1921 年 8 月 6 日

红十字会救伤之热心

昨红十字会曾会长预博士因伤兵来院极多，业经加聘医士两人，现仍不敷用，非再加聘不可，故乘昌和往汉至沪，亲与某医士订约，俾得早日来湘助理医务。闻该会医务主任王博士异常忙碌，近日该会代理会长由战线回省，见前方伤病情形，据于日内再组织救护队及掩埋队前赴战区云。

又该会韩代会长念兹、督察长韩理生、医务主任医院长陈怀高〔皋〕、王诵飞均于昨日由小吴门乘车出发。据云赴岳阳联合美国之福音堂，并与太平公司商借地点，作临时医队驻扎处云云。

原载于长沙《大公报》1921 年 8 月 8 日

红十字会近况

省城红十字会会长为颜福庆博士，自该会长主办以来，成绩昭著。近因该会长急欲赴美，会长一席已请前岳州红十字会会长韩理生牧师代理。又该会自湘军援鄂以来，拟组织救护队出发前敌，因该会监院陈怀皋避暑沪上，且经费支绌，故未果行。现陈监院业已返湘，日昨与代理会长韩牧师商议组织救护掩埋等队，不日出发，又派该会文牍韩念兹为岳州常驻员云云。

原载于长沙《大公报》1921 年 8 月 10 日

红十字会之得力

浏阳红十字会本成立多年，自本年七月改组，举鲁忠会为会长以来，乃将规模扩大，创设医院，开办妇孺救济会二十余所于城乡市镇。此次沈军窜浏，入城劫掠，其所以未遍及全城者，幸赖该会长深夜渡河与沈军邓团长接洽，请求马上下令维持之力也。嗣后引附近三四十里内妇孺于城内外之救济会，计九所。及事后派员分途发米赈济受灾之贫民，均出力不小。查沈军虽为极残暴之军，而对于红十字之医院及分设城乡之救济会，均无丝毫之骚扰。或谓红十字可以保险，殊不知实系设有医院，以联络其感情之效果也。

原载于长沙《大公报》1921 年 12 月 16 日

我浏红十字分会功德可纪

浏邑自民国六年即创办红十字分会，彼时虽军务倥偬，南来北往，设法救济，尚无战祸。该会本年公举鲁君觉群为理事长，适遇天灾，益以人祸。前阴历上月廿八日，沈军入城，数以万计，知事出走，囹圄一空，商场被抢，损失甚巨，计闭市十二天，交通断绝，桂军虎踞，居民鼠窜。嗣两军逼近，跃跃欲试，福音堂李牧司徇绅民之请，偕代表等亲往西乡战线说和，星夜奔驰，冒险不辞，最后初七日战事发生，直至初十夜半始停攻击。该会添设病院三起，收容养伤兵士至一百七八十名之多。福音堂李师母精于医术，刀圭不释手，往来奔走，尤为难得。战事决裂，该会设会救济妇孺多至二十余处，救全不下万人，良由该理事长调度有方，实心任事，故能号召多才，克奏全功。刻下设队掩埋死亡，调查灾民，散放急赈，着着进行，合计各项所费，约在三千元以上，实惠在民，功德可颂，同人等应代阖邑人民拜诸公之赐也。用纪其略，登诸报端，以志不忘。

浏阳县参事会、浏阳县教育会、浏阳县劝学所、团商临时办公处、县城中立团局、浏阳县农会同启

原载于长沙《大公报》1921 年 12 月 29 日

红十字会派员救护湘战

沪函云：湘省战事开始，红十字会派队救护。昨由总办事处电致谭延闿、赵恒惕，电云：长沙赵指挥、宝庆谭司令鉴，据醴陵中国红十字分会电告，攸县备战，本会职负救护，自应出发医队，请分电照约遵章保护该队，以利进行等情。用特电恳麾下，立饬前敌将士一体认真保护，至纫云谊。中国红十字会总办事处。沁。

又致湖南赵谭总司令云，据常德中国红十字分会电告，湘西发生战事，分会组发医队，实行救护事宜，转双方军长保护等情。相应电恳麾下分饬前敌军士，切实保护，以符约章而重人道。中国红十字会总办事处。沁。

原载于长沙《大公报》1923 年 9 月 5 日

红十字会设立临时医院

和平破裂，战争甚猛，前线已接触二三日，省方兵士受伤者颇多，红十字会因前线运回之伤兵，陆军医院不能尽容，至会医诊者亦不少。该会特于昨日设立临时医院于都正街席少保祠内，警察讲习所原占该祠左边房屋，昨又空出二间，以资办理医理云。

原载于长沙《大公报》1923 年 10 月 20 日

岳阳特约通信·红十字会迭来驻军

岳州红十字会另组固定医院，以便平时诊治疾疫，战时救护创伤，刻正着手进行，惟客秋修理之临时房屋，原为计划中之固定医院未能急就之故，乃近有某军医院移驻其中。该会副会长戴任当致岳阳县属一函，略谓昨闻贵公署有指定敝会驻某军医院之说，顷谒崇阶，适值公忙，未蒙接见，怅去。查敝会为国（际）慈善法团，历承军政机关保护在案，自南北战事以来，从未借作别用。兹特函请维持，另觅他处，以维善举，曷胜欣感等语。此函送达后，未见行止。兹闻又有某军法处亦拟驻该会，经岳阳县公署派交际员段某、曹某向该会一再交涉，该会除刻下要求县长维持外，尚未向总会请示办法。因红十字会为万国缔盟之慈善机关，无人不知有保护之必要，亦无一分会不当存保护之列，所以对于该军军法处驻红十字会一节，以为当易交涉，无庸过事张皇云。

原载于长沙《大公报》1924年4月16日

灾民卫生状况之汇报

（一）外南区及南区收容所，连日由红十字会派王昺来、王诵飞、廖汗臣、宋伯琴、龚敦符、蒋璠等，分途医治，并乘划巡视南湖港直达新河一带，令划夫口喊："红十字会送诊灾民，有病的请出来答应。"连日共被诊治者计二百二十余人，就中以肠炎与痢症为最多，尚有疑似霍乱症者六人，经劝令即时入院治疗，以便隔离。再，持免费券往该院就诊者，计四十余人，均非传染要症。至其卫生状况，则由卫生会张维，邀同警厅卫生巡长周锦春，前往查视各所。最难到手之开水，与不足应用之厕所等难题，均经就各所情形设法解决矣。

（二）西北二区各所，由公医院派医生陈果前往医治，连日共医治六十余人，内有伤寒、赤痢各数人，余均病势不重，以雷将军庙病人为最多，先是该处茶水，原由隔壁机房供给，嗣不知何故，停顿二日，现已恢复原状云。

（三）北外区系由湘雅逐日派罗琳斯、陈世彬出诊，各处均有医务助理一人，常驻招扶一切，直待医士安顿妥协，始行回院餐宿，连日共医治内外科病人九十余人，就中以肠炎、赤痢为最多，病势亦较重，但尚无霍乱症。至各省卫生状况，经各助理员极力改进，颇能使人满意。但东岳宫秩序甚糟，实因近两日管理员时常缺席，而派往服务之医务助理又系福建人，办事非常困，日来已较前进步多矣。

昨卫生会派人往河岸一带调查，见许多灾民病苦不堪，且时闻有上吐下泻的病状，诚恐为酝酿未来大疫之重要区域，非多派医生详加视察，并勒令疑似或真性霍乱症、肠热症等症病人隔离，前途不堪设想。除一面极力协助防疫处开办隔离所外，并一面商讨湘雅、红十字会二医院，分长沙河岸为二段，长沙关以上归红十字会，关以下归湘雅医院，分任医治，兼调查卫生状况，已于当日实行矣。

再该会因大水渐退，善后卫生方法，极为重要。特发行《大水退了以后应注意的几点》一种传单，不日即可出版云。

原载于长沙《大公报》1924 年 7 月 10 日

昨晚红十字会募捐开幕式纪要

湖南红十字会十三年来在长沙之事业已为人所共知，昨日（十七日）晚七时开募捐大会，到会者除各会员外，尚有发起人及现任董事，共约九十余人。颜福庆博士主席，报告开会之意义及理由，次由赵运文君报告十三年来经济状况，又次主席请省长代表雷豫君及曹子谷总理、王副会长（商会）致词。次主席介绍到会人认识创办人朱念老，又次由谭信一报告募捐办法（见另条），次用茶点放电影。四□散会。

至于该会经济情形，日下最为困难，据报告书载至本年七月底止，除将历年所存售药处本利金五千元挪用罄尽外，只存洋六十三元，又铜元一十六串八百八十文，而每月开支则最少须洋一千八百元上下。至于肺痨病院不能设施，本院不能再求进步等等，亦全受经济压迫所致。政府虽每月有三百元之津贴，然数年来领钱不到，通知书已有四千余元，援鄂之役，该院用款八千余元，而政府所认捐之二千元亦未领到，此该会目下困难之实况云云。

原载于长沙《大公报》1924 年 8 月 18 日

各县特约通信·岳阳·红十字会奖励会长

（八月二十二日）

岳州红十字会年来虽未见若何发展，而种种刷新计划正在次第进行，其副会长戴任对于会务甚为热心。兹闻总红会上海办事处特赠戴君三等纪念章，其凭照云，为特赠纪念章事，查岳州分会副会长戴任君赤心服务，历数载之辛勤，红会褒劳，助廿周之发展。兹经常议会公同议决，特赠三等纪念章，以志报酬而勖贤劳，合具凭照为证。

原载于长沙《大公报》1924 年 8 月 25 日

湖南红十字会医院通告

本院现与湖南慈善总公所合组仁术医院，今当改组期间，于十月一号（阴历九月初三）起停诊十二天，俟十月十三号新院开幕，照章候诊，特此布知。

原载于长沙《大公报》1924 年 10 月 13 日

湖南慈善总公所、红十字会合组仁术医院通告

本院就红十字会医院改组，加聘医士从事扩充，定于十月十三号（阴历九月十五日）开幕，特此布知。

原载于长沙《大公报》1924 年 10 月 13 日

美国煤油大王代表顾临来湘捐助湘雅、仁术医院常年经费

美国煤油大王向以自办医院等慈善事业名，□复进而补助有成绩医院，特派代表顾临氏于前日来湘，下榻湘雅学校，承认补助该院常年经费年八万圆，并因仁术医院亦为长沙有成绩医院，昨十八号下午三时，亲往该院参观，闻亦捐助巨金。省长并于昨日在署内欢宴该氏，以表谢忱。

原载于长沙《大公报》1925 年 12 月 19 日

各县特约通信·湘潭·红十字会救护队长亲赴前线

我邑红十字分会，业经筹备就绪，正式成立，并举定各股职员分股任事（详情另载后条）。兹悉该会救护队长武文、梅知理二君（均美人），已于今日午后一时，由县城出发，前往姜畲一带，亲赴战地，调查一切，以便设法施救云。

原载于长沙《大公报》1926 年 5 月 22 日

各县特约通信·湘潭·红十字分会成立详志

此次湘省战事发生，湘潭首当其冲。经地方各公法团议决，援照前例，恢复湘潭红十字分会，办理救护医药疗治一切事宜，经过情形，已志本报。兹悉该会业于昨（十八日）宣告正式成立，推定张先赞（县长）、李润生（商会帮董）、戴斐士、梅知理（美人）四人为理事长，武文（美人）为救护队队长，李润泉、陈涤泉为副队长，姜璧宸、房宗原为救护队主任，吉予观、陈云生、罗庆云、项履仁为救护队理事，文大卫（西人）为医药股主任，宋西庚、杜女士、贝女士（西人）、邓伦

轩、万伟才、刘桂秋、萧振华、周大均为医药股理事，周元恺为财务股主任，萧云逵、胡桂筠、傅兰荪、张鉴棠、胡谷生、朱赞、曹□生、熊席琴、杨楚帆为财务股理事。何翼臣为交际股主任，徐松甫、阳九皋、唐子澍、林梅丞、周郁文、陆少云、蔡少卿为交际股理事。彭荇耘为文书股主任，沈衡云、冯云汉、魏香圃、廖毅辰、夏毓麟为文书股理事。齐松林为庶务股主任，周子仁、阎澍霖、蔡淑芷、张永堂、赵鼐丞、罗子翘、胡咏秋、张峙衡为庶务股理事。议决事项于下：

一、组织红十字救护队。

一、通告取缔双方野战医院。用红十字符号，确能免除误会时，本会救护队方能开赴战地，否则难担负在城总近地救护。

一、本会医药部附设长老医院，担任医治，只能达六十名之额，如过多时，须加聘医生看护，薪水归本会担任。

一、伙食医药，每人每天三角，如伤兵过多，加厨房时，薪工亦归本会开支。

一、伤兵过多时，医生看护，势必通宵达旦，本会应酌予津贴，伤兵经院诊治后，得转送长沙陆军医院及红十字会，以腾挪余地，借资应付。

一、伤兵过多，又不能转送时，得借工艺厂屋宇收容医治。

一、经费归地方担负，不使医院受累。

一、推举理事主任五人辅助理事长，其余进行理事无定额。

一、本会公举理事长四人，中西各二。

一、本会公丁酌量雇用。

一、开支款项，均须驻会理事长戴牧师签字，方能有效。

一、赈簿用中国簿记式，所有出入开支，归财务主任负责。

一、常驻红十字分会理事，以周子仁君充之，二理事每日于上午十一时起，至下午六时止，至少在会办公二小时。

一、各理事每日到会应办公文，须告知夏毓麟办理。

一、办事人员及理事之职别，于袖章外，可另办符号为佩章。

一、本会成立日期及宗旨，须通报各机关，请予特别保护，勿加危害。

一、工人用白竹布盖印佩章。

一、红十字会收束时，凡领佩徽章、符号均须缴还，以昭慎重。

又该会议决以上各项外，并拍发紧要电三件，用志于下：

电一：上海红十字总会、各处分会、各报馆、各机关、各团体、湘南各军长官钧鉴：湘省此次发生战事，湘潭首当其冲，经地方各公法团议决，援照前年成例，设立红十字分会，办理救护医药医疗事宜，即于五月十八日宣告成立，谨电奉闻。中华红十字会湘潭分会叩。

电二：上海红十字总会鉴：湘潭红十字分会停顿两载，现因战事发生，继续成立，查照定章，应请颁发电报免费执照，恳即电交通部迅速颁发，立候电复。理事长牧师戴斐士、李润生叩。

电三：北京交通部钧鉴：湘潭红十字分会，刻因战事继续成立，查分会于民国十二年三月二十日，领有钧部第六十三号电报免费执照，兹请援例颁发，因缓不济急，恳电令湘潭电局于未补发前准以原照免费，立候电示。理事牧师戴斐士、李润生叩。

原载于长沙《大公报》1926 年 5 月 22 日

各县特约通信·湘潭·红十字会之改组会议

湘潭红十字分会成立日久，经过情形业经该会通电总红会及全国各处知照。前日该会接得上海总红会复电，谓湘潭成立分会，该会甚表赞成，惟查组织一节，与总会定章，尚不能完全符合，应即遵章改组云云。该会中理事长李懋修特于本日召集理事各职员开全体会议，磋商一切改组办法，到会者二十余人，由李君主席。略谓本会系临时仓促成立，一切办法，均极简单，查与总会章程不合。如照定章，应正式推举正副会长理事长负责，重新组织一番，但正副会长要由会员中产生，会员资格，照章每人入会，须纳会金二十五元，应否照办，请公决。嗣经大众研究，决定完全根据总会所定章程办理，会员名额暂作三十名，资格分三项：（甲）现在本会办事职员具有劳绩者，缴纳会金六成（约十五元）；（乙）前次民九分会有会员资格者，亦只缴六成；（丙）未在本会服务者，则缴二十五元。至选举正副会长及理事长，俟会员满额时互选，其选举手续另日规定之。解决以上各项毕，继又论及该会常年经费问题，结果仍援照前年旧例，请邑中各公法团、各慈善机关酌予赞助。最后决定每年由各公法团共津贴洋二百四十元，计福寿堂一百六十元，皆不忍、育婴堂保管处共助洋八十元，一致通过散会。

原载于长沙《大公报》1926 年 6 月 5 日

各县特约通信·湘潭·红会改组后选定之各职员

湘潭红十字分会遵章改组各节，已志本报，兹悉该会改组后，任事各职员多半更动，特择录于下：计名誉会长为张先赞，正会长李懋修，副会长胡锡龄，正议长周元恺，副议长徐寿昌，救护队长梅知理（美人），副队长罗庆云、李润泉，医部院长文大卫（西人），副院长宋西庚，理事长戴斐士（美人），理事周子仁、阎振启、何邦达、房宗元、姜璧宸、彭杏耘。

原载于长沙《大公报》1926年6月23日

红十字会之审慎

本埠红十字会滇边各省分会筹备救护曾纪前报。兹闻该会总办事处昨电北京总会转咨陆军部，略谓此次滇事猝起，谣诼繁兴。且闻中央三路遣师，诚恐干戈蔓延。本医队追随鞭镫，实力未逮，且稍有不慎，尤易滋生流弊。兹本会为杜渐防微起见，拟通电各处，一律就地备设救护机关及固定医院，万一当地起有战事，均由该军队就近送往医治，本会各救护队概不出发，以昭慎重云云。

原载于《申报》1916年2月12日

中国红十字会急募兵灾救护经费

滇事猝兴，风云日兴。近日黔、粤、蜀、湘等省已渐见干戈，战祸蔓延，势所难免。恤兵博爱为本会唯一天职，讵敢不力筹救护。惟为进行上慎重起见，特电各该省分会，一律设备固定医院并重要各地点临时救护机关，专疗受伤兵民，不分畛域。乃迭接来电，悉近日以来，血薄肉飞之众，断臂折足之俦，运送至院就医者已络绎不绝，大有坑谷皆满之概。值兹欧战影响，百物俱昂，即东西各药品，其价值亦日进而不已，需款之巨，已可概见。且战区弥广，分会繁多，既负担之綦重，亦肆应之维艰，茫茫四顾，曷胜杞忧。为敢普告薄海内外仁人君子笃念伤痍，宏施救拯，相与慨解仁囊，源源接济，俾本会得以实力进行。大旱云霓，迫切翘叩，幸公鉴焉！

上海二马路中国红十字会总办事处沈敦和谨启

原载于《申报》1916 年 2 月 15 日

中国红十字会总办事处沈仲礼启事

滇黔事起，风云日紧，湘蜀各省，相继陈师，博爱恤兵系本会唯一宗旨，且近滇各省当地士绅亦纷纷请求组织只管，筹办救护，敢不勉担义务，以尽天职。惟缘一国内两方相攻为日来弗万国红十字会条约所为规定，进行备极困难，故经开会议，仍照辛、癸两届战事办法，纯抱慈善观念，实行救疗，畛域不分，并限制救护队员，概不出发，以杜流弊，而昭慎重，当电近滇分会一体照办在案。兹将已经设备救护各机关列左：

四川省成都分会理事长李士桢君，宁远临时机关主任江医博士，雅州临时机关主任达维迪医博士，嘉定临时分会医务主任金辅仁医博士，叙州临时机关主任唐医博士，泸州临时机关主任樊立德医博士，自流井临时机关主任古祖贻医博士，荣县临时机关主任康德贻医博士，重庆临时分会理事长魏诩丞君，医务主任阿思密医博士、沈德才医博士、裴纶医博士，涪州临时机关主任高文明医博士，忠州临时机关主任别其原医博士，湖南省长沙分会理事长颜福庆医博士、医务理事长聂其焜，常德临时分会理事长熊希龄君、医务主任罗感恩医博士，辰州临时机关主任黄济中医博士，洪江临时机关主任费思德医博士，麻阳临时机关主任柯慕林医博士，贵州省铜仁临时机关主任柯慕林医博士兼职，安顺临时机关主任费医博士，云南省昭通临时机关主任林医博士，广西省梧州分会理事长周之济君，医务长夏丽生君，百色临时机关主任琼司君，以上各处均系鄙人与各分会以及当地志士、西国教士共同组织成立者。抱热血兮满腔可临天地，本真诚之一点敢质鬼神。

近接自留井、泸州、荣县等处西医士电称，各该机关就治伤兵均有五六百之夥，医院满塞，几不能容。而麻阳一埠伤兵亦众，每日以船转载至铜疗治者络绎不绝，以致柯慕林君应接不暇，电促加派医员为之助理并分清运汇药款。长沙分会亦以战事日紧，分筹救护，用款浩繁，请先接济巨款，俾应急需等情，急电纷披，义不容诿。惟念本会素乏基金，历年以来，凡遇军事之救护，偏灾之赈济，无不仰赖薄海同胞鼎施协助，始获稍稍着有成绩。值兹战事影响，市面凋敝，托钵筹款，早成弩末。顾以今日战区之广，遍地伤痍，责任綦巨，负担尤重，区区棉〔绵〕力，其何能支！惟有仍恳海内外仁人君子念切痌瘝，情殷救拯，相与慨解仁囊，源源接济，俾本会赖以勉力进行，宏斯义举，曷胜馨香跂祷之至！敬布丹忱，惟祈公鉴。如荷乐输，请仍送交上海二马路望平街口本会总办事处，照掣收据，不致有误。

原载于《申报》1916 年 3 月 7 日

湘省红十字分会成立

本埠红十字会近接湘省常德绅士来电，以该地战事日紧，请赶组临时红十字分会，并公推前内阁总理熊希龄君为理事长，入会者极形踊跃，已集有会员千余人云云，昨经该会复电认可矣。

原载于《申报》1916 年 3 月 8 日

红十字会之需款急

《大陆报》云：上海红十字会近于川、湘、黔、桂数省战区内各城设立医院多所，需款孔巨，以上数省连日来电催助经费甚急，该会以一时无从捐募巨款，故颇焦急。现川、湘红十字会医院共有伤兵三千余人，一切费用均由红会筹募，政府未助分文，川、湘人心惶惶，所助无多。上海距战地甚远，故输捐者亦不甚踊跃。总之，出多入少，不敷甚巨，红会现急望慈善之士出而援助。

自滇省军兴之后，红会已于川、湘、黔、贵数省设立分会二十二处，战区附近之各教堂几全改为医院。此举匪特有益于伤兵，且可保护教堂，基督教学堂现亦收养伤兵，此与外国教士之安宁亦有裨益。常德附近似已开战，该处曾来电，请速派医士前往组织分会，上海总会业已允可，请熊希龄君总理该分会事务。红会运药前往内地甚为困难，曾与蜀商妥与彼等之商品同运，但至今尚未运出大批药品云。

原载于《申报》1916年3月10日

常德红十字会之报告

本埠红十字会昨接常德来电云：中国红十字会会长沈鉴：铣电敬悉，敝分会现分医治伤兵、救济难民为二队，兹将已办各事报告如下：

一、医疗队：现在常德托广济医院代办，已举罗感恩医博士为医疗队长，每月津贴该院洋四百元，已先付钱一千串，洋一千元，俾资应用。查该院前有伤兵不过数人，业经治愈，现在仅有驻常兵士病者在内医疗。

辰州一方则托宏恩医院美医士黄济中代办，前敌伤兵陆续来此就治者计百余人，其医药费由敝分会熊君代给。前已据黄济中领去洋二百五十元，议将前次药料费结算清楚以后，需款随时开单支领外，有敝分会由长沙红十字会医院所派医士薛受益及看护员四名亦在该院帮同诊治，并由常院电告辰院，如此后伤兵继续增多，辖院不敷容留，即令转送来常，常院不敷，再送长沙或汉口病院，此办理医疗队之大略情形也。

其救济一方则驻常事务所成立后，二月二十八日，派会中干事前赴辰州分设驻辰事务所，旋于三月七日派干事田梓材、胥大诚二君携款前赴麻阳灾区赈施，拟再由麻进赴芷江一带调查办理。又派干事张宏银、胡善志二君携款前赴辰溪灾区施赈，并拟再由溪进赴洪江一带调查办理。刻据辰溪来电，该地缺乏粮食，已电省由巡按先拨仓谷三万石运赴辰州。以上系各地方办理平粜之大略情形。

又，北河以上永顺、桑植等县闻有匪警，刻由驻常事务所会议，即日组织医疗、救济二队驰赴该地，其如何办理之处，容后续闻。所有事务所章程规则等即由邮寄奉览，希赐指教，至为盼祷。希龄。印。

原载于《申报》1916年4月1日

湘省红十字会募捐

沪海道尹公署奉齐巡按使通饬，大致以接湘省红十字会会长熊希龄氏电称，该省西路各县惨罹兵祸，情最可怜，同人等筹募捐款，组织医院，前往战地实行施救。惟灾黎满目，绵力有限，敬希解囊佽助，兼代劝募，俾一方生灵残喘重苏等因。除由本公署筹捐五百元汇湘接济外，饬仰该道尹代为劝募，以襄善举云云。周道尹奉饬后，已转饬所属上海等十二县知事一体遵照办矣。

原载于《申报》1916 年 4 月 7 日

湘局危险中之消息

衡阳自与零陵取同一态度后，满街所张贴者，非誓师文即安民告示。人心初颇惊慌，继见秩序如常，不甚纷扰，又渐就安帖……士绅方面，现已与英美教士联络办一红十字分会，该会原创始于去年，主持者华人为杨承曾、廖庭铨，西人为白医生、莪医生。昨已在商会协议二次，共筹得会金数千，此亦当地必不可少之举也。

原载于《申报》1917 年 10 月 8 日

红十字会纪事两则

本埠红十字会昨接宝庆分会来电云，湘南兵警日紧，敝会已组织救护队即往战地救护，请电各军队，以免误会等语，当经该会分电该省各军队知照矣。

原载于《申报》1917 年 10 月 9 日

中国红十字会办理川湘兵灾救护敬募捐款

川湘风云日紧，战火已开，本会业经长沙、衡州、重庆、威远、富顺、自流井、新津、灌县等各分会分别组织救护、医队出发战地，并设临时医院救护病伤兵民及掩埋尸骸等举。惟国内兵事救护备极困难，兹已与傅督军接洽通知前敌各军，俾利进行。近接各该分会纷纷电陈，佥以筹备器具、药饵等品需费浩繁，请予接济前来。……现除设法筹济外，用特登报广募，务祈薄海同胞痛念该两省干戈扰攘，伤亡枕藉，其残酷之状，实较饥寒为尤甚，相与慨解仁囊，宏施救济，则功德无量矣！倘蒙赐助，请寄上海二马路本会总办事处指捐兵灾，照掣收据，登报征信，不致有误，本会曷胜跂祷之至。

上海二马路望平街东首中国红十字会总办事处沈敦和谨启

原载于《申报》1917年10月29日

红十字会之战地报告

川、湘、鄂等省军事日紧，本埠红十字会近接重庆、常德、岳阳、樊城、潜江、汉口各分会先后来电报告，业经分设临时医院并组医队出发救护，当经该会沈仲礼会长分拨巨款并药品器具等物，以资补助，一面分电川、湘、鄂各督军，通令各路军队一体保护矣。

原载于《申报》1918年2月4日

中国红十字会敬募川湘鄂粤兵灾救护伤兵济渡难民经费

川、湘、鄂、粤诸省战云日紧，早经本会分电各战区分会召集医队出发救护，并设立临时医院疗治受伤兵民，以及创办妇孺救济所引渡难民在案。现迭接重庆、常德、岳阳、通城、樊城、崇阳、潜江、汉口及广东各分会纷纷来电，佥称日来血战未已，受伤军兵肢残骨折，血肉模糊，沉吟郊野，痛楚不胜。而战地人民多受池鱼之殃，或为流弹所摧残，或遭匪徒之劫夺，兵戈所指，村市皆墟，其惨酷情形尤难言状。现经前行救护并设法济渡难民，量予资遣，惟费繁款绌，请速接济等语。亦经本会筹垫巨款，购备药品分别寄汇，并派遣医员前往，以资协助。特是本会正在办理京直水灾赈务，为款浩巨，竭蹶方虞。今又重以兵灾救济，泛应无穷，棉〔绵〕力有限，虽深披发缨冠之义，殊有声嘶力竭之情，为此登报广募，务祈薄海内外仁人君子悯战事之凶危，拯斯民于水火，慨解仁囊，共襄义举，曷胜跂祷。如蒙惠助，请迳送上海二马路本会总办事处，照掣收据，并登报征信，不致有误。

上海二马路望平街东首中国红十字会总办事处沈敦和谨启

原载于《申报》1918 年 2 月 6 日

西报之常德近状

陈复初将军已率兵退驻常德正南以候长沙援兵之抵，南军合黔、桂、湘军而成，刻正乱行，城中商店被掠者颇多，红十字会之旗号曾被撕碎，外人数名曾遭以枪刺恫吓，城中今四处皆兵，见人即开枪轰击……

原载于《申报》1918 年 5 月 10 日

中国红十字会敬募湘省水火刀兵之急赈

湘省迭次军兴，地方蹂躏，甚至醴陵、株洲等处焚掠一空，城市为墟，尸骸载道，孑遗之民无家可归，类多枵腹哀号，宛转沟壑，其惨酷情形已令人耳不忍闻，目不忍睹。讵料天不厌祸，灾害洊臻，昨接湘电，该省近日以来大雨连降，平地水深八尺，长沙、醴陵、株洲、宁乡、湘阴、湘潭各县皆成泽国。方值连天锋镝，旋嗟匝地洪流，家舍漂〔飘〕摇，牲畜殆尽，湘民何辜，水火刀兵交相侵害。望愁云之黯黯，痛浩劫兮茫茫，当非郑侠《流民图》所能穷形尽相者已。

本会救灾恤难，天职攸关，当经筹垫湘洋二万五千元，拨交长沙分会赶速查放急赈。惟灾区广大，灾民众多，杯水车薪，断难有济。为亟登报广募，务祈薄海内外仁人君子痌瘝在抱，饥溺为怀，不拘多寡，解囊慨助。多得一金，即可多活一命，早施一日，即可早救一人。其为功德，容有涯涘，天鉴非远，福报无量，本会曷胜瓣香跂祷之至。如蒙乐助，请迳送上海二马路望平街东首本会总办事处，当掣收据为凭，并登报征信。

上海二马路望平街东首中国红十字会总办事处沈敦和谨启

原载于《申报》1918年6月5日

益阳兵祸后之状况

第四十四团虽非纪律严明，但其行为尚为差强人意，今此团奉调开赴长沙，来此驻扎者为四十一团，其兵颇不文明，但军官尚知约束之。红十字会所开办之收容所拥挤不堪，幸兵士尚无显著之暴行，人心稍觉安定……

原载于《申报》1918年6月28日

红十字会续放湘赈

红十字会迭接湘绅刘直余、聂云台、朱恩缙、袁思亮等来函，佥称湘省自兵燹后，大水疫疠相继为灾，以致产米之区颗粒无存，数百万饥民嗷嗷待哺，惨不忍言，纷请迅筹赈济等语。昨经该会特开常议会，决议除前月已汇银五千元交由长沙分会赶散急赈外，另拨银六千元交宝庆分会刘直余君就近向武冈采购谷米运宝平粜，一面商由唐蔚之〔芝〕、唐郛郑二君遴派专员分赴湘省各灾区调查灾状，俾得尽力进行云。

原载于《申报》1918年7月12日

红十字会湘赈进行

本埠红十字会总办事处对于湘省兵灾，两年以来，尽救护救恤之天职，该省当地红十字分会及各国教士除救护疗伤掩埋、救济妇孺设所留养、运米平粜、陆续接济药料银洋外，今岁复汇长沙等处两次计银洋九千元，汇宝庆刘直余君平粜银洋六千元。奈灾情奇重，中户变为赤贫，少壮逃亡，耕种无具，产米之省颗粒全无，富庶之区荒凉满目，甚至全村被焚，鸡犬不留，妇女投缳，老弱觅死，读驻湘分会告灾湘绅及该会调查员报告，即铁石之人亦为之下泪。沈副会长因本会自辛亥以来，天灾人祸，战无宁岁，劝募已成弩末，院司恐乏锐气。迭由驻会办事董事江趋丹君就商于锡山放赈大家唐蔚芝、唐郛郑诸君，议设湘赈干事部，举唐蔚芝、沈仲礼为部长，举唐郛郑为干事长，举阮子衡、聂云台、魏旭东为总干事，举叶晴峰、张松亭为经济干事，购就四号大包面粉一万件，暑药银洋铜元、饼干、挂面百数十箱，定月初出发，并分投〔头〕劝募巨款，以期普及云。

原载于《申报》1918年7月28日

中国红十字会急募湖南兵灾捐款

辛亥改革以来，天下骚扰，惨象毕呈，水火刀兵，人道灭绝。本会承四海善士慷慨解囊，中外仁人冲锋抢救，迭经众难，艰苦备尝棉〔绵〕力难支，息肩念切。方期天心厌祸，留此孑遗，奈同室之戈操之愈烈，拯恤之策行之维艰，托沿门之钵，再恐白眼相加，视郑侠之图能无中宵起舞。湘民不幸罹此鞠凶，醴陵、株洲已若无人之境，宁乡、永宝几为绝粒之乡，妇女投缳，苟全名节，老稚觅死，尽赴洪流。甚至焚掠一空，只得巢居而穴处，流亡遍地，忍教子散而妻离。至若城市为墟，尸体载道，人民绝迹，鸡犬不留，瞻黯黯之愁云，痛茫茫之浩劫，窃谓适可而止可以已矣！

奈乎演武之剧未终，再恐灭种之兆隐伏，心存拯救，欲罢不能，善可格天，时不可失，深望四方善士中外仁人存己饥己溺之怀，宏物与民胞之量，慷慨解囊，生死肉骨，设身处地，恻隐心生，天道好施，善人是福。近因款绌灾深，人才消乏，经驻会办事董事江趋丹君建议，设立湘赈干事部并由常议会全体通过，公举交通部专门学校校长唐蔚芝君为部长，放赈大家唐郛郑君为干事长，延请阮子衡、魏旭东诸君驰赴湘省实地调查。除汇长沙等处两次银洋九千元，又宝庆红十字分会刘直余君平粜款洋六千元外，兹复采购大包四号面粉一万件，银角、铜元、暑药、饼干、挂面等物即日起运，以副乐善诸君输捐之盛意，谨布悃忱，伏维公鉴。

上海二马路中国红十字会总办事处沈敦和谨启

原载于《申报》1918 年 7 月 31 日

湘赈干事出发

湘赈干事部前由南洋公学校长唐蔚芝君、红十字会副会长沈仲礼君及江趋丹等发起，已请阮子衡、魏旭东、武筱航于七月二十八号乘江华上驶，刻接来电已安抵长沙先行调查矣。又干事长唐郛郑已于八月九日偕唐蔚芝由无锡来申，现寓南洋公学，定八月十二日乘中华公司华盛轮船直往长沙，随船带有大批面粉以资救济云。

原载于《申报》1918 年 8 月 11 日

湘省赈务谈

红十字会迭接湘省分会电函乞赈，除先拨助宝庆分会洋六千元外，另请放赈专家唐君乳臣〔郑〕带领放赈员五人乘南阳丸往湘，携有现款洋五千元，面粉五千包，挂面四十箱，药品四大箱，亲至灾地散放。昨该会接宝庆分会筱日电，为赈款药品均经阮子衡、魏旭东日抵宝分会，现正开放，共设四区，每日领赈贫民达一万四千余人，深以灾重款微为忧，影片由魏君廷干带呈云云。

原载于《申报》1918 年 8 月 20 日

湘赈总干事回沪之报告

红十字会湘赈干事部总干事阮子衡于七月二十八日由申赴湘，至醴、株一带调查灾况，现已于本月二十九日回沪，即赴红十字会报告一切，详述灾情，极为沉痛，并因湘民衣服被劫一空，拟赶冬衣于十月中运湘散放。同日该部又接总干事长唐郛郑来电云，今日义赈会评议办法，以面粉二千包乘汉冶萍煤船运至株洲，再以面粉三千包由株洲运醴陵，均由商会散放，浩等督同监视。以二千元交宝庆商会，由旭东兄前往监视，其余各县乡兵匪出没，实难散放云。

又一电云，今日湘阴有被伤人洞穿脏腑，抬来诊治，其余受伤误伤兵民类此者不绝，浩拟俭日出发往醴、株一带，将来冬赈冬衣如何办法，想会长、唐校长必熟筹也。云云。

原载于《申报》1918 年 9 月 1 日

红十字会续解湘赈

中国红十字会昨接湘赈干事长唐郛郑宥电称，散放株、醴急赈之款照册计不敷约五千余元，即请电汇。又据湘赈干事阮子衡报告，遭灾区域人民十室九空，隆冬无衣食者不知几希，能多备棉衣裤被褥散放，最是施当其厄。总会接电后，当邀会董集议，经众议决，续由总会拨垫四千元并筹备赶运新旧棉衣裤一万件，面粉一百五十包，乘湘江浅涸前运存长沙洋栈，待时散放。

原载于《申报》1918 年 9 月 4 日

红十字会湘赈近讯

红十字会湘赈干事部派员往湘调查及放赈详情屡纪本报。兹悉总干事长唐郛郑所带面粉及现款已在醴陵散放面粉三千包，株洲散放二十包，宝庆因发水，面粉不能转运，已拨放现款二千元，由魏旭东往宝监视散放。兹干事部又接来电告急，故红十字会长沈仲礼与各董事会议，续拨赈款四千元。又唐蔚芝君经募捐款前已拨交第一批阮子衡君二千元外，此次又续拨洋一千元，一并由沪台湾银行用电现汇至湘中日银行。又闻理事长朱芑臣君已提红十字会旧存棉衣万件，预备亲自赴湘散放。该部部长沈仲礼、唐蔚芝二君仍极力续募棉衣被并现款等，以为后盾云。

原载于《申报》1918年9月5日

红会干事员报告湘赈

中国红十字会派往宝庆查灾员魏旭东回沪，详细报告如下：

宝庆地处湘省南陲，山多田少，土瘠民贫，为粤西往来孔道冲要，居衡阳之次。自去岁南北交锋，两军激战，以致今日将近一年胜负互见，全境蹂躏几无完土，种种现象，莫言可喻。兹将宝庆城区暨东南西北四乡受灾之状况分别陈之，附呈受灾区域图一纸。城区为两军交互屯驻之所，洗抢□次，居户商民被劫一空，至今商界停业者十居八九，城内及附郭居民遭残杀者以百数计，孤苦伶仃，流离失所，在在皆有。入秋以来，兵灾暂息，而饥荒急迫，瘟疫流行，实有目不忍睹、耳不忍闻之惨状，此城区受灾之实在情形也。

东乡由界领至宝城计百二十里，系宝庆赴省之要道。自叠经战事以来，沿路居民转迁徙殆尽，期间住宅铺屋非被毁拆即遭焚烧，间有一二存留者，亦不过仅余有空壁，门窗木板都不完全。且东乡之间道如王妣□、如砖塘铺、如界江坳等处，当两军鏖战之际，人民不及逃避，流弹所中者，无处无之，为不法军人奸淫掳掠而横被侮辱、横遭枪毙者，各处皆然，不可尽述。近日匪风四起，将来结局尚不可知，此东乡受灾之实在情形也。

南乡达粤西则有三路，自客秋湘军联络粤西与国军接战后，该三路居民流离失所，今岁尤甚，至今尚有不能归且有五家可归者，凄楚现象遍地皆是。行人阻塞已三月有奇，其受灾最重者为粟家坪、吊井岭、谷洲铺、神山庙、石脚排、九弓桥、澄水桥、茅坪等处，皆两军交战剧烈之区，居民中流弹死者，妇女被侮自缢死者难以数计，殷实之家因劫掠财产被枪毙者有之，被火烧死者有之，被桎梏酷刑之数日殒命者亦有之。近来伏莽蜂起，千百成群，毫无忌惮，此南乡受灾之实在情形也。

北乡虽非要冲之地，然因新化土匪猖獗，国军往攻，受灾情形纵不若南、东两乡之甚，然兵士所经过之地，如七星、渔溪、四靖、石马江、巨口铺、白云铺等处均属十室九空。其他如隆四数十里被剧匪侵入蹂躏，至今尚无宁日，有如巨口铺之初被匪扰，继遭兵虐，直不亚于东南两乡，此北乡受灾之实在情形也。

西乡虽未受最巨之兵灾，然盗匪充斥，劫抢时闻，骚扰不堪。现有土匪数百人盘踞勒抢，杀人焚屋，民不聊生，此西乡受灾之实在情形也。

散赈办法，宝庆红十字分会于上月初间分设米厂四处，灾民赴厂领米者共约万五六千人，每日赈米四十余石，近城十里者麇集鳞萃，原以经费不足不能分设各乡，会中同人引以为恨。大凡被灾之区，耕种失时，加之上月以来淫雨兼旬，稻苗秀而不实，收获必迟。现在私家之盖藏已空，公家之存储既罄，无告之民随处皆是，男子年二十以上者多为饥寒所迫，流而为盗，四乡匪徒是以逐渐增加，后患尤不知纪极，倘有大宗谷米继续赈济，则匪势或可以稍减，灾黎之生机或可以稍苏矣。

原载于《申报》1918 年 9 月 9 日

红会湘赈干事出发

湘省兵灾水灾沉重异常，当本埠中国红十字会湘赈干事部早已派员调查散放现款面粉，屡纪本报。现在天气渐寒，冬赈急须散放，闻湘赈部已派定干事魏旭东、武筱航于十月四日起程往湘，汇带现款万元，棉衣万余件即日运湘，俟魏、武二君到湘即可散放云。

原载于《申报》1918 年 10 月 3 日

中国红十字会谨谢日清公司免收水脚

敝会因念湘省灾民无衣无褐，为劝募棉衣，俾可御寒。已募有一万一千件，急欲运湘散放，承王一亭先生面商日清公司，慨然承运，由沪至湘一切水脚，均蒙免收。邻邦厚惠，福我灾黎，大德难忘，特登报鸣谢。

中国红十字会正会长吕海寰、副会长沈敦和、会计董事施则敬启

原载于《申报》1918 年 10 月 11 日

红十字会纪事二则

红十字会前请唐郛郑等亲往湘省灾地散放急赈，嗣又请魏旭东、武筱航乘南阳丸，带赈款九千余元，棉衣裤一万一千件往湘择急先放，前日又托日清公司瑞阳丸续运棉衣三千件往湘，余俟赶制成就后再运，刻闻该会接到湘电，已将棉衣在湘阴、湘潭、湘乡、衡山、衡州五县各放一千件，醴陵、株洲、宝庆三处各放二千件云。

原载于《申报》1918 年 10 月 19 日

红会信息汇纪

中国红十字会迭接湘赈专员函电催运棉衣，因近日天气顿寒，灾黎无衣者甚众，前来棉衣一万五千余件，不敷支配。刻间红会已函托日清公司王一亭先由南阳丸赶制棉被棉衣二十包，计二千三百八十六件，另有湘赈干事部长沈仲礼、唐蔚芝二君派友添购五千件运湘散放，尚虑不能普及，正在竭力设法劝募并由招商新丰船运津棉衣一千件散放保定云。

原载于《申报》1918 年 11 月 13 日

协济湘赈游艺会初记

昨日（三十）为徐家汇南洋公学学生团协济湘赈游艺会之第一日，于下午一时开会。先由校长唐蔚芝报告开会宗旨为提倡人道教育。次马相伯演说，谓人道即仁道，人而仁方谓之人，今日斯举昌明人道，即所以昌明人道也。次沈仲礼报告红十字会湘赈经过事实并代红十字会及湘

省灾民致谢，一时鼓掌声震耳，当场有周舜卿君交到周清莲君捐洋二百元。此外，法领事、日领事及王道尹等均各陆续解囊，甚形慷慨。

三时，汪悦亭君在大礼堂弹奏琵琶数阕，同时，昆曲在雨中操场按《十面》、《絮阁》、《惊变》、《别弟》、《刀会》、《折阳》等曲，闻按曲诸君专程自昆山莅止，可谓热心善举矣。同时大操场上有足球比赛，系该校与西人足球队比赛，双方均系上海著名球队，观者如堵，互有胜负。晚七时起雨，操场中奏西乐，系中西音乐家演奏，次李松泉君演幻术，手术敏巧，观者无不解颐，至十时始散会。

今日继续开会，添有童子军游戏拳曲电光世界等，较昨日尤饶趣味，想观客定形拥挤也。昨日会场布置，校门外有警察及童子军等，校中设立贩卖团数处，售有《人道教育》及《潇湘劝》等书，均系该校学生团所出版，上院有红十字会陈列宋元名人书画颇多，观者如入山阴道上，目不暇给云。

原载于《申报》1918年12月1日

组织全国义赈联合会

……今湘省兵燹、水灾、瘟疫同时发生，虽有本埠上海中国济生会、敝会故组织前之京直奉水灾义赈会、中国红十字会上海总办事处之湘赈部等先后派员驰救，无如杯水车薪，难乎为继，不得不联合全国慈善机关共同设法救济，改组全国义赈联合会，先以湘赈入手为云云。

原载于《申报》1918年12月15日

湖北〔南〕芷江灾民启

今何时乎？芷江人民最后最惨之末运乎？昔尧有九年之水、汤有七年之旱，而国无损，盖积蓄多，无他患害也。芷江僻处湘西，民国五年罹于战役、旱灾、水灾、匪患以及瘟疫等灾，遢迫而至。人民遭此浩劫，出万死而一生，诸般痛苦，已备尝矣，无如再接再厉。今年二月，米价腾贵，斗米三千七八百文。人民病饥，老弱病残，枕藉而死者，相望于道。芷江数百年来从未有此奇祸也。民国以前，有备无患，义仓、省仓积谷蕴藏颇富。一遇荒歉，平粜出账，绝无闹荒情事。奈何各仓存储，或耗于兵，或耗于匪，颗粒无存。城乡平粜，兼设粥厂，皆由各义赈会、各慈善家及省政府捐助而来，饥民得全活者十之六七。溯其致荒之原，不一而足。民国六年两次水灾，其田地之被圮毁者不知凡几；匪扰无宁，山野僻远之田，未耕种而荒芜者不知凡几；农家屡被匪劫，资本短绌，肥料增差，戽水去草，势难周到，收入减少，又不知凡几。人民除节省食用外，多亏累而无盈余，其何以备荒年乎！民国九年七八月之间，不雨者三十余日，田谷收成较常年不过十分之五六，今故演此灾象，佥以维日无几，一至秋收，可冀苏息也。胡苍苍者天，仍未矜此下民，自五月至七月，高下田禾，无点滴雨润，继横百余里之地，一片焦土。伤心惨目，莫可名状。其近溪流河流，借以灌溉者，近十分之二三；方之去年，又相去倍蓰矣。夫以芷江人口与田亩数计算，征银一万二千八百余两，每两征银，该田三十三亩，共计四十二万二千四百亩；每亩平均得谷六石，共计故二百五十三万四千四百石零。全县人口五十余万（据旧调查实未止此数）。每人每年需食谷六石，共计食谷三百余万石。今因大旱不过三折收成，计约得谷七十六万零三百二石〔十〕石，以人口分配，每人约得谷一石五斗二升零，足以支持二三之粮。其余九十月何由给食？纵有卖田宅鬻妻子以为糊口之资，十室十空，受者何人乎？窃以荒祸日亟，匪患愈横，壮健无食者，不能不铤而走险，相率为匪。如水益深，如火益热，哀我芷民尚有孑遗乎？处此朝不保夕之时，期而为声嘶泪血之呼救，万望慈善仁人、伯叔兄弟，垂怜我五十余万之灾黎，急施赈救，不胜逼切待命之至。如蒙矜恤，乞交芷江急赈分会（设芷江县知事公署）。迫不择词，涕泣以闻。

湖南芷江灾民谨启

原载于《中国红十字会月刊》第6期，1922年

永州放振

永州居湘省南偏，逼近两粤，兵匪交乘。去岁加以大旱，十室九空，斗米几二千有奇，贫民饔飧莫继，啼饥号寒，冻饿待毙，不特目不忍睹，抑亦笔不忍述。客腊，敝会募发寒米，承各大慈善家赞成捐助多

金，于除夕前一日在会按名给发，至者数千余人。明知杯水车薪，小惠未遍，然地方人民困苦流难之状，于此可见一斑。永州红十字分会会长王楚雄述。

原载于《中国红十字会月刊》第 7 期，1922 年

长沙红十字会募捐缘由

（1924 年 8 月）

本会历年所用之款，由前督谭公组庵、汤公芗铭、程公颂云、谭公浩明、赵公炎午及本地绅商捐助。此外，如北京熊公希龄、中国红十字会总会、女红十字会、上海聂公云台、中国红十字总办事处、湖北王公占元、范公国璋、王公汝贤、洛阳吴公佩孚均捐有巨款，极力赞助，以故本会经历多年，用费虽巨，犹可支持。迨张督出走时，留伤兵六百余名交本会担负，况每次战事发生，到处需款，入少出多，是以时形拮据。前湘省援鄂，赵省长虽极力维持，按月发给津贴洋三百元，无如所领，均系财政司普通通知书，未有现款可兑。然前尚可售洋三四折，今则分文不值。本会用款已到水尽山穷，日甚一日，大有不可支持之势。再，本院每年门诊有三万多号，住院病人有七八百名，与别处大医院比较，不相上下，而本院只有医士二位，看护员七名，药剂师一名及学生四名，实形忙碌，应添聘医士及助手。且夏秋时疫及痧症发生时，盐水注射部、痨病注射部、X 电光部、妇孺科部种种理宜置设，需款犹多，不得不仰求诸公为捐助。否则，将此业著成效之慈善机关势必中止，想诸公热心公益，必能共图补救，以惠湘民也。谨将募捐由缕陈左右，伏希亮鉴是幸！

附：红十字会募捐办法

（一）捐款目的：二万元

（二）募捐期限：七月底为限

（三）募捐款五元起

（四）募捐员酌予下列各项利益

甲、募捐员个人募满洋百元者，将其芳名刊于铜板，以为永久纪念；

乙、募捐员个人募满洋二百元者，将其芳名刊于铜板，并赠红十字会会员银质佩章、执照各一份；

丙、募捐员个人募满洋五百元者，将其芳名刊于铜板，并赠红十字会特别会员金质佩章、执照各一份；

丁、募捐员个人募满洋千元以上者，其利益与丙项同外，并将玉照悬挂厅上以为纪念。

（五）认捐人享受下列各项利益：

甲、个人独捐洋五元者，赠以诊券十张；

乙、个人独捐洋二十五元者，赠以红十字会会员章、照各一份，并诊券十张。

丙、个人独捐洋百元以上者，赠以红十字会会员章、照外并将其芳名刊于铜板及诊券四十张。

丁、个人独捐洋二百元以上者，将其芳名刊于铜板，并赠红十字会特别会员金质佩章及执照各一份，诊券八十张。

戊、个人独捐洋五百元以上者，利益与丁项同，并赠诊券二百张。

己、个人独捐洋千元以上者，得享其丁项利益外，并赠金质纪念一份、诊券四百张。

（六）募捐员募捐或个人捐份数最多者，照第四条所得各项利益外，特奖分第一、二、三等。

（七）会员与特别会员除享受万国红十字会所订各项利益外，若会员每年有捐洋十元者，则全家有免门诊号金之优待；出诊则照院规得减百分之六十药资，轿费仍照算。

中国红十字会湖南分会启

原件收录于《中国红十字会湖南分会资料》，湖南图书馆藏

长沙县各乡镇接收中国红十字会长沙分会施药收据汇录

今收到长沙红十字会发给灾民救急十滴水二百瓶，立止头痛片八十瓶，金鸡纳霜丸八十瓶。此据。

新康镇　经手人镇董　徐宪

民国二十年　月　日

今收到长沙红十字会发给灾民救急十滴水一百二十瓶，立止头痛片五十瓶，金鸡纳霜丸五十瓶。此据。

河西镇　经手人镇董　邱裕问

民国二十一年二月十五日

今收到长沙红十字会发给灾民救急十滴水一百二十瓶，立止头痛片五十瓶，金鸡纳霜丸八十瓶。此据。

临湘镇　经手人　谭澍农

民国二十年　月　日

今收到长沙红十字会发给灾民救急十滴水一百瓶，立止头痛片三十瓶，金鸡纳霜丸三十瓶。此据。

霞凝乡　经手人乡董　谢咏麓

民国二十一年二月十五日

今收到长沙红十字会发给灾民救急十滴水一百瓶，立止头痛片三十盒，金鸡纳霜丸三十瓶。此据。

云母乡　经手人　邱麟

民国二十一年三月十六日

今收到长沙红十字会发给灾民救急十滴水五十瓶，立止头痛片十瓶，金鸡纳霜丸十瓶。此据。

麓山镇　经手人　周光华

民国二十一年二月十五日

今收到长沙红十字会发给灾民救急十滴水一百二十瓶，立止头痛片四十瓶，金鸡纳霜丸四十瓶。此据。

伏龙镇　经手人　徐迪安

民国二十一年三月三十一日

今收到长沙红十字会发给灾民救急十滴水七十瓶，立止头痛片二十瓶，金鸡纳霜丸二十瓶。此据。

九峰镇　经手人镇董　任策奇

民国二十一年二月十五日

今收到长沙红十字会发给灾民救急十滴水五十瓶，立止头痛片十瓶，金鸡纳霜丸十瓶。此据。

嵩山镇　经手人　周述篯
民国二十一年三月十七日

今收到长沙红十字会发给灾民救急十滴水五十瓶，立止头痛片十盒，金鸡纳霜丸十瓶。此据。

龙喜乡　经手人　龚兆升
民国二十一年五月十五日

今收到长沙红十字会发给灾民救急十滴水一百二十瓶，立止头痛片四十瓶，金鸡纳霜丸四十瓶。此据。

明道镇　经手人　彭稚龄
民国二十一年三月十六日

今收到长沙红十字会发给灾民救急十滴水五十瓶，立止头痛片十瓶，金鸡纳霜丸十瓶。此据。

锦绣镇　经手人　黄图南
民国二十一年五月十五日

今收到长沙红十字会发给灾民救急十滴水一百瓶，立止头痛片三十瓶，金鸡纳霜丸三十瓶。此据。

纯化镇　经手人　朱铎洲
民国二十一年五月十五日

今收到长沙红十字会发给灾民救急十滴水一百瓶，立止头痛片三十瓶，金鸡纳霜丸三十瓶。此据。

大贤镇　经手人　彭炯
民国二十一年三月十六日

今收到长沙红十字会发给灾民救急十滴水七十瓶，立止头痛片二十瓶，金鸡纳霜丸二十瓶。此据。

万寿乡　经手人　柳谷
民国二十一年五月十五日

原件收录于《中国红十字会湖南分会资料》，湖南图书馆藏

各地分会工作述评：岳阳分会

湖南岳阳县分会，自岳阳沦陷，退至临湘大云山南柳夹林地方，担任巡回治疗工作。自二十八年五月份起，至二十九年九月底止，先后诊治人数四三四三人，种痘一六四九次，注射疫苗三〇二次，所需药品，前经本会救护总队部先后发给四次。惟近因敌机肆虐，与敌人埋放地雷，人民时有死伤，加以战区伤寒痢疾流行，极需外科手术箱以及防治疟痢药品，本会已令救护总队部，转饬驻临湘附近部队调查该分会工作情况，随时予以协助，并于可能范围内输拨发药品器械，以利工作。

原载于《中国红十字会会务通讯》创刊号，1941 年

简　讯

湖南岳阳分会，现在临湘大云山南柳夹林，二十九年度治疗内科一〇四〇人，外科一〇六六人。

原载于《中国红十字会会务通讯》第 3 期，1941 年

救护总队部拟组流动手术医院

本会救护总队部近为配合反攻及伤员工作，现将所辖医疗队，充实内容，以备在战地展开军阵救护及办理难胞医药救济。又为加强野战救护，拟组流动手术医院。最近豫鄂及湘西大战，第六、第九两医疗大队，分别从事战地救护，深为各该战区长官部赞许。

原载于《中国红十字会会务通讯》第 34 期，1945 年

中国红十字会救护总队部动态（一）[①]

材料供应

……

三、本月上半月，拨赠其他有关机关卫生材料，计衡阳市民医院等十七个单位；经呈军事委员会拟拨助军事机关卫生材料，计陆军第八军等十五个单位。

原载于《救护通讯》第1期，1943年10月31日

中国红十字会救护总队部动态（二）

救护设施

……

三、航空委员会卫生处以衡阳、芷江、恩施等地，须有救护空军设备，经饬本部各该地医疗队，密切注意情况，妥为布置，并尽力协助空军救护。

材料供应

……

二、原设湘属桃源第二卫生材料分库，经饬移设湘属沅陵，以便办理第六大队补给。

业务视导

……

二、本部蔡副秘书长善德，偕同本部第九大队林大队长竟成，出发湘北前线视察。

原载于《救护通讯》第2期，1943年11月15日

① 本部分所收录资料《救护通讯》，系中华民国红十字总会救护总队部1943－1945年编印，兹从中摘录出有关湖南的部分内容，标题为编者所拟。

中国红十字会救护总队部动态（三）

救护设施

一、自敌于鄂西长江南岸发动攻势以还，本部第六第九大队，均密切注意军事发展，配合作战部队之需要，进行战地救护，兹将该方面配备情形，分述如次：

……

2. 滨湖线：第642医疗区队设湘属临澧，第641医疗区队设橡树桃源。

3. 铁路线：第122医疗区队设湘属岳阳，第121、第911、第912医疗区队设湘属长沙，第922医疗区队设湘属湘阴，第932医疗区队设湘属衡山，第941医疗区队设湘属衡阳。

二、敌军空陷临澧、桃源后，原设各该地第641、第642医疗区队，暨第二卫生材料分库，均已随军转进，仍在准备推进之中。

三、（略）

四、本部战区医院已成立者两个，在筹组中者一个，均系与战区长官部卫生处合办，各设病床50张，为一小型医院，其配置地点如次：

……

2. 第九战区设湘属长沙。

业务视导

……

二、湘西战况紧张，经当本部第九大队林大队长竟成，就近协助第六大队，督导滨湖一带救护作业。

原载于《救护通讯》第3期，1943年11月30日

中国红十字会救护总队部动态（四）

救护设施

一、（略）

二、湘西方面军事紧张，自敌军攻陷临澧桃源后，原设桃源第642医疗区队已随军转进至安全地点，兹以该方面军事已恢复常态，正准备

推进之中，至原设桃源第二卫生材料分库，现已设沅陵。

原载于《救护通讯》第4期，1943年12月15日

中国红十字会救护总队部动态（五）

救护设施

一、本月下半月，国内战况，自常德大捷以后仍侧重于长江南岸及滨湖一带，本部第六、第九大队所属各医疗队，以担任该方面战地救护，工作异常紧张，至于其他方面无重要战斗，各大队作业，仅有局部调整，兹将各大队所属各医疗队调动情形，分述如次：

……

2. 战区第六大队所辖原设湘属桃源第641医疗区队，自随军转进后，近以桃源收复，又随军跟进桃源原地设置。

……

4. 第九战区第九大队所辖原设赣属分宜第141医疗区队，原设赣属万安第151医疗区队，及原设赣属峡江第152医疗区队均调赴长沙集中，由第九大队部另行调整工作。

材料供应

……

三、邵阳第三位卫生材料分库，原任第三、第七、第九大队所属各队材料制备事宜，兹为便利补给起见，经调拨材料四吨，由该库加紧制备，就近分发应用。

原载于《救护通讯》第5期，1943年12月31日

中国红十字会救护总队部动态（六）

救护设施

……

二、常德会战大捷后，本部第六、第九大队所属参加此次会战各医疗队，均经随军跟进，恢复原有态势。兹将该方面配备情形，分述如次：

2. 滨湖线：原设湘属临澧第642医疗区队，及湘属桃源第641医疗

区队一度随军转进，现仍推进原地设置。令调湘属湘阴第 922 医疗区队移设湘属益阳。

3. 铁路线：第 121、第 911、第 912 医疗区队设湘属长沙，第 932 医疗区队设湘属衡山（一度随军跟进资江北岸，于桃花江、仙宫殿、唐家铺等地设置），第 941 医疗区队设湘属衡阳，第 921、第 931 医疗区队设湘属东安。

业务视导

……

三、美国红十字会驻华代表倪克迩氏，即将由昆明经贵阳转往湘粤闽赣，视察本部各医疗队及战区医院等救护作业。

原载于《救护通讯》第 6 期，1944 年 1 月 15 日

中国红十字会救护总队部动态（七）

救护设施

三、本月下半月，国内各战场皆趋沉寂，本部配属战区各医疗队任务，多无变更。兹择其调动情况，分述如次：

……

2. 第九战区原设湘属第 932 医疗区队，移设湘属衡阳。

各方联络

……

二、据报上年十二月二十四日晨敌机五架轰炸桃源外宾旅邸，澳洲《雪梨晨报》记者史佩德受砖擦伤头部，发生休克；中央社记者伍乾滋头部擦伤，经第 64 医疗中队队长邵公鼎驰往救护。

原载于《救护通讯》第 7 期，1944 年 1 月 31 日

中国红十字会救护总队部动态（八）

救护设施

一、（略）

二、本月上半月，国内各战场无重要战斗，各大队作业，仅有局部

调整。兹将各大队所属各医疗队最近异动情形，分述如次：

……

2. 第九战区第九大队所辖第 131、第 132、第 141、第 142 医疗区队，暂予撤销，以所有人员器材，充实其他各队。

原载于《救护通讯》第 8 期，1944 年 2 月 15 日

中国红十字会救护总队部动态（九）

救护设施

一、（略）

二、本部驻外指挥救护作业之单位，仍照三十二年度计划分驻原地。兹将分布情形，分述如次：

……第六大队　设鄂属恩施；……

第八大队　设川属重庆；第九大队　设湘属长沙

三、（略）

四、本部为配合空间救护之需要，经饬第六、第八大队酌调医疗队，分设湘属芷江及川属新津。

材料供应

一、本月下半月拨赠其他有关机关卫生材料，计英国红十字会驻湘医院等七个单位，经呈军事委员会拟拨助军事机关卫生材料计陆军第十四军等十个单位。

业务视导

一、美国红十字会驻华代表倪克迩氏原定出发江南各战区视察救护作业，兹以倪氏因公赴美一行，所有视察任务改由亨德尔氏担任，亨氏已自昆明飞抵桂林，转往湘粤闽赣一带视察。

原载于《救护通讯》第 9 期，1944 年 2 月 29 日

中国红十字会救护总队部动态（十）

救护设施

一、本与上半月，除西南战区外，国内各战场多趋沉寂，本部配属

战区各医疗队任务，略有变更。兹择其调动情形，分述如次：

……

2. 第六战区原属第六大队第611、第612医疗区队移设洛阳附近西工。原设湘属临澧第642医疗区队移设湘属宁乡。

3. 第九战区原设湘属金井第932医疗区队移设湘属长沙。原设赣属万安第951、第952医疗区队，现已开抵湘属衡阳待命。

二、奉军事委员会核定战区医院暂缓成立，除第三、第六、第九等战区业已成立者外，其余各战区均遵令暂缓成立。

原载于《救护通讯》第10期，1944年3月15日

中国红十字会救护总队部动态（十一）

救护设施

……

二、本与下半月，国内各战场无重要战斗，而滇缅边境各医疗队作业，均按既定计划实施，甚少变更。兹将最近调动情形，分述如次：

1. 第六战区原设湘属桃源第641医疗区队及湘属宁乡第642医疗区队，移设湘属芷江。

2. 第九战区调已开至湘属衡阳待命之第951、第952医疗区队移设湘属衡山。

各方联络

……

三、美国军医团长布业克氏改察湘北前线救护作业，经由本部第九大队林大队长竟成，伴同前往。

业务视导

一、本部视察祖张琪，经视察湘北赣北前线救护作业到部述职，仍将遄返湘赣一带巡视。

原载于《救护通讯》第11期，1944年3月31日

中国红十字会救护总队部动态（十二）

救护设施

……

二、当前本部所属第四、第六、第七、第九各大队直辖医疗队配备情形，分述如次：

甲、湘鄂区

1. 第九大队、第911、第912、第931、第932、第121、第122医疗区队，均集中湘属长沙。第951、第952医疗区队均集中湘属衡山。第941、第942医疗区队设湘属衡阳。第921、第922医疗区人设湘属东安。

2. 第六大队、第641、第642医疗区队设湘属芷江。

材料供应

……

二、本部运发第三、第四、第七、第九等大队卫生材料及防疫药品，均以运抵金城江，候车分批转运。

运输动态

一、本部为参照国内公路运输状况，经调整运输站设施，业已决定如次：

……4. 另于衡阳控置第五运输队。

原载于《救护通讯》第12期，1944年4月15日

中国红十字会救护总队部动态（十三）

材料供应

一、本部为顾虑交通上之困难及便于补给起见，经已将边远地方之卫生材料分库予以裁并，如次：

1. 原设湘属沅陵第二卫生材料分库裁撤。

2. 原设湘属邵阳第三卫生材料分库撤并衡阳第四卫生材料分库。

原载于《救护通讯》第14期，1944年5月15日

中国红十字会救护总队部动态（十四）

救护设施

三、湘鄂激战又起，经电饬第六、第九大队，密视战争进展，督饬所属各医疗队，配合作战部队，善尽救护任务。

业务视导

一、蒋会长于本月二十二日抵达贵阳，视察本部作业，指示周详，旋于二十七日偕同总会蔡副秘书长善德，暨本部视察袁松人转往桂湘一带视察前方救护工作。……

二、本部第九大队长林竟成、视察祖张琪，业已抵达湘北前线，督导救护。

原载于《救护通讯》第15期，1944年5月31日

中国红十字会救护总队部动态（十五）

救护设施

一、综本月上半月中，中原战场，滇缅反攻，以及第四次湘北大战再起，敌寇复有窥视粤北企图，一时情况紧张，本部所属医疗队手术对在各个战场之活动，益为频繁。兹志活动情形如次：

……

丁、湘北战场

1. 原设湘属长沙第911、第912、第931、第932及益阳第121、第122等医疗区队，现随军活动担任敌前第一线野战救护。

2. 原设湘属衡山第951、第952，衡阳第941、第942及东安第921、第922等医疗区队，现担任湘桂线上野战区至兵站区之救护工作。

戊、粤北战场

二、本部第九大队，现移设湘属衡阳，并于湘潭设置前进指挥站，担任指挥湘北前线救护事宜。

材料供应

……

三、本部原设桂属柳州第四卫生材料分库，本定撤并黔属独山第五

卫生材料分库，兹以湘北、粤北两面作战，为策应卫生材料补给关系，已决定暂缓撤销。

运输动态

一、本部现设衡阳第五运输队，原系配属第九大队担任东南战区商运及卫生材料之输送，兹役以湘北大战剧烈，已电令该队赶修车辆，随时听候派遣。

业务视导

……

三、本部第九大队林大队长竟成，偕同视察祖张琪，前进至长沙以南湘潭一带指挥第一线野战救护。

四、本部第六大队董大队长奎先，已出发至长沙沿岸视察救护作业。

原载于《救护通讯》第16期，1944年6月15日

中国红十字会救护总队部动态（十六）

救护设施

一、近半月来，滇西方面自我军强度怒江成功以后，军事极有进展，缅北方面，仍于密支那苦战，中原方面，战事迄未停止，而以湘北方面搏战最烈。本部派赴各战场担任救护工作之医疗队，日随战事演进，适宜调动。兹志其调动情形如次：

丁、湘北方面

1. 第911、912、第931、第941、第942、第951、第121、第122等医疗区队，随陆军辗转衡山、衡阳一带，担任野战救护。

2. 第921、第922医疗区队，设湘属东安，任湘北正面兵站救护。

3. 第932医疗区队设湘属邵阳，任湘西方面兵站救护。

三、洞庭湖西岸无战事，第六大队所属医疗队原设滨湖附近者，均无调动。

材料供应

一、湘北战事正殷，远处东南战区第三大队所属各医疗队卫生材料之补给，将受湘战影响，发生阻碍，特电催衡阳第十卫生材料分库赶拨卫生材料一批，接济南平第八卫生材料分库。

二、衡阳第十卫生材料分库已酌情拨运一部分材料，后移柳州。

三、邵阳第三卫生材料分库原令撤并衡阳第十卫生材料分库，近以

情况紧急，已由第十卫生材料分库派员前往接收，暂移洞口屯置。

各方联络

一、本部顾问现任军医署长徐希麟氏，偕同卫生勤务设计委员会张委员殿邦，过部访谈各战场救护上之联系，徐氏并至蒋会长行邸，探询视察湘北救护之经过，并交换该方面军医设施之意见。

业务视导

三、本部第九大队林大队长竟成，祖视察张琪，仍在湘北前线，督导救护。

原载于《救护通讯》第17期，1944年6月30日

中国红十字会救护总队部动态（十七）

救护设施

一、近半月来，湘北方面我军予敌寇打击甚重，已遏阻其前进；粤北方面敌亦发动攻势，正由我军奋战之中；滇缅方面我军屡获进展，敌势已蹙；而中原方面敌势已成强弩之末，无力再战。综各方面情况，本部派赴各战场担任救护工作之医疗队，迄今未能休止其工作，且正随战事演进，不断增加其工作。兹志其动态如次：

甲、湘北方面：

1. 第912、第941、第942、第951、第121、第122等医疗区队，正随军辗转湘属祁阳、零陵、东安及桂属全县之线，担任野战并协助兵站线上之救护。

2. 第931、第932医疗区队，同设湘属邵阳，任湘西方面兵站救护。

……

4. 第九大队部暂移桂属柳州，仍于湘属东安设指挥站，督导前方救护。

材料供应

湘北战事正殷，原设湘属衡阳第十卫生材料分库所有卫生器材，均已分别安全后移桂属柳州及湘属洞口。

运输动态

二、原设衡阳第五运输队，业经移设湘属邵阳，并于湘属武冈一带控置〔制〕汽车，担任湘西方面救护运输。

业务视导

一、本部第九大队长林竟成，第七大队长钱惠伦，正分途于湘北、粤北前线，指挥救护。

人事公告

一、此次常衡会战，本部第九大队暨所属各医疗队及配属运输材料等单位全体工作人员，精神奋发，步骤整然，咸能适时达成完满任务，经予传令一体嘉奖，以昭激劝。

原载于《救护通讯》第18期，1944年7月15日

中国红十字会救护总队部动态（十八）

救护设施

一、近半月来，湘北方面，我军确实抑制敌人攻势，敌屡以强大兵力猛扑衡阳，历经月余，迄未得逞，而衡阳雄峙矗立，血战盈郊，堪与斯大林格勒媲美；粤北方面敌亦徒劳无功。滇缅方面，我军续有进展；而中原方面，敌人无力再战，渐趋沉寂。综各方面战况，本部派赴各战场担任救护工作之医疗队，仍在冒暑工作，且因战事之剧烈，更趋繁重。兹志其动态如次：

甲、湘北方面

1. 第121、122医疗区队，正随军挺进至洞庭湖以南之湘属安化，担任长沙外围之野战救护。

2. 第941、第942医疗区队，配设于卫生列车，担任湘桂线上转运途中之救护。

3. 第951、第952医疗区队，设于桂属全县，担任湘桂线上兵站救护。

4. 第931、第932医疗区队，设湘属洞口，担任湘西方面兵站救护。

乙、粤北救护

……

3. 第752医疗区队设粤属坪石，担任粤北并策应湘北兵站救护。

材料供应

一、本部原设湘属衡阳第十卫生材料分库，前经接收原设邵阳第三卫生材料分库全部器材后，以战局紧张，经移设湘属洞口，现已开往湘

属安江设置。

运输动态

二、原设湘属衡阳第五运输队，前经分别控置〔制〕湘属邵阳及武冈一带，担任湘西方面救护运输，现已全部移设湘属安江。

业务视导

一、本部第九大队长林竟成，第七大队长钱惠伦，仍在湘北、粤北前线，指挥救护作业并随战事进展作各项适宜之紧急处置。

原载于《救护通讯》第19期，1944年7月31日

中国红十字会救护总队部动态（十九）

救护设施

一、近半月来，湘北方面，衡阳血战，我军发挥极大坚韧力量，缠斗敌军，益以空军协力合击，敌我伤亡均重。粤北方面，敌无进展，又移兵窥伺桂南。滇缅方面，我军确实占领密支那，正谋滇西、缅北两面盟军会师，贯穿国际通路。综各方面战况，本部派赴各战场担任救护工作之医疗单位，特于湘北、滇西工作更繁。兹志其动态如次：

甲、湘北方面

1. 第九大队为便于指挥衡阳外线救护，复由贵属柳州推进至湘属东安，并进行部署湘西方面救护设施。

2. 第121、第122医疗区队，又随军移至洞庭湖以南之湘属新化，仍担任长沙外线之野战救护。

3. 第941、第942医疗区队，仍配设于卫生列车，担任湘桂线上转运途中之救护。

4. 第951、第952医疗区队，原设于桂属全县，担任湘桂线上兵站救护，现正密视情况，准备由桂穗路向湘属晃县移动，渐至湘西集中。

5. 第931、第932医疗区队，原设湘属洞口，担任湘西方面兵站救护，仍密视情况，续向湘西适宜地点移动，以应湘西方面整个救护设施之需要。

6. 第921、第922医疗区队，已自桂属柳州开抵金城江，准备向湘西移动。

7. 第911、第922医疗区队，分派人员协助第921、第951医疗区

队工作。

乙、桂南方面

2. 第431、第432医疗区队，设于桂属雒容，策应桂南及湘北伤运线上之救护。

防疫概况

一、接衡阳警备司令部电，以衡阳附近时疫流行，请派队协助防治，经饬第九大队部就近指派医疗队，与该部取得联系，进行衡阳外线防疫工作。

运输动态

……

三、现设湘属安江第五运输队，仍积极展开湘西方面救护运输。

业务视导

……

二、本部第九大队长林竞成，第七大队长钱惠伦，第四大队长舒道隆，均在指挥湘、粤、桂各战场救护作业。

原载于《救护通讯》第20期，1944年8月15日

中国红十字会救护总队部动态（二十）

救护设施

一、近月来，国内各战场战事，虽未停止，然敌我均无重要发展。湘北方面，自我军由衡阳转进以后，敌虽仍由继续进犯湘桂粤汉铁路企图，但尚无积极行动。桂南方面，敌为响应湘桂战局，故设疑阵，战事尚未展开。粤北方面，较趋沉寂。滇西方面，我军攻扑腾冲续不进展。综合各方面战况，本部派赴各战场担任救护工作之医疗队，所在进行兵站区手术工作，至一般医疗防疫工作，仍极繁重。兹志其动态如次：

甲、湘北方面

第九大队仍挺立湘属东安，所属各个医疗队，仍在密视敌情，侧重桂属南宁、柳州、宜山，以至于黔属独山线上之救护，其分布地点，亦无变更。

材料供应

一、本部当敌军围击衡阳守军十分紧张之际，曾由贵阳、柳州两地

飞运奎宁丸共十万粒，慰劳守军。

二、原设湘属沅陵第二卫生材料分库，前经令饬撤销，嗣以湘桂战事，为便利补给关系，一时未经办理。兹以该地突出湘西，为策应补给安全，已饬现设湘属安江第十卫生材料分库赶往接收，及与该库合并。

原载于《救护通讯》第21期，1944年8月31日

中国红十字会救护总队部动态（二十一）

救护设施

一、近半月来，敌寇动向显然有进窥湘桂路企图，而湘西桂南敌亦集结重兵，本部为适应战机需要，特集中第四、第九两个大队所属各医疗队，密切注意敌情及战事开展，进行战地救护。兹志其部署情形如次：

……

2. 第九大队部，挺立桂属桂林，指挥湘桂路正面及湘西方面战地救护。

3. 第911、第912、第921、第922、第941、第942、第951、第952医疗区队，均集中湘桂铁路沿线待命。

4. 第931、第932医疗区队，现向湘属洞口移动，担任湘西方面兵站救护。

三、自湘北大战发生后，战局已续向桂局扩大，湘桂各地前线难胞纷纷向黔桂沿线后撤，褛被道途，疾苦相望。本部为辅助中央各地及地方当局，计划衣、食、住、行四项救济而外，并积极抽调医疗队，尽先担任黔桂线难胞医药救护。

运输动态

……

四、本部第五汽车队车辆，由贵阳开至黔桂、湘桂两线，集中使用。

业务视导

一、派祖视察张琪赴湘西前线，督导战地救护作业。

原载于《救护通讯》第22期，1944年9月15日

中国红十字会救护总队部动态（二十二）

救护设施

一、近来国内战事重心，渐集中于湘桂路，本部第九大队所属各医疗队，自湘北战事发生，自始即参加战斗序列，迄今仍坚强随军救护。兹志其工作经过分述如次：

1. 第九大队部原设湘属长沙，嗣转进至衡阳、东安、现移设桂属桂林，担任湘桂线救护之指挥工作。

2. 第911、第912医疗区队，原设湘属长沙，嗣转进至衡阳、东安，现向桂境转移中，担任湘桂线救护。

3. 第921、第922医疗区队，原设湘属东安，配合军政部军用战时卫生人员训练所第五分所训练工作，现随该所向桂属怀远移动中。

4. 第931、第932医疗区队，原设湘属长沙，嗣转进至湘潭、衡阳、邵阳，现移设于湘属洞口担任湘西方面兵站救护。

5. 第941、第942医疗区队，原设湘属衡阳，自湘北战事发生，即参加湘桂线卫生列车工作，迄今仍担任该线运途中救护工作。

6. 第951、第952医疗区队，原设湘属衡阳，配合第十军守城总队工作，嗣转进东安，现向桂境移动中。

7. 第121、第122医疗区队，原设湘属益阳，配合第七军工作，嗣转进至安化、新化，现仍屹立安化，随军担任长沙外线野战救护工作。

材料供应

一、（略）

二、湘桂战事转剧，本部原经衡阳退至柳州材料，大部均向独山集中。其一部分退至邵阳者，向安江一带转移。

运输动态

一、（略）

二、本部第五运输队，原设衡阳，嗣以军事转进，折向安江、晃县一带移动，担任湘西方面救护运输。

业务视导

一、本部第九大队长林竟成，现在桂林指挥湘桂线救护作业。

二、本部第十大队长徐崇恩，前由昆明出发湘西前线，视导救护作业，业已公毕返昆。

原载于《救护通讯》第23期，1944年10月1日

中国红十字会救护总队部动态（二十三）

救护设施

一、本月上半月，国内战事，桂林外围激战甚殷。桂南方面，敌陷梧州；湘西方面，又陷宝庆，湘桂战斗，转趋剧烈。本部所属各医疗队，除随军进行战地救护外，复于黔桂、湘黔两线，进行难胞医药救济，工作更形紧张。兹志其动态如次：

甲、战地救护

1. 第九大队已由桂属桂林，转进至桂和〔属〕宜山附近怀远镇，正进行部署湘桂前线战地救护。

2. 第121、第122、第931、第932医疗区队，均集中湘属安江，担任湘西方面兵站救护。

3. 第941、第942医疗区队，仍配属于卫生列车，担任湘桂线伤运途中救护。

4. 第911、第912、第921、第922医疗区队，集中桂属怀远；第951、第952医疗区队，转进黔属独山，均陆续向湘西方面移动，准备担任湘西战地救护。

三、第六大队所属各医疗队位置，近略有变更，兹分述如次：

……

2. 原设湘属桃源第641医疗区队，现移设湘属芷江，担任空军救护。

3. 原设湘属宁乡第642医疗区队，现随军移设湘属安江。

供应材料

一、（略）

二、原设湘属安江第十卫生材料分库，现向黔属玉屏移动中。

运输动态

一、本部第五运输队，现控置〔制〕湘属安江、并分别派车担任黔桂、湘黔两线救护运输。

业务视导

一、派本部祖视察张琪视导湘桂前线战地救护，周视察剑宵视导黔桂沿线难胞救济，袁视察松人视导湘西战地救护及湘黔沿线难胞救济，业已分途出发。

二、本部第九大队林大队长竟成，第四大队舒大队长道隆，分在湘桂、黔桂两线指挥医疗队工作。

原载于《救护通讯》第24期，1943年10月15日

中国红十字会救护总队部动态（二十四）

救护设施

一、本月下半月，国内战事，桂林外围激战甚烈，敌复陈兵滇边，似有蠢动企图。本部所属各医疗队，现正密视军事情况进行战地救护。兹志其动态如次：

甲、湘桂方面

1. 第九大队已由桂属宜山附近怀远镇向黔属独山移动，即转往湘西设置，指挥湘西战地救护。

2. 第911、第912、第951、第952医疗区队，均已开抵黔属独山，正向湘西方面推进，担任湘西战地救护。

3. 第121、第122、第931、第932医疗区队，仍属湘属安江，担任湘西方面兵站救护。

4. 第941、第942医疗区队，仍配属于卫生列车，第921、第922医疗区队仍设于桂属怀远，担任湘桂线上兵站救护。

防疫概况

一、（略）

二、黔桂、湘黔两线，以难民过境频繁，霍乱、赤痢、斑疹伤寒、回归热仍不断发现，正由本部派设沿线各医疗队加紧防治。

材料供应

一、自湘桂战事发生后，本部对于东南战区材料补给，除已商承军医署就近指定材料库划拨一部分，正商洽航空局以航运接济。

各方联络

……

四、本部联络黔垣各社会事业团体，扩大征募难胞寒衣，进行黔桂、湘黔两线难胞救济，业同本部首选制备棉背心一千件，运至各难民站分发。

业务视导

一、派本部医务科长马玉汝视导黔桂难胞救济工作，并前进至湘桂战地，视导前线救护作业。

二、本部视察祖张琪、袁松人等，仍分在黔桂、湘黔两线，视导救

护及救济工作。

原载于《救护通讯》第25期，1943年10月31日

中国红十字会救护总队部动态（二十五）

救护设施

一、本月上半月桂境战事剧烈，桂林、柳州相继失陷。本部所属医疗队现正绵密配备于黔桂、湘黔两线，战地救护及难胞救济。兹志其动态如次：

甲、湘黔线

1. 调前移黔属独山第九大队部转往湘属芷江，指挥湘黔线战地救护及难胞救济。

2. 调原设湘桂线卫生列车第941、第942医疗队移设黔属三穗。

3. 调原设桂属怀远第921、第922医疗区队移设黔属独山将转往湘西工作。

4. 调原设独山第911、第912医疗区队移设黔属玉屏。第951、第952医疗区队移设湘属晃县。

5. 第111、第112、第931、第932医疗区队仍设湘属安江。

防疫概况

一、据报湘属洪江、安江一带赤痢流行，并有类霍乱发现，经饬第12、第93等医疗中队，严密实施防治。

各方联络

……

四、贵阳青年会总干事史尚达氏，近出发湘黔线进行难胞救济事宜，本部经委托携带难胞棉背心一百件，就近转交难民站分发。

业务视导

……

二、本部视察祖张琪业已自前线返抵独山，视察袁松人前进至洪江，仍分途视导黔桂、湘黔两线本部所属医疗队之救济及赈济作业。

原载于《救护通讯》第26期，1944年11月15日

中国红十字会救护总队部动态（二十六）

救护设施

一、本月下半月，桂境战事渐向黔境推移，敌骑自陷宜山以后，又窜南丹。本部所属医疗队，为适应战局之进退，于黔桂线作机动部署，进行战地救护及难胞救济，复计划于湘黔线，扩大救护工作领域，兹志其动态如次：

甲、（略）

乙、湘黔线

1. 原设黔属独山第九大队，曾饬移设湘属芷江，兹为策应黔桂线战地救护及难胞救济，仍挺立原地，准备先移黔属镇远，续向湘西推进。

2. 原设湘桂线卫生列车第941、第942区队，曾饬移设黔属三穗，但在桂属医疗区队，怀远作最后撤退时，遭遇轰炸，现仍整理，向黔境转移中。

3. 原设独山第911、第912、第951、第952医疗区队，会饬移设湘黔线，兹以黔桂线工作殷繁，暂仍留驻原地，指定伺工作告一段落后，分别移设黔属镇远、玉屏及湘属晃县。

5. 第111、第112、第931、第932医疗区队仍属湘属安江。

各方联络

一、贵阳市近由美国教会援华救济委员会、美国红十字会、英国援华会、英国红十字会、加拿大红十字会、中国国际救济委员会、美国援华救济联合会及本会等八团体合组贵州省协济会，办理救济工作。本部汤副总长蠡舟被聘为该会委员，并出席该会委员会议，计划黔桂、湘黔两线难胞救济设施。

业务视导

一、本部第九大队长林竟成，在怀远河池间出入炮火指挥前线战地救护，逐步转移南丹、六寨、独山等沿线督导救护作业。

……

四、本部祖视察张琪、袁松人，仍分途于黔桂、湘黔两线，督导战地救护及难胞救济工作。

原载于《救护通讯》第27期，1944年11月30日

中国红十字会救护总队部动态（二十七）

救护设施

本月上半月，湘桂战事渐向黔境推移，敌骑自宜山窜河池，下南丹，扰六寨，陷独山，逼都匀，攻势极锐，旋经我军反攻，一如风卷残云，于是独山、六寨、南丹相继克复，攻抵河池。当次一退一进之间，本部派设黔桂线工作第四、第九大队所属各医疗队，始终随军进退，进行极艰苦之战地救援及难胞救济，未离岗位一步损失虽巨，精神一贯。兹以军事稍定，乃得从新部署。至滇缅方面，我军迭获进展，第十大队配设该线各医疗队及手术队，均随军推进，积极开展工作。特综合各方动态，分志如次：

……

丙、湘黔线

1. 第642、第931、第932医疗区队，仍设湘属安江。

2. 第111、第112、第642医疗区队，仍设湘属芷江。

业务视导

一、本部第九大队长林竟成，当独山陷敌之时，亲在都匀、莫冲间指挥医疗队工作，并抢救卫生材料，旋在马场坪指挥战地救护，至最危急之时，仍督率所属工作不懈。

……

三、本部视察祖张琪始终挺立黔南前线，视察袁松人已行抵玉屏，仍分途视导黔桂、湘黔两线救护工作。

原载于《救护通讯》第28期，1944年12月15日

中国红十字会救护总队部动态（二十八）

救护设施

一、本月下半月，黔桂方面，敌退河池，战事转趋沉寂。湘桂方面，敌虽时有出扰，尚无大规模战斗。但两线难胞医药救济，仍极殷繁，本部所属医疗队，为适应事实上之需要，经配合社会部及中央战时

服务督导团救济计划，积极工作。兹志其动态如次：

甲、（略）

乙、湘黔线

1. 第九大队部现留黔属马场坪，决定移设黔属玉屏，指挥湘黔线并策应湘桂方面战地救护及难胞医药救济。

2. 第111、第642、第931、第932医疗区队设湘属安江。

3. 第121、第12、第641医疗区队设湘属芷江。

材料供应

一、本不为供应黔桂、湘黔、川黔各线卫生材料补给之便利，并策应卫生材料屯储之安全，已派第四卫生材料分库，设黔属桐梓。

……

三、本部为便利湘桂方面卫生材料之补给，经调原设安江第十卫生材料分库移设黔属玉屏，业已全部到达。

原载于《救护通讯》第29期，1944年12月31日

中国红十字会救护总队部动态（二十九）

救护设施

一、本月上半月，湘桂、黔桂两线战事，渐趋和缓，本部派设各线第四、第九大队所属各医疗队位置，无重大变更。惟以入黔难胞渐稀，本部办理难胞医药救济工作，已告一段落。兹将上年自九月起至十二月工作经过，扼要分述如次：

1. 黔桂线：难胞医药救济工作，以黔桂线为主，初设医疗队十一个于铁路沿线，由第四大队统率，旋军事转进奇速，第九大队所设之医疗队，正自湘桂后撤，原向湘黔线转移，乃因黔桂线工作繁重，遂由第九大队率领医疗队八个，参加此线工作，充实医疗力量，时配备之绵密，工作之艰苦，咸能发挥红十字博爱牺牲之精神，“后人而退”，“先人而进”，后退前进均在工作。综自三十三年九月起至十二月止，共计医治难胞166606人。

2. 湘黔线：由于湘西方面军事较为和缓，难胞转往湘黔边境者为数较少。原计划于湘黔公路配设医疗队十六个，由第九大队统率，嗣以黔桂线工作繁重，一般留在黔桂线工作，仅于湘边境设医疗队八个，以湘

属安江为集中地，综自三十三年九月起至十二月止，共计医治难胞153790人。

防疫概要

一、此次本部办理难胞医药救济，关于难胞防疫工作，综自三十三年九月起至十二月止，分别统计如次：

甲、灭虱

…… 2. 湘黔线 621人 1182件（物）

乙、预防接种

…… 2. 湘黔线：2830人

原载于《救护通讯》第30期，1945年1月15日

中国红十字会救护总队部动态（三十）

救护设施

一、本月下半月，国内战事重心渐趋粤汉路，粤属曲江、湘属郴州同时展开巷战，本部配在粤汉线第七大队所属8个医疗区队，均随时配合军事，进行极艰苦之救护工作。现任第七队部及其所属医疗队，正向赣属大庾一带转进，继续展开工作。

……

三、湘桂方面战事无重大发展，本部第九大队所属12个医疗区队，均配设于湘黔公路一带展开工作。

运输动态

……

二、派车一辆载运医护人员开往黔属玉屏，加强湘黔线救护设施。

……

四、派车三辆借拨黔桂湘边区总司令部兵站卫生处，载运伤病、被服开往黔南前线，并拨借贵阳陆军医院汽车一辆，载运伤兵转院。

业务视导

一、本部第九大队长林竟成，业自黔桂线转入湘黔线视察湘西方面救护作业，据报业已行抵玉屏。

原载于《救护通讯》第31期，1945年1月31日

中国红十字会救护总队部动态（三十一）

救护设施

……

三、第九大队部经移设湘属晃县。

业务视导

本部第九大队林竟成，前出发湘西一带视察所属医疗队作业，现已行抵晃县。

原载于《救护通讯》第32期，1945年2月15日

中国红十字会救护总队部动态（三十二）

救护设施

三、本部配设湘黔线医疗队位置，略有变更，兹志其动态如次：

1. 原定设置黔属玉屏第九大队部，现移设湘属晃县。

……

2. 原设黔属贵阳第921、第922医疗区队，现移设湘属晃县。

4. 原设湘属芷江第121、第122医疗区队，现移设黔属玉屏。

原载于《救护通讯》第33期，1945年2月28日

中国红十字会救护总队部动态（三十三）

救护设施

……

五、湘西方面。敌军时有出动，本部派设该方面医疗队，已积极展开工作。

各方联络

一、黔桂湘边境总司令部召开军医会议，本部汤副总队长蠡舟，出席参加。

业务视导

……

三、第九大队长林竟成，仍在湘西前线视察医疗队作业。

原载于《救护通讯》第34期，1945年3月15日

中国红十字会救护总队部动态（三十四）

救护设施

……

二、粤赣边境战事已趋沉寂，本部原设粤各曲江第七大队，现已转移设置湘属汝城，正集中所属各医疗队，重新配备，分派工作。

原载于《救护通讯》第35期，1945年3月31日

中国红十字会救护总队部动态（三十五）

救护设施

一、……

二、本部驻外指挥作业之单位，因上年军事影响，颇有变更，兹志其颁布情形如次：

第七大队：设湘属汝城。

第九大队：设湘属晃县。

三、……

四、赣粤边境战事结束后，本部原设粤属曲江一带第七大队暨所属各医疗队，现陆续向湘属汝城、赣属龙南、粤属和平一带集中待命。听候分配工作。

材料供应

一、本月上半月拨赠其他有关机关卫生材料，计国际救济协会晃县分会等十五个单位，经呈军事委员会拟拨助军事机关卫生材料，计黔桂湘边区总司令部等二十七个单位。

原载于《救护通讯》第36期，1945年4月30日

中国红十字会救护总队部动态（三十六）

救护设施

甲、本月下半月，湘西方面战事紧张，敌有进犯芷江企图，经我军痛击，迄未得逞。本部配设于湘西的第九大队暨所属医疗队，已随军进行战地救护并办理难胞医药救济。兹志其动态如次：

一、第九大队部设湘属晃县，指挥所属医疗队，进行战地救护并办理难胞医药救济。

二、第921、第922医药区队，设湘属晃县。

三、原设湘属安江第931、第932医疗区队，移设黔属玉屏。

四、原设湘属安江第111、第112医疗区队推进湘属芷江。

乙、……

丙、赣粤边境战事结束，第七大队部早经移设湘属汝城，据报第711、第712医疗区队现已移设粤属仁化。

材料供应

一、……

二、本部原设赣属大庾第七卫生材料分库，一度因军事转进，移设湘边，经查现无设置必要，已令撤销。

业务视导

一、湘西战事紧张，本部派视察祖张琪前往湘西前线，督导各医疗队，进行战地救护及部署难胞医药救济事宜。

原载于《救护通讯》第37期，1945年4月30日

中国红十字会救护总队部动态（三十七）

救护设施

一、本部按照总会裁员简政之原则，实施裁编，关于医疗队在不妨碍救护之范围内，酌予裁减单位，充实固有机构，以期增进工作效率。兹志其概况如次：

……

2. 第四、第九大队合并，第四大队裁去医疗区队三个，第九大队裁

去医疗区队四个。

二、湘西鏖战，经我军奋力杀击，敌全面溃败。此役本部派设该方面医疗队始终配合军事需要，进行战地救护，并办理难胞医药救济。兹志其动态如次：

1. 第九大队设湘属晃县，指挥所属医疗队进行战地救护及难胞医药救济。

2. 第921、第922医疗区队设湘属晃县。

……

5. 第111、第112医疗区队设湘属洪江。

6. 第641医疗区队设湘属芷江，第642医疗区队设川属秀山。

材料供应

……

二、本部东南战区各医疗队亟需补充材料，及补助第三、第九战区长官部卫生器材，共约七吨，即分别由重庆、芷江两地空运接据。

业务视导

……

二、本部派视察祖张琪，前往湘西督导救护作业，业已行抵玉屏，即将转往芷江一带视察。

三、第九大队长林竟成来部述职。

原载于《救护通讯》第38期，1945年5月30日

中国红十字会救护总队部动态（三十八）

救护设施

……

二、湘西大捷，本部第九大队所属各医疗队均随军行动，进行战地救护及办理难胞医药救济。兹志其动态如次：

1. 第九大队设湘属晃县，以任湘西方面救护之指挥。

2. 第921、第922医疗区队，设湘属晃县。

5. 第111、第122医疗区队，设湘属芷江。

原载于《救护通讯》第39期，1943年5月31日

中国红十字会救护总队部动态（三十九）

救护设施

一、本月上半月，经湘西大捷后，我军续于桂北、桂南获得辉煌战果。桂南克复南宁，桂北收复金城江，现有南越宾阳、迁江，北攻宜山，两路直下柳州之势。本部为配合善后总署救济之计划，办理收复区民众医药救济，业经派第421、第422等六个医疗区队，前进至桂属南丹一带，积极展开工作。其中两个医疗区队，正跟进至宜山途中。

二、湘西大捷，益信机动救护之成效，足以昂扬士气，鼓励军心。本部为配合反攻总队之需要，经组织第一、第二两个流动医疗队，各配给救护汽车一辆，分途开往桂北、湘西前线，担任战地机动性救护工作。

业务视导

一、派本部专员唐文铭、视察袁松人率第一、第二流动医疗队，分赴桂北、湘西前线工作，并视察战地各医疗队作业。

原载于《救护通讯》第40期，1945年6月15日

中国红十字会救护总队部动态（四十）

救护设施

三、湘粤赣边境，敌寇时有窜扰之行动，一度陷赣属虔南及龙南。本部第七大队所属各医疗队，处于四面皆敌之苦境，联络一再阻断，历时六月，犹在进行极艰危之战地救护。兹志其动态如次：

1. 第七大队曾由湘属汝城移至赣属崇义，继而与所属各医疗队联络，指□其战地作业。

……

四、本部最近编组第一、第二流动医疗队，业在详细编组完竣，正分向第三、第四方面军报到，分设黔桂线及湘黔线，以实行手术为主，展开战地救护作业。

运输动态

……

2. 第五运输队配给第一、第二流动医疗队救护汽车两辆，业已开抵湘西前线。

各方联络

一、行政院善后救济总署署长蒋廷黻氏宣称：该署黔南办事处成立以来，工作已逐渐展开，黔南各地到处荒歉，粮食奇缺，将向湖南运入粮食；湖南缺乏药品，总署将在红十字会总会借用各种药品，运入湖南，交换粮食。……

业务视导

……

二、本部专员唐文铭、视察袁松人联袂赴湘西前线，部署流动医疗队设备事宜。

原载于《救护通讯》第41期，1945年6月30日

中国红十字会救护总队部动态（四十一）

救护设施

一、本部整编工作，业已基本办理完竣。除在粤赣湘边境工作第七大队陷入敌围，尚未依照新计划实施外，所以配设各战场工作之医疗队均已整编就绪。……

业务视导

……

三、第四大队长舒道隆，现在湘西前线视导战地救护作业。

原载于《救护通讯》第42期，1945年7月15日

中国红十字会救护总队部动态（四十二）

救护设施

一、本月下半月，桂北方面我军复柳州后，复乘战胜余威一鼓而下桂林。本部为策应军事上之进展，业经周密部署“前进救护”计划，使之富于机动，而获得运用灵活之效果。兹志其动态如次。……

二、本部新组第二流动医疗队，现开设湘属洞口，协助第四方面军工作，约经过一段时间后，即将转往湘属宝庆前线，配合作战部队，进

行战地救护。

原载于《救护通讯》第43期，1945年7月31日

中国红十字会救护总队部动态（四十三）

救护设施

特载：中华民国红十字会总会救护总队部善后工作实施纲要（三十四年八月十日订）

……

乙、医务

四、协助善后救济机关及军政机关办理还乡兵民以来防疫保健等技术工作，以求达到善后工作完善之发展。

五、暂以保留医疗区队六十个为主，必要时扩充之。各队配置之地点，第一步以长江上游、湘桂线、粤汉线、浙赣线及京赣线为主。第二步推进至长江下游、平汉线、陇海线、沪杭线、京沪线、津浦线为主，以交通冲要地点为配置目标。

原载于《救护通讯》第44期，1945年8月15日

长沙红十字会会员名册

（一）本分会特别会员名册

姓　名	籍　贯	介绍人	住　址	证书号数	入会时间
张其锃	广西临桂	聂其焜	长沙草潮门	特字一百四十四号	民国元年九月九日
聂其焜	衡山人		长沙乐心田聂宅	特字一百四十五号	民国元年九月九日
瞿聂其璞	善化人	聂其焜		特字五百二十二号	
郑点石	湖南长沙	聂其焜		特字一千一百二十九号	民国七年七月一日
易荫庭	湖南长沙	聂其焜		特字一千一百三十九号	民国七年七月一日
王　耀	浙江嘉善	陈怀皋	长沙红十字会	特字一千六百二十四号	民国十四年二月六日

（续表）

姓　名	籍　贯	介绍人	住　址	证书号数	入会时间
葛家焌	湖南长沙	王　耀	南门外晏家塘四十七号	特字一千六百二十五号	民国十四年二月六日
陈能谦	湖南新化	王　耀	南门外锡庆里五号	特字一千六百二十六号	民国十四年二月六日
周子贤				特字一千六百三十二号	民国十四年三月
张炳标				特字一千六百三十三号	民国十四年三月
罗君毅				特字一千六百三十四号	民国十四年三月
钱铁珊	江苏吴县	陈怀皋	东茅巷	特字一千六百三十七号	民国十四年四月十一日

（二）本分会普通会员名册

姓　名	籍　贯	介绍人	住　址	证书号数	入会时间
罗庭爵	善化人	聂其焜	西长街义和丰盐号	正字一千八百三十八号收据第十号	民国二年七月四日
傅善百	湘乡人	龙　璋	湘路董事会	正字一千七百三十九号	民国二年七月四日
郭开第	永州人	聂其焜	长沙营盘街喻家巷	正字一千七百四十号	民国元年十一月十二日
张菽恺	长沙人	陈怀皋	长沙高升巷张宅	正字一千七百四十一号	民国二年一月二十五日
罗芳棫	浏阳人	陈怀皋	古稻田邹振玑家	正字一千七百四十二号	民国二年一月二十五日
曾广鏁	湘乡人	陈怀皋	湘潭十六总怡泰祥	正字一千七百四十三号	民国二年一月二十五日
吴源浩	衡山人	聂其焜	南门外总铺巷衡山吴寓	正字一千七百四十四号	民国二年五月二十二日
易绪藩	长沙人	陈怀皋	寿星街慕莲堂内	正字一千七百四十五号	民国二年六月十八日

（续表）

姓　名	籍　贯	介绍人	住　址	证书号数	入会时间
柳桂生	浏阳人	陈怀皋	小西门 墙湾潘人和	正字一千七百四十六号	民国二年六月十八日
王与楫	澧洲人	粟戡时	长沙贾太傅祠 澧州津市祁家 巷聚涔栈转交	正字一千七百四十七号	民国二年六月二十日
颜杰士	华阳人	陈怀皋	浏阳门正街	正字一千七百四十八号	民国二年六月十八日
杨　铭		陈怀皋	吴中和转送 成家大屋	正字一千七百四十九号	民国二年七月十日
朱颂芬	长沙人	陈怀皋	东茅巷朱寓	正字一千七百五十号	民国二年七月十四日
劳永鑫	善化人	陈怀皋	洪家井 松阳书屋	正字一千七百五十一号	民国二年七月十五日
朱庆咸	长沙人	陈怀皋	东茅巷朱寓	正字一千七百五十二号	民国二年七月十六日
王廷俊	宁乡人	陈怀皋	鸡公坡利宾 小高码头 龙四德堂	正字一千七百五十三号	民国二年七月十六日
陈远绩	茶陵人	陈怀皋	东茅巷朱寓	正字一千七百五十四号	民国二年七月十六日
刘名铫	善化人	陈怀皋	东茅巷朱寓	正字一千七百五十五号	民国二年七月十八日
黄剑秋	长沙人	聂其焜	红十字会医院	正字一千七百五十六号	民国二年七月二十日
凌熙年	善化人	吴源浩	国民党长沙 分部北门外恬 源桥修进堂	正字一千七百五十七号	民国二年七月二十四日
陈大沅	长沙人	聂其焜	朝阳巷	正字五千五百九十四号 收据第一号	民国二年八月八日
蔡　澎	长沙人	聂其焜	三兴街 同记号皇仓 街元太槽坊	正字五千五百九十二号 收据第四号	民国二年八月八日
徐　浚	长沙人	聂其焜	黎家坡忠恕堂	正字五千五百九十五号 收据第□号	民国二年八月八日
柳大诒	长沙人	聂其焜	源泉 别径乾和栈	正字五千五百九十六号 收据第八号	民国二年八月八日

（续表）

姓　名	籍　贯	介绍人	住　址	证书号数	入会时间
劳锡纯	长沙人	聂其焜	洪家井松阳书屋学院街	正字五千五百九十七号 收据第十七号	民国二年九月廿三日
劳根石	长沙人	聂其焜	洪家井松阳书屋马家巷八号	正字五千五百九十八号 收据第十八号	民国二年九月廿三日
陶溥生	江苏武进人	聂其焜	汉冶萍驻岳公司	正字五千五百九十九号 收据第十三号	民国二年八月廿六日
朱仲华	江苏武进人	聂其焜	汉冶萍驻岳公司	正字五千六百号 收据第十四号	民国二年八月廿六日
杨伯英	善化人	聂其焜	汉冶萍驻岳公司	正字五千六百一号 收据第十五号	民国二年八月廿六日
华志敬	江苏武进人	聂其焜	汉冶萍驻岳公司	正字五千六百二号 收据第□□号	民国二年八月廿六日
张丰运	善化人	聂其焜	东茅巷朱寓	正字五千六百三号	民国二年七月廿八日
魏宗绶	长沙人	聂其焜	东茅巷朱寓出入是门内	正字五千六百四号	民国二年七月廿八日
李肇祺	长沙人	聂其焜	大西门西天一	正字五千六百五号 收据第二号	民国二年八月八日
郑伯皋	长沙人	聂其焜	红牌楼怡和成	正字五千六百六号 收据第三号	民国二年八月八日
王尹衡	长沙人	聂其焜	长丰猪行草潮门正街久丰栈	正字五千六百七号 收据第五号	民国二年八月八日
刘　竞	长沙人	聂其焜	三省巷梨照堂	正字五千六百八号 收据第六号	民国二年八月八日
王燮文	长沙人	聂其焜	通泰街澹庐王	正字五千六百九号 收据第九号	民国二年八月一日
李浦泉	平江人	聂其焜	西长街	正字五千六百十号 收据第十四十一号	民国二年八月十七日
杨茀生	长沙人	聂其焜	西长街	正字五千六百十一号 收据第十二号	民国二年八月十七日

（续表）

姓　名	籍　贯	介绍人	住　址	证书号数	入会时间
劳永昌	善化人	聂其焜	坡子街 劳九芝堂	正字五千六百十二号	民国三年一月四日
郑宗熙	湘阴人	朱廷利	永庆街东里 草堂郑	正字五千六百七十八号	民国二年八月六日
朱秉国	汝城人	朱廷利	汝城县津江	正字五千六百七十九号	民国二年十二月一日
陈毓芬				正字五千六百八十号	
粟墨生				正字五千六百八十一号	
刘乔林 （溥丞）	湘潭	聂其焜	湘潭十五 总怡和成	正字六千七百四十八号 收据第二十号	民国四年二月一日
徐劳炳 （仲山）	湘阴	颜福庆	省城太平街 利和生盐号	正字八千零七十六号 收据第十九号	洪宪元年三月三日
王海珊	江西 金溪人	颜福庆	省城太平街 祥盛钱号	正字八千零七十九号 收据第二十一号	民国五年三月十日
杨正颐	长沙人	郑公辅	营盘街	正字八千零七十八号 收据第二十二号	民国五年三月十一日
俞伯琴 （已故）	浙江 绍兴人	颜福庆	南正街 老电报局	正字八千四百零一号 收据第二十三号	民国五年四月二日
胡伯诗	安徽 歙县人	聂其焜	湖南将军署法 科科员处小吴 门长沙分监	正字八千四百零二号 收据第二十四号	民国五年四月十日
张子卿	长沙人	李达璋	南门外 富湘公司	正字八千四百零三号 收据第二十五号	民国五年五月一日
卢维藩	宁乡人	张子卿	南城外碧湘街 义升恒米号内	正字八千四百零四号 收据第二十六号	民国五年五月一日
杨庆昌	江西 黎川人	张子卿	省城南正街 万丰成绸庄内	正字八千四百零五号 收据第二十七号	民国五年五月一日
黄家杰	长沙人	张子卿	南城外粪 码头济农公司	正字八千四百零六号 收据第二十八号	民国五年五月一日
袁慰曾 号光庭	江西 安福人	张子卿	长沙小东茅巷	正字八千四百零七号 收据第二十九号	民国五年五月二日

（续表）

姓　名	籍　贯	介绍人	住　址	证书号数	入会时间
袁廷献 号汉庭	江西 安福人	张子卿	长沙小东茅巷	正字八千四百零八号 收据第三十号	民国五年五月二日
胥光浦	江西 金溪人	张子卿	裕源长	正字八千四百零九号 收据第三十一号	民国五年五月五日
萧涤之	江西 泰和人	袁慰曾	义丰祥钱店 福源巷	正字八千四百十号 收据第三十二号	民国五年五月五日
彭　煌 号子勋	湖南 长沙人	胡伯诗	落星田灵 官巷内	正字八千七百九十五号 收据第三十三号	民国五年五月十九日
贺希韩 号子献	湖南 长沙人	胡伯诗	落星田灵 官巷内	正字八千七百九十六号 收据第三十四号	民国五年五月十九日
况寿昌	江西 新建人	聂其焜	肇家屏 阙庙巷内	正字八千七百九十七号 收据第三十五号	民国五年五月十七日
候其濯	湖南 长沙人	蔡筱云	轩辕殿巷内	正字八千七百九十八号 收据第三十六号	民国五年五月十八日
蔡　炳	江苏 吴县人	蔡筱云	福源巷 福泰钱店	正字八千七百九十九号 收据第三十七号	民国五年五月十八日
冯绍曾	江苏 武进人	蔡澎	皇仓街府仓内	正字八千八百号 收据第三十八号	民国五年五月十八日
史敏仲	湖南 长沙人	罗廷爵	永申福盐号 西长街	正字八千八百零一号 收据第三十九号	民国五年五月十九日
蔡廷龄	江苏 吴县人	罗廷爵	永森典洪家井	正字八千七百九十四号 收据第四十号	民国五年五月二十日
邬同寿 号筱亭	浙江 省人	胡伯诗	小吴门乐道 古巷姚江邬寓	正字八千八百零二号 收据第四十一号	民国五年五月二十日
黄耕莘 号耕华	湖南 长沙人	胡伯诗	中东长街 东区第一百 二十五号	正字八千八百零三号 收据第四十二号	民国五年五月二十日
王允猷 号靖宣	浙江 绍兴人	胡子靖	大古道巷出入 是门内王寓 大官园	正字八千九百七十四号 收据第四十三号	民国五年五月十八日

（续表）

姓　名	籍　贯	介绍人	住　址	证书号数	入会时间
陈鹏运号芷青	江西黎川人	胡子靖	上黎家坡中田有庐陈学院街三十二号	正字八千九百七十五号收据第四十四号	民国五年五月十八日
王毅恂	浙江慈溪人	陈怀皋	雅礼学校	正字八千九百七十六号收据第四十五号	民国五年五月十九日
王玉卿(已故)	浙江慈溪人	陈怀皋	司门口文元楼	正字八千九百七十七号收据第四十六号	民国五年五月十九日
劳树番(已故)	湖南长沙人	劳根石	三王街古香堂	正字八千九百七十八号收据第四十七号	民国五年五月十九日
王令望	湖南长沙人	劳永昌	马家巷江苏王寓	正字八千九百七十九号收据第四十八号	民国五年五月十九日
郑震新	湖南湘潭人	劳永昌	悦昌祥	正字八千九百八十号收据第四十九号	民国五年五月十九日
廖廷年	湖南常德人	袁达卫	福庆街翼翼堂	正字八千九百八十一号收据第五十号	民国五年五月二十日
廖贺周	湖南长沙人	陈怀皋	长沙织机巷米商钱局	正字八千九百八十二号收据第五十一号	民国五年五月二十日
汤振鹏	江苏江宁人	聂其焜	马王街	正字八千九百八十三号收据第五十二号	民国五年五月二十日
罗伯章	江苏吴县人	蔡筱云	太乐家巷吴敦古书屋内	正字八千九百八十四号收据第五十三号	民国五年五月二十一日
吴嘉瑞号雁舟	湖南长沙人	李韬庵	浏阳门正街吴景福堂	正字八千九百八十五号收据第五十四号	民国五年五月二十一日
侯维栋	湖南长沙人	蔡筱云	议会西街北区一号门牌	正字八千九百八十六号收据第五十五号	民国五年五月二十三日
陈润生	湖南长沙人	胡伯诗	马王街南区第三十六号门牌陈晋安堂	正字八千九百八十七号收据第五十六号	民国五年五月二十四日
左佩璜	湖南湘阴人	罗廷爵	善正街鸣珂里左宅	正字八千九百八十八号收据第五十七号	民国五年五月二十四日

（续表）

姓　名	籍　贯	介绍人	住　址	证书号数	入会时间
康松龄	江西泰和人	罗廷爵	西长街福茂隆洋纱号	正字八千九百八十九号 收据第五十八号	民国五年五月二十四日
孙敬轩	江西泰和人	罗廷爵	大西门同丰钱号	正字八千九百九十号 收据第五十九号	民国五年五月二十四日
杨仲谋	湖北江夏人	聂荷荪	鸡公坡杨寓	正字八千九百九十一号 收据第六十号	民国五年五月二十六日
钱葆青	湖北襄阳人	唐人寅	议会后街十九号门牌	正字八千九百九十二号 收据第六十一号	民国五年六月二日
朱子笏号舒荪	湖南湘潭人	张子卿	浏阳门外登龙硚邬家庄	正字八千九百九十三号 收据第六十二号	民国五年六月二日
赖昺炎	湖南湘潭人	王锡之	湘潭十三总街老天秦	正字九千五百二十一号 收据第六十三号	民国五年五月十八日 总会七月廿三日
郑咏甫	湖南湘潭人	欧阳惠周	湘潭十四总黄龙巷坡子上郑谦裕堂	正字九千五百二十二号 收据第六十四号	民国五年五月十九日 总会七月廿三日
郑仲昆	湖南湘潭人	欧阳惠周	湘潭十四总黄龙巷坡子上郑益裕堂	正字九千五百二十三号 收据第六十五号	民国五年五月十九日 总会七月廿三日
郑玉昆	湖南湘潭人	欧阳惠周	湘潭十四总黄龙巷坡子上郑益裕堂	正字九千五百二十四号 收据第六十六号	民国五年五月十九日 总会七月廿三日
翁廉介	湖南湘潭人	欧阳惠周	城内柏荫塘祝三园	正字九千五百二十五号 收据第六十七号	民国五年五月三十日 总会七月廿三日
李懋修号润生	湖南湘潭人	王锡之	湘潭十三总后孙家巷	正字九千五百二十六号 收据第六十八号	民国五年五月三十日 总会七月廿三日
罗慈曾号培春	江西泰和人	王锡之	湘潭十四总蔚记号	正字九千五百二十七号 收据第六十九号	民国五年五月三十日 总会七月廿三日
欧阳璞号韫齐	江西吉安人	王锡之	湘潭十四总同丰茂	正字九千五百二十八号 收据第七十号	民国五年五月三十日 总会七月廿三日
陆季云	广东顺德人	王锡之	湘潭十三总正街怡和祥	正字九千五百二十九号 收据第七十一号	民国五年五月三十日 总会七月廿三日

（续表）

姓　名	籍　贯	介绍人	住　址	证书号数	入会时间
傅骏才 号亮田	湖南 湘潭人	欧阳 惠周	湘潭育婴堂	正字九千五百三十号 收据第七十二号	民国五年五月三十日 总会七月廿三日
傅先律 号兰生	湖南 湘潭人	欧阳 惠周	湘潭保安局	正字九千五百三十一号 收据第七十三号	民国五年五月三十日 总会七月廿三日
周扬鹰 号镇寰	湖南 湘潭人	欧阳 惠周	湘潭保安局	正字九千五百三十二号 收据第七十四号	民国五年五月三十日 总会七月廿三日
葛天若 号复农	湖南 湘潭人	欧阳 惠周	湘潭保安局	正字九千五百三十三号 收据第七十五号	民国五年五月三十日 总会七月廿三日
曾　沅 号长卿	湖南 湘潭人	欧阳 惠周	湘潭城内 皆不忍堂	正字九千五百三十四号 收据第七十六号	民国五年五月三十日 总会七月廿三日
刘建寅 号梅村	江西 吉安人	欧阳 惠周	湘潭城外十 五总裕通源	正字九千五百三十五号 收据第七十七号	民国五年五月三十日 总会七月廿三日
郑明伦 号哲生	湖南 湘潭人	欧阳 惠周	湘潭十四总 黄龙巷叶家 湾承祜堂郑	正字九千五百三十六号 收据第七十八号	民国五年五月三十日 总会七月廿三日
郑祖诰 号瑞麟	湖南 湘潭人	欧阳 惠周	湘潭十四总 正街郑恒丰号	正字九千五百三十七号 收据第七十九号	民国五年五月三十日 总会七月廿三日
罗正钧 号训循	湖南 湘潭人	欧阳 惠周	湘潭城内 泗洲庵巷	正字九千五百三十八号 收据第八十号	民国五年五月三十日 总会七月廿三日
匡百勋 号彤笙	湖南 湘潭人	欧阳 惠周	湘潭城内板 石巷又一村	正字九千五百三十九号 收据第八十一号	民国五年五月三十日 总会七月廿三日
刘仁树 号培吾	江西 泰和人	王锡之	湘潭十四总 元丰裕	正字九千五百四十号 收据第八十二号	民国五年五月三十日 总会七月廿三日
谢光仪 号全泰	湖南 湘乡人	欧阳 惠周	湘潭十六 总镇湘栈	正字九千五百四十一号 收据第八十三号	民国五年五月三十日 总会七月廿三日
陈云鹨 号铁珊	湖南 衡山人	欧阳 惠周	湘潭十二总 后街舟园	正字九千五百四十二号 收据第八十四号	民国五年五月三十日 总会七月廿三日
李正章 号含五	湖南 宁乡人	欧阳 惠周	湘潭城内 苏丰茂	正字九千五百四十三号 收据第八十五号	民国五年五月三十日 总会七月廿三日
徐寿昌 号松甫	湖南 湘潭人	徐方兴	十六总韩家仓	正字九千五百四十四号 收据第八十六号	民国五年五月三十日 总会七月廿三日

（续表）

姓　名	籍　贯	介绍人	住　址	证书号数	入会时间
李兆麟	湖南长沙人	聂其焜	一路吉祥李宅	正字九千三百二十一号 收据第八十七号	民国五年七月二十八日
盛寿山	湖南长沙人	张子卿	南阳街杨明远	正字九千三百二十二号 收据第八十八号	民国五年八月七日
吴昌娫	湖南长沙人号熙仙	粟戡时	靖江商钱局	正字九千三百二十三号 收据第八十九号	民国五年八月七日
周诒棫	湖南常德人	粟戡时	沅江县草尾同春垸七案周业宝堂	正字九千三百二十四号 收据第九十号	民国五年十月十七日
张　伟	湖南南县人	粟戡时	南县文武庙旁阳修堂代收	正字九千三百二十五号 收据第九十一号	民国五年十月十七日
周友兴	江苏扬州人	高　捷	织机巷	正字九千三百二十六号 收据第九十二号	民国五年十月二十五日
丁文国	江苏扬州人	高捷	织机巷	正字九千三百二十七号 收据第九十三号	民国五年十月二十五日
徐国梁	江苏扬州人	周友兴	织机巷	正字九千三百二十八号 收据第九十四号	民国五年十月三十一日
李庆元	江苏扬州人	周友兴	仁美园	正字九千三百二十九号 收据第九十五号	民国五年十一月四日
鲁杏生	湖南长沙人	汪颂年	白马巷第三十四号	正字九千三百三十一号 收据第九十六号	民国六年六月十五日
杨祖蔚	湖南长沙人	朱庆咸	太平街中记宋干盛升茶号	正字九千三百三十号 收据第九十七号	民国六年一月八日
冯大本	北京大兴人	曾季融	后门内细瓦厂	正字九千三百三十二号 收据第九十八号	民国六年七月八日
许逸樵	广东香山人	蔡　炳	太平门外河街十四号先施保险公司	正字九千三百三十三号 收据第九十九号	民国六年十月八日
罗允孚	广东番禺人	蔡　炳	太平门外河街十四号先施保险公司	正字九千三百三十四号 收据第一百号	民国六年十月八日

（续表）

姓　名	籍　贯	介绍人	住　址	证书号数	入会时间
邹吟秋	湖南长沙人	贺子献	长沙凤凰堂	正字九千三百三十五号 收据第一百零一号	民国六年十月八日
黄祖厚号重甫	浙江绍兴人	贺子献	长沙南门外马益顺巷	正字九千三百三十六号 收据第一百零二号	民国六年十月八日
蔡绍先	湖南长沙人	聂其焜	贡院西街万兴衣庄内清泰街文华金号	正字九千三百三十七号 收据第一百零三号	民国六年十月九日
邓赞廷	江西吉安人	刘建寅	路旁井恒昌福洋货号	正字九千三百三十八号 收据第一百零四号	民国六年十月九日
萧楚卿	江西吉安人	刘建寅	坡子街德昌隆钱号	正字九千三百三十九号 收据第一百零五号	民国六年十月九日
周祥筅	湖南湘潭人	欧阳惠周	湘潭县河东葩堂源十四总后街黄龙巷邓正湘交邓瀛仙转	正字九千三百四十号 收据第一百零六号	民国六年十月九日
王湘生	江西吉安人	邓赞廷	孚嘉巷湘盛祥洋货号	正字九千三百四十一号 收据第一百零七号	民国六年十月十日
刘春生	江西吉安人	邓赞廷	木牌楼德厚祥洋货号	正字九千三百四十二号 收据第一百零八号	民国六年十月十日
吴恺元	江西吉安人	邓赞廷	路边井恒昌福洋货号	正字九千三百四十三号 收据第一百零九号	民国六年十月十日
欧阳良	江西吉安人	邓赞廷	小西门礼和南货号	正字九千三百四十四号 收据第一百壹拾号	民国六年十月十一日
曾云山	江西吉安人	邓赞廷	小西门礼和南货号	正字九千三百四十五号 收据第一百壹拾一号	民国六年十月十一日
刘振轩	江西吉安人	邓赞廷	坡子街德厚祥洋货号	正字九千三百四十六号 收据第一百壹拾二号	民国六年十月十一日
雷永龄	湖南长沙人	王湘生	马家巷亿顺和	正字九千三百四十七号 收据第一百壹拾三号	民国六年十月十一日
陶寿鹍	湖南长沙人	王湘生	大西门外复新行	正字九千三百四十八号 收据第一百壹拾四号	民国六年十月十一日

（续表）

姓　名	籍　贯	介绍人	住　址	证书号数	入会时间
戴寅初	湖南长沙人	粟戡时	走马楼三盛七坊	正字九千三百四十九号收据第一百壹拾五号	民国六年十月十三日
胡介藩	湖南湘潭人	欧阳惠周	湘潭城内育婴街	正字九千三百五十号收据第一百壹拾六号	民国六年十月十三日
唐元达	湖南湘潭人	欧阳惠周	湘潭城内少廷尉第	正字一万二千一百一十六号收据第一百壹拾七号	民国六年十一月八日
周熙文	江西安福人	欧阳惠周	湘潭怡和洋行	正字一万二千一百一十七号收据第一百壹拾八号	民国六年十一月八日
戴炳照	江西庐陵人	欧阳惠周	湘潭怡和洋行	正字一万二千一百一十八号收据第一百壹拾九号	民国六年十一月八日
潘英福	湖南湘潭人	欧阳惠周	湘潭下五都一甲措树园	正字一万二千一百一十九号收据第一百二十号	民国六年十一月八日
曾继榖	湖南湘潭人	欧阳惠周	湘潭城内金家园	正字一万二千一百二十号收据第一百二十一号	民国六年十一月八日
曹乾生	湖南湘潭人	罗庭爵	草潮门外河街福宁里第三号	正字一万二千一百二十一号收据第一百二十二号	民国六年十一月十一日
周鉴钦	湖南长沙人	罗庭爵	河西麓山镇石门庐长沙西长街湘裕福盐号	正字一万二千一百二十二号收据第一百二十三号	民国六年十一月十一日
陶寿眉	湖南长沙人	罗庭爵	孚嘉巷第十五号门牌长沙太平街利和丰盐号	正字一万二千一百二十三号收据第一百二十四号	民国六年十一月十一日
盛晓廷	湖南善化人	蔡澎	永丰会第三十四号门牌万和	正字一万二千一百二十四号收据第一百二十五号	民国六年十一月十二日

（续表）

姓　名	籍　贯	介绍人	住　址	证书号数	入会时间
李原森	湖南平江人	陈怀皋	湘阴新市邮政局转交平江小平泉茶庄	正字一万二千一百二十五号收据第一百二十六号	民国六年十一月十二日
周　健号伯刚	湖南湘阴人	李兆麟	湘阴李家坡屋场打鼓一路吉祥十三号门牌	正字一万二千一百二十六号收据第一百二十七号	民国六年十一月十四日
杨晋颐	湖南长沙人	邓公辅	长沙营盘街十三号	正字一万二千一百二十七号收据第一百二十八号	民国六年十一月十五日
魏　搏号竞蜚	湖南长沙人	魏崇绥	三兴街三十三号门牌	正字一万二千一百二十八号收据第一百二十九号	民国六年十一月十八日
周继襄号穀先	湖南长沙人	郑业巶	东茅巷丰泉井笃祜堂	正字一万二千一百二十九号收据第一百三十号	民国六年十一月二十一日
王　干号雨齐	江西吉安人	胡鼎珊	坡子街裕通源钱号	正字一万二千一百三十号收据第一百三十一号	民国六年十一月二十三日
候庆龙号瑞三	江西吉安人	胡鼎珊	坡子街德昌隆钱号	正字一万二千一百三十一号收据第一百三十二号	民国六年十一月二十三日
萧安仁	江西吉安人	胡鼎珊	小西门德长润钱号	正字一万二千一百三十二号收据第一百三十三号	民国六年十一月二十三日
熊柱永号昆山	湖北武昌人	陈润生	宝南街保安里第六号门牌	正字一万二千一百三十三号收据第一百三十四号	民国六年十一月二十三日
王兴祖号湘阁	湖南长沙人	聂其焜	荷花池一号门牌	正字一万二千一百三十四号收据第一百三十五号	民国六年十一月二十三日
周业涛号海珊	湖南长沙人	周继襄	里仁巷四号本街恒庆祥	正字一万二千一百三十五号收据第一百三十六号	民国六年十一月二十三日

（续表）

姓　名	籍　贯	介绍人	住　址	证书号数	入会时间
李定邦 号晚吾	湖南 长沙人	曾季融	楚南煤栈	正字一万二千 一百三十六号 收据第一百三十七号	民国六年 十一月二十三日
曾　述 号继尹	湖南 衡阳人	粟戡时		正字一万二千 一百三十七号 收据第一百三十八号	民国六年 十一月二十五日
傅锡鸿 号衡秋	湖南 武冈人	粟戡时	由武冈县西乡 洞口市傅马顺 店代收转岩山	正字一万二千 一百三十八号 收据第一百三十九号	民国六年 十一月二十五日
刘鸣珊	江西 吉安人	胡鼎珊	长沙小西门 礼和馆	正字一万二千 一百三十九号 收据第一百四十号	民国六年 十一月二十五日
王　泽 号殿秋	湖南 长沙人	周继襄	太平街义顺和	正字一万二千 一百四十号 收据第一百四十一号	民国六年 十一月二十七日
徐子彦	湖南 长沙人	聂其焜	华昌公司	正字一万二千 一百四十一号 收据第一百四十二号	民国六年 十一月二十九日
王有才	湖南 衡阳人	张子钦	查江山湖町	正字一万二千 一百四十二号 收据第一百四十三号	民国六年十二月一日
陈家乾 号耀廷	湖南 长沙人	聂其焜	西长街 永兴街口	正字一万二千 一百四十三号 收据第一百四十四号	民国六年十二月二日
万正心	湖南 衡阳人	张子钦	衡阳台源寺	正字一万二千 一百四十四号 收据第一百四十五号	民国六年十二月三日
唐兆钧 号俊夫	湖南 长沙人	陈怀皋	南正街作 和槽坊对门	正字一万二千 一百四十五号 收据第一百四十六号	民国六年十二月四日
唐赞谟 号翼之	湖南 长沙人	陈怀皋	南正街交通 银行隔壁	正字一万二千 一百四十六号 收据第一百四十七号	民国六年十二月四日

（续表）

姓　名	籍　贯	介绍人	住　址	证书号数	入会时间
蔡言章	湖南攸县人	王廷俊	攸县南城内蔡宅	正字一万二千一百四十七号收据第一百四十八号	民国六年十二月□日
陈　瀛号仙池	安徽青阳人	周继襄	东茅巷五十号门牌陈尊德堂	正字一万二千一百四十八号收据第一百四十九号	民国六年十二月七日
诸锡钧号衡九	江苏松江人	粟戡时	小学宫街第一号诸光裕堂	正字一万二千一百四十九号收据第一百五十号	民国六年十二月十三日
柳尚仁号绍耀	湖南衡山人	聂其焜	石湾万生药号	正字一万二千一百五十号收据第一百五十一号	民国六年十二月十三日
罗源声号坤生	湖南衡山人	聂其焜	衡山裕泰斋	正字一万二千一百五十一号收据第一百五十二号	民国六年十二月十三日
王明德	江西清江人	彭　煌	太平街吉泰荣浩	正字一万二千一百五十二号收据第一百五十三号	民国六年十二月十六日
张弁群号衡湖	湖南长沙人	蔡炳	理问街	正字一万二千一百五十三号收据第一百五十四号	民国六年十二月十八日
李为麒号咏骧	湖南长沙人	粟戡时	铜官明月堂	正字一万二千一百五十四号收据第一百五十五号	民国六年十二月二十日
郭洪陶号子陈	湖南长沙人	粟戡时	铜官东紫堂	正字一万二千一百五十五号收据第一百五十六号	民国六年十二月二十日
胡　祖号旦初	湖南长沙人	粟戡时	铜官胡正昌布庄后进	正字第一万四千三百九十一号，收据第一百五十七号	民国六年十二月二十日
熊作孚号子俭	湖南长沙人	聂其焜	北正街协昌隆钱号	正字第一万四千三百九十二号，收据第一百五十八号	民国七年三月十五日

（续表）

姓　名	籍　贯	介绍人	住　址	证书号数	入会时间
罗文瑨 号健伯	湖南 长沙人	黄毓麟	走马楼天 利昌古玩店	正字第一万四千 三百九十三号， 收据第一百五十九号	民国七年三月十七日
向福堂	湖南 长沙人	王贻荣	天然台	正字第一万四千 三百九十四号 收据第一百六十号	民国七年三月十八日
吴家骏	湖南 湘潭人	邬同寿	司马里 吴玉林堂	正字第一万四千 三百九十五号 收据第一百六十一号	民国七年三月二十日
凌真亮 号翊云	湖南 长沙人	粟戡时	三兴街 云记长纸号	正字第一万四千 三百九十六号 收据第一百六十二号	民国七年三月二十一日
孙祖汉 号百熙	湖南 长沙人	侯其耀	尚德街孙忠怀 堂三十一号	正字第一万四千 三百九十七号 收据第一百六十三号	民国七年三月二十二日
文泮生	湖南 长沙人	胡鼎珊	坡子街乾和福	正字第一万四千 三百九十八号 收据第一百六十四号	民国七年三月二十四日
蔡玉泉	江苏	胡鼎珊	坡子街 元昌钱号	正字第一万四千 三百九十九号 收据第一百六十五号	民国七年三月二十四日
曾铭新	江西 金溪人	聂其焜	青石桥 隆茂钱号	正字第一万四千 四百号 收据第一百六十六号	民国七年三月二十五日
吴灿鑫 号德干	湖南 长沙人	侯其耀	坡子街吴森泰	正字第一万四千 四百零一号 收据第一百六十七号	民国七年三月二十五日
曾宗鲁	江西 金溪人	聂其焜	理问街 隆和钱号	正字第一万四千 四百零二号 收据第一百六十八号	民国七年三月二十五日
杨泽云	江苏 上元人	胡鼎珊	肇家坪 杨光裕堂	正字第一万四千 四百零三号 收据第一百六十九号	民国七年三月二十五日

（续表）

姓　名	籍　贯	介绍人	住　址	证书号数	入会时间
许子庸	江苏上元人	曾宗鲁	浏阳门正街	正字第一万四千四百零四号收据第一百七十号	民国七年三月二十五日
吴楫丞	江西金溪人	陈怀皋	赣省银行东茆巷	正字第一万四千四百零五号收据第一百七十一号	民国七年三月二十六日
朱光其	江西金溪人	陈怀皋	履泰恒钱号新坡子街	正字第一万四千四百零六号收据第一百七十二号	民国七年三月二十六日
郑燮芳	江西金溪人	陈怀皋	履泰恒钱号新坡子街	正字第一万四千四百零七号收据第一百七十三号	民国七年三月二十六日
粟时翻	湖南长沙人	粟戡时	青运室纸号司门口	正字第一万四千四百零八号收据第一百七十四号	民国七年三月二十六日
蒋以政	江苏宜兴人	李定邦	五堆口蒋宅第三号	正字第一万四千四百零九号收据第一百七十五号	民国七年三月二十七日
朱上礼号陶生	湖南汝城人	陈怀皋	落心田大巷子	正字第一万四千四百一十号收据第一百七十六号	民国七年三月二十七日
程豪白	江苏仪征人	聂其焜	赣省银行东茅巷	正字第一万四千四百一十一号收据第一百七十七号	民国七年三月二十七日
粟时炽号芷生	湖南长沙人	粟戡时	大吉祥纸庄太平街	正字第一万四千四百一十二号收据第一百七十八号	民国七年三月二十七日
粟显遐号咏仁	湖南长沙人	粟戡时	大吉祥纸庄太平街	正字第一万四千四百一十三号收据第一百七十九号	民国七年三月二十七日
粟显遹号咏涛	湖南长沙人	粟戡时	大吉祥纸庄太平街	正字第一万四千四百一十四号收据第一百八十号	民国七年三月二十七日

（续表）

姓　名	籍　贯	介绍人	住　址	证书号数	入会时间
粟显逵号咏仪	湖南长沙人	粟戡时	锦星纸庄太平街	正字第一万四千四百一十五号收据第一百八十一号	民国七年三月二十七日
粟时鸿号象森	湖南长沙人	粟戡时	肇嘉坪十八号	正字第一万四千四百一十六号收据第一百八十二号	民国七年三月二十七日
周渭滨	湖南长沙人	周继襄	里仁巷第四号	正字第一万四千四百一十七号收据第一百八十三号	民国七年三月二十九日
屈　辔号季芸	湖南长沙人	汪廷燮	坡子街丰记扇庄	正字第一万四千四百一十八号收据第一百八十四号	民国七年三月二十九日
屈兆燊号仲霖	湖南长沙人	汪廷燮	坡子街锦丰成扇庄	正字第一万四千四百一十九号收据第一百八十五号	民国七年三月二十九日
王良桂	湖南长沙人	梁家驷	织机巷王芙园庐	正字第一万四千四百二十号收据第一百八十六号	民国七年三月三十日
周月楼	湖南长沙人	聂其焜	周恒升玉器店白马巷	正字第一万四千四百二十一号收据第一百八十七号	民国七年三月三十日
姚梅生	湖南长沙人	王　泽	如意街姚松竹堂	正字第一万四千四百二十二号收据第一百八十八号	民国七年三月三十日
黄菊皆	湖南长沙人	王　泽	皇仓街黄仁厚堂	正字第一万四千四百二十三号收据第一百八十九号	民国七年三月三十日
罗润章	湖南长沙人	王　泽	罗养性书屋福星街	正字第一万四千四百二十四号收据第一百九十号	民国七年三月三十日
徐梓珊	湖南长沙人	王　泽	徐丰玉书屋宝南街保安里第十二号	正字第一万四千四百二十五号收据第一百九十一号	民国七年三月三十日

（续表）

姓　名	籍　贯	介绍人	住　址	证书号数	入会时间
吴　煦 号克勤	湖南 长沙人	粟戡时	北正街右局口 对照雍间吴 门牌十六号	正字第一万四千 四百二十六号 收据第一百九十二号	民国七年三月三十日
毕蕃昌 号伯琴	湖南 长沙人	王　泽	长学宫街 希圣园八号 保厘堂毕	正字第一万四千 四百二十七号 收据第一百九十三号	民国七年三月三十日
曹广淦 号文彬	湖南 长沙人	王　泽	宝南街保安 里受福堂曹	正字第一万四千 四百二十八号 收据第一百九十四号	民国七年三月三十日
周五桂	湖南 长沙人	王　泽	周万昌 东门外杨家山	正字第一万四 千四百二十九号 收据第一百九十五号	民国七年三月三十日
李永奎	广东 梅县人	陈怀皋	唐家湾 四十四号	正字第一万四千 四百三十号 收据第一百九十六号	民国七年三月三十日
王　凯 号少云	湖南 长沙人	粟戡时	王天益太平街	正字第一万四千 四百三十一号 收据第一百九十七号	民国七年三月三十日
张兰生	湖南 长沙人	徐梓珊	马王街 四号张寓	正字第一万四千 四百三十二号 收据第一百九十八号	民国七年三月三十日
罗元章	江苏 吴县人	聂其焜	南城内 云泉里七号	正字第一万四千 四百三十三号 收据第一百九十九号	民国七年三月三十日
金兰洲	江苏 吴县人	聂其焜	贡院西街 人和裕号	正字第一万四千 四百三十四号 收据第二百号	民国七年三月三十日
周禹森	湖南 长沙人	王　泽	东茅巷 周笃祜堂	正字第一万四千 四百三十五号 收据第二百零一号	民国七年三月三十日
汪寿麟	安徽 休宁人	朱上礼	落星田灵宫巷 第四号门牌	正字第一万四千 四百三十六号 收据第二百零二号	民国七年三月三十日

（续表）

姓　名	籍　贯	介绍人	住　址	证书号数	入会时间
张承锦	湖南长沙人	朱上礼	东兴街第三号	正字第一万四千四百三十七号收据第二百零三号	民国七年三月三十日
易世森	湖南长沙人号寿松	蔡　澍	李公庙十二号门牌	正字第一万四千四百三十八号收据第二百零四号	民国七年四月一日
陈申辅（友梧）	湖南长沙人	王　泽	北门外面粉公司	一万四千四百三十九号收据第二百零五号	民国七年四月一日
左树修	湖南长沙人	王　泽	紫东园铭园左寓北门外面粉公司	一万四千四百四十号收据第二百零六号	民国七年四月一日
罗震甲	湖南长沙人	王　泽	北门外新河街鼎新行	一万四千四百四十一号收据第二百零七号	民国七年四月一日
周　俊	湖南长沙人	王　泽	红牌楼云霞湘绣公司	一万四千四百四十二号收据第二百零八号	民国七年四月一日
张育焌	湖南善化人	王　泽	太平街乾益和	一万四千四百四十三号收据第二百零九号	民国七年四月一日
朱庆璜	湖南长沙人	王　泽	太平街乾益和	一万四千四百四十四号收据第二百一十号	民国七年四月一日
蔡岱昆	湖南长沙人	王　泽	北门外新河街恒升祥木号	一万四千四百四十五号收据第二百一十一号	民国七年四月一日
张寅槎	湖南长沙人	王　泽	北门外面粉公司	一万四千四百四十六号收据第二百一十二号	民国七年四月一日
沈康辰	江苏吴县人	罗元章	大西门大亨缎号	一万四千四百四十七号收据第二百一十三号	民国七年四月一日
周祉祥号毓骐	湖南长沙人	熊作孚	北正街协昌隆钱号	一万四千四百四十八号收据第二百一十四号	民国七年四月一日
李致和	湖南长沙人	李定邦	北正街乾亨泰	一万四千四百四十九号收据第二百一十五号	民国七年四月二日
刘松舫（已故）	江西南昌人	胡鼎珊	福星门外一百二十一号门牌	一万四千四百五十号收据第二百一十六号	民国七年四月二日

（续表）

姓　名	籍　贯	介绍人	住　址	证书号数	入会时间
刘寄仙	湖南衡山人	陈怀皋	东乡花桥	一万四千四百五十一号收据第二百一十七号	民国七年四月二日
罗成章	江苏吴县人	罗元章	照磨厅一号	一万四千四百五十二号收据第二百一十八号	民国七年四月三日
熊振祥	湖南长沙人	粟戡时	北正街正中里内第八号	一万四千四百五十三号收据第二百一十九号	民国七年四月三日
王　佐号庄晨	湖南长沙人	粟戡时	储蓄银行长沙财政局	一万四千四百五十四号收据第二百二十号	民国七年四月三日
王式沂号悦曾	湖南长沙人	粟戡时	司门口王懋生	正字一万四千四百五十五号收据第二百二十一号	民国七年四月三日
黄绍田	湖南长沙人	任修本	高升巷五号	正字一万四千四百五十六号收据第二百二十二号	民国七年四月四日
曾嵩峻	湖南长沙人	李永奎	南正街青云纸店	正字一万四千四百五十七号收据第二百二十三号	民国七年四月四日
汪先华号宝初	湖南善化人	汪廷夔	又一村六堆子第七号	正字一万四千四百五十八号收据第二百二十四号	民国七年四月四日
梁正言	湖南长沙人	颜福庆	小吴门外秧田冲	正字一万四千四百五十九号收据第二百二十五号	民国七年四月四日
陈安生	湖南长沙人	颜福庆	水风井康衢巷内	正字一万四千四百六十号收据第二百二十六号	民国七年四月四日
杜光灿号春生	湖南长沙人	侯其耀	府正街长盛轩，住东屯渡杨家湾	正字一万四千四百六十一号收据第二百二十七号	民国七年四月五日
黄灏元号鹤卿	湖南长沙人	粟戡时	坡子街惠孚庆南货号	正字一万四千四百六十二号收据第二百二十八号	民国七年四月五日

（续表）

姓　名	籍　贯	介绍人	住　址	证书号数	入会时间
贺家楷	湖南长沙人	颜福庆	贺树德堂湖南银行对门	正字一万四千四百六十三号收据第二百二十九号	民国七年四月五日
傅友良	湖南长沙人	颜福庆	小吴门外秧田冲	正字一万四千四百六十四号收据第二百三十号	民国七年四月五日
盛雨田	浙江杭县人	聂其焜	下坡子街盛宅	正字一万四千四百六十五号收据第二百三十一号	民国七年四月五日
柳克旬	湖南长沙人	陈怀皋	椰梨市柳德茂号转	正字一万四千四百六十六号收据第二百三十二号	民国七年四月六日
刘曜坤	湖南长沙人	雷永龄	大西门镇南芗南货号	正字一万四千四百六十七号收据第二百三十三号	民国七年四月六日
张元初	湖南长沙人	曾嵩峻	穗馨槽坊北正街头卡	正字一万四千四百六十八号收据第二百三十四号	民国七年四月六日
何海清	湖南长沙人	张元初	穗馨槽坊北正街头卡	正字一万四千四百六十九号收据第二百三十五号	民国七年四月六日
许　推号月川	湖南长沙人	陈怀皋	许永凝堂东茅巷	正字一万四千四百七十号收据第二百三十六号	民国七年四月八日
龚慎思	湖南长沙人	姚梅生	坡子街龚路丰斋	正字一万四千四百七十一号收据第二百三十七号	民国七年四月八日
张庆煦	湖南长沙人	张承锦	南门外金盆岭下蒋氏墓庐张寓	正字一万四千四百七十二号收据第二百三十八号	民国七年四月九日
曾广钟号季融	湖南湘乡人	聂其焜	长沙东门外八□街福音堂	正字一万四千四百七十三号收据第二百三十九号	民国七年四月九日

（续表）

姓　名	籍　贯	介绍人	住　址	证书号数	入会时间
柳汝权 号清可	湖南 长沙人	粟戡时	理问街天华 旅馆，住东乡 黄花市舒甲冲	正字一万四千 四百七十四号 收据第二百四十号	民国七年四月九日
黄次波 号正明	湖南 长沙人	侯其耀	乐朋硚黄华 萼堂十三号	正字一万四千 四百七十五号 收据第二百四十一号	民国七年四月九日
陈　达 号韵青	湖南 长沙人	侯其耀	北城外丝茅 冲星圃，城内 乐朋硚黄华 萼堂十三号	正字一万四千 四百七十六号 收据第二百四十二号	民国七年四月九日
李培心	湖南 长沙人	龚慎思	寿星街	正字一万四千 四百七十七号 收据第二百四十三号	民国七年四月九日
马骏麟	湖南 长沙人	陈怀皋	长沙东乡 石飞嘴茶园	正字一万四千 四百七十八号 收据第二百四十四号	民国七年四月十日
马意诚	湖南 长沙人	陈怀皋	长沙东乡 石飞嘴茶园	正字一万四千 四百七十九号 收据第二百四十五号	民国七年四月十日
马林生	湖南 长沙人	陈怀皋	长沙东乡 石飞嘴茶园	正字一万四千 四百八十号 收据第二百四十六号	民国七年四月十日
马云阶	湖南 长沙人	陈怀皋	长沙东乡 石飞嘴茶园	正字一万四千 四百八十一号 收据第二百四十七号	民国七年四月十日
刘　冕	湖南 长沙人	聂其焜	局关祠 右巷八号	正字一万四千 四百八十二号 收据第二百四十八号	民国七年四月十日
刘守骏	湖南 长沙人	李培心	永丰仓善岭堂	正字一万四千 四百八十三号 收据第二百四十九号	民国七年四月十日

（续表）

姓　名	籍　贯	介绍人	住　址	证书号数	入会时间
周枚生	湖南长沙人	熊作孚	北门外史家坡	正字一万四千四百八十四号收据第二百五十号	民国七年四月十日
柳漱泉	湖南长沙人	李定邦	北正街乾亨泰钱号	正字一万四千四百八十五号收据第二百五十一号	民国七年四月十日
吴声衡	江苏上元人	粟戡时	储蓄银行	正字一万四千四百八十四号收据第二百五十二号	民国七年四月十一日
张正才	江西金溪人	张兰生	大西门内福昌盛钱号	正字一万四千四百八十七号收据第二百五十三号	民国七年四月十一日
谭传组	湖南浏阳人	聂其焜	浏阳县裕盛祥号宣道会张敌麂转	正字一万四千四百八十八号收据第二百五十四号	民国七年四月十二日
郝英耻号汉卿	湖南长沙人	陈怀皋	大西门外上河街同福长号	正字一万四千四百八十九号收据第二百五十五号	民国七年四月十二日
卢　仑	湖南浏阳人	刘　冕	北门外升茂工场	正字一万四千四百九十号收据第二百五十六号	民国七年四月十三日
王　健号凤喈	湖南长沙人	粟戡时	太平街王天益号	正字一万四千四百九十一号收据第二百五十七号	民国七年四月十五日
张业俊号柏亭	湖南长沙人	陈怀皋	西长街正兴盐号	正字一万四千四百九十二号收据第二百五十八号	民国七年四月十五日
陈家猷	湖南安化人	颜福庆	储蓄银行，住安化城西常丰乡柳园坳头山	正字一万四千四百九十三号收据第二百五十九号	民国七年四月十五日
何海涛	湖南长沙人	颜福庆	储蓄银行住大贤镇二甲十区宁家□□	正字一万四千四百九十四号收据第二百六十号	民国七年四月十五日

（续表）

姓　名	籍　贯	介绍人	住　址	证书号数	入会时间
常廷谓号怀治	湖南长沙人	颜福庆	储蓄银行住东乡大贤都三甲上五区	正字一万四千四百九十五号收据第二百六十一号	民国七年四月十五日
杨承泽号纯斋	湖南长沙人	颜福庆	小多佛寺捷径十二号门牌	正字一万四千四百九十六号收据第二百六十二号	民国七年四月十五日
王　夔号乐生	江苏人	颜福庆	午城六十码头十四号门牌	正字一万四千四百九十七号收据第二百六十三号	民国七年四月十五日
易尚龄	湖南长沙人	姚梅生	上营盘街志伊堂易	正字一万四千四百九十八号收据第二百六十四号	民国七年四月十五日
周兆松	湖南长沙人	姚梅生	宝南街会芳园周听春堂	正字一万四千四百九十九号收据第二百六十五号	民国七年四月十五日
曹涤云	湖南长沙人	姚梅生	太平街干益和记，锦绣都春华市七里冲	正字一万四千五百号收据第二百六十六号	民国七年四月十五日
林梓菊	湖南长沙人	粟戡时	潮宗门万兴利粮栈	正字一万四千五百零一号收据第二百六十七号	民国七年四月十五日
畲仲琳	湖南长沙人	粟戡时	潮宗门高升巷梧庐王	正字一万四千五百零二号收据第二百六十八号	民国七年四月十五日
柳笏绅	湖南长沙人	颜福庆	贡院东街柳裕昌木号	正字一万四千五百零三号收据第二百六十九号	民国七年四月十五日
冯　范	湖南湘潭人	卢　仑	北门外升茂工场	正字一万四千五百零四号收据第二百七十号	民国七年四月十五日
李宗植号庶丞	湖南长沙人	粟戡时	朝阳巷右侧苏州公馆后李树德堂	正字一万四千五百零五号收据第二百七十一号	民国七年四月十五日

（续表）

姓　名	籍　贯	介绍人	住　址	证书号数	入会时间
沈其灏号振堃	江苏吴县人	粟戡时	皇仓街沈逸如堂	正字一万四千五百零六号收据第二百七十二号	民国七年四月十五日
王国浚	湖南长沙人	颜福庆	北门外史家坡	正字一万四千五百零七号收据第二百七十三号	民国七年四月十五日
沙　槼号弼臣	江苏江宁人	粟戡时	福源巷沙昌记锻号	正字一万四千五百零八号收据第二百七十四号	民国七年四月十六日
张昌植号菁华	湖南长沙人	粟戡时	八角亭太和丰，住鹤杉岭	正字一万四千五百零九号收据第二百七十五号	民国七年四月十六日
周荫泉	湖南长沙人	周渭滨	登龙街第十一号	正字一万四千五百一十号收据第二百七十六号	民国七年四月十六日
伏元谦	湖南湘阴人	龚慎思	省城菜根香伏宅	正字一万四千五百一十一号收据第二百七十七号	民国七年四月十七日
魏崇绂	湖南长沙人	魏崇绶	皇仓街魏宜禄堂	正字一万四千五百一十二号收据第二百七十八号	民国七年四月十七日
陈谦庵	湖南长沙人	聂其焜	高正街第二号	正字一万四千五百一十三号收据第二百七十九号	民国七年四月十七日
刘肇隅号廉生	湖南湘潭人	陈怀皋	小西门内乐新巷源远煤矿事务所	正字一万四千五百一十四号收据第二百八十号	民国七年四月十八日
常兆奎	湖南长沙人	颜福庆	端履街惜阴金	正字一万四千五百一十五号收据第二百八十一号	民国七年四月十八日
陶廷玉号鸣谦	湖南安化人	聂其焜	理问街杨家巷第五号	正字一万四千五百一十六号收据第二百八十二号	民国七年四月十八日

（续表）

姓　名	籍　贯	介绍人	住　址	证书号数	入会时间
张　笃 号星泉	湖南 长沙人	陈怀皋	走马楼协昌祥	正字一万四千 五百一十七号 收据第二百八十三号	民国七年四月十八日
常尔纯	湖南 长沙人	陈怀皋	走马楼松龄堂	正字一万四千 五百一十八号 收据第二百八十四号	民国七年四月十八日
章鼎彝	湖南 长沙人	陈怀皋	里仁巷章宅	正字一万四千 五百一十九号 收据第二百八十五号	民国七年四月十九日
陈舜卿 （已故）	广东 东莞人	陈怀皋	新河铁路局	正字一万四千 五百二十号 收据第二百八十六号	民国七年四月十九日
徐厚德	江苏 吴县人	王令望	湘潭仁昌绸缎	正字一万四千 五百二十一号 收据第二百八十七号	民国七年四月十九日
王熙览	湖南 长沙人	聂其焜	东门捷径 六号朱寓	正字一万四千 五百二十二号 收据第二百八十八号	民国七年四月十九日
罗君杰	湖南 长沙人	粟戡时	河西小望城坡	正字一万四千 五百二十三号 收据第二百八十九号	民国七年四月十九日
孔庆大	湖南 长沙人	易尚龄	大西门外碧 湾街时利和行	正字一万四千 五百二十四号 收据第二百九十号	民国七年四月十九日
朱同皋	湖南 长沙人	聂其焜	东门捷径六号	正字一万四千 五百二十五号 收据第二百九十一号	民国七年四月二十日
朱道纯	湖南 长沙人	王熙览	右东园十二号	正字一万四千 五百二十六号 收据第二百九十二号	民国七年四月二十日
郭淡成	湖南 长沙人	魏崇绶	东乡 大贤镇八甲	正字一万四千 五百二十七号 收据第二百九十三号	民国七年四月二十一日

（续表）

姓　名	籍　贯	介绍人	住　址	证书号数	入会时间
周正卿	江苏嘉定人	陈怀皋	黄泥段铁路工程局	正字一万四千五百二十八号收据第二百九十四号	民国七年四月二十二日
戴惕干	江苏上元人	聂其焜	荷花池百善堂	正字一万四千五百二十九号收据第二百九十五号	民国七年四月二十二日
胡世桃	湖南长沙人	陈怀皋	太平街利生监号	正字一万四千五百三十号收据第二百九十六号	民国七年四月二十二日
李昭澧号海樵	湖南长沙人	陈怀皋	洪家井永康裕	正字一万四千五百三十一号收据第二百九十七号	民国七年四月二十二日
朱海涛	湖南长沙人	陈怀皋	新康康祥粮栈	正字一万四千五百三十二号收据第二百九十八号	民国七年四月二十四日
李瑞生	湖南长沙人	刘松舫	福星门外美孚对门	正字一万四千五百三十三号收据第二百九十九号	民国七年四月二十四日
常振冈	湖南长沙人号仞千	姚梅生	楼贵街复顺昌钱号	正字一万四千五百三十四号收据第三百号	民国七年四月二十七日
常振万	湖南长沙人	常振冈	淳化都八区彰家湾	正字一万四千五百三十五号收据第三百零一号	民国七年四月二十八日
常家菘	湖南长沙人	常振冈	淳化都八区大屋湾白马巷常义成号	正字一万四千五百三十六号收据第三百零二号	民国七年四月二十八日
李振初	湖南长沙人号云甫	李昭澧	洪家井永康裕	正字一万四千五百三十七号收据第三百零三号	民国七年四月二十九日
李　庸号无庸	湖南湘阴人	王铭忠	水月林五十五号	正字一万四千五百三十八号收据第三百零四号	民国七年四月二十九日

（续表）

姓　名	籍　贯	介绍人	住　址	证书号数	入会时间
杨骏昌	湖南长沙人号树廷	粟戡时	司门口青莲室	正字一万四千五百三十九号收据第三百零五号	民国七年四月三十日
廖子富号泰陔	湖南长沙人	曾铭新	小吴门外汤公庙存德堂	正字一万四千五百四十号收据第三百零六号	民国七年五月一日
朱傅镐号宅武	湖南长沙人	周祉祥	住喻家巷九号	正字一万四千五百四十一号收据第三百零七号	民国七年五月一日
许俊闿	湖南长沙人	陈怀皋	东茅巷许庐	正字一万四千五百四十二号收据第三百零八号	民国七年五月二日
巢功宏号子来	湖南湘阴人	任修本	羊风拐角鸿春农庄	正字一万四千五百四十三号收据第三百零九号	民国七年五月二日
周芋僧	江苏吴县人	陈怀皋	北区廿五号莲池周宅	正字一万四千五百四十四号收据第三百一十号	民国七年五月二日
王　丹号玉生	湖南长沙人	粟戡时	西长街裕商纸庄	正字一万四千五百四十五号收据第三百一十一号	民国七年五月三日
沈耀南	浙江仁和人	粟戡时	浏正街宋立盛号	正字一万四千五百四十六号收据第三百一十二号	民国七年五月三日
华　彬号培森	江南勾客人	陈怀皋	小吴门正街通济典	正字一万四千五百四十七号收据第三百一十三号	民国七年五月四日
方国屏	湖南资兴人	易尚龄	理问街杨家巷第七号	正字一万四千五百四十八号收据第三百一十四号	民国七年五月四日
常振箕号星渠	湖南长沙人	陈怀皋	大贤镇二甲黑塘湾	正字一万四千五百四十九号收据第三百一十五号	民国七年五月六日

（续表）

姓　名	籍　贯	介绍人	住　址	证书号数	入会时间
伍承基	江西南昌人	陈谦庵	府正中街一百二十一号门牌	正字一万四千五百五十号收据第三百一十六号	民国七年五月十五日
刘稚泉（已故）	湖南长沙人	聂其焜		正字一万六千五百三十一号	民国七年七月一日
易枫甫（已故）	湖南长沙人	聂其焜		正字一万六千五百三十二号	民国七年七月一日
张曼生（已故）	湖南长沙人	聂其焜		正字一万六千五百三十三号	民国七年七月一日
张子文	湖南长沙人	聂其焜		正字一万六千五百三十四号	民国七年七月一日
严石浮	湖南长沙人	聂其焜		正字一万六千五百三十五号	民国七年七月一日
郝源澄	湖南长沙人	聂其焜		正字一万六千五百三十六号	民国七年七月一日
胡善之	江西人	聂其焜		正字一万六千五百三十七号	民国七年七月一日
易祐臣	湖南长沙人	聂其焜		正字一万六千五百三十八号	民国七年七月一日
陈竟盦	湖南长沙人	聂其焜		正字一万六千五百三十九号	民国七年七月一日
周杏生	湖南长沙人	聂其焜		正字一万六千五百四十号	民国七年七月一日
周舜生	湖南长沙人	聂其焜		正字一万六千五百四十一号	民国七年七月一日
周敏生	湖南长沙人	聂其焜		正字一万六千五百四十二号	民国七年七月一日
周元生	湖南长沙人	聂其焜		正字一万六千五百四十三号	民国七年七月一日
戴仲焘	湖南长沙人	聂其焜		正字一万六千五百四十四号	民国七年七月一日

（续表）

姓　名	籍　贯	介绍人	住　址	证书号数	入会时间
戴叔筠	湖南长沙人	聂其焜		正字一万六千五百四十五号	民国七年七月一日
戴季常	湖南长沙人	聂其焜		正字一万六千五百四十六号	民国七年七月一日
戴文山	湖南长沙人	聂其焜		正字一万六千五百四十七号	民国七年七月一日
徐伯咸	湖南长沙人	聂其焜		正字一万六千五百四十八号	民国七年七月一日
王德吾	湖南长沙人	聂其焜		正字一万六千五百四十九号	民国七年七月一日
师少泉	湖南长沙人	聂其焜		正字一万六千五百五十号	民国七年七月一日
颜子瑞	湖南长沙人	聂其焜		正字一万六千五百五十一号	民国七年七月一日
蒋建生	湖南长沙人	聂其焜		正字一万六千五百五十二号	民国七年七月一日
谈镜澄	湖南长沙人	聂其焜		正字一万六千五百五十三号	民国七年七月一日
萧荷生	湖南长沙人	聂其焜		正字一万六千五百五十四号	民国七年七月一日
邓绍溪	湖南长沙人	聂其焜		正字一万六千五百五十五号	民国七年七月一日
徐绍云	湖南长沙人	聂其焜		正字一万六千五百五十六号	民国七年七月一日
邓和生	湖南长沙人	聂其焜		正字一万六千五百五十七号	民国七年七月一日
秦德宣	湖南长沙人	聂其焜	元利员盐号	正字一万六千五百五十八号	民国七年七月一日
陈竹湄	湖南长沙人	聂其焜		正字一万六千五百五十九号	民国七年七月一日
陈可龠	湖南长沙人	聂其焜		正字一万六千五百六十号	民国七年七月一日

（续表）

姓　名	籍　贯	介绍人	住　址	证书号数	入会时间
龚润青	湖南长沙人	聂其焜	乾顺泰盐号	正字一万六千五百六十一号	民国七年七月一日
黄式询	湖南长沙人	聂其焜		正字一万六千五百六十二号	民国七年七月一日
谢寅生	湖南长沙人	聂其焜		正字一万六千五百六十三号	民国七年七月一日
陶裕贻	湖南长沙人	聂其焜		正字一万六千五百六十四号	民国七年七月一日
胡炳涛	湖南长沙人	聂其焜		正字一万六千五百六十五号	民国七年七月一日
郑兆夔	湖南长沙人	聂其焜		正字一万六千五百六十六号	民国七年七月一日
郑兆麟	湖南长沙人	聂其焜		正字一万六千五百六十七号	民国七年七月一日
唐宝元	湖南长沙人	聂其焜		正字一万六千五百六十八号	民国七年七月一日
宋赋梅	湖南长沙人	聂其焜		正字一万六千五百六十九号	民国七年七月一日
陈箴安	湖南长沙人	聂其焜		正字一万六千五百七十号	民国七年七月一日
杨寿松	湖南长沙人	聂其焜		正字一万六千五百七十一号	民国七年七月一日
王伯簪	湖北人	聂其焜		正字一万六千五百七十二号	民国七年七月一日
耿继松	湖南长沙人	聂其焜		正字一万六千五百七十三号	民国七年七月一日
易俊明	湖南长沙人	聂其焜	淮商公会	正字一万六千五百七十四号	民国七年七月一日
邹子律	湖南长沙人	聂其焜		正字一万六千五百七十五号	民国七年七月一日
谈沛卿	湖南长沙人	聂其焜		正字一万六千五百七十六号	民国七年七月一日

（续表）

姓　名	籍　贯	介绍人	住　址	证书号数	入会时间
危浦陔	湖南长沙人	聂其焜		正字一万六千五百七十七号	民国七年七月一日
李延寿	湖南长沙人	聂其焜		正字一万六千五百七十八号	民国七年七月一日
童永龄	长沙	颜福庆		正字三万零九百一十号	民国九年二月二十八日
袁绍先	长沙	陈友梧		正字三万零九百一十一号	民国九年二月二十八日
罗佩伟	长沙	颜福庆		正字三万零九百一十二号	民国九年二月二十八日
徐　铨（海清）	长沙	侯其耀		正字三万零九百一十三号	民国九年二月二十八日
冯　刚（敬仪）	江苏上元县	龚慎思	乐心田大巷子二号	正字二万一千七百五十六号	民国九年八月一日
娄瑗林	浏阳县人	粟墨生	赐闲湖第九号	正字二万一千七百五十七号	民国九年八月一日
娄振芬	湖南浏阳县人	李定邦	青石桥	正字二万一千七百五十八号	民国九年八月一日
杨开运（次伯）	湖南新化人	陈怀皋	南门外灵官渡州记公司	正字二万一千七百五十九号	民国十年二月十六日
杨继成	江苏镇江人	陈怀皋	南县协昌大礼货号	正字二万一千七百六十号	民国十年五月十二日
傅光辉	湖南醴陵人	德慕登	湘裕恒	正字二万一千七百六十一号	民国十年八月廿九日
刘文彬	江西安福人	傅光辉	正大祥	正字二万一千七百六十二号	民国十年八月廿九日
朱作斌	江西吉安人	傅光辉	裕恒益	正字二万一千七百六十三号	民国十年八月廿九日
刘远实	江西安福人	傅光辉	新开利	正字二万一千七百六十四号	民国十年八月廿九日
余益华	江西吉安人	傅光辉	紫阳斋	正字二万一千七百六十五号	民国十年八月廿九日

（续表）

姓　名	籍　贯	介绍人	住　址	证书号数	入会时间
王学鹍	江西安福人	傅光辉	乾昌盐号	正字二万一千七百六十六号	民国十年八月廿九日
王少微	江西吉安人	傅光辉	德懋祥	正字二万一千七百六十七号	民国十年八月廿九日
陈克湘	湖南醴陵人	傅光辉	和记	正字二万一千七百六十八号	民国十年八月廿九日
陈耀勋	湖南宝庆人	傅光辉	通益	正字二万一千七百六十九号	民国十年八月廿九日
刘尚清	江西安福人	傅光辉	同泰生	正字二万一千七百七十号	民国十年八月廿九日
张世义	湖南醴陵人	傅光辉	元吉利	正字二万一千七百七十一号	民国十年八月廿九日
阳兆千	湖南醴陵人	傅光辉		正字二万一千七百七十二号	民国十年八月廿九日
汤光华	湖南醴陵人	傅光辉	协胜长	正字二万一千七百七十三号	民国十年八月廿九日
胡松泉	湖南醴陵人	傅光辉	胡长胜	正字二万一千七百七十四号	民国十年八月廿九日
李海峰	湖南醴陵人	傅光辉	协记	正字二万一千七百七十五号	民国十年八月廿九日
欧阳培	江西安福人	傅光辉		正字二万二千九百一十四号	民国十年八月廿九日
梅景福	江西南昌人	陈怀皋	福胜街永安福号	正字二万二千九百一十五号	民国十年十一月十日
周仲评	湖南平江人	凌　翰	粮运总局西长街恒星商号	正字二万二千九百一十六号	民国十年十二月廿四日
梅建南	江西南昌人	陈怀皋	长沙福胜街永安福	正字二万二千九百一十七号	民国十一年二月廿三日
陆友坏	湖南武冈人	陈怀皋	药王街三十五号	正字二万二千九百一十八号	民国十一年二月廿八日

（续表）

姓　名	籍　贯	介绍人	住　址	证书号数	入会时间
王贵和	江西抚州临川人	陈怀皋	走马楼王贵和笔店	正字二万二千九百十九号	民国十一年三月廿四日
刘夫权	湖南新化人	陈怀皋	新化青石街致中和	正字二万二千九百二十号	民国十一年四月三日
蔡兰孙	江西抚州金溪人	陈怀皋	理问街协丰祥钱号	正字二万二千九百三十一号	民国十二年一月十五日
唐芝轩	湖南湘潭人	陈怀皋	上海哈同路民厚里七十五号，长沙湘纯街六十五号唐宅	正字二万二千九百二十二号	民国十三年五月二十日
唐稼轩	湖南湘潭人	史春廷	上海哈同路民厚里七十五号，长沙湘纯街六十五号唐宅	正字二万二千九百二十三号	民国十三年六月三日
萧际唐	湖北人	陈怀皋	长沙邮务管理局	正字二万二千九百二十四号	民国十三年八月二十日
唐扶亚	湖南长沙人	陈怀皋	长沙南正街八十四号	正字二万二千九百二十五号	民国十三年八月二十日
黄启禧号福初	广东人	陈怀皋	长沙小西门外交通银行	正字二万二千九百二十六号	民国十三年八月二十一日
魏云千	湖北人	陈怀皋	长沙小西门外交通银行	正字二万二千九百二十七号	民国十三年八月二十一日
刘泰生	江苏武进人	陈怀皋	长沙南门外碧湘街汉冶萍公司转运局	正字二万二千九百二十八号	民国十三年八月二十一日
凌浣僧	湖南长沙人	陈怀皋	长沙天鹅塘十九号	正字二万二千九百二十九号	民国十三年八月二十七日
童章谦	湖南长沙人	陈怀皋	长沙南门外灵官渡润湘公司	正字二万二千九百三十号	民国十三年八月二十七日

（续表）

姓　名	籍　贯	介绍人	住　址	证书号数	入会时间
水紫纶	浙江人	陈怀皋	长沙邮务管理局	正字二万二千九百三十一号	民国十三年八月二十八日
周锦峰		陈怀皋	长沙邮务管理局	正字二万二千九百三十二号	民国十三年八月二十八日
彭茂乡	湖南宝庆人	陈怀皋	长沙多庆里利福洋行	正字二万二千九百三十三号	民国十三年八月二十七日
满诺思	英国人	陈怀皋	长沙邮务管理局	正字二万二千九百三十四号	民国十三年八月二十八日
傅南轩		陈怀皋	长沙福胜街祥记盐号	正字二万二千九百三十五号	民国十三年八月二十九日
陈笙篪	湖南新化人	陈怀皋	长沙北门外肺痨医院	正字二万二千九百三十六号	民国十三年八月三十日
陈友梧	湖南长沙人	陈怀皋	长沙大西门和丰生生盐号	正字二万二千九百三十七号	民国十三年八月三十日
傅滋生		陈怀皋	长沙小西门墙湾厚生祥孚	正字二万二千九百三十八号	民国十三年八月三十日
陶晋曾	湖南安化人	陈怀皋	长沙司马里二十六号	正字二万二千九百三十九号	民国十三年九月十四日
江　隽	湖南平江人	王诵飞	长沙永丰仓榷运局	正字二万二千九百四十号	民国十三年九月十六日
沈茀钧	浙江海盐人	王耀	中国银行湖南分行	正字二万二千九百四十一号	民国十三年九月二十二日
陈志中	浙江定海人	陈怀皋	长沙怡和洋行	正字二万二千九百四十二号	民国十三年九月二十三日
张志翔	江西人		长沙樊西巷德昌和	正字二万二千九百四十三号	民国十三年九月二十四日
陈乃绩	浙江定海人	陈怀皋	长沙怡和洋行	正字二万二千九百四十四号	民国十三年九月二十五日
杨云表	江苏无锡人	陈怀皋		正字二万二千九百四十五号	民国十三年九月二十五日

（续表）

姓　名	籍　贯	介绍人	住　址	证书号数	入会时间
谢国藻	湖南新化人	陈怀皋	长沙下河街平民织布工厂	正字二万二千九百四十六号	民国十三年九月二十六日
曾次爵	湖南岳阳人	陈怀皋	长沙灵官渡三十五号	正字二万二千九百四十七号	民国十三年九月二十六日
王成善	湖南新化人	王　耀	长沙锡庆里七号	正字二万二千九百四十九号	民国十三年九月二十七日
李厚庵	湖北人	陈怀皋	长沙邮务管理局	正字二万二千九百四十八号	民国十三年九月二十六日
杨来服	湖南新化人	王　耀	长沙锡庆里七号	正字二万二千九百五十号	民国十三年九月二十七日
陈德载	江苏宝山人	陈怀皋	长沙马家巷兴记	正字二万二千九百五十一号	民国十三年九月二十八日
林涣笙	浙江宁波人	陈怀皋	长沙马家巷兴记	正字二万二千九百五十二号	民国十三年九月二十八日
李岳岚	湖南长沙人		长沙草潮门正街盛长钱号	正字二万二千九百五十三号	民国十三年九月二十八日
蔡月辉	江苏吴县人	陈怀皋	长沙织机巷同庆昌钱号	正字二万二千九百五十四号	民国十三年九月二十八日
郝源澄	湖南长沙人	同上	长沙崇善里	正字二万二千九百五十五号	民国十三年九月二十八日
倪先庠	安徽人	同上	长沙育婴街十号	正字二万二千九百五十六号	民国十三年九月二十八日
倪少香	安徽人	同上	同上	正字二万二千九百五十七号	同上
魏韵篁	湖南长沙人	同上	长沙八角亭大盛绸庄	正字二万二千九百五十八号	民国十三年九月二十九日
沙闾笙	浙江镇海人	同上	长沙日清公司	正字二万二千九百五十九	民国十三年九月三十日
刘润垣	广东香山人	王耀	南门外安利英洋行	正字二万二千九百六十	民国十三年九月三十日

（续表）

姓　名	籍　贯	介绍人	住　址	证书号数	入会时间
徐世英	湖南湘阴人	陈怀皋	长沙东茅巷青云路	正字二万二千九百六十一	民国十三年十月一日
顾书勋	江苏南汇人	陈怀皋	长沙西门子洋行	正字二万二千九百六十二	民国十三年十月二日
顾庆礽	江苏南汇人	陈怀皋	长沙西门子洋行	正字二万二千九百六十三	民国十三年十月二日
陈楚材	浙江上虞人	陈怀皋	长沙大西门外承大米号	正字二万五千六百五十九	民国十三年十月二日
陈良曾	浙江定海人	陈怀皋	金家马码二十五号	正字二万五千六百六十	民国十三年十月二日
董尧湝	江苏宝山人	陈怀皋	马家巷兴记	正字二万五千六百六十一	民国十三年十月二日
陆可盛	广东香山人	刘润垣	长沙安利英洋行	正字二万五千六百六十二	民国十三年十月二日
蔡　夔	广东香山人	刘润垣	安利英洋行	正字二万五千六百六十三	民国十三年十月二日
史楚臣	湖北武昌人	陈怀皋		正字二万五千六百六十四	民国十三年十月八日
史质夫	湖北武昌人	陈怀皋		正字二万五千六百六十五	民国十三年十月八日
史华轩	湖北武昌人	陈怀皋		正字二万五千六百六十六	民国十三年十月八日
史仁裕	湖北武昌人	陈怀皋		正字二万五千六百六十七	民国十三年十月八日
李秀万	广东四会人	王　耀	长沙太古洋行	正字二万五千六百六十八	民国十三年十月十一日
蒋云峰	江苏吴县人	王　耀	长沙邮政局敦仁里二号	正字二万五千六百六十九	民国十三年十月十六日
邹序彬	湖南新化人	王　耀	南门外天鹅塘三十二号	正字二万五千六百七十	民国十三年十月三十日

（续表）

姓　名	籍　贯	介绍人	住　址	证书号数	入会时间
李沛苍	湖南宁乡人	陈怀皋	宝南街保安巷十三号	正字二万五千六百七十一	民国十三年十一月二十五日
陈显儒	湖南新化人	王　耀	新化县南门外青石街陈宅	正字二万五千六百七十二	民国十三年十一月二十五日
唐义彬	湖南新化人	陈怀皋	军器司	正字二万五千六百七十三	民国十三年十一月二十七日
王　达	湖南长沙	陈怀皋	孤儿院	正字二万五千六百七十四	民国十四年二月一日
陈怀皋	江苏宝山	王　耀	东茅巷红十字会	正字二万五千六百七十五	民国十四年二月一日
金望之	浙江	陈怀皋	丰石街	正字二万五千六百七十六	民国十四年二月一日

另补登名单：

易登瀛，证书一七七六五号，大古道巷内乐善巷，七年十月间入会。

沈涤泉，证书一八六九四号，议后街。

沈钟麟，证书一八六九三号，入会民国八年二月八日。

陈铭高，证书九三六四号，营盘街廿四号，入会民国五年七月十八日，据云沅江人。

原件藏长沙市档案馆，档案号：10-1-33

中国红十字会长沙分会会员名册（1934—1938 年）

1. 正会员名册

姓　名	别字	性别	籍　贯	通讯处	凭证号码	附记
王尹衡	聘莘	男	长沙	三兴街	正字五千六百〇七号	
粟墨生		男	湖南长沙	定王台四号	正字五六八一号	
萧涤之		男	江西泰和	丰瀛里五号	正字八四一〇号	

（续表）

姓　名	别字	性别	籍　贯	通讯处	凭证号码	附记
况寿昌		男	江西新建	肇嘉坪间帝庙七号	正字八七九七号	
唐北钧	俊夫	男	湖南长沙	上晏家塘	正字一二一四五号	
唐赞谟	翼之	男	湖南长沙	南正街	正字一二一四六号	
李为麒	咏骧	男	湖南长沙	胡家花园	正字一二一五四号	
粟时翿	诚仰	男	湖南长沙	府正街青莲室	正字一四四〇八号	
朱上礼	陶生	男	湖南汝城	小吴门陈家陇 朱家花园东庄	正字一四四一〇号	
粟时鸿	象森	男	湖南长沙	肇嘉坪二十八号	正字一四四一六号	
周渭滨		男	湖南长沙	小瀛洲三号	正字一四四一七号	
陈申辅	友梧	男	湖南长沙		正字一四四三九号	
张育焌	憩荷	男	湖南长沙	潮宗门正街湘社仓	正字一四四四三号	
贺家楷	季培	男	湖南长沙	湖南第一纺纱厂	正字一四四六三号	
许　推	月川	男	湖南长沙	大东茅巷五十五	正字一四四七〇号	
张正才		男	江西金溪	坡子街德昌盛号	正字一四四八七号	
李宗植	庶丞	男	湖南长沙	药王街天申福号	正字一四五〇五号	
沈其灏	振堃	男	江苏吴县	苏家巷	正字一四五〇六号	
朱傅镐	宅武	男	湖南长沙	上营盘街	正字一四五四一号	
周芋僧		男	江苏吴县	潮宗街十九号	正字一四五四四号	
胡善之		男	江西		正字一六五三七号	
王伯簪		男	湖北	钓鲈公馆	正字一六五七二号	
罗佩伟		男	湖南长沙	黄花园三号	正字二〇九一二号	
梅景福		男	江西南昌	福胜街永安福	正字二二九一五号	
周仲评		男	湖南平江	丰瀛里二号	正字二二九一六号	
梅建南		男	江西南昌	福胜街永安福	正字二二九一七号	
傅南轩		男	江西临川	苏家巷	正字二二九三五号	
张志翔		男	江西	碧湘街	正字二二九四三号	

（续表）

姓　名	别字	性别	籍　贯	通讯处	凭证号码	附记
蔡月辉		男	江苏吴县	织机巷八十六号元记庄	正字二二九五四号	
倪先庠		男	安徽泾县	苏家巷六号	正字二二九五六号	
倪少香		男	安徽泾县	苏家巷六号	正字二二九五七号	
魏韵篁		男	湖南长沙	八角亭大盛	正字二二九五八号	
董尧阶		男	江苏宝山	西门子洋行	正字二五六六一号	
金望之		男	浙江	丰瀛里廿一号	正字二五六七六号	
杨复初		男		大古道巷二号		
杨程初		男		大古道巷二号		
易鼎元		男	湖南宁乡	杨家井十五院	正字一一一一号	
邹序彬	天三	男	湖南新化	青山祠三十三号	正字二五六七〇号	
蒋云峰		男	江苏吴县	长沙南门外敦仁里二号	正字二五六六九号	
劳锡纯		男	湖南长沙	长沙学院街	正字五五九七号	
劳根石		男	湖南长沙	长沙马家巷八号	正字五五九八号	
劳永昌		男	湖南长沙	长沙坡子街劳九芝堂三王街四十号	正字五六一二号	
杨云龙		男	江苏无锡	长沙太平街二号院	正字七六八五七号	
李景陶		男	湖南长沙	长沙红牌楼上海银行	正字七六八五五号	
黄贞元		男	湖南醴陵	长沙衡清试馆二号	正字七六八五六号	
魏云千		男	湖北江陵	长沙交通银行	正字七六八五四号	
韦兰生		男	湖南长沙	商务印书馆长沙分馆	正字七六八五〇号	
谢菊生		男	湖南长沙	长沙南门口德茂隆酱园	正字七六八五一号	
金松龄		男	浙江绍兴	商务印书馆长沙分馆	正字七六八五二号	
黄佩石		男	湖南长沙	长沙草潮门正街协和粮栈	正字七六八五三号	

（续表）

姓　名	别字	性别	籍　贯	通讯处	凭证号码	附记
张思危		男	湖南大庸	长沙仁术医院	正字七六八五九号	
李启盘		男	湖南宁乡	长沙仁术医院	正字七六八五八号	
伍善同		男	湖南浏阳	长沙仁术医院	正字七六八六〇号	
马叔明		男	湖南长沙	长沙上学宫街五条巷一号	正字七六八六一号	
左益垒		男	湖南长沙	长沙教育会西街八号	正字七六八六二号	
张慕舟		男	湖南醴陵	长沙落星田灵官巷三号	正字七六八六三号	
章勤济		男	湖南长沙	长沙东茅巷怀善草庐	正字七六八六四号	
倪芷香		男	安徽泾县	长沙苏家巷五号	正字七六八六五号	
王子玕		男	江西永新	长沙湘雅医院	正字七六八六六号	
伍芷青		男	湖南湘潭	长沙坡子街裕顺长	正字七五五〇号	
黄元志		男	江西九江	长沙丰瀛里十八号		
严劲卿		男	江西金溪	小西门下墙湾三号	七七五四九	
徐经笙		男	江西抚州	洪家井春茂	七七五四五	
严咏卿		男	江西金溪	坡子街福和	七七五四六	
傅湘丞		男	同上	福胜街祥记	七七五四七	
张渭然		男	同上	福源巷福吉	七七五四八	
徐怡耕		男	江苏吴县	大官园二十六号	八〇四五七	廿四年十二月入会
陈浴新		男			八〇四五六	
徐天锡		男	长沙	三兴街五十八号	八二〇〇二	廿五年三月廿七日

2. 特别会员名册

姓　名	别字	性别	籍贯	通讯处	凭证号码	附记
刘岳厚	子奇	男	醴陵	湖南公路局	特字二四二九号	
曹典球	籽谷	男	长沙	东茅巷廿六号		
凌霞新		男	长沙	韭菜园桐荫里十九号		

3. 普通会员名册

姓　名	别字	性别	籍　贯	通讯处	入会年月	凭照号码	附记
王淡如		男	湖南长沙	登隆街三十六号	廿三年六月	普字第二三〇六五	
罗德繁		女	湖南长沙	登隆街三十六号		二三〇六四	
胡子清	少泉	男	湖南湘乡	赐闲湖九号		二三〇八五	
鲁兆庆		男	湖南桃源	上东长街四十号		二三〇八四	
甘晓岚		男	湖南湘阴	南正街甘小记庄		二三〇七八	
李葆和		男	河南济源	长沙兴隆码头四号		二三〇七九	
杨岱山		男	湖北汉阳	长沙中山西路泰安公司		二三〇八〇	
张育三		男	河南济源	长沙兴隆码头四号		二三〇八一	
魏怡庭		男	安徽合肥	长沙天鹅塘十八号		二三〇八二	
周绍濂		男	湖南湘阴	宝南街一条巷七号		二三〇八三	
易　铮		男	湖南醴陵	长沙下胡家花园一号		二三〇八七	
何元文	少楠	男	湖南醴陵	长沙北大马路十号		二三〇八六	
沈景元		男	江苏	长沙交通银行		二三〇七三	
许陶庵		男	江苏	长沙交通银行		二三〇七四	
黄中峙		男	湖南	长沙交通银行		二三〇七五	

（续表）

姓　名	别字	性别	籍　贯	通讯处	入会年月	凭照号码	附记
蔡季卿		男	湖南	长沙交通银行		二三〇七六	
李蕴华		男	河北	长沙交通银行		二三〇七七	
吴星垣		男	安徽休宁	长沙东茅巷六十五号	廿三年七月	二三〇七二	
郝源澄		男	湖南长沙	长沙化龙池崇善里四十四号		二三〇七一	
卞竹安		男	江苏江都	长沙洪家井一号		二三〇七〇	
陈玮英		男	江苏常熟	长沙洪家井十二号大陆公司		二三〇六九	
彭煌生		男	江西吉安	长沙丰瀛里六号		二三〇六八	
陈耀庭		男	湖南宁乡	福胜街祥记盐号		二三〇六七	
易浚明		男	湖南湘阴	吉庆街十号		二三〇六六	
王家鼎	峙青	男	宁乡	东茅巷十九号	廿四年四月	二四一六九	
谢　龙		男	醴陵	下碧湘街十五号	同上	二四一七〇	
刘居吾		男	江西吉安	丰瀛里六号		二四一七一	
梁杉云		男	江西泰和	坡子街一一三号		二四一七二	
陈步丹							
罗树甲	衡平	男	耒阳	青石桥十二号		二五九九八	
杨石松		男	长沙	青山祠十号		二五九九九	
王道联		男	湖南宁乡	北门外新和铁道警察所八号			

4. 学生会员名册

姓　名	别字	性别	籍　贯	肄业学校	入会年月	附记
何元贞	湘筠	男	湖南醴陵		二十四年十二月	连升街七号
彭恭	寅宾	男	湖南邵阳		二十四年十二月	市政府
何元源		男	湖南醴陵		二十四年十二月	市政府　青字一七四三二号
何次梯		男	湖南醴陵		二十四年十二月	北大马路十号

5. 正会员名册

姓　名	别字	性别	籍　贯	通讯处	凭证号码	附记
Viola Frick			American	Island（Changsha）	正九〇四一一号	
邹宏勋	沛新	男	长沙	长沙麦子园弘道学校	九〇四一二号	
吴定奇	仲龠	男	长沙	同上	九〇四一三号	
孙盘		男	邵阳	同上	九〇四一四号	
隆汉屏		男	邵阳	同上	九〇四一五号	
梁载炅	水生		长沙	长沙水陆洲基督复临安息日会	九〇四一六号	
梁天甫	畏三		长沙	府正街三育小学校	九〇四一七号	
陈钟瑞	旭厂	男	邵阳	长沙府正街七十五号	九〇四一八号	
姜光耀	瑞泉		宁乡	同上	九〇四二〇号	
蔡宣义	国香		益阳	长沙府正街警世堂	九〇四一九号	
曹舜华			长沙	桐荫里十九号凌霞新转		

6. 普通会员名册

姓　名	别字	性别	籍贯	通讯处	入会年月	凭照号码	附记
张修德	金仁	男	西华	长沙麦子园弘道学校	廿六年十一月	普字三三三一二	
黄中峙	金邨	男	汉寿	长沙交通银行	同上	三三三〇六	
蔡季卿		男	长沙	同上	同上	三三三〇五	
沈景元		男	江苏	同上	同上	三三三〇七	
司再生		男	江陵	同上	同上	三三三〇九	
许陶庵		男		同上	同上	三三三〇八	
李蕴华		男	宛平	长沙织机巷三十二号	同上	三三三〇四	
郭义生		男	湘潭	长沙大东茅巷五十二号	同上	三三三一〇	
郭仕瀛		男	湘潭	同上	同上	三三三一一	
颜云廷		男	湘乡	长沙水陆洲安息日会内	同上	三三三一三	
左君年		男	湘阴		同上	三三三一四	
陶思曾	叔惠	男	安化		同上	三三三一五	
马鹏九		男	长沙	长沙潮宗街十九号	廿七年一月	三三三一六	
周伯杼		男	长沙	长沙潮宗街耶苏巷二号	同上	三三三一七	
梁厚章		男	长沙		同上	三三三一八	

7. 学生会员名册

姓　名	别字	性别	籍贯	肄业学校	入会年月	附记（证号）
钟厚恩	贤谊	男	长沙	弘道学校	廿六年十一月	23762
喻忠良		男	应城	同上	同上	23815
鲁介藩		男	益阳	同上	同上	23778
黄资生		男	醴陵	同上	同上	23787
胡镜清	汉镛	男	浦圻	同上	同上	23814
文传作	宗爱	男	醴陵	同上	同上	23786
文传贵		男	醴陵	同上	同上	23783
卜约翰		男	益阳	同上	同上	23773
吴德明		男	浏阳	同上	同上	23791
赵菊生		男	浏阳	同上	同上	23793
李蒲生	国雄	男	益阳	同上	同上	23772
张俊德	克明	男	益阳	同上	同上	23771
王长安		男	汉阳	同上	同上	23808
何吉生		男	浏阳	同上	同上	23792
隆藩屏		男	邵阳	同上	同上	23800
燕齐甲		男	京山	同上	同上	23812
杜经奉		男	长沙	同上	同上	23759
荣伊崇	杰	男	醴陵	同上	同上	23784
谭德理		男	临潼	同上	同上	23826
凌永昌		男	醴陵	同上	同上	23785
王　瑞	兆临	男	平江	同上	同上	23790
柳美纯		女	长沙	弘道学校	廿六年十一月	23756
李青云	纯芝	女	沔阳	同上	同上	23807
王英民	静卿	女	汉阳	同上	同上	23806
林爱珍		女	长沙	同上	同上	23753
王克梅		女	长沙	同上	同上	23758
卜潜静	爱珍	女	益阳	同上	同上	23780

（续表）

姓　名	别字	性别	籍贯	肄业学校	入会年月	附记（证号）
薛秀琴		女	富平	同上	同上	23827
戈仲良		女	江陵	同上	同上	23795
杨昌珍		女	江陵	同上	同上	23794
余天鸿		女	黄安	同上	同上	23809
曾健扬	利亚	女	益阳	同上	同上	23714
王欣信		女	长沙	同上	同上	23754
黄淑媛	璨	女	衡阳	同上	同上	23789
余启秀	志娟	女	江陵	同上	同上	23796
罗来秀	佩荣	女	沙市	同上	同上	23810
商珍葆	世珍	女	黄冈	同上	同上	23816
唐亦非		女	长沙	同上	同上	23757
鲁道平	静贞	女	益阳	同上	同上	23776
陈启碧		女	沔阳	同上	同上	23811
谢锡芳	剑瑛	女	益阳	同上	同上	23775
蔡美瑛	东秀	女	益阳	同上	同上	23777
张恩荣		男	南京	弘道学校	廿六年十一月	23818
周静安		男	益阳	同上	同上	23779
张高培		男	孝感	同上	同上	23813
邹　峄	复苏	男	长沙	同上	同上	23750
胡先耀	麟	男	醴陵	同上	同上	23782
邹剑农	鑫	男	长沙	同上	同上	23549
林霞	文玉		长沙	同上	同上	23755
李文育	广华		醴陵	同上	同上	23781
唐崇高	天籁		平江	同上	同上	23805
唐崇谦	天莫		平江	同上	同上	23804
蒋文瑛			南京	同上	同上	23817
蒋文德	杏元		长沙		同上	23751
柳本源	忠开	男	长沙		同上	23760

（续表）

姓　名	别字	性别	籍贯	肄业学校	入会年月	附记（证号）
邱之江			平江		同上	永湘新街廿三号 23803
曾国屏	楚翰		衡阳		同上	新坡子街任松盛 23802
周剑斌	秀清		东安		同上	东安石期市吕同泰转 23801
何政七	定一		长沙		同上	长沙新康日新慈善堂壹转秧田冲何家院 23748
何寅煦	鼎		长沙		同上	同上 23747
吴　杏			长沙		同上	23752
陈　灏	松柏		长沙		同上	23761
毕　谦			大兴		同上	交通银行 23825
黄堤澄			长沙		廿六年十一月	交通银行 23770
白德音			江陵		同上	同上 23799
潘志雄	健君		海宁		同上	同上 23822
沈养吾	真浩		吴县		同上	同上 23820
许大法	佩名				同上	同上 23824
陈明彝			定海		同上	同上 23821
李搏九			长沙		同上	同上 23769
汤为皋	学樵		海宁		同上	同上 23823
魏永涛			江陵		同上	同上 23798
施金门			长沙		同上	同上 23763
张五权			长沙		同上	同上 23764
沈野秋			长沙		同上	同上 23765
黄舜生			长沙		同上	同上 23766
邓宗岳			长沙		同上	同上 23767
蔡焕明			长沙		同上	同上 23768
汪春如			江陵		同上	同上 23797
朱仲生			吴县		同上	同上 23819
龚菊卿			汉寿		同上	同上 23788
马荫鸿		男	长沙	雅礼学校	廿七年一月	23746

原件藏长沙市档案馆，档案号：10-1-33。

中华民国红十字会岳阳分会
民国三十七年至三十八年会员登记册

1. 中华民国红十字会岳阳县分会团体会员登记册

（民国三十七年度）

入会日期	会员类别	姓　名	性别	年龄	籍贯	职业	住　址	证书号码	备　注
六月十日	团体会员	吴祖耀	男	五六	监利	政	监利参议会	京复总字00061	光洋七元
六月十日	团体会员	胡振环	男	三零		警	监利警察局	京复总字00062	光洋一元
六月十日	团体会员	监利卫生院						京复总字00063	光洋四元
六月十日	团体会员	彭普明	男	三九	岳阳	政	湖南旅监同乡会	京复总字00066	光洋二元
六月十日	团体会员	监利县商会						京复总字00064	
六月十日	团体会员	朱河镇商会						京复总字00065	
									计六名
批注：已捐者四名　　共计捐光洋一十四元									
未捐者二名									

2. 中华民国红十字会岳阳县分会特别会员登记册

（民国三十七年度立）

入会日期	会员类别	姓　名	性别	年龄	籍贯	职业	住　址	证书号码	备　注
五月四日	特别	宋浩志	男	三〇	岳阳	商	洼滋口	038348	光洋四角五分
四日	特别	萧义卿	男	五〇	监利	商	羊义街	035661	光洋三元
四日	特别	徐意诚	男	五四	监利	商	油榨岭	035665	光洋五元
四日	特别	袁志善	男	四〇	岳阳	商	南正街	035668	光洋五元

（续表）

入会日期	会员类别	姓　名	性别	年龄	籍贯	职业	住　址	证书号码	备　注
四日	特别	刘嵩卿	男	四二		商	油榨岭	035667	光洋五元
四日	特别	何良举	男	四〇	监利	商	油榨岭	035666	光洋五元
十七日	特别	张力行	女	二五	云南		翰林路	035652	光洋五元
十七日	特别	李凤麟	男	四二	岳阳	商	南正街	035684	光洋五元
十七日	特别	杨耀奎	男	三〇	湖北	医	先锋路	035653	光洋一元九角
十七日	特别	杨惠棠	男	三四	河南	医	羊乂街	035655	光洋二元
十八日	特别	李奇生	男	三五	岳阳	医	奉清乡	035656	光洋二元
十八日	特别	张志海	男	三〇	河北	医	先锋路	035654	光洋二元
十八日	特别	王自然	男	三二	岳阳	医	羊乂街	035659	光洋二元
十八日	特别	任世杰	男	三〇	岳阳	医	羊乂街	035657	光洋二元
十八日	特别	王联芳	男	二八	岳阳	医	羊乂街	035658	光洋二元
十八日	特别	张明浴	男	三二	监利	商	尺八口	038550	光洋三元
十八日	特别	杨武牧	男	三〇	监利	医	滋水巷	035669	光洋三元
廿七日	特别	喻晓晴	男	二八	岳阳	医	羊乂街	035656	光洋二元
廿七日	特别	唐爱吾	男	三五	岳阳	商	羊乂街	038303	光洋二元
廿七日	特别	赵　林	女	三二	岳阳	商	羊乂街	035674	光洋二元
廿七日	特别	赵东卿	男	四〇	湖北	商	南正街	035679	光洋五元
廿八日	特别	曹少卿	男	三五	岳阳	商	南正街	035680	光洋五元
廿八日	特别	邹文生	男	四〇	江西	商	南正街	035675	光洋六元
廿八日	特别	周廉芳	男	三〇	江西	商	南正街	035676	光洋五元
廿八日	特别	阚昆山	男	三二	岳阳	商	南正街	038312	光洋五元
廿八日	特别	胡思聪	男	四二	岳阳	商	南正街	035681	光洋五元
廿八日	特别	萧惠卿	男	五〇	岳阳	商	南正街	035682	光洋五元
廿八日	特别	李骥超	男	五四	岳阳	商	南正街	035683	光洋五元
廿八日	特别	邹鹏山	男	三二	岳阳	商	南正街	035692	光洋五元

（续表）

入会日期	会员类别	姓　名	性别	年龄	籍贯	职业	住　址	证书号码	备　注
六月一日	特别	何补喜	女	三一	监利	商	尺八口	035670	光洋三元
八日	特别	王金荣	男	三五	岳阳	医	新墙	035671	光洋二元
八日	特别	张勋民	男	三〇	河北	医	天主堂	035694	光洋二元
八日	特别	徐海波	男	五六	监利	商	监利	035663	光洋五元
十日	特别	谢自力	男	五〇	罗田	政	监利	035696	光洋五元
十日	特别	刘秉衡	男	四五	监利	政	监利	035695	光洋二十元
十日	特别	吴祖耀	男	五六	监利	政	监利	035691	光洋三元
十日	特别	胡振环	男	三〇	监利	政	监利	035681	光洋一元
十日	特别	彭普明	男	二九	监利	政	监利	035682	光洋二元
十日	特别	龚友新	男	三六	监利	商	南正街	035700	光洋五元
十九日	特别	易望恺	男	三〇	岳阳	商	洞庭路	035758	□□□□
十九日	特别	吴鹤皋	男	二二	黄陂	医	城陵矶	038342	光洋二元
十九日	特别	王铭新	男	二六	监利	商	天岳山	035660	光洋二元
十九日	特别	刘济生	男	四一	荆门	医	洞庭路	035651	光洋二元
十九日	特别	徐清和	男	三六	岳阳	商	洞庭路	035663	光洋二元
十九日	特别	方鼎炎	男	五〇	岳阳	商	天岳山	035686	光洋三元
廿六日	特别	毛程敏	男	三六	岳阳	商	梅溪桥	035685	光洋五元
廿六日	特别	刘传杰	男	四二	黄陂	商	监利	038305	光洋四元
廿六日	特别	何礼钦	男	四〇	监利	商	尺八口	038319	光洋五元
廿六日	特别	林遒平	男	三六	岳阳	商	先锋路	038322	光洋五元
廿六日	特别	蔡家玉	男	四〇	监利	商	尺八口	038316	光洋三元
廿六日	特别	季毓灵	男	四〇	监利	商	尺八口	038313	光洋三元
廿七日	特别	曹步云	男	三九	监利	商	尺八口	038315	光洋五元
廿七日	特别	陈奇俊 李展鹏	男	三八	监利	政	尺八口	038311 038312	光洋五元

（续表）

入会日期	会员类别	姓　名	性别	年龄	籍贯	职业	住　址	证书号码	备　注
廿七日	特别	冯人俊	男	四六	监利	政	尺八口	038320	光洋五元
廿七日	特别	姜松圃	男	三六	监利	商	尺八口	038321	光洋五元
七月四日	特别	严越柏	男	三二	岳阳	商	南正街	035677	光洋五元
四日	特别	卢又培	男	六八	浏阳	商	天岳山	038349	光洋四元八角
八日	特别	程水轩	男	五二	岳阳	商	乾明寺	038344	光洋五元
八日	特别	陈作山	男	五八	岳阳	商	荣家湾	038356	光洋五元
八日	特别	曾云卿	男	四五	岳阳	商	洞庭路	038359	光洋五元
八日	特别	曹伯鸿	男	四〇	岳阳	商	南正街	038360	光洋三元
八日	特别	陈子清	男	三七	岳阳	工	吕仙亭	038347	光洋五元
十五日	特别	谭振新	男	四〇	长沙	政	省银行	035697	光洋五元
十五日	特别	杨绪才	男	三二	监利	商	尺八口	038314	光洋三元五角
十五日	特别	陈步云	男	三五	岳阳	商	天岳山	038315	光洋五元
十五日	特别	刘文成	男	四五	监利	商	尺八口	038316	光洋五元
十六日	特别	朱汉初	男	四〇	岳阳	商	南正街	038317	光洋五元
十六日	特别	潘月山	男	四二	岳阳	商	南正街	038318	光洋五元
十七日	特别	何泽旸	男	四二	岳阳	商	梅溪桥	038319	光洋五元
十七日	特别	刘瑛	男	二〇	监利	商	天岳山	038320	光洋四元
十七日	特别	杜新成	男	四五	岳阳	商	街河口	038321	光洋三元
十七日	特别	卢雄豹	男	四〇	临湘	商	南正街	038394	光洋五元
十七日	特别	易宗潘	男	四一	岳阳	商	南正街	038393	光洋五元
十七日	特别	王叶恩	男	三五	新化	商	南津港	038365	光洋五元
十七日	特别	胡赐履	男	五〇	岳阳	商	竹荫街	035687	光洋三元
二十日	特别	张钧吾	男	四六	岳阳	商	守备巷	035689	光洋五元
二十日	特别	彭程远	男	三七	岳阳	商	吕仙亭	038347	光洋五元
二十日	特别	颜桂和	男	四八	湘潭	商	南津港	038398	光洋二元

（续表）

入会日期	会员类别	姓　名	性别	年龄	籍贯	职业	住　址	证书号码	备　注
九月一日	特别	刘顺卿	男	四〇	岳阳	商	竹荫街	038399	光洋二元
一日	特别	陶子汪	男	四二	汉口	商	南正街	038401	光洋五元
一日	特别	钱铁珊	男	三六	岳阳	商	竹荫街	038413	光洋五元
十日	特别	吴镇湘	男	四〇	岳阳	商	渔巷子	038400	光洋三元
十日	特别	严奉焕	男	四〇	华容	教	华容城	038427	光洋三元
十日	特别	李恕	男	二六	华容	教	华容城	038428	光洋三元
十日	特别	李达夫	男	三〇	华容	医	华容城	038431	光洋二元
十日	特别	吴玉阶	男	四四	华容	商	华容城	038429	光洋三元
十日	特别	王健光	男	二二	长沙	医	华容城	038430	光洋三元
十日	特别	罗光华	男	五六	华容	教	华容城	038432	光洋三元
十日	特别	李文浩	男	四〇	华容	教	华容城	038433	光洋三元
十日	特别	邓林竹	男	五二	华容	教	南山中学	038434	光洋三元
十日	特别	罗园香	男	五〇	华容	政	华容城	038435	光洋三元
十日	特别	韩庆华	男	二五	华容	政	山南乡	038436	光洋三元
十日	特别	韩进华	男	二〇	华容	政	山南乡	038437	光洋三元
十日	特别	马瑞祥	男	二六	华容	政	山南乡	038438	光洋三元
十日	特别	易瑞祯	男	三〇	华容	政	山南乡	038439	光洋三元
十日	特别	李家栋	男	三七	华容	政	华容城	038440	光洋三元
十日	特别	李家梁	男	二八	华容	商	华容城	038441	光洋三元
十日	特别	刘树源	男	二五	华容	政	华容城	038442	光洋三元
十日	特别	万　鹏	男	三二	华容	政	华容城	038443	光洋三元
十日	特别	赵儒国	男	三九	岳阳	商	鄢家冲		光洋二元
十日	特别	李平林	男	三〇	新堤	政	新堤街		光洋五元
十日	特别	舒星楼	男	三八	湘乡	医	新堤街		光洋五元

（续表）

入会日期	会员类别	姓　名	性别	年龄	籍贯	职业	住　址	证书号码	备　注
十日	特别	方荣湘	男	二九	岳阳	商	竹荫街	038444	光洋三元
廿三日	特别	罗来方	男				南津港	四名	光洋三元
廿六日	特别	李耀云	男	五〇	岳阳	政	警察局	038494	光洋十元
九月一日	特别	萧焕中	男	三五	大冶	商	南津港	038484	光洋四元
十月廿六日	特别	刘障东	男					十名	光洋三十元
十月十六日	特别	金平北	男	三〇	监利	军	新堤	038416	光洋三元
十六日	特别	夏素卿	男	三〇	监利	军	新堤	038415	光洋二元
廿六日	特别	魏祥麟	男	三六	湖南	商	长沙	038681	光洋五元
十二月九日	特别	管仲铎	男	三八	湖北	商	羊乂街	038682	光洋五元
九日	特别	罗仲昆	男				南津港	十名	光洋二十四元
	特别	高紫云	男				南津港	五名	光洋十二元
十五日	特别	李建民	男	二八	石首	商	洞庭路	038689	光洋五元
廿日	特别	李维卿	男	一九	湖北	商	朱河街	038686	光洋五元
	特别	李震南	男	六七	湖南	本会	天岳山	038310	
	特别	林悦孚	男	六六	湖南	本会	油榨岭	038309	
	特别	黄　龙	男	四八	湖南	本会	天岳山	038311	
	特别	柴树卿	男	六五	湖南	本会	梅溪桥	038308	
	特别	李国権	男	四四	湖南	本会		038307	
	特别	吴次荪	男	七六	湖南	本会		038306	
	特别	周　翰	男	六四	湖南	本会		038325	
	特别	孙介群	男	六五	湖南	本会		038326	
	特别	方国清	男	五〇	湖南	本会		038327	
	特别	易聘海	男	五六	湖南	本会		038328	
	特别	赵　鉴	男	六七	湖南	本会		038335	
	特别	罗饶澄	男	七〇	湖南	本会		038329	

（续表）

入会日期	会员类别	姓　名	性别	年龄	籍贯	职业	住　址	证书号码	备　注
	特别	彭注基	男	五二	湖南	本会		038330	
	特别	朱　泗	男	三八	华容	本会		038331	
	特别	易利贞	男	五二	岳阳	本会		035673	
	特别	舒兆璜	女	三三	沅陵	本会		035663	
	特别	黄永芳	男	二四	监利	本会		035662	
	特别	黄英才	女	二四	岳阳	医		035664	
	特别	胡仪卿	男	五〇		商		038317	
	特别	胡云龙	男	三二	监利	本会		038324	
	特别	王剪波	男	四八	临湘	政	专员公署	035693	
	特别	周鳌山	男	六〇	岳阳	政	天主堂	038343	
	特别	刘子全	男	四二	宁乡	政	警局	038323	
	特别	陈　嵩	男	五〇	岳阳	政	县政府	038400	
	特别	冯大德	男	三六	岳阳	政	镇公所	038398	
	特别	李航环	男	四六	平江	学	联中	038352	
	特别	张铁珊	男	三〇	常德	医	卫生院	035690	
	特别	赵佳白	男	六八	岳阳	政	救生局	038338	
	特别	任早生	男	五〇	岳阳	政	救济院	038337	
	特别	余进先	男	四〇	临湘	法	司法处	035699	
	特别	柴芝娥	女	三二	安化	教	梅溪桥	035474	
	特别	李俊人	男	四六	平江	法	渔巷子	035472	
	特别	王镛环	男	四〇	江苏	宪	宪兵队	035689	
	特别	戴国成	男	三二	岳阳	工	总工会	038323	
	特别	黎肩玺	男	四〇	临湘	法	司法处	038324	
	特别	张寿萱	男	四〇	岳阳	政	三教方	038332	
	特别	关鑫尧	男	三八	岳阳	政	商会	038333	
	特别	黄继香	男	五二	岳阳	军	吕仙亭	038334	

（续表）

入会日期	会员类别	姓　名	性别	年龄	籍贯	职业	住　址	证书号码	备　注
	特别	陈庆祥	男	六〇	岳阳	儒	先锋路	038336	
	特别	戴子安	男	四三	岳阳	工	宝塔巷	038346	
	特别	曹湘民	男	五五	沅陵	政	西湖会馆	038354	
	特别	李伯初	男	四〇	岳阳	政	南京	038301	
	特别	黄应龙	男	四〇	岳阳	军	南京	038302	
	特别	舒玉阶	男	六〇	沅陵	商	新堤	038318	
	特别	张　恕	男	四二	岳阳	政	参议会	038340	
	特别	张世秀	男	四六	黄陂	教	城陵矶	038341	
	特别	何德斌	男	四一	宁乡	军	军械库	038360	
	特别	徐佩之	男	二八	监利	学	尺八口	038351	
	特别	汪剑西	男	五六	岳阳	儒	鹿角	038353	
	特别	陈步科	男	三四	岳阳	政	县党部	03835	
	特别	李国盛	男	六〇	监科	军	监利	038357	
	特别	杨汉声	男	六〇	监利	政	翰林街	038358	
	特别	梅子衡	男	五三	监利	政	先锋路	038361	
	特别	熊春福	男	二一	岳阳	商	鄢家冲	038364	
	特别	熊诗谟	男	三〇	岳阳	技	芋头田	038370	
	特别	陈邦杰	男	三五	长沙	记者	晚报社		
	特别	李高华	男	五四	岳阳	商	商会		
	特别	唐光勋	男	五四	岳阳	商	商会		
	特别	黎幼涛	男	四六	岳阳	航	航业公会		
	特别	周　济	男	三二	华容	记者	觉斯新闻社		
	特别	雷凤鸣	男	三六	岳阳	警	南津港	038398	
	特别	罗仲昆	男	四三	岳阳	军	南津港	038397	
	特别	吴弥瓒	男	三七	岳阳	政	南津港	038396	

（续表）

入会日期	会员类别	姓　名	性别	年龄	籍贯	职业	住　址	证书号码	备　注
	特别	罗来方	男	四五	宝庆	商	南津港	038395	
	特别	舒秩山	男	四二	湘乡	医	本院	038464	
	特别	黄毓香	男	二四	监利	军	新堤	038463	
	特别	王锦茀	男	三二	镇江	军	岳阳城	038465	
	特别	龙国顺	男	四五	岳阳	政	本城	038462	
	特别	张适阶	男	二六	监利	教	朱河	035688	
	特别	周　云	男	三〇	新化	税	南津港	038391	
	特别	易增虔	男	四〇	新化	税	南津港	038392	
	特别	王资生	男	二一	监利	医	本院	038482	
	特别	陈匡中	男	二五	临湘	政	县政府		
	特别	刘五霖	男	三四	沔阳	商	新堤	038487	
	特别	卢悦峰	男	四〇	岳阳	政	油榨岭		
	特别	刘宜新	男	四八	沔阳	军	新堤	038484	
	特别	邹锦斋	男	四二	沔阳	军	新堤	038485	
	特别	李平超	男	三九	沔阳	军	新堤	038486	
	特别	杨石麟	男	三〇	沔阳	军	新堤	038487	
	特别	周荫浓	男	三三	岳阳	商		038393	
	特别	王德祥	男	三七	湘潭			038399	
	特别	崔文阁	男	三五				038440	
	特别	胡普恒	男	三一				038426	
	特别	彭成生	男	五一				038444	
	特别	曾石昌	男	五四				038445	
	特别	夏主常	男	三三				038446	
计二百二十七名									
附批：已捐者一百四十一名　　共计捐光洋五百〇一元六角五分									
未捐者八十六名									

3. 中华民国红十字会岳阳县分会普通会员登记册

（民国三十七年度）

入会月日	会员类别	姓　名	性别	年龄	籍贯	职业	住　址	证书号码	备　注
七月十六日	普通	贺家铭	男	四三	岳阳	商	先锋路		光洋一元
十六日	普通	张孝先	男	三七	岳阳	商	荣家湾		光洋一元
十六日	普通	杨佩瑗	女	三〇	岳阳	商	先锋路	017603	光洋一元
十六日	普通	吕长春	男	四七	岳阳	商	鄢家冲		光洋一元
十六日	普通	许振宇	男	三四	岳阳	商	鄢家冲		光洋一元
十六日	普通	胡光前	男	二八	监利	工	鄢家冲		光洋一元
十六日	普通	李润生	男	二五	岳阳	工	芋头田		光洋一元
廿六日	普通	方晓初	男	三二	岳阳	警	警局		光洋一元
廿六日	普通	张国英	男	四六	隆回	医	观音阁	010319	光洋一元
廿六日	普通	张远义	男	一八	南京	商	天岳山	017604	光洋一元
廿六日	普通	黄道成	男	五〇	平江	商	天岳山	010286	光洋一元
廿六日	普通	王秉衡	男	三九	岳阳	商	观音阁	010288	光洋一元
廿六日	普通	文福清	男	四〇	长沙	商	观音阁	010320	光洋一元
廿六日	普通	易海涛	男	三九	岳阳	医	梅溪桥		光洋一元
廿六日	普通	罗莲舫	男	三九	岳阳	医	梅溪桥		光洋一元
廿六日	普通	符介藩	男	二七	南县	商	协安乡	010341	光洋一元
廿六日	普通	彭世雄	男	三〇	岳阳	教	杨林乡	017602	光洋一元
八月一日	普通	罗镜卿	男	四七	嘉鱼	商	梅溪桥	010289	光洋一元
一日	普通	周贵衫	男	四〇	岳阳	商	梅溪桥	017667	光洋一元
一日	普通	李启超	男	三九	广州	商	油榨岭	010296	光洋一元
一日	普通	徐绍诚	男	二八	岳阳	商	油榨岭	017606	光洋一元
一日	普通	左宗棠	男	二五	监利	商	油榨岭	010313	光洋一元
一日	普通	邓先达	男	二八	岳阳	商	油榨岭	010286	光洋一元
一日	普通	徐玉华	女	一五	监利	学	油榨岭	010297	光洋一元
一日	普通	彭楚焜	男	五一	岳阳	商	油榨岭	010317	光洋一元
一日	普通	李梅龙	男	二九	监利	商	油榨岭	010294	光洋一元

（续表）

入会月日	会员类别	姓　名	性别	年龄	籍贯	职业	住　址	证书号码	备　注
一日	普通	林笑奇	男	五六	监利	商	油榨岭	010298	光洋一元
一日	普通	朱思全	男	二六	监利	商	油榨岭	010295	光洋一元
一日	普通	刘玉泉	男	四七	迁安	工	乾明寺	017666	光洋一元
一日	普通	熊威昌	男	五六	岳阳	商	小鄢家冲	017703	光洋一元
一日	普通	卢南先	男	五〇	岳阳	农	羊乂街	010250	光洋一元
九日	普通	谢守金	男	二九	监利	农	鄢家冲	010264	光洋一元
九日	普通	陈昌厚	男	五七	岳阳	农	鄢家冲	010251	光洋一元
九日	普通	彭德辉	男	四八	岳阳	农	鄢家冲	010253	光洋一元
九日	普通	兰华进	男	二八	沔阳	工	鄢家冲	010254	光洋一元
九日	普通	陈运生	男	二三	岳阳	工	鄢家冲	010255	光洋一元
九日	普通	朱同春	男	六〇	宝林	工	鄢家冲	010257	光洋一元
九日	普通	陈木生	男	二五	岳阳	工	鄢家冲	010258	光洋一元
九日	普通	王旭万	男	三二	岳阳	工	鄢家冲	010259	光洋一元
九日	普通	刘加魁	男	四〇	监利	农	鄢家冲	010260	光洋一元
九日	普通	王天汉	男	四〇	岳阳	工	鄢家冲	010261	光洋一元
九日	普通	余周氏	女	五二	监利	商	鄢家冲	010266	光洋一元
九日	普通	万世华	男	二二	沔阳	工	鄢家冲	010267	光洋一元
九日	普通	金乃宝	男	二七	沔阳	农	鄢家冲	010268	光洋一元
十二日	普通	杨文普	男	三四	监利	农	鄢家冲	010269	光洋一元
十二日	普通	谢从云	男	三六	岳阳	商	鄢家冲	010272	光洋一元
十二日	普通	罗来华	男	三七	沔阳	工	鄢家冲	010273	光洋一元
十二日	普通	黄宝成	男	三〇	长沙	工	鄢家冲	010274	光洋一元
十二日	普通	周维国	男	二七	长沙	工	鄢家冲	010275	光洋一元
十二日	普通	沈昆麟	男	三七	湘乡	工	鄢家冲	010306	光洋一元
十二日	普通	余永贵	男	二五	岳阳	工	鄢家冲	010301	光洋一元
十二日	普通	刘先迎	男	二一	沔阳		鄢家冲	010302	光洋一元
十二日	普通	陈培生	男	二〇	监利		鄢家冲	010303	光洋七角五分

（续表）

入会月日	会员类别	姓　名	性别	年龄	籍贯	职业	住　址	证书号码	备　注
十二日	普通	朱成氏	女	二九	监利		鄢家冲	010314	光洋一元
十二日	普通	杨海涛	男	一六	岳阳	工	鄢家冲	010315	光洋一元
十二日	普通	袁福祥	男	三〇	岳阳	商	鄢家冲	010316	光洋一元
十三日	普通	赵荣元	男	四〇	岳阳	商	鄢家冲	010317	光洋一元
十三日	普通	刘华平	男	三〇	岳阳	商	鄢家冲	010366	光洋一元
十三日	普通	唐文靖	男	三七	岳阳	商	鄢家冲	010348	光洋一元
十三日	普通	蒋党元	男	一八	岳阳	商	鄢家冲	010349	光洋一元
十三日	普通	熊统明	男	五三	岳阳	商	鄢家冲	010350	光洋一元
十三日	普通	陶生荣	男	五二	岳阳	商	鄢家冲	011742	光洋一元
十三日	普通	柳杏生	男	二二	岳阳	商	协硕荫	017791	光洋一元
十三日	普通	刘厚藩	男	三五	岳阳	商	协硕荫	017790	光洋一元
十三日	普通	刘腾初	男	三四	岳阳	商	正大	017784	光洋一元
十三日	普通	诗寿哲	男	三八	岳阳	商	芋头田	010352	光洋一元
十三日	普通	冯同科	男	四三	岳阳	商	芋头田	017798	光洋一元
十三日	普通	何傅氏	女	五三	岳阳	商	芋头田	017743	光洋一元
十三日	普通	赵礼宾	男	三二	岳阳	商	芋头田	017671	光洋一元
十三日	普通	陈树林	男	六〇	岳阳	商	芋头田	017670	光洋一元
十三日	普通	蔡礼和	男	二五	山东	商	芋头田	017668	光洋一元
十三日	普通	冯仕清	男	三七	岳阳	商	芋头田	017744	光洋一元
十三日	普通	张胜凡	男	四五	岳阳	商	芋头田	017745	光洋一元
十三日	普通	李增德	男	三六	宁饶	工	芋头田	017747	光洋一元
十三日	普通	郝德昌	男	四二	邱县	商	芋头田	017748	光洋一元
十三日	普通	郑运志	男	六二	武昌	商	芋头田	017749	光洋一元
十九日	普通	李汉臣	男	四六	东光	商	芋头田	017752	光洋一元
十九日	普通	李炳南	男	五〇	岳阳	商	芋头田	017753	光洋一元
十九日	普通	秦忠孝	男	四一	岳阳	工	芋头田	017754	光洋一元
十九日	普通	任正兴	男	四五	岳阳	工	芋头田	017755	光洋一元

（续表）

入会月日	会员类别	姓　名	性别	年龄	籍贯	职业	住　址	证书号码	备　注
十九日	普通	韩金标	男	四七	武昌	商	芋头田	017756	光洋一元
十九日	普通	张鹏秋	男	六四	岳阳	工	芋头田	017757	光洋一元
十九日	普通	万银华	男	五二	四川	商	芋头田	017758	光洋一元
十九日	普通	杜文奎	男	四五	江宁	贩	芋头田	017759	光洋一元
十九日	普通	胡青山	男	三七	岳阳	工	芋头田	017760	光洋一元
十九日	普通	蒋少岩	男	三九	岳阳	商	芋头田	017762	光洋一元
十九日	普通	吴宝林	男	四三	岳阳	商	芋头田	017763	光洋一元
十九日	普通	谭宝吉	男	二九	岳阳	工	芋头田	017761	光洋一元
十九日	普通	马志高	男	四七	岳阳	工	芋头田	017770	光洋一元
十九日	普通	沈廷佑	男	五〇	宛平	商	芋头田	017739	光洋一元
十九日	普通	李元道	男	五八	开封	工	芋头田	017766	光洋一元
十九日	普通	李明传	男	四〇	岳阳	工	芋头田	017765	光洋一元
十九日	普通	廖世海	男	四五	岳阳	工	芋头田	017768	光洋一元
十九日	普通	刘正光	男	一七	岳阳	工	芋头田	017769	光洋一元
十九日	普通	陈海泉	男	三五	岳阳	工	芋头田	017767	光洋一元
十九日	普通	任罗生	男	一九	岳阳	工	芋头田	017772	光洋一元
十九日	普通	赵定仪	男	六二	岳阳	工	芋头田	017773	光洋一元
十九日	普通	余新采	男	二六	岳阳	工	芋头田	017774	光洋一元
十九日	普通	粟汉礼	男	四〇	岳阳	工	芋头田	017775	光洋一元
十九日	普通	胡振堃	男	一七	监利	商	鄢家冲	017777	光洋一元
十九日	普通	荣迎初	男	三八	监利	贩	鄢家冲	017780	光洋一元
十九日	普通	陈玉林	男	六九	岳阳	商	君山巷		光洋一元
十九日	普通	谭永麟	男	一五	岳阳	商	大鄢家冲	010355	光洋一元
十九日	普通	李庆云	男	二八	岳阳	商	大鄢家冲	00359	光洋一元
十九日	普通	张菊生	男	一八	岳阳	商	大鄢家冲	010360	光洋一元
十九日	普通	陈柏松	男	三二	岳阳	商	大鄢家冲	010365	光洋一元
十九日	普通	郑正斌	男	二六	岳阳	商	大鄢家冲	017674	光洋一元

（续表）

入会月日	会员类别	姓　名	性别	年龄	籍贯	职业	住　址	证书号码	备　注
十九日	普通	李世旭	男	三七	监利	商	铁路外	010318	光洋一元
廿三日	普通	刘树珍	女	三五	岳阳	商	鄢家冲	017785	光洋一元
廿三日	普通	柳玉光	男	三九	岳阳	商	鄢家冲	017786	光洋一元
廿三日	普通	杨泳洲	男	二九	岳阳	商	鄢家冲	017792	光洋一元
廿三日	普通	梅谷龙	男	三四	岳阳	商	鄢家冲	017786	光洋一元
廿三日	普通	王仁庭	男	五〇	黄陂	商	鄢家冲	010291	光洋一元
廿三日	普通	汤冯氏	女	六〇	湘阴	纺	鄢家冲	017636	光洋一元
廿三日	普通	黄政波	男	五〇	山东	商	鄢家冲	010292	光洋一元
廿三日	普通	陈春山	男	四〇	汉阳	商	鄢家冲	017637	光洋一元
廿三日	普通	邓顺卿	男	五八	岳阳	商	鄢家冲	017635	光洋一元
廿三日	普通	曹教四	女	六〇	湘乡	纺	鄢家冲		光洋一元
廿三日	普通	李春光	男	三一	岳阳	工	鄢家冲	017631	光洋一元
廿三日	普通	唐先玉	男	二八	岳阳	商	街河口	017727	光洋一元
廿三日	普通	刘适恒	男	五一	新化	商	街河口	017665	光洋一元
廿三日	普通	邱茂林	男	五〇	汉川	商	南津港	017678	光洋一元
廿三日	普通	刘适浓	男	三〇	大冶	商	南津港	017697	光洋一元
廿三日	普通	田润生	男	三六	湘阴	商	南津港	017679	光洋一元
廿三日	普通	郑正扬	男	四六	祈阳	商	南津港	017701	光洋一元
廿三日	普通	陈作隆	男	五〇	新化	商	南津港	017745	光洋一元
廿三日	普通	谌树松	男	五六	安化	商	南津港	017746	光洋一元
廿三日	普通	夏庆堂	男	三八	安化	商	南津港	017784	光洋一元
廿三日	普通	刘向佑	男	六三	安化	商	南津港	017780	光洋一元
廿三日	普通	萧望保	男	四八	安化	商	南津港	017754	光洋一元
廿三日	普通	余鼎威	男	四五	安化	商	南津港	017709	光洋一元
廿五日	普通	贺国钧	男	三〇	安化	商	南津港	017740	光洋一元
廿五日	普通	邹伯群	男	三一	岳阳	商	南津港	017729	光洋一元
廿五日	普通	李孟洲	男	二九	岳阳	商	南津港		光洋一元

（续表）

入会月日	会员类别	姓　名	性别	年龄	籍贯	职业	住　址	证书号码	备　注
廿五日	普通	李扬和	男	四五	岳阳	商	南津港	017794	光洋一元
廿五日	普通	欧阳载甫	男	四一	衡阳	商	梅溪桥	017638	光洋一元
廿五日	普通	夏松楠	男	二〇	岳阳	商	梅溪桥	017640	光洋一元
廿五日	普通	黄全阶	男	五〇	桃源	工	鄢家冲	017665	光洋一元
廿五日	普通	陈义生	男	四六	桃源	工	鄢家冲	017663	光洋一元
廿五日	普通	宫九思	男	三〇	桃源	工	鄢家冲	017664	光洋一元
廿五日	普通	陈永福	男	二九	麻阳	工	鄢家冲	017661	光洋一元
廿五日	普通	曾连山	男	六〇	醴陵	工	南津港	017712	光洋一元
廿五日	普通	刘国荣	男	二〇	长沙	工	南津港	011408	光洋一元
廿五日	普通	肖其祥	男	四一	长沙	工	南津港	011409	光洋一元
廿五日	普通	萧□华	男	二七	长沙	工	南津港	011410	光洋一元
廿五日	普通	刘庆舫	男	二八	长沙	工	南津港	011411	光洋一元
廿五日	普通	邓才华	男	二四	长沙	工	南津港	011412	光洋一元
廿五日	普通	郑正华	男	二八	长沙	工	南津港	011413	光洋一元
廿五日	普通	蒋潇春	男	三二	岳阳	商	鄢家冲	011414	光洋一元
廿五日	普通	邓忱云	男	二四	岳阳	商	鄢家冲	011415	光洋一元
七月一日	普通	邓有麟	男	三〇	岳阳	商	鄢家冲	011416	光洋一元
一日	普通	冯惠尊	男	三七	岳阳	商	南津港	011417	光洋一元
一日	普通	王　章	男	四〇	岳阳	商	南津港	011418	光洋一元
一日	普通	曾　琼	男	三一	岳阳	商	南津港	011419	光洋一元
一日	普通	周成志	男	二七	岳阳	商	南津港	011420	光洋一元
一日	普通	杨　瑾	男	四二	岳阳	商	南津港	011421	光洋一元
一日	普通	王开璠	男	三九	岳阳	商	南津港	011422	光洋一元
一日	普通	尹锦第	男	五一	岳阳	商	南津港	011423	光洋一元
一日	普通	李竹林	男	五〇	岳阳	商	南津港	011424	光洋一元
一日	普通	吴国英	男	四〇	岳阳	商	南津港	011425	光洋一元
一日	普通	翟林轩	男	四一	枣阳	商	梅溪桥	011426	光洋一元

（续表）

入会月日	会员类别	姓　名	性别	年龄	籍贯	职业	住　址	证书号码	备　注
一日	普通	陈富昌	男	四二	重庆	商	南津港	011427	光洋一元
一日	普通	杨瑞芙	男	五四	重庆	商	南津港	011428	光洋一元
一日	普通	王子香	男	三〇	重庆	商	南津港	011429	光洋一元
一日	普通	杜棣华	男	三九	重庆	商	南津港	011430	光洋一元
一日	普通	王植发	男	二四	重庆	商	南津港	011431	光洋一元
一日	普通	吴克湘	男	二八	重庆	商	监利		光洋一元
十日	普通	罗来方	男	五六	新化	商		会员十名	光洋七元
十日	普通	曾凤鸣	男	三二	岳阳	军		十名	光洋七元
廿三日	普通	黄玉泉	男	二九	岳阳	商	芋头田	011476	光洋一元
廿三日	普通	赵元卿	男	四五	桂阳	商	南津港	019708	光洋一元
廿三日	普通	曾禹三	男	四四	邵阳	商	南津港	019720	光洋一元
廿三日	普通	吴月亭	男	三七	常德	商	南津港	017737	光洋一元
廿三日	普通	郭量裁	男	三五	祁阳	商	南津港	017734	光洋一元
廿三日	普通	孙玉珍	男	四〇	祁阳	商	南津港	017738	光洋一元
廿三日	普通	余利臣	男	四六	大冶	商	南津港	017703	光洋一元
廿三日	普通	黄鑫	男	三〇	上海	商	南津港	017735	光洋一元
廿三日	普通	龚友章	男	三四	沅陵	商	南津港	017470	光洋一元
廿三日	普通	刘锦琨	男	二九	保靖	商	南津港	011469	光洋一元
廿三日	普通	刘□仁	男	二八	岳阳	商	南津港		光洋一元
廿三日	普通	陈厚齐	男	三四	祁阳	商	南津港	017717	光洋一元
廿三日	普通	周守榛	男	二四	道县	商	南津港	017718	光洋一元
廿三日	普通	公记	男		祁阳	商	南津港	017768	光洋一元
廿三日	普通	王合盛			祁阳	商	南津港	017711	光洋一元
廿三日	普通	馀利			祁阳	商	南津港	011405	光洋一元
廿三日	普通	四喜			祁阳	商	南津港	011407	光洋一元
廿三日	普通	王昭生	男	二八	祁阳	军	南津港	011406	光洋一元
廿三日	普通	曾次卿	男	四二	岳阳	商	南津港	018760	光洋一元

（续表）

入会月日	会员类别	姓　名	性别	年龄	籍贯	职业	住　址	证书号码	备　注
廿三日	普通	邱华廷	男	二五	岳阳		南津港	018765	光洋一元
廿三日	普通	雷凤鸣	男	四〇	岳阳	军	□□	会员十名	光洋一元五角
廿六日	普通	蒙诚忠	男	三〇	岳阳	商	监利	016748	光洋一元
廿六日	普通	万杨池	男	二四	岳阳	商	岳阳街	017682	光洋一元
十月廿六日	普通	刘障东	男	四二	岳阳	商	岳阳街	会员卅名	光洋二十元
十二月八日	普通	管李氏	男	三六	岳阳	商			光洋一元
十一日	普通	杨永清	男	一七	岳阳	商	塔前街		光洋一元
十一日	普通	成传松	男	二六	岳阳	商	塔前街		光洋一元
十五日	普通	李忠文	男	一九	四川	工	羊乂街		光洋一元
廿日	普通	方惕吾	男	二五	岳阳		先锋路		光洋一元
廿日	普通	方岳华	男	四〇	岳阳		先锋路		光洋一元
廿日	普通	潘菊岩	男	三〇	岳阳		先锋路		光洋一元
三十日	普通	高秋山	男	二五	岳阳		先锋路		光洋一元
三十日	普通	陈海泉	男	五六	岳阳		街河口	010900	光洋一元
三十日	普通	任廖氏	女	五六	岳阳		城隍庙	010902	光洋一元
三十日	普通	郭步云	男	二五	岳阳	工	城隍庙	010904	光洋一元
三十日	普通	陈春池	男	四〇	岳阳	工	复兴乡	010312	光洋一元
三十日	普通	袁万邦	男	三六	岳阳	工	复兴乡	010322	光洋一元
三十日	普通	刘顺臣	男	五〇	岳阳	工	中和乡	010323	光洋一元
三十日	普通	任福庭	男	四八	岳阳	工	复兴乡	010324	光洋一元
三十日	普通	周俭让	男	四三	岳阳	工	自强乡	010325	光洋一元
三十日	普通	祝华龄	男	四三	岳阳	工	自强乡	010326	光洋一元
三十日	普通	许少莲	男	五二	岳阳	工	博爱乡	010327	光洋一元
三十日	普通	周宝华	男	三二	岳阳	工	自强乡	010328	光洋一元
三十日	普通	潘桂兰	男	三六	岳阳	工	自强乡	010329	光洋一元
三十日	普通	袁立华	男	三二	岳阳	工	自强乡	010330	光洋一元
三十日	普通	刘义福	男	三九	岳阳	工	复兴乡	010331	光洋一元

（续表）

入会月日	会员类别	姓　名	性别	年龄	籍贯	职业	住　址	证书号码	备　注
三十日	普通	葛伯桥	男	五二	岳阳	工	和平乡	010332	光洋一元
三十日	普通	李兵权	男	三六	岳阳	工	自强乡	010333	光洋一元
三十日	普通	陈蕊初	男	三七	岳阳	工	自强乡	010334	光洋一元
三十日	普通	刘少田	男	五五	岳阳	工	自强乡	010335	光洋一元
三十日	普通	李欲才	男	三八	岳阳	工	自强乡	010336	光洋一元
三十日	普通	任群光	男	三六	岳阳	工	中和乡	010337	光洋一元
三十日	普通	刘礼和	男	三四	岳阳	工	中和乡	010338	光洋一元
三十日	普通	李正如	男	四三	岳阳	工	中和乡	010339	光洋一元
三十日	普通	王昆吾	男	三二	岳阳	工	明德乡	010340	光洋一元
五月一日	普通	姜志方	男	三〇	岳阳	工	明德乡	017616	
一日	普通	刘玉章	男	三六	岳阳	工	明德乡	017617	
一日	普通	敖子尤	男	四〇	岳阳	工	明德乡	017618	
一日	普通	孙克勤	男	三五	岳阳	工	明德乡	017619	
一日	普通	刘岳城	男	二八	岳阳	工	明德乡	017620	
一日	普通	李玉□	男	三〇	岳阳	工	明德乡	017622	
一日	普通	任仲阶	男	二五	岳阳	工	明德乡	017623	
一日	普通	姜钧	男	三六	岳阳	工	明德乡	017624	
一日	普通	任兆祥	男	三八	岳阳	工	明德乡	017625	
一日	普通	李和清	男	三二	岳阳	工	明德乡	017626	
一日	普通	胡柏奎	男	二七	岳阳	工	明德乡	017627	
一日	普通	方高明	男	三二	岳阳	工	明德乡	017628	
一日	普通	杨一品	男	四二	岳阳	工	明德乡	017629	
一日	普通	刘庸昆	男	三六	岳阳	工	明德乡	017632	
一日	普通	戴德明	男	二九	岳阳	工	明德乡	017633	
一日	普通	李来晟	男	二八	岳阳	工	明德乡	017658	
一日	普通	易望瞳	男	二四	岳阳	工	明德乡	017659	
一日	普通	胡少卿	男	三二	岳阳	工	明德乡	010288	

（续表）

入会月日	会员类别	姓　名	性别	年龄	籍贯	职业	住　址	证书号码	备　注
一日	普通	易少海	男	六四	岳阳	工	明德乡	010287	
一日	普通	黄素蓝	女	三二	岳阳	工	明德乡	010342	
一日	普通	刘珍玺	男	四五	蒲圻	工	明德乡	010305	
一日	普通	陈王氏	女	二七	监利	纺	明德乡	010306	
一日	普通	刘文清	男	一七	沔阳	商	明德乡	010314	
一日	普通	李若良	男	四〇	岳阳	商	明德乡	010362	
一日	普通	李小清	男	三八	岳阳	商	明德乡	010351	
一日	普通	李华忠	男	三四	四川	商	明德乡	010353	
一日	普通	任兴凯	男	二六	岳阳	商	芋头田	010354	
一日	普通	毛春发	男	二五	岳阳	商	芋头田	010355	
一日	普通	吕田成	男	五七	岳阳	商	芋头田	017669	
六月八日	普通	李正东	男	四八	岳阳	工	芋头田	010347	
八日	普通	黄少石	男	四〇	信阳	工	芋头田	017746	
八日	普通	李正生	男	四八	天津	工	芋头田	017750	
八日	普通	刘玉清	男	四一	汉寿	商	芋头田	017751	
八日	普通	张复生	男	四六	钢山	商	芋头田	017764	
八日	普通	黄德斌	男	二二	岳阳	工	芋头田	017763	
八日	普通	李文昌	男	五二	岳阳	商	芋头田	017770	
八日	普通	胡贻观	男	三〇	岳阳	商	南正街	017677	
七月一日	普通	何　志	女	二二	醴陵	医	本医院	017678	
七月一日	普通	王　勇	男	二〇	监利	医	本医院	017679	
七月一日	普通	熊新方	男	一九	岳阳	医	本医院	017680	
七月一日	普通	陈平波	男	二〇	临湘	医	本医院	017682	
七月一日	普通	任慕兰	女	一八	岳阳	医	本医院	017683	
七月一日	普通	李德芬	女	二五	岳阳	医	本医院	017684	
七月一日	普通	赵玉林	男	一九	岳阳	医	本医院	017685	
七月一日	普通	贺小和	男	一八	岳阳	医	本医院	010285	

（续表）

入会月日	会员类别	姓　名	性别	年龄	籍贯	职业	住　址	证书号码	备　注
七月一日	普通	曾顺卿	男	五〇	岳阳	商	先锋路	010286	
七月一日	普通	何大兴	男	三五	四川	商	先锋路	010287	
七月一日	普通	喻定保	男	一五	岳阳	商	先锋路	010288	
七月一日	普通	王子香	男	三六	湘潭	商	先锋路	017710	
七月一日	普通	陈丙辰	男	二四	岳阳	商	先锋路	017785	
七月一日	普通	高紫云	男	四五	宝庆	商	先锋路	017646	

附批：计会员三百三十一名。

已捐者二百八十名，共计捐光洋二百五十五元二角五分。

未捐者五十一名。

4. 中华民国红十字会岳阳县分会青年会员登记册

（民国三十八年度）

入会月日	会员类别	姓　名	性别	年龄	籍贯	职业	住　址	证书号码	备注
五月　日	青年	谭国贤				军	宪兵队	010379	
五月	青年	陈登科				军	宪兵队	010258	
五月	青年	刘　芳				军	宪兵队	010380	
五月	青年	周汉儒				军	宪兵队	010381	
五月	青年	张绍忠				军	宪兵队	010245	
五月	青年	单际炉				军	宪兵队	010373	
五月	青年	刘贵锦				军	宪兵队		
五月	青年	熊云忠				军	宪兵队		
五月	青年	刘树生				军	宪兵队		
五月	青年	陶登虎				军	宪兵队	010370	
五月	青年	徐士明				军	宪兵队	010375	
五月	青年	罗伟斌				军	宪兵队	010248	
五月	青年	罗世桃				军	宪兵队	010372	
五月	青年	童长治				军	宪兵队	010247	

（续表）

入会月日	会员类别	姓　名	性别	年龄	籍贯	职业	住　址	证书号码	备注
五月	青年	王文斌				军	宪兵队		
五月	青年	卢兴隆				军	宪兵队	010389	
五月	青年	汪浩洋				军	宪兵队	010243	
五月	青年	陈万兴				军	宪兵队	010244	
五月	青年	谢民久				军	宪兵队	010369	
五月	青年	朱瑞芳				军	宪兵队	010241	
五月	青年	霍汝生				军	宪兵队	010258	
五月	青年	胡光远				军	宪兵队		
五月	青年	彭友梅				军	宪兵队		
五月	青年	吴云告				军	宪兵队	010374	
五月	青年	吴世强				军	宪兵队		
五月	青年	廖声诰				军	宪兵队	010377	
五月	青年	王永茂				军	宪兵队	010371	
五月	青年	甄善祥				军	宪兵队	010376	
五月	青年	舒厚通				军	宪兵队	010378	
五月	青年	雷振华				军	宪兵队	010388	
五月	青年	陈万兴				军	宪兵队	010246	
七月	青年	蔡目铭	男	二一	华容	学	岳阳联中	010251	
七月	青年	何协民	男	一九	平江	学	岳阳联中	010252	
七月	青年	吴仕珍	男	一八	平江	学	岳阳联中	010253	
七月	青年	邹玉波	男	二〇	平江	学	岳阳联中	010254	
七月	青年	郑慎初	男	二〇	临湘	学	岳阳联中	010255	
七月	青年	方仲卿	男	一九	临湘	学	岳阳联中	010256	
七月	青年	李垂灿	男	一九	临湘	学	岳阳联中	010257	
七月	青年	朱本坚	男	一八	平江	学	岳阳联中	010258	
七月	青年	单心坚	男	一九	平江	学	岳阳联中	010259	
七月	青年	毛庚善	男	一九	平江	学	岳阳联中	010260	

（续表）

入会月日	会员类别	姓　名	性别	年龄	籍贯	职业	住　址	证书号码	备注
七月	青年	廖永鸿	男	一九	平江	学	岳阳联中	010261	
七月	青年	姜方全	男	三〇	平江	学	岳阳联中	010262	
七月	青年	何励秀	男	一八	平江	学	岳阳联中	010263	
七月	青年	何励昌	男	一九	平江	学	岳阳联中	010264	
七月	青年	许志德	男	一八	岳阳	学	岳阳联中	010265	
七月	青年	周自志	男	一八	岳阳	学	岳阳联中	010266	
七月	青年	沈济生	男	一八	临湘	学	岳阳联中	010267	
七月	青年	李全甲	男	一八	华容	学	岳阳联中	010268	
七月	青年	胡兆谦	男	一八	华容	学	岳阳联中	010269	
七月	青年	张安辅	男	一八	常德	学	岳阳联中	010270	
七月	青年	蔡大乾	男	一八	华容	学	岳阳联中	010271	
七月	青年	钟洛书	男	一九	岳阳	学	岳阳联中	010272	
七月	青年	陈定达	男	三〇	岳阳	学	岳阳联中	010273	
七月	青年	曾荣辉	男	一九	平江	学	岳阳联中	010274	
七月	青年	潘宗法	男	二〇	临湘	学	岳阳联中	010275	
七月	青年	邓树国	男	二〇	临湘	学	岳阳联中	010276	
七月	青年	汤　云	男	一九	岳阳	学	岳阳联中	010277	
七月	青年	朱剑琴	男	一八	临湘	学	岳阳联中	010278	
七月	青年	朱辉南	男	一八	临湘	学	岳阳联中	010279	
七月	青年	高万才	男	一九	岳阳	学	岳阳联中	010280	
七月	青年	刘湛源	男	一九	岳阳	学	岳阳联中	010281	
七月	青年	袁君山	男	一八	岳阳	学	岳阳联中	010282	
七月	青年	何为冯	男	一八	平江	学	岳阳联中	010283	
七月	青年	李月秋	男	一八	岳阳	学	岳阳联中	010284	
七月	青年	李雪理	男	一八	长沙	学	岳阳联中	010285	
七月	青年	李屈峰	男	一七	岳阳	学	岳阳联中	010286	
七月	青年	罗文秋	男	二〇	岳阳	学	岳阳联中	010287	

（续表）

入会月日	会员类别	姓　名	性别	年龄	籍贯	职业	住　址	证书号码	备注
七月	青年	周仲炎	男	一八	平江	学	岳阳联中	010288	
七月	青年	何国梁	男	一八	平江	学	岳阳联中	010289	
七月	青年	邹绍君	男	一八	平江	学	岳阳联中	010290	
七月	青年	李忠诚	男	二〇	岳阳	学	岳阳联中	010291	
七月	青年	余禅荫	男	一九	平江	学	岳阳联中	010292	
七月	青年	黄今文	男	二〇	岳阳	学	岳阳联中	010293	
七月	青年	洪德斌	男	二〇	南县	学	岳阳联中	010294	
七月	青年	冯群钦	男	一九	湘潭	学	岳阳联中	010295	
七月	青年	钟助周	男	一九	平江	学	岳阳联中	010296	
七月	青年	吴此澎	男	一八	平江	学	岳阳联中	010297	
七月	青年	张秋汎	男	一九	临湘	学	岳阳联中	010298	
七月	青年	王猷俊	男	一九	平江	学	岳阳联中	010299	
七月	青年	邹佛思	男	一八	平江	学	岳阳联中	010300	
七月	青年	张佑群	男	二〇	岳阳	学	岳阳联中	010311	
七月	青年	吴家连	男	一八	岳阳	学	岳阳联中	010312	
七月	青年	何培生	男	二一	岳阳	学	岳阳联中	010313	
七月	青年	余梦鱼	男	一六	平江	学	岳阳联中	010314	
七月	青年	刘绍尧	男	一八	岳阳	学	岳阳联中	010315	
七月	青年	胡华松	男	一八	临湘	学	岳阳联中	010316	
七月	青年	徐创书	男	一七	平江	学	岳阳联中	010317	
七月	青年	赵忠恕	男	一九	岳阳	学	岳阳联中	010318	
七月	青年	季　中	男	一九	监利	学	岳阳联中	010319	
七月	青年	许志桂	男	一七	岳阳	学	岳阳联中	010320	
七月	青年	方运昌	男	一九	临湘	学	岳阳联中	010321	
七月	青年	胥绩宣	男	一八	临湘	学	岳阳联中	010322	
七月	青年	李泗清	男	一九	岳阳	学	岳阳联中	010323	
七月	青年	罗惠伯	男	二〇	临湘	学	岳阳联中	010324	

（续表）

入会月日	会员类别	姓　名	性别	年龄	籍贯	职业	住　址	证书号码	备注
七月	青年	许仁恕	男	一八	岳阳	学	岳阳联中	010325	
七月	青年	王学明	男	二〇	岳阳	学	岳阳联中	010325	证号原文有误
七月	青年	刘膺章	男	一八	华容	学	岳阳联中	010326	
七月	青年	李俊德	男	二一	长沙	学	岳阳联中	010327	
七月	青年	江钧雪	男	一八	岳阳	学	岳阳联中	010328	
七月	青年	李载锠	男	一七	岳阳	学	岳阳联中	010329	
七月	青年	张余粟	男	一八	华容	学	岳阳联中	010330	
七月	青年	周　道	男	一八	平江	学	岳阳联中	010331	
七月	青年	李　魁	男	一八	岳阳	学	岳阳联中	010332	
七月	青年	许淮琛	男	一八	岳阳	学	岳阳联中	010333	
七月	青年	卢湘云	男	一八	临湘	学	岳阳联中	010334	
七月	青年	黄入门	男	一八	平江	学	岳阳联中	010335	
七月	青年	杨　霖	男	一七	岳阳	学	岳阳联中	010336	
七月	青年	刘美仁	男	一九	岳阳	学	岳阳联中	010337	
七月	青年	钟忠廉	男	一八	岳阳	学	岳阳联中	010338	
七月	青年	徐全香	男	一八	华容	学	岳阳联中	010339	
七月	青年	刘　钊	男	一七	华容	学	岳阳联中	010340	
七月	青年	陈志豪	男	一七	南县	学	岳阳联中	010341	
七月	青年	傅甘霖	男	一九	岳阳	学	岳阳联中	010342	
七月	青年	周天保	男	一七	岳阳	学	岳阳联中	010343	
七月	青年	彭平波	男	一七	湘潭	学	岳阳联中	010344	
七月	青年	杨映川	男	一七	南县	学	岳阳联中	010345	
七月	青年	龚福祥	男	一七	南县	学	岳阳联中	010346	
七月	青年	周名蒋	男	一七	岳阳	学	岳阳联中	010347	
七月	青年	方永建	男	一八	临湘	学	岳阳联中	010348	
七月	青年	朱厚成	男	一七	临湘	学	岳阳联中	010349	

（续表）

入会月日	会员类别	姓　名	性别	年龄	籍贯	职业	住　址	证书号码	备注
七月	青年	叶昌骐	男	一八	临湘	学	岳阳联中	010350	
七月	青年	方晓煦	男	一八	岳阳	学	岳阳联中	010351	
七月	青年	万　稀	男	一七	临湘	学	岳阳联中	010352	
七月	青年	李筠生	男	一八	岳阳	学	岳阳联中	010353	
七月	青年	汪忠善	男	一九	岳阳	学	岳阳联中	010354	
七月	青年	赵国樑	男	一八	临湘	学	岳阳联中	010355	
七月	青年	钟静轩	男	一八	临湘	学	岳阳联中	010356	
七月	青年	何稌华	男	一九	临湘	学	岳阳联中	010357	
七月	青年	黄和贵	男	一七	临湘	学	岳阳联中	010358	
七月	青年	程南青	男	一八	岳阳	学	岳阳联中	010359	
七月	青年	叶子述	男	一八	临湘	学	岳阳联中	010360	
七月	青年	熊展成	男	一七	岳阳	学	岳阳联中	010361	
七月	青年	易大兴	男	一七	临湘	学	岳阳联中	010362	
计会员一百三十四名									
附批：已捐者一百三十四名　共计捐光洋七元									

三、函　　电

湘乡附生成希禹拟推广红十字会上抚宪禀

为恳恩参春秋例，修红十字会以联与国而示同仁事。窃维明耻始可教战，而取义尤贵行仁。中华军政不修，偶遇大敌辄败，不可复振。大人实事求是，既设武备将弁学堂，复立体操研究各所，从此结同团体、共作干城，转弱为强，安知不在今日？但兵者人命之毒，操技愈精，为祸愈烈。值此时会弭兵无术，惟有互相救护，以冀少伤天地之和，且两军构难，人居局外既救我恐后，我居局外竟观望不前。按之公法公理，已属不合。曩者中东之役，我军且杀及红十字会，至今外人以野蛮目我，谓不知红十字会为何物也。查是会创于瑞，成于英，始不过一二善士赞成善举，迨立为公会，万国恭行，入其会者虽以皇王嫔后之尊，不惜为人洗濯脓垢。瑞旗红地白十字，会旗白地红十字，视其旗偕医药、衣食随之前往，救护不力者，会有罚；不守局外例干预人战事者，会有罚。所以为德于人在此，昭信于人即在此。生去岁随江苏候补道陶道森甲于徐州，得见所拟修会章程并禀将军、督抚宪稿，生回籍，坚以力行此会嘱，因念杀机之发日酷一日，将于浩劫中存孑遗，舍广行是会外无良法。华人狃于目前熙熙自德，不明时局，安知公法；不参往事，谁存公理？因小而固，固而陋，陋而劣，遂率天下为野蛮，徒使一驻日华商慕义响风独步文明海上，心甚悲之。

窃观今日五洲全局与春秋列国大同小异，宋人为鹿上之盟，诸侯推为共主，为其犹有仁心也。其言曰："君子不重伤，不擒二毛。"系临事设心而言，当局如此；苟居局外，又当何如？且兵事靡常，今日居局外，或移时即在局中。《春秋传》曰："救灾恤邻，行道有福。"又曰："报施救患，取威定霸。"方今东方事急矣，合我群力拯彼疮痍，体大造好生之心，为一视同仁之举，非惟取法欧美各国，亦我中国古训所宜遵从者也。及今为之，犹未为晚。管见所及，未知当否？如蒙鉴纳，生一面函取陶道章程，一面纠集同志，请示派办。至会以十字为号，究嫌与天主教十字架混淆，容俟会成再请申明。会章用社执，非乱是者借口，合并陈明，不胜悚惶待命之至。谨禀。

奉批：该生关怀时局，愿力甚宏，识见甚卓。红十字会救难拯灾，义声振于寰球，为五洲各国所同认。我国未经与会，实属缺憾。当此俄日交哄，战祸甚烈，血肉之躯与炮火争，惨目伤心，胡忍坐视？我国虽守局外，东三省作为战地，首受惨祸，厥惟华民尤不可不急图援救，惟红十字会必须与各国订约入会，周折甚多，非仓促所能筹办。现在沪上绅商创设救难善会，以救清东三省难民为宗旨，各省皆可集资协助。该生有志施济，应即纠合同志，筹集巨款，以展素抱，并一面函取陶道条规以备采择。

原载于《湖南官报》第602号，1904年3月24日

抚宪赵准商务大臣等电办万国红十字会饬洋务局札

为札饬事，光绪三十年二月十五日准商务大臣吕、盛暨在沪绅商元电，内开请转行府、厅、州、县知会绅商：日俄开衅，战地华商绅民被难凄惨，亟宜救护，限于两国禁令，惟泰西红十字会救护最得实际。中国向未与会，动多格碍，在沪绅商竭尽心思笔舌，商准在沪英、德、法、美各官商公举中西办事董事合办上海万国红十字会，适奉商部电饬筹办，因即电请外务部据情商明日、俄驻使，电驻日、俄使转致政府承认此会。各董事并电各国政府一体转商承认，事体重大，于中立有益无损，而经费浩繁，议明中西分筹，并由海寰等先行筹凑，以上海丝业公馆为华董办事处，公同酌刊捐册，备函分寄各省官绅商富，务恳鼎力提倡，俾被难华人同登衽席。中立主义益明，国势民心两有裨益，不胜祷盼。除函册克日驰寄外，谨先电闻。再北洋亟欲筹办，现已由电咨明合办，不另刊捐册劝募。会例首重医疗，沪已购运药物，先至营口设立大医院，即兼办救护事宜，并闻。吕海寰、盛宣怀、吴重熹、吴郁生、刘宇泰、杨士琦、李经迈、庞元济、顾肇熙、沈能虎、杨庭杲、朱宝奎、沈敦和、任锡汾、施则敬等暨在沪绅商同叩。等因到本部院，准此，合

就札行到该局，即便分别移饬各文武查照并通饬各属晓谕绅商一体遵照，竭力筹助，是为至要。

原载于《湖南官报》第613号，1904年4月4日

抚宪批示汇录

湘乡附生成希禹禀批：商约电报大臣在上海集款筹办，昨已接电报，已饬司局筹议协助，并将电文排印分布矣。据禀，筹款各节颇有见地，原非仓卒〔促〕所能举办，存备采择可也。该生热忱动人，如能广为劝募，必有效果。随批发给公启五十张，即由该生分送劝捐，俟捐册寄到再行发给，捐款呈由本部院汇寄，想能不辞劳瘁，勉尽义务。

原载于《湖南官报》第616号，1904年4月7日

常德红十字会来电（民国六年一月六日到）

熊秉三会长鉴：顷接上海总会沈会长电开："据长沙分会函称，贵分会此次救护人员，有经执事运呈中央请奖之举。查向章，各分会办事人员，均须报告本处，汇案请奖，尊举果确，殊与会务统一有碍，且本处正调取各分会救护成绩报告。冬一。"又电："办理奖案，为亟电达台端，希即将贵分会此次救护出力人员，开具报告，并各该员履历到处，以便汇请中央奖叙，用符定章，而资统一，无任盼切。沈敦和。冬二"云云。两电均嘱转呈立查。本事务所报告，正在赶办，月内即可分别赍呈。至请奖一节，救护人员只廖、张正副两队长，如何出力？及各员履历，廖君就近可询，当可据以从速报沪。惟事务所组织一切，各课干事，及医队中外医士，不无微劳，可否择尤请奖之处，均请电示，以便造具履历，连同报告，克日邮津转沪，毋任翘切。红十字会常德事务所。微。

原载于顾廷龙编《熊希龄先生遗稿》

常德广济医院来电（民国六年一月七日到）

熊秉三先生鉴：电悉。大总统厚赐广济医院。涂德乐敬谢。

原载于顾廷龙编《熊希龄先生遗稿》

辰州黄济中来电（民国六年一月七日到）

熊希龄先生钧鉴：昨承电示，大总统领赐匾额，无任感激。黄济中。

原载于顾廷龙编《熊希龄先生遗稿》

致常德红十字分会电（民国六年一月八日）

常德红十字分会鉴：宣密。此次请奖，系用前宣慰使名义，非由红十字分会径呈也。请转电沪会，声明为荷。廖、张事当转嘱与尊处接洽。希龄。齐。

原载于顾廷龙编《熊希龄先生遗稿》

常德李寿熙等来电（民国六年一月九日到）

熊秉三先生钧鉴：顷由抚绥处传示尊电，敬悉。大总统褒话频加，题及匾额，熙等朗滨小草，获此滋荣，皆赖我公之所赐也。欣幸逾恒，感铭无极。熙、谦、杰、潜，寅叩。

原载于顾廷龙编《熊希龄先生遗稿》

熊秉三致长沙红十字会电

长沙红十字分会颜、聂两先生鉴：上年南北战事，承贵会救疗兵民，仁心毅力，至为可感。现经敝处呈蒙大总统亲书，颁给“博爱谓仁”四字匾额，奉赠贵会医院，日内即寄呈，特先奉达。熊希龄。

红十字会复熊秉三电

天津熊秉三先生鉴：上年南北战事，敝会组织医队，追随骥尾，出令湘西，天职所在，义所应为。徒以灾区广漠，未克普济博施，至今犹深愧怍。乃承我公呈请大总统颁赐额书，逾分之褒，尤增颜汗。即请电呈大总统代致谢忱。专复肃谢，敬颂勋祺。湖南红十字分会颜福庆、聂其焜等。麻。

原载于长沙《大公报》1917 年 1 月 9 日

辰州谢重光、田兴奎来电（民国六年五月七日到）

熊秉三先生钧鉴：永、龙、桑蒙拨款数万串，委令鲁、□、傅三委员来此散放，万众感激流涕。惟查各县兵燹之后，苦匪已深，上年秋收歉薄，流离失所，满目怆然，近又春耕失牛，荒象已兆。非趁早广筹赈抚，势必弱者束毙，强者流为盗贼，贻害大局，宁有底止。拟请电达湘督，或饬由抚绥处长设法，再给抚款五万串，仍交该委员，按地散赈，活此灾黎，救一方之厄，即以造万年之福。我公心切救民，用敢代为请命，无任迫跂。谢重光、田兴奎叩。江。

原载顾廷龙编《熊希龄先生遗稿》

沅州毛昌寿、温良来电（民国六年五月八日到）

熊秉公鉴：宣密。芷江匪众器利，所有消弭办法，前已电达，蒙总处长刘转复，督军允电知事办理，不必动用赈款。并蒙督军电饬知事，广设赈济，费所不惜等情。惟芷江兵匪交灾之余，无此巨款，恳电督军设法，转饬知事从速办理，以靖地方。芷江补赈筹备处昌寿、良等叩。盼复。虞。

原载于顾廷龙编《熊希龄先生遗稿》

衡州红十字会来电

长沙傅督军、袁代省长钧鉴：顷闻战事业经发生，本分会拟即遵章前往战地救护，恳速分别转电前敌各军暨各该知事一体查照，特闻。衡阳红十字分会。虞。

原载于长沙《大公报》1917年10月9日

商请普救湘地伤兵之函稿

商帮协会致红十字会函

仲礼先生大鉴：敬启者，本月五日，据旅沪湘人函称，此次湖南战事，以衡州为最烈，死伤枕藉，言之痛心。近有自衡州来者，据云，湖南红十字分会在战地救护专注重北军，以致南方军士稍受微伤者，皆为北军所戮，该会并不一援手。是否有所偏袒，虽不得知，总之红十字会以慈善为主义，固当本公平无私之心，行博爱普济之事，乃于同一战场之中，对于伤者有救有不救，其中情形，真有令人不可思议者。尚望各协会设法补救，据情转达该总会与磋商，倘有成效，其受赐岂负伤者而已哉？等情到会。伏思贵会夙以博施济众为怀，海内同胞共深钦仰，岂于战地救护伤兵而独持南北之见，贻南人以口实。此敝会坚信贵会赴战地各热忱君子断不致如该函所称。惟既由湘帮同人来函，不得不据情转达，可否请先生函致驻湘会员，于一视同仁之中特别注意，俾南军沾沐先生之赐为更重也。

红十字会复协会函

敬复者：接展示大函，敬悉一一。查万国红十字会定章，凡军事救护，其救护队须随国军之后，是以对于国内救护极形困难。此次湘战发生，即经敝会通电前敌各军出发救护，旋接傅督军复电认可，遇有伤兵，源源送院医治，惟南军方面，迄未接有接洽电信，亦未送有伤兵至院医治，军务攸关，岂敝会所能自由行动。至谓南方军士稍受微伤辄为北军所戮，该会不一援手云云。敝会救护一本人道主义，既无南北成见，何容稍有偏袒，但定法綦严，苟涉战事范围，又岂敝会力能干预。准函前因，除电商南军司令并饬湘分会救护队就近与南军接洽，以便一律救护外，特先函复，即祈转致贵湘帮诸君为荷。

原载于《申报》1917 年 11 月 9 日

红十字会之电稿

本埠红十字会昨接汉口分会电称：湘省战事，本分会已组织救护掩埋各一队，拟即出发，合先电达，请呈中央转咨傅、王两督军及前敌各司令严加保护所有车舟，并凭照袖章旗帜各种手续，应如何办理之处，祈详细电云云。该会当将该对所需旗帜袖章等件盖印邮寄应用，并分电傅、王两督军，通令前敌各军切实保护。又接重庆分会来电云：刻下战地距渝较近，本会不日出队救护，国平率队前往永州一带设施救疗掩埋等事，如何情形，随时摘要电报备查，知念特闻。渝分会魏国平、胡国梁叩。佳。

又接永州分会来电云：来函并袖章等已照收，刻分会组织救护队，所需临时袖章凭照已仿照衡阳分会办法。永州红十字分会叩。庚。

原载于《申报》1917 年 11 月 13 日

宝庆红十字会电请助款

宝庆红十字会来电云：长沙谭督军、程省长、刘镇守使、赵师长、林旅长、宋团长、二区守备队周司令、永绥区谢司令、江道区刘司令、桂军林总司令、宾正司令、易政务厅长、林财政厅长、各司令团体钧鉴：此次战事发生，敝会员组织救护掩埋，各队开战地实施救护，并于城内设立医院三处，综计救护受伤军官、兵民及掩埋引渡共逾千人，以致用款浩大，不敷甚巨。值此兵燹之余，闾阎凋敝，劝募维艰，善后事宜需款孔急，窃予补助以竟全功而立基础，不胜祷切，待命之至。宝庆红十字会理事长刘铨，理事赵珍圭、岳季□、董璋、刘秉钧叩。东。

原载于长沙《大公报》1917 年 12 月 6 日

湘赈事务所致熊督办电稿

北京熊督办鉴：前奉复电，以同人在沪设立湘赈事务所，极荷赞同。旬余以来，同人迭次集议筹商进行办法，佥以同人既无办赈经验，资格信用均不足资号召，仅恃捐册劝募，竭其力之所至，所得无裨万一。查中国红十字会办理各省灾赈，成绩昭著，不如一切委托该会办理，可以事半功倍。且该会本为全国慈善事业法定之团体，尤无别立机关之必要，业经公决将原定计划取消，所有湘赈事宜，概行委托该会，已得该会同意，谨以奉闻，并乞更电该会沈仲礼君加以切托为荷。袁思亮、聂其杰、朱恩缙、梁焕彝、焕均、陈家瑞、周砥同叩。

原载于《申报》1918 年 7 月 7 日

宝庆红十字分会电请赈灾

宝庆红十字分会来电云：湖南筹赈总会督办熊鉴：宝庆迭遭兵祸，今岁尤为惨痛，十室九空，转徙离亡，四民废业，瘟疫复起，加以淫雨为灾，荒象益紧，嗷嗷哀鸿，待赈孔急，业经电陈钧座，伏恳鸿施，多拨赈款，以救残黎，无任馨香祈祷之至。宝庆红十字分会理事长刘铨叩。

原载于长沙《大公报》1918 年 7 月 8 日

湘赈调查员来函

红十字会湘赈干事部刻得调查员魏廷晖君号旭东来函，照录如下：

八月十号十时，由潭出发，连日大雨，沿途官道被淹数处，除有船可渡外，余皆冒水而过。其最深者不下五六尺，禾苗尽淹，行六十里抵湘乡属之马鞍铺，水横田垅，不能前进，只得宿于此。今早就道，十时路经湘乡县城，表面虽靖，而商业犹未完旧，已开铺门者寥寥无几。再行八十里至纸马桥，天色已晚，就此寄寓。计自离湘乡县后，居民迁徙十室九空，日则归屋，夜则逃亡，有被劫掠者，有受奸淫者，有遭火烧者，甚至数十里之内不闻有鸡犬之声，不见有人烟之气。间或行人往来，不但无可投宿，即携带有米，亦莫能炊，种种惨状，实不忍目睹。廷晖一切事物均未携带，幸于途次得遇刘直余君携有饼干，得以共食，即随带夫役亦只有此一充饥耳。据乡人云，由此往宝庆更苦数倍，八月十二早至永丰，自此至宝庆尚有一百八十里，准十四日可到云。

原载于《申报》1918年8月21日

红十字会来函

本会接湘赈调查员魏廷晖君号旭东来电如下：元日抵宝庆，晤县知事及诸绅接洽一切，盼赈甚急，伏查灾情，惟宝最重，特闻。晖。

衡阳红十字会致本会湘赈干事部来函如下：衡阳频年以来水旱偏灾，收成歉薄，四乡农民盖藏久虚。去秋，湘南战事发生，兵祸尤烈，东乡上通郴县，为粤军往来之要道；南乡逼近零陵，为桂军出入之门户；西乡左通宝庆、右连湘乡永丰一带，戎马络绎，战争几无虚日；北乡与衡山毗连，为进兵要隘。去岁，萱洲鏖战两月有余，邻近居民均被蹂躏，至今村落为墟，时闻野哭。今春，湘、粤、桂各军队由岳阳溃退而南，衡阳地当要冲，散兵经过之处，劫掠为之一空。

其时，北军乘胜长驱直入，既克衡阳为根据之地，复分兵南取祁阳，西复宝庆，东略耒阳、永兴、安仁、攸县等处，凡当孔道之区，居民迁徙逃避，几无行人，兵士无处觅食，见深山中稍有炊烟即趋就之，数口之家稍有担石之储，亦不敢不悉索敝赋以供军需。是时恰值春耕，农人畏其掳夫，不敢播种，当道田畴尽为荒芜。壮者散于四方，老弱转于沟壑，此中流离困苦之状，奸淫杀戮之苦惨不忍睹，诚无可讳言者也。孟夏之际，忽淫雨浃旬，湘流暴涨，低处田禾多被损伤，以致谷价日翔，民食弥缺。师旅之后，加以饥馑，斗米元余，苦无从粜，虽地方绅士借邻省谷采办鄂米，一济民食而备荒赈济，然杯水车薪，殊难普济。

近日，四乡匪徒假名护国诸军，到处骚扰，白日行动，毫无忌惮，勒捐搜刮，民不安枕。富者被其拷掠，贫者被其裹胁，伏莽蔓延，将成流寇。现值秋收之时，阴雨连绵，水又复涨，低田重淹，而高处谷实生芽，兼患虫伤，约计收成恐不及十分之六。加以匪盗无种，可因见禾苗已熟，肆行抢劫，容有租未入仓中道被劫者，不特哀哀小民，其将何以聊生？即今年钱粮谷被匪收，又将何以供税？兹幸钧处特派武、刘二君惠临敝邑，考察灾情，殊不胜欢迎之至。惟已往之灾情逾时已成陈迹，而现在之灾情因匪实难遍查，且武、刘二君在沪另有职务，未能久居此地切实调查，除一面遵命招待，一面拟由敝分会暂行查考，报由钧处核办。谨先将近岁以来闾阎困苦之状略陈梗概，想大慈善家热心公益，饥溺为怀，杨枝一滴，定能遍洒湘南。尚祈宏施赈款，拯诸水火，灾民幸甚。

原载于《申报》1918 年 8 月 22 日

上海红十字会慨助湘赈

上海红十字会来电　义赈会任寿国先生鉴：衡山商绅等来缄，痛述灾况极惨，贵会已往查赈，极佩大德。本会湘赈部有赈洋一千六百元，棉衣一千件，拟乞李务丞先生拨交会同旷惺斋、李子荣两君散放，尚祈电复准，即分别汇运。沈敦和、唐文治等叩。真。

湖南义赈会复电　上海红十字总会沈仲礼、唐微之〔蔚芝〕先生等鉴：真电悉。天祸湘民，孑遗将尽，迭蒙赒恤，拜德何穷。衡山当攻战要冲，蹂躏尤惨，蒙兹特惠，得庆再生。一俟寄到，当即派员会同该绅妥放。伏冀益施广厦，大庇三湘，普挹琼卮，来苏七泽，则湖清岳峻与公等并寿矣。任福黎。元。

原载于长沙《大公报》1918 年 9 月 14 日

红十字会近事两则

中国红十字会湘赈干事部特派干事员魏旭东、武筱航两君于本月四日乘瑞和轮船带现款棉衣往湘散放，兹将魏、武两君到湘后与红十字会往来电讯录下：

（来电一）中日银行款已接洽，义赈会存款在汉口朱菊尊先生处，提用均便，但从各方面调查散放现款诸不便利，似不如仍设法汇沪多制棉衣，庶款不虚糜，善果较大。钧意如何，祈电示为盼。

（来电二）棉衣支配办法业与义赈会袁君妥商，湘阴、湘潭、湘乡、衡山、衡州五县各一千件，醴陵、株洲、宝庆三处各二千件，俟衣到即设法运往散放至浏阳等处，目下尚难施赈，并闻。

（去电）来电均悉，棉衣请照支配散放，现款暂存中日银行待急支用，准日内续运棉衣二十二包计二千七百十件，余当随募随运。

原载于《申报》1918年10月23日

红十字会办理湘赈近闻

中国红十字会近接湘赈干事员魏旭东、武筱航由湘来电三件：

（一）第一批棉衣一万一千件马日到齐，宝庆由孙鼎具领，衡阳由贺模具领，即日运往散放至衡阳、湘潭、湘阴、湘乡，正在催运。株、醴两处，晖等亲往，俟办妥后即电闻。

（二）衡山旷绅惺斋来省，业将赈款赈衣如数领讫，日内即运回，会同义赈会欧阳君谦散放，谨闻。

（三）第二批续运之衣，业与袁君鹤义商妥，宁乡发一千二百件，浏阳发一千件，余三百六十九件由红会医院施赈遣散残废及附近农民。又闻湘赈干事部又募到第三批棉衣三千四五百件，日内又可运湘矣。

原载于《申报》1918年10月29日

两机关之湘赈消息

红十字会湘赈干事魏旭东、武筱航二人在湘散放棉衣现款已纪前报。兹将最近往来电文录下：

长沙魏、武二君来电云：养电敬悉。带款及前存义赈会之款已与袁君明翼会商岳阳、平江两县各带一千，临湘九百，宁乡、隆回两处各四百，谨电闻，余函详。俭。

又长沙来电云：晖等拟艳日亲运棉衣四千件赴株、醴两处，妥交绅董从速散放，三数日回省，催各处速行领赈。俭。

红会复长沙魏、武二君电云：俭电悉。承公亲往株、醴散放，辛劳尤感，二批棉衣已运在途，不日到湘，请支配。艳。

又红会致魏、武二君电云：第三批棉衣拟即日运湘，请旭东先回，筱航暂留散放为感。卅。

（中国济生会消息略）

原载于《申报》1918 年 10 月 31 日

红十字会纪事三则

湘会请拨棉衣药品

红会接长沙分会来电云：红十字会沈仲礼会长暨诸君并请转唐校长公鉴：三批棉衣确数若干，祈示知。因衡、醴两处露体之氓约各五千人，前批棉衣会同知事及诸绅董先择极贫散放，以维生活，近日发现时疫，头痛、发热、腹痛等症重者，逾日即毙，并有绝户者，官绅殷殷索药，请即设法运药品来湘，以资救治，庶免蔓延。魏旭东、武筱航。东。

红会复电云：长沙红十字分会医院转魏、武二君鉴，东日两电悉，第三批棉衣凑装二千五百件，余随募随运。湘省发现时疫，病情与浙皖等处相同，准明日配寄中西药品及治防方法。沈敦和、唐蔚芝。冬。

原载于《申报》1918 年 11 月 4 日

湘赈电音三则

中国红十字会沈会长暨朱、江、姚诸君并转唐校长钧鉴：湘省时疫甚重，岳阳、平江、湘阴及附近各处同时发现，药品从速发放，及早施治，第三批棉衣日内支配后即电闻。再，熊秉老定月初赴沪来湘筹赈，任无归期。魏旭东、武筱航。江。

又一电云：隆回绅士魏嘉、刘廷柱等已将寒衣六百件、赈洋四百元具领，分别起运矣。现在正发浏阳寒衣，谨闻。魏、武。冬。

红会复电云：魏、武二君鉴：江电悉。第三批棉衣正在打包待运，湘省疫盛，本会先由邮寄急救药丸二千粒，余容缓寄。沈敦和。知。

原载于《申报》1918年11月5日

义赈会文电一束

义赈会电复宝庆红十字会　红十字会刘会长鉴：电悉。沪红十字会赈款二千元已收到，又收到本会赈款一万元亦备好，屡属贵县分会来领，□迅设法领去散放，以救灾黎，至盼。省义赈会任福黎。歌。

……

原载于长沙《大公报》1918年11月10日

湘潭火灾之求赈

红十字会接湘潭县商会来函云：沈会长钧鉴：敝邑近年兵燹频仍，饥荒叠至，纸币充斥，百物昂贵，民生凋敝，已不忍言。乃人方求福而天祸偏临，夏历九月二十四夜，城外居民不戒于火，一时烈焰飞腾，延烧二千余户，寸衫尺缕，一炬无遗。烂额焦头，呼号震野，诚数百年来未有之浩劫也。且被灾各户多属贫寒，不惟栖身无所，抑且衣食无资，严冬转届，其奚以堪，不有救济之方，安得来苏之望。惟是□□难肩重负，杯水莫救车薪，用特函陈，敬为灾黎请命，伏恳诸鸿硕俯念敝邑遭灾重大，慨输巨资，俾数万灾黎不致遽填沟壑，敝会同人当馨香奉之。倘蒙惠助，祈即汇寄敝会，随付收条并登报鸣谢，不胜迫切待命（之）至。

该会当即致电长沙云：长沙红十字分会医院转武筱航鉴：刻奉湘潭县商会函称城外火灾延烧二千余户，多属贫寒，请求救济等因。如果有饥寒灾黎，何忍坐视，乞驾临灾地调查，实有不济不生者，请在湘赈项下酌拨散放为托。沈敦和、唐蔚芝。佳。

原载于《申报》1918 年 11 月 12 日

红会函电汇纪（节录）

湖南来电云：红十字总会沈会长暨朱、江、姚诸先生并转唐校长钧鉴：佳电敬悉，第二批棉衣今日运到，准元日携带衣一千件、款四百元亲赴湘潭赈济。武兆桐。真。

原载于《申报》1918 年 11 月 14 日

红会与湘乡知事往来函

红十字会接湘乡县知事来函云：承寄来棉衣一千件，感荷鸿施，无任馨祷。惟敝县兵燹水灾相继而至，人民惨痛，笔不尽书，贵会衣被苍生，数万灾黎共钦生佛所赐，寒衣不敷散给，再请补寄五千件，俾可支配发给。敝知事为民请命，竟不以琐渎见衷也。洪恩培谨启。

该会当即复函云：来示敬悉，属〔嘱〕再补寄棉衣五千件，俾代发给等因。具见台端恺悌慈祥，为民请命之至意。但敝会对于湘赈，除运往现款及粮食外，复运去棉衣二万余件，悉归湖南义赈会酌量情形，妥为支配，贵邑如以灾民众多，不敷散给之处，请即就近迳与义赈会武筱航君接洽可也。

原载于《申报》1918 年 11 月 22 日

红会湘赈近讯

红十字会湘赈部连驻湘干事员武兆桐来电，抄录如下：

（一）红十字会沈会长、湘赈部唐校长钧鉴：华容水灾之后继以瘟疫，死亡甚众，殓无棺木。迭据县绅报告，情形极惨，时与袁君酌商先发急赈洋一千元，日内即遴妥员速放。兆桐。漾。

（二）靖江〔港〕月前大水，灾黎待赈，经调查后待发棉衣二百件，新台票一千二百五十串，交由义赈会派员散放。兆桐。漾。

（三）三批棉衣与袁君商妥支配华容一千五百件，岳阳一千四百件，临湘、平江、攸县各一千件，宁乡六百件，长沙、湘阴各加发五百件，衣到即分别运放。兆桐。漾。

（四）宝庆刘直庆君来省，询悉灾情极重，议定在五批衣内加发一千五百件，醴陵南乡绅士请补赈，议定加发一千件，湘潭、株州〔洲〕二处各加发五百件。兆桐。敬。

再闻红会接衡阳、宝庆等处告急请益电甚多，该会正在筹划积极进行。闻第四批棉衣四千五百余件已于本月十九日装运赴湘，兹又采购第五批棉衣四千五百余件，定于二十八日由招商局轮起运云。

原载于《申报》1918 年 11 月 28 日

宝庆红十字会请领赈款

宝庆红十字分会理事长刘铨函义赈会云：顷奉歌电，敬悉沪汇赈款二千元承代收到，甚感。此款请交孙君鼎手领付兑，此君现充驻省宝庆义赈事务所会计员。至尊处赈款一万元，亦请交李宝堃、姚寿衡二君手领觅兑。此两处均由铨函托趋领，三君持函到时即乞分别发交，是为至盼云。

原载于长沙《大公报》1918 年 12 月 2 日

零陵要闻二则·红十字会电请赈济

永州红十字分会致上海红十字总会转熊秉三先生鉴：永州山多田少，粒食维难，向仰下游接济。迩年兵匪交乘，十室九空，尤形匮乏，现值春耕，农无宿粮，枵腹者束手以待。幸闻秉三先生轸念民瘼，移粟二万石赈济来湘，云霓慰望，方庆来苏。乃前途阻滞，全数移赈郴州一带，而永郡饥民望渴，画饼成空，以致米价骤增，匪风复炽，满目疮痍，挖肉莫补。敝会为人道起见，除竭力募款购谷放赈，以救燃眉外，深虑杯水车薪，于时无济，用敢呈请贵总会转请秉三先生量移若干石，以赈永郡，不胜引领，乞电复。永州红十字分会理事长祝世仪叩。漾。

原载于长沙《大公报》1919 年 4 月 5 日

义赈会为湘西灾民请赈

义赈会任福黎电上海红十字会沈仲老、唐蔚老云：去岁承贵会唐、沈诸公亲临赈济，全活百万，武君尤劳。湘西、宝庆、龙山、永顺、桑植、大庸、慈利、石门等县久经兵匪，千里丘墟。敝会拟派人查赈，惟仅得万元，恳贵会再拨一万元，以两会名义合办，遗黎不死，皆公所赐。任福黎叩。

原载于长沙《大公报》1919 年 5 月 5 日

义赈会催为丐包

昨义赈会电永州红十字会，顷据本省红十字会函称：前据上海总会干事武筱航君拨交赈济贵处灾民灰丐五千包，会电达在案，现丐包上已起霉点，久则难用，贵会是否即行运去，抑或不要，由该会另散他处，免至废弃，望即电复。湘义赈会任福黎叩。

原载于长沙《大公报》1919 年 5 月 5 日

岳阳红十字会之呼救声

岳阳红十字会近有电致京云：前门长巷下四条岳阳会馆转葛云、吴晓支、方伯林暨同诸公鉴：公函暨李君来，藉悉一切，张师驻岳，惨杀两旬，火烧数起，幸皆扑灭，然十梳九篦，一空如洗，综计财产损失二千余万，多数人民幸避教堂，得免杀戮，然逃避稍迟者非奸即杀，至湘军抵城时始止。现时难民除已逃汉二千余人外，在城者约计两万，虽有家可归，然米盐被帐，一无所有。疫诊〔疹〕蔓延，随在堪虞。邑人何辜，受此惨祸，用恳诸公，将此次灾状迅呈政府，拨款抚恤，并恳通电各报馆、各慈善机关，募集巨款，以资救济，其为功德，岂可涯量。各乡灾状，惟荣家湾、破船口、黄沙街、芦蛛湾离城十五里一带，妇女被奸，人民被杀较别区为多，财产损失尚少，知注并闻。岳阳各界泣叩。岳阳红十字会代印。七月四号。

原载于长沙《大公报》1920 年 7 月 13 日

红十字会向商会索款

中国红十字会函商会云：前接贵会函，以北军溃退，为数甚多，希即赶办收容所数处，俾该军过境，有所投栖，则秩序之安全胥系乎此，并乞火速成立等因。敝会以事关公益，比即成立临时收容所四处，收容溃兵难民共计千数百人。业经函告贵会，并请发给用洋千元，米折一本，当承贵会慷慨协赞，如数担任。惟是敝会经费久已枯竭，勉力支持，亏空甚巨，所有米粮柴煤均系移挪赊欠，且各处难民溃兵，现仍日有移来，一切需用，非款不办，补救无术，用特函恳，务乞迅将允款即予发下，俾资应付，以维进行，无任乞盼。

原载于长沙《大公报》1920 年 7 月 14 日

关于湘赈之要电：红十字会电北总统

北京大总统钧鉴：敬禀者，岳阳此次兵灾，较民国六年十倍过之，奸掳烧杀，撤屋□土，无事不有，无恶不作。即名胜遗爱，六畜青苗，匪荡而无存，均伤而过半，痛赤子之立赤地，皆十室而又十空。秋雨秋风，无衣同赋；大兵大疫，有药谁施？念小民之无辜，惨居南国；望巨款以济困，急待西江。敝会自本年开办以来，收诊各路伤病官兵，内外号以八九千人计，前方掩埋，已千余人。刻下施送药品赈济哀鸣，预备寒衣，绸缪未雨，惟经济之有限，致善后之无方，且来日之方长，忍坐视而不理。伏念圣人哀死，君子表微，招□散之魂，复于棺收无主之骨，敛以衣衾，敢求首座以关心。即在岳阳之今日，惠加于鬼则游岱之魂灵有依；义感于人则归周之心思不□。如蒙恩赐大宗赈款，接济敝会，俾得苟延时日，借以救治疮痍，将拜领鸿施，感同鳌戴，不胜先时预祝之至。中国红十字会湖南岳阳分会，理事长袁明翼，理事周嘉淦、杨恩第、徐德润、童□等率全县士民同叩。

原载于长沙《大公报》1920 年 8 月 15 日

分会近报：岳阳救护

（岳阳分会来函，十年九月十四日到）

为报告事，窃理事长先是以会内周理事嘉淦精明强干，向来会务多所主持，因自决志引退，以避贤路，曾经开会声请辞职。时湘中正议援鄂，地方士绅、官厅佥以战事且生，不予允可，且或以严词督责。未几而战局果成，迭接长沙沈让老及欧本麟君、韩理生君信电，瞩理事长赶就岳城设办救济会，理事长以则无可贷，随经竭力组设方经成立。而赵炎午总司令自前方来岳，面令理事长亲率会队，前至汀泗桥一带救掩伤亡。比返岳城，已八月二十七矣。明日午前，湘军遂溃。北军追击至岳，弹雨横飞，血肉交迸。邬家冲车站火起，南军之兵站焚矣；南津港火起，南军之火车裂且毁矣。理事长乃亲冒锋镝，手旗督队，救引伤残，或送之医院，或置之救济会，然后收掩死亡二百三十余具，当蒙吴巡阅使面加劳奖，其后陆续又收掩自水底浮出之尸二三十具。此理事长一分子，对于此次岳城经战实在情形也。除其余会务应由周理事嘉淦另行呈报外，所有理事长对于岳城战时救护伤亡之大概情形，理合缮备报告，呈请鉴核备案，并候指令祇遵。谨呈中国红十字总会长蔡（廷干）、汪（大燮）。湖南岳阳红十字分会理事长袁明翼。

原载于《中国红十字会月刊》第2期，1921年

电湖南赵总司令（十一年三月三十日发）

湖南长沙赵总司令大鉴：据南海、番禺、顺德三县红十字分会来电，现合组南番顺救护队，总监林伯翘由广州出发，现已行转韶关，迳赴湖南，以备临战救伤。乞电湖南赵总司令转饬所属一体保护等情前来。本会博爱恤兵，主张人道。该总监此次出队救护，无非为天职所在，冀尽责任起见，至希贵总司令俯准饬属一体保护，幸甚感甚。中国红十字会总办事处。陷。

原载于《中国红十字会月刊》第8期，1922年

本会设法赈救湖南耒阳奇灾

五月五日，本会总办事处接江西省临川县李家渡桂为棠君来函，附来湖南耒阳县同善分社印刷通函，云：敬启者，天祸吾耒，迭遘悯凶，南北军兴，适当冲要，以弹丸黑子之乡，为枪林弹雨之地，人民之颠沛流离，已属呼号遍野。而数百年之常平仓谷供给军需，颗粒无存，十室九空，元气尽丧。然犹冀天或悔祸，丰稔预期，桑榆虽晚，残喘可延。而孰知连年大旱，秋后歉收，寸草尽枯，去岁尤甚。米贵如珠，已为亘古未有之奇荒，加有供给不敷需要之大势。哀我元元，生机奚恃？舍生觅死者相属于途，鬻子卖妻者相望于道。凡属有心，曷胜呜咽。窃以救灾恤邻，古有明训，故敝社敢作秦庭之痛，如蒙慈善为怀，慨然解囊相助，俾集腋以成裘，活生灵以于亿万，其功德当为神人所共钦。倘荷允许，希直邮寄敝社汇齐赈放，俾饥民共沐再生之德。专此鸣恳，毋任迫切待命之至，等语。本会总办事处即电至耒阳分会云，谢炳彝君鉴，耒

阳灾情究竟何若，同善分社印刷通函到处募捐赈济办法是否得力，如有应予援助之处，务望协同设法为要。中国红十字总会总办事处。

原载于《中国红十字会月刊》第9期，1922年

洪江分会报告救护伤兵

（四月二十六日发，五月二日到）

会长钧鉴：

前月二十号，因袁祖铭师长之定黔军与黔省陆军因政见攻击，遂成战事。当即由电呈报文曰：上海红十字会总办事处钧鉴，今有袁祖铭师长之定黔军与黔省陆军在晃县一带开战，死伤甚众，尚未停止。送来伤兵数十名交分会医治，洪会初次成立，医药两无，当商福音堂费医士，兼任医员，药费则归分会补偿，特告。洪江分会胥叩，云云。谅已早邀惠鉴。自此来电发，定黔军连获大胜，已攻破铜仁、镇远等处，该地离洪较远，伤兵难有，未见送来。前所送来伤兵，计共十一名，内有队长一名，伤兵十名，现今医好者六人，死者一人，尚有伤者数人在院医治，大约不日即可痊愈。惟该省战事尚未停止，近闻互有胜负，不知将来如何，惟愿早日宁静，则诚人民之大幸矣。前因筹办账务，未暇及此，今特详达。

原载于《中国红十字会月刊》第9期，1922年

耒阳分会来电

（五月十四日下午三时到）

中国红十字总会办事处钧鉴：微电敬悉。耒邑去岁旱灾奇重，曩者陈报同善分社，募捐赈济，正在进行，属会自当辅助。但耒邑叠经兵乱之后，地方瘠苦已极，势难集振款而抚疮痍。现值青黄不接，灾民谋生无路，食白泥而当餐者，在在皆是。哀此无辜，目不忍睹，除会同当地力求救济外，尚祈宏施恻隐，仁浆义粟，遍惠灾黎，不胜祈祷。至尊处以后颁发函电，请免交县商会，迳寄属会，以免周折而资迅速。耒阳分

会会长谢炳彝叩。元。

原载于《中国红十字会月刊》第9期，1922年

湘省两分会救护湘战来往电

八月二十七日，接常德分会电云，中国红十字会总办事处钧鉴：湘西战事发生，敝分会组织救护队出发，即恳分电双方各军事长官保护，以利进行。常德分会。有。

同日复电云，湖南常德中国红十字分会钧鉴：有电悉，兵连祸结，救济维勤，贵分会出队救护，甚慰。分电双方军事长官，兹已照办，希接洽此复，总办事处。沁。

同日又去电云，湖南常德谭、赵双方两军总司令大鉴：据常德中国红十字分会电告，湘西发生战事，分会组发医队，实行救护事宜，转双方军长保护等情，相应电恳麾下分饬前敌军士切实保护，以符约章而重人道，至纫云谊。中国红十字会总办事处。沁。

同日又接洽醴陵分会电云，中国红十字会总办事处钧鉴：攸、醴接壤，火线逼近，分会自应设备救护队及妇孺救济所。恳请分电长沙赵总指挥、宝庆谭司令转知前敌各军长官加意保护。所有战时救护物品应由钧处颁发给者，请发下祗领，出之日再电陈。醴陵分会理事长王学鸿叩。宥。

同日电复云，湖南醴陵中国红十字分会鉴：宥电来悉，攸醴备战，涂炭生灵，贵分会救护救济甚慰。所请分电两方加意保护，兹已照电转达，希接洽。再救护各件，可由贵分会自备应用，较为妥捷。此复。总办事处。沁。同日又去电云，长沙赵总指挥、宝庆谭司令大鉴：据醴陵中国红十字分会电告，攸醴备战。本会职负救护，自应出发医队，请分电照约遵章，保护该队，以利进行等情。用特电恳麾下立饬前敌将士，一体认真保护，至纫云谊。中国红十字会总办事处。沁。

八月二十九日，接赵总指挥复电云，中国红十字会总办事处公鉴：沁电敬悉，贵会醴陵分会前赴阵地救护伤亡，自应照约妥为保护，已令前敌各将领转饬遵照矣。赵恒惕，勘。九月十日，又接衡山谭总司令复电，语意相同，尾署谭延闿。青。

原载于《中国红十字会月刊》第24期，1923年

岳州分会救护湘战之筹备

九月七日，接岳州分会韩理生、戴任、李英八月二十八日来函云：湘省内讧，病伤载途，救济事宜，理无可缓，惟战争现在衡州、桃源等处，当不至蔓延及岳，但相隔匪遥，又不得不未雨绸缪。现经订定医生看护，整理房屋，筹备普通用具。倘战事蔓延近岳，准即成立医院，编组救护队，从事救护。事关救灾，理合将筹备情形先事函陈。

原载于《中国红十字会月刊》第 24 期，1923 年

醴陵分会救护湘战之快邮代电

十月一日，接醴陵分会快邮代电四件。虽非同日之事，特汇录之，以综观其前后开办临时医院及救护战事之情形。

（一）上海红十字会总办事处钧鉴：前因攸、醴接壤，火线逼近，设备救护队等，电陈奉复在案。九月二日，忽长沙火车交通断绝，已知省城有变。四日，赵总指挥、夏司令来醴，赵军反攻攸邑。因有伤兵病兵解回，分会开设临时医院，除中医中药外，所需西药去岁略有预备。西医、药剂、看护各职，商承美国遵道医院，派医师李蓝田诸君等，热心慈善，分担分会医院义务。所有开办临时医院之情形，下游电报不通，快邮谨陈。醴陵分会理事长王学鸿叩。歌。

（二）上海中国红十字会总办事处钧鉴：分会自开办临时医院以来，两军过境，所有伤兵病兵均来院就医。分会查照会章，以恤兵博爱为主旨，不分畛域，兼容并收。虽幸无剧战，仅有伤兵二十八人。而前此天时酷暑，昼热夜寒，餐风露宿，感冒积久，发生疟痢两症，实繁有徒，医院病兵一百二十八人。院中不敷安插，兹特假借北城天符庙设立第二所，以资休养。快邮谨陈。醴陵分会理事长王学鸿叩。删。

（三）上海中国红十字总办事处钧鉴：谭军自十四晨刻入城，连至十五尚络绎不绝，均休息一晚，即陆续开往株洲、浏阳追随而进，迨十六日午后开拔已尽。分会知株洲方面，赵军由火车而去，距离已远；浏阳方面，两军相隔较近，恐有发生战事，即派救护随后通发。十七日至

浏阳交界之处界口地方，探闻前方一路均未交绥，收队而返。此次醴属地方，均幸无剧战。知闻廑念，快邮谨陈。醴陵分会理事长王学鸿叩。巧。

（四）上海中国红十字会总办事处钧鉴：皓日，范知事得谭军株洲方面谍报，由渌口大河向上游退去。是晚，知事出走。哿日，地方各公团组织临时维持会维持秩序。午后，浏阳方面谭军退醴，夜半后即纷纷开往攸县。马日辰刻，赵军由浏阳方面追至，谭军后方退尚未尽，枪声四响。谭军抵御半小时之久，得尽数渡河。分会商请赵军缓追，即将救护队分途出发，在北城外姜湾救护谭军伤兵张步云一人，西城河背救护谭军伤兵罗金生一人，均送医院治，赵军未伤一人。午后，赵军继续向攸县追赶，分会恐两军不免接触，再派救护队出发，杉仙地方救护谭军伤兵蒋伯梅一人。于是晚养日，救护队回报，称龙山铺地方马日谭赵两军，虽有交绥，谭军且战且退，已离醴界去远，双方未伤一人。此次两军进退在醴经过，分会救护情形。快邮谨陈。醴陵分会理事长王学鸿叩。梗。

原载于《中国红十字会月刊》第25期，1923年

醴陵分会救护湘战之快邮代电之五

十月三日，又接醴陵分会快邮代电云，分会本月五日开办临时医院，邮陈谅达。攸邑方面，两军互有进退，幸无剧战。十一、十二两日，赵军在集醴合，继续开往株洲、浏阳方面。十四黎明，赵军甫尽，晨刻，谭军入城，枪声百数十响，分会前往接洽，请勿再放，俾免妇孺惊慌，得如所请，民心始定，秩序如恒。询悉昨在距城三十里之泗汾、沈潭两处地方，略有交绥。午后，救护队分途出发，泗汾方面，仅流弹中毙农民一人，已自收殓。沈潭方面，阵亡赵军连附曾尚武、兵士管志勋、邓佐朝三人，就近殓埋。救护赵军护兵李忠卿、龚子和二人，卧病连附王模一人，均送临时医院诊治。快邮谨陈。醴陵分会理事长王学鸿叩。寒。

原载于《中国红十字会月刊》第25期，1923年

醴陵分会救护队被劫之交涉

十二年十月二十三日，接醴陵分会来电云：敝分会设立救护队前电请转双方总座饬前方军队保护，蒙转奉后，前月两军进退，迭次出发救护，亦以快邮陈报。兹战事重兴，号日第二救护队在县西明坞地方救济，被谭军第一梯团一支队兵人将队员四人制服，袖章、佩章、大旗、伤药、担架、旅费、包裹尽夺，重伤多人，险遭不测。幸遇李队长解救，送团部出险，似此危难，应再恳请如何设法保护，乞复，无任盼切。醴陵分会理事长王学鸿叩。祃。

同日复电云，湖南醴陵红十字分会鉴：祃电悉，已据情电请谭总司令将伤员释回，物件发还，妥为保护矣。希接洽。总办事处。梗。

同日电，湖南醴陵谭组庵先生大鉴：醴陵红十字分会照章程率队在西明坞地方救济，讵被贵部第一梯团第一支队，将救护员四人制服，袖章、佩章、旗帜、药品、担架、旅费、包裹尽行夺去，重伤多人，千乞饬属发还，一体妥为保护，具纫公谊。中国红十字会总办事处。梗。

原载于《中国红十字会月刊》第26期，1923年

醴陵分会救护队员被劫出险之消息

十一月一日，醴陵分会快邮代电云，总办事处钧鉴：适奉梗电复示，敬悉蒙电请谭总司令为保护，实深纫感。是时因衡州电报不通，祃日已用快邮代电陈述各情向谭总司令、谢军长接洽，谨将代电原文抄陈察核，以凭备悉案情。被伤队员、夫役等，由一梯团谭司令部出险已归。知关廑系，代电谨陈。醴陵分会理事长王学鸿叩。敬。

【附录】致衡州谭总司令、谢军长快邮代电原文二件

衡州谭总司令谢军长钧鉴：敝分会设立救护队、妇孺救济所，前电陈上海总办事处转请麾下通令前方各军队加意保护，电复照转在案。前月两军进退，迭次出发救护无异。昨战事重兴，效日，第一队在县西檀山桥救出贵军一梯团支队先锋队三连四班中士杨宝田一名，送敝分会临时医院救治。号日，第二队正在攸坞地方救济，适被贵军第一梯团一支队兵人，将队员李梦生、李苞生、刘经三、周桃昭四人制服、袖章、佩章、大旗、担架、旅费、包裹尽夺，并夫役多人几遭不测。幸遇贵军李

队长解救，着送至谭司令部出险。随又救护贵军第一军第三纵队一梯二营六连兵刘正德，第一军一纵二梯一营二连兵王春球，共两名，亦送医院医治。窃红会以恤兵博爱为宗旨，战地救护视为天职，备历难险，所不敢辞。即如敝分会因灾区瘠苦，力难设立医院，陈准总会特许在案。此次战事发生，同人勉力集资，设立临时医院，前次救护贵军伤兵病兵，已达八十八人。苦心孤诣，想蒙共谅。似此救护人员危难若斯，殊为掣肘，合再恳请麾下通令前方各军队切实保护，实为公便。至敝分会队员制服、大旗、手旗、袖章、佩章等件，均属红会标识，关系至重，可否饬令给还祗领之处，俯乞鸿裁施行核示祗遵。中国红十字会醴陵分会会长德慕登、理事长王学鸿叩。祃。

同日总办事处复函云，迳复者：来函并附电稿均悉。衡州之役，贵分会出队救护，具见贤劳。本会去电，声请保护，谭总司令、谢军长自应照章办理。又经贵分会再电声明，尤为妥善。迩日前方情形如何，望随时报查为要，此复醴陵分会。

十一月十七日，接醴陵分会来函云，敬陈者：前奉复示，殊劳廑念，感激奚如。醴地自前月下旬谭军逐渐退去，战线距醴均二三百里不等，敝分会经济已窘，力难远出，故已停止进行。祃日邮电谭总司令、谢军长，已先后得复，录陈钧鉴。

【附录】谭总司令快邮代电

醴陵中国红十字分会会长德慕登、理事长王学鸿鉴：祃代电悉。贵会救护人员苦心孤诣，深感佩慰，已通令各军切实谋让。所称一梯队团一支队士兵夺去队员制服、袖章等件，究系何军所属，此间无从查悉，仍望详细函复，以凭核办可也。延闿。卅一。

【附录】湖南湘南第一军司令部快邮代电

中国红十字会醴陵分会德会长、王理事长台鉴：接准贵会祃日代电，藉悉一是。敝部在醴陵前线受伤士兵多蒙派队救护，至深感佩，业经通令前方军队妥为保护。至称敝部第一纵队士兵将贵队队员制服、大旗、手旗等件缴去，未审是否确系敝部之兵。即或有之，当系出自误会，亦经转饬该纵队司令谭道源查明追缴发还矣。兹准前代电，相应函复，请烦察照，并以后敝部在醴陵作战时，如有受伤员兵，仍祈随时救护，是所感祷。湖南湘南第一军长谢国光叩。东。

原载于《中国红十字会月刊》第26期，1923年

宁乡分会救护麓山战事之出发

十一月一日，宁乡分会快邮代电云：总办事处钧鉴，吾湘比年灾祸频仍，迄无安岁。此次政潮，和局决裂，兵戎再见，荼毒生民。分会忝列善团，仰体大会德意，理宜设法拯济，以尽天职。虽经费拮据，罗掘俱穷，幸稍得捐款勉强成行，谨于皓日组就临时救护队，随军出发。由分会救护员率领前方驰赴麓山一带，竭力营救，并派医生携带药品，随时治疗。至于战地当场救护伤兵详情，容再续报。宁乡分会黎新辅、郑孙谋叩。漾。

同日，总办事处复函云，迳复者：来函阅悉，湘中战事又起。现在贵分会出发麓山，随军救护，甚为慰念。前方情形，尚望随时续报为盼。此复宁乡分会。

原载于《中国红十字会月刊》第26期，1923年

宁乡分会出发救护掩埋队请保护

十一月十二日，接宁乡分会快邮代电云，上海总办事处钧鉴：湘战延长，生灵涂炭，天职所在，不忍恝然。属会救护掩埋队，已于皓日出发长沙，业经电陈。虽小有接触，刻尚相持。该队之经过情形，未得详函，候再呈报。兹派医队出发前方驰救，敢请钧处分电衡州谭总司令暨长沙赵总指挥，迅饬前敌军官认真保护，以免误会而重人道，是所祷切。宁乡分会理事长郑孙谋叩。冬。

即复电云，湖南宁乡红十字分会鉴：冬代电悉。已据情分电双方总司令照章保护，希接洽。中国红十字会总办事处。寒。

又电，长沙赵总指挥、衡州谭总司令伟鉴：湘战延长，生灵涂炭，本会主张人道，天职所在，自应出队救护掩埋，除嘱宁乡红十字分会照章出队外，敬祈麾下立饬前方各军队，认真保护，以免误会而符定章，是所祷切。中国红十字会总办事处。寒。

原载于《中国红十字会月刊》第26期，1923年

湖南常德分会救护湘战之报告

十一月十九日，按照常德分会来电云，总办事处钧鉴：湘西战事发生，敝分会组队救护，前电详在案。九月一日，讨贼军猛扑常城，三昼夜，城内倒毙四十余人，经敝会检尸掩埋后地方粗安。九日，护宪军攻城，枪声竟日，讨贼军出走。敝分会救护受伤兵民，分别资送诊治，常城秩序亦恢复。（下略）常德分会叩。寒。

原载于《中国红十字会月刊》第26期，1923年

湖南宁乡分会救护湘战请官厅补助

十一月二十七日，接宁乡分会来函云，敬启者：此次吾湘战争，相持数月余，颇形激烈。属会派队随军出发，自十月皓日起至十一月鱼日收束，除沿途救护妇孺及掩埋死亡外，所有伤兵约数十人经担架兵舁回驻会医治。虽未全数救活，十有八九可望次第获痊。惟是用途甚广，经费支出异常，适值分会长黎新辅因故辞职，孙谋以一人支持全局，筹垫款项及一切擘划〔画〕进行。数月以来，幸无陨越。伏乞钧处设法维持，当即函催湘政府拨款补助，以资接济，毋任祷切。此致总办事处钧鉴。宁乡分会理事长郑孙谋。

即复函云：迳复者，来函阅悉，湘战告停，救护结束，具见贤劳。至经费支绌，请湘政府拨款补助，除由本会照转外，仍希贵分会迳与接洽为盼。此致宁乡分会。总办事处启。

去电云，湖南长沙赵省长大鉴：此次湘中战事，宁乡红十字分会出队救护，深资得力，惟是经费支绌，务乞贵省长就该处公款中设法酌拨补助，以维善举，同深感荷。中国红十字会总办事处。感。

原载于《中国红十字会月刊》第26期，1923年

湖南耒阳分会救护湘战情形

十二月十四日，接湖南耒阳分会本月五日来函云，湘省争持政见，双方称兵，已达数月之久，属会地处湘粤孔道，适当冲要，各伤病兵来会就医者，络绎不绝。属会业已添聘西医组成临时医院与野战病院及救护队，分别办理。前电请尊处通电双方军事长官，请其转行所属一体保护。久未奉复，不知已施行否，乞示知为祷。（中略）再属会前副会长葛惠连业已在衡长老会病故，现公选之副会长窦嘉礼亦系美国人，为衡阳长老会牧师。救护队长二员，一邓焕生，系衡阳人，前在宝庆分会充当救护队长；一刘士雄，系耒阳人，亦在军界有年，合并奉告，即请备案。其救护情形，容俟详报。此上中国红十字会总办事处。耒阳分会会长谢炳彝谨上，十二月五日。

同日复函云：来函阅悉，湘中战事发生，前通电双方军事长官饬属保护，业经照行，并函复在案，何以邮局尚未送达，即当彻查。（下略）此复耒阳分会。

原载于《中国红十字会月刊》第27期，1924年

湖南耒阳分会

十二月三十一日，接湖南耒阳分会会长谢炳彝十二月二十日来函云：本年八月，谭军过境，属会添设临时医院。九月二日，谭军由衡阳退耒。十月二日，鲁军自谭退耒，三日，拨队去郴。十一月七日，谭谢方各军复自衡山退处于耒属灶市。九日，分路退于上游。十日，赵军平明入耒城。虽在耒境，未有剧战。查谭军仅有伤兵周俊义等六人，赵军仅有伤兵吴耀湘等三人。人民之误中弹伤者，有段茂春、邓在芬、周益发等三人，而感冒寒暑发为疟痢实多，共就院治疗者计二百九十余人。现在谭部悉已入粤，湘省似形安谧。然兵燹之余，元气耗尽，民间钱米悉供军队饷糈，民间衣被多归士兵张盖。且时值隆冬，啼饥号寒者触目皆是，来日方长，不堪设想。为目前计，惟有集合同志赶筹急赈。所有

此次兵事经过情形，理合陈报。

同日，复函云：来函阅悉，所陈救护队情形，具征见义勇为，至深感慰。惟是经费竭蹶，尚祈贵分会勉为其难，视力进行为盼。此复耒阳分会。中国红十字会总办事处。

原载于《中国红十字会月刊》第 27 期，1924 年

湖南洪江分会救护湘西之久战

一月七日，接湖南洪江分会长黄秉铎电云，上海中国红十字会总办事处钧鉴：湘西久战未休，近日伤兵甚众，铎等特别会议，拟分会为筹备事务处并设治疗所两处，一附本镇福音堂，一设雄溪书院文昌宫。又设妇孺救济所二处，业分途派员照料，合电奉闻。洪江分会。宥。

原载于《中国红十字会月刊》第 28 期，1924 年

湖南宁乡分会函报救护湘战情形

一月七日，接湖南宁乡分会理事长郑孙谋十二月二十七日之报告，云：湘战发生，职分会分途设部救护妇孺，共三十六组，先后收诊伤兵难民九十七名，现已均就痊，可分别给资护送回籍。迩来城乡内外，疫病流行，死亡相继，虽由天时之不正，半因药剂之误投，殊可悯恻，爰就分会遵章组织医院，分中西两科，请饶医士向荣担任中医，哈女士思白担任西医，预备各种药品。遇有贫寒内外病症，除来院就诊外，随时随地注意疗治，救活人数二百六十四名。现又附设牛痘一科，请痘医刘绍卿主任，自十月开办迄今，施种赤贫男女百五十名。此皆实在情形，所应尽天职者也。凡一切应办会务各项开支，容续造册陈报。

原载于《中国红十字会月刊》第 28 期，1924 年

函复湖南洪江分会救护湘西之电告

一月十五去函云，查本年一月七日来电，湘西战事尚未休息，经贵分会设所治疗，具见热心。现在地方能获安靖否？念念。此复洪江分会。

原载于《中国红十字会月刊》第28期，1924年

湖南洪江分会救济治疗之报告

二月四日，接湖南洪江分会来函云，总办事处钧鉴：前者湘西战事，延近洪江，人心大震，而伤兵亦纷纷舁至，是以临时组设妇孺救济所、伤兵治疗所，并一面电报钧处。自开办以来，差幸同人协力赞助，布置妥洽，对于救济治疗等事，虽不敢言功，亦似克尽应有之天职矣。十二月廿八日，湘西镇守使蔡巨猷兵败，由洪江出走。廿九日，湖南暂编陆军第六旅旅长邹鹏振督队先到，随于市面张贴湖南陆军第三师师长叶开鑫安民告示，地方人心因以镇静。当天蔡使已走，邹旅未到之前，幸张廷光所部黔军保护得力，在洪镇扼要处特别戒严。廿八侵晨，凡遇溃军即行堵击，枪声四起，地方赖以安全。旋由敝会邀集会员率同夫役前往战地实施救护，四处调查，当场掩埋亡兵九尸。其余伤兵或轻或重，悉为治疗。刻下战事初定，匪党横行，近镇数里之区，公然接火对仗，其间伤亡，时亦有之。幸兵多匪少，不足为害也。分会素抱尊重人道主义，凡各伤兵治疗所，同人随时轮往省察。并派夫役殷勤看护。偶遇伤重之兵，惟有不惜金钱，力与西人磋商，务获全〔痊〕愈。查此次共收伤兵一百零三人，除业已医好三十三人资遣出所外，现尚容留七十人，均有重生之庆。如妇孺救疗所各处，当大震之时，相率而来避难，猝然拥至，为时未久。旋已各自退去。年关逼近，照例颁发年米寒衣。现复开会筹措巨款，集成非易，知关垂注，并以奉闻。

原载于《中国红十字会月刊》第29期，1924年

方代军长保护红十字会电

方代军长通电云：长沙黄团长辉祖、朱团长耀华鉴，奉总司令青电开，顷接上海中国红十字会总办事处电云，接醴陵中国红十字分会电告，攸醴备战，本会职司救护，自应出发医队，请电保护等语，除电复照转外，仰分饬所部一体保护为要等因，望即转饬所部，一体保护。方鼎英。

原载于长沙《大公报》1923 年 9 月 12 日

中国红十字会平江分会公函

敬启者：兹有国民革命军第四军十二师张师长发奎部下排长张英、吴海两员因受伤过重，前赴长沙就医院施行手术，嘱敝会函请贵会为之介绍。特此奉恳希为指送医院，俾得诊治。再，敝会日来所收伤兵已达三百有奇，临时病院增至三处，医生缺乏，已函恳代聘二人相助为理。盼望迫切，万乞早为首途，至深感祷。此致中国红十字会长沙分会会长颜。

会　长　凌盛仪

副会长　钟声铿　贝永寿

中华民国十五年八月二十三日

原件收录于《中国红十字会湖南分会资料》，湖南图书馆藏

国民革命军总司令部公函

敬启者：敝部现留湘潭俘虏老弱伤病，思归甚切，值此金风渐厉，衣莫御寒，度日如年，情殊堪悯。敝部现拟设法解送敌境，俾归田里。只以战事时期恐滋误会。素仰贵会注重人道，抚恤伤残，见义勇为，功德广大，相应函请派人押送前往，免羁异乡冻馁，事关慈善，敬希见复

施行为荷。此致湖南红十字会会长。

总司令蒋中正 代

民国十五年十月一日

原件收录于《中国红十字会湖南分会资料》，湖南图书馆藏

国民革命军第八军司令部兼北伐前敌总指挥部指令（经字第449号令）

中国红十字会湖南分会理事长颜福庆等为组织红十字会临时医院恳予备案，并发给开办及经常费由。呈悉。该理事长等组织红十字会临时医院，专治重伤重病官兵，热心善举，殊堪嘉尚，应准备案。兹由长沙公债项下提成赈灾款项内拨给洋一千元，以资津贴。除令行军资处转知长沙县长及公债专员外，仰即遵照具领可也。此令。

总指挥 唐生智（总参谋长张翼鹏 代行）

中华民国十五年九月二十六日

原件收录于《中国红十字会湖南分会资料》，湖南图书馆藏

国民革命军第八军司令部兼北伐前敌总指挥部指令（经字第572号令）

中国红十字会湖南分会理事长颜福庆等呈一件，为续恳拨发红十字会临时医院经常费由。呈悉。该院光复后收治伤病官兵计一百七十余人，各项开支需款甚巨，前经指令由长沙公债提成赈灾款项内拨给洋一千元，准作为开办费用，至经常费一节，据称月需三千元，现以公帑奇绌，准每月津贴洋一千元，以资接济。其不敷之款由该会自行设法筹募可也。仰即知照。此令。

总指挥 唐生智（总参谋长张翼鹏 代行）

中华民国十五年十月六日

原件收录于《中国红十字会湖南分会资料》，湖南图书馆藏

中国红十字会湖南分会公函

迳启者：敝会前以平、浏难民贫病交加，亟思于卫生防疫上施以救济，幸蒙湖南善后委员会拨款千元作为医疗之资，得以集事。兹谨救难民疾疫及居处情况设计如左：

（一）难民散处四城，上下十余里，酌设流动办事处一所，轮流巡视。设护士一名，办事员一名，工人数名，司调查指导消毒、宣传之责。月需薪饷共计百元。

（二）将难民之患重症者，分送湖南公医院、防疫、湘雅、仁术三〔四〕医院，以期早日就痊。每日暂以四十床位计，每日备伙食洋二角五仙，月须洋三百元。其医药费请各医院捐助。

（三）患轻症者，由敝会给以免费券，俾持券赴就近医院门诊治疗。每券津贴医药费一角，暂发二千张，共计二百元。

（四）难民住所，施以石灰消毒，共约石灰一百二十元。

（五）难民住所，有不洁之处，宜以消毒药水，以免疾病传布，计臭水五大桶（约千一百磅），约洋二百元。

（六）印刷、抬埋及办公等费，约洋五十元，其余之五十元作为预备费。

（七）住医院难民之死亡者，其棺木请各善堂捐助之。

上述设施，仅就现有之款项分别约略估计，要使利能普及，款不虚糜，庶无负善委会救灾扶危之意。特此函希察照，并乞鼎力赞助为荷。此致。

红十字会湖南分会　谨启

十月十日

【附】湖南善后委员会公函

敬启者：

查平、浏难民麇集长沙近郊一带，前经贵会订定卫生防疫法七项函知过会，近据敝会抚恤组报告，难民死亡日多，应请贵会查照前订卫生防疫办法即日实行，以资救济而免传染，并盼见复为荷。此致仁术医院。

主席委员彭兆璜

常务委员张　炯　曹伯闻　张开琏　左学谦　粟戡时　方克刚

中华民国十九年十月二十七日

原件收录于《中国红十字会湖南分会资料》，湖南图书馆藏

湖南善后委员会指令

令湖南仁术医院，呈请补助难民医药或是费用由。

呈悉。据称各节业经提出本会第33次常会议决，准照红十字会湖南分会前请本会发给难民医药费成案，于本会救济费内拨发一千元，藉资补助。除于本会结束时汇案移请湖南省财政厅于所收善后捐内照案拨发外，仰即知照。此令。

主席委员彭兆璜

常务委员张　炯　曹伯闻　张开琏　左学谦　粟戡时　方克刚

中华民国十九年十二月　日

【附】寄住各医院难民清册

湘雅医院住院难民

姓　名	性别	年龄	籍贯	近郊住所	入院日期	出院日期	住院日数	病名	备考
王普伢	男	7	平江	三湘学校	10.27	11.1			
谭吴氏	女	28	平江	三湘学校	10.17				
徐克昌	男	51	平江	三湘学校	10.25	10.27			
鲁汪氏	女	25	浏阳	开福寺	11.11			孕妇	
李王氏	女	24	浏阳	开福寺	11.11			孕妇	
陈黄氏	女	20	浏阳	开福寺	11.3			孕妇	
陈胜贞	女	19	浏阳	开福寺	11.3			痢症	
陈洪氏	女	32	浏阳	开福寺	11.1			产妇	
沈罗氏	女	31	浏阳	开福寺	11.1			产科	
罗毛毛		2	浏阳	开福寺	11.1				
朱咸安	男	18	平江	平江旅省同乡会	11.11				
贝王芝	女	31	浏阳		10.21	11.2			
李凤亭	男	33	浏阳	开福寺	11.28	11.1			
黄少根	男	12	平江	开福寺	11.4	11.8			
杨应青	男	42	平江	三湘学校	11.10	11.12			
王伯如	男	42	浏阳	开福寺	11.15				

湖南公医院住院难民

姓　名	性别	年龄	籍贯	近郊住所	入院日期	出院日期	住院日数	病名	备考
高开荣	男	30	平江	三湘学校	10.13		7	痢症	死
李喜志	男	39	平江	三湘学校	10.11			痢症	
刘定高	男	24	平江	三湘学校	10.16	10.27	12	内科	
李尚房	男	33	平江	三湘学校	10.18	10.23	5		
刘儒曾	男	18	平江	三湘学校	10.17	10.27	10		
刘　益	男	14	平江	三湘学校	10.20	11.17	28	内科	
吴忠贵	男	30	浏阳	滦湾市	10.15	11.6	23	痢症	死
曾幸端	男	25	浏阳	滦湾市	10.15	10.18	4	痢症	死
张求生	男	14	浏阳	麓山	10.17	11.25		痢症	死
张冰玉	男	24	浏阳	麓山	10.17	11.21	5	痢症	死
李梅春	男	33	浏阳	麓山	10.17			内科	
喻昆文	男	26	平江	平江旅省同乡会	10.28	11.30		内科	死
刘楚斌	男	46	平江		10.28				死
黎七录	男	36	浏阳	麓山文庙	10.28	10.28			死
王丹秦	男	23	浏阳	开福寺	10.24	10.31	8		
高幸林	男	45	浏阳	开福寺	10.24	12.2			死
马祥谦	男	35	浏阳	开福寺	10.18	10.27			死
吴忠贵	男	27	浏阳	开福寺	10.25			痢症	
柳启凤	男	27	浏阳	开福寺	11.3	11.14			死
曾楚平	男	26	浏阳	开福寺					
李光亭	男	40	浏阳	麓山					

仁术医院住院难民

姓　名	性别	年龄	籍贯	近郊住所	入院日期	出院日期	住院日数	病名	备考
孔昭祺	男	51	浏阳	麓山	10.11	10.16		痢症	
黎尚秾	男	25	浏阳	麓山	10.11	10.12			死
鲁春达	男	17	浏阳	麓山	10.19				

（续表）

姓　名	性别	年龄	籍贯	近郊住所	入院日期	出院日期	住院日数	病名	备考
何左氏	女	21	浏阳	麓山	10. 16			产后痢症	
王受坚	男	36	浏阳	麓山	10. 17	10. 28			死
黎谭氏	女	37	浏阳	麓山	10. 15				死
王石石	小孩	1	浏阳	麓山邓氏支祠	10. 27				
李闵氏	女	29	同上	廖氏支祠	10. 28			内科	
刘春奎	男	28	浏阳	开福寺	10. 18				
朱保珍	男	48	浏阳	潆湾市	10. 17				
罗凯臣	男	63	浏阳	难民收容所	10. 20				
汤有谭	男	57	浏阳	平浏被难临时办事处	10. 22				
黄治明	男	34	浏阳	潆湾市	10. 23				
邵福生	男	33	浏阳	潆湾市	10. 13				
张李叔	男	20	浏阳	开福寺	10. 23				
周英良	男	30	平江	三湘学校	10. 30				死
刘祝青	男	39	平江	潆湾市	10. 30				
罗庐氏	女	18	浏阳	麓山	11. 1				
廖星黄	女	24	浏阳	岳麓文庙	11. 5				
林显模	男	24	平江		8. 19				
毛贝氏	女		浏阳		11. 8				
刘思明	男	28	浏阳	开福寺	11. 12	11. 18			死
刘罗氏	女	20	浏阳	麓山文庙	11. 12	11. 14			
马盛行	男	38	浏阳	开福寺	11. 14			热症	
吴庄持					11. 1				
曾楚平	男	26	浏阳		12. 8				
刘芳林	男	20	浏阳		12. 8				
喻焱文	男	26	平江		12. 8				
李梅春	男	33	浏阳		12. 8				
李光停	男	40	浏阳		12. 8				

原件收录于《中国红十字会湖南分会资料》，湖南图书馆藏

湖南善后委员会公函

敬启者：前据湖南人民铲共临时救护队呈缴担架五十件到会，当经派员如数点收。现在敝会已经结束，经常务会议议决，救护队所缴担架如数捐送红十字会湖南分会在卷。相应检同担架五十件缄送贵会，烦请查照点收。此致

红十字会湖南分会。

主席委员彭兆璜

常务委员张　炯　曹伯闻　张开琏　左学谦　粟戡时　方克刚

中华民国十九年十月二十七日

原件收录于《中国红十字会湖南分会资料》，湖南图书馆藏

湘雅医院致中国红十字会湖南分会函

（一）

迳启者：

昨接电示，嘱查平、浏难民住敝院火〔伙〕食费共洋若干等语。兹将已出院者并挂号费结至十一月卅日止，共洋九十二元四角；其未出院者尚有王普伢、蔡斐然、朱咸安、王伯如等四名，结至十二月八日止，共洋三十元七角五分，总共洋一百二十三元一角五分。除收尊处掷下光洋一百元，尚欠洋二十三元一角五分。特此奉复。即至查照为荷。此致中国红十字会湖南分会台鉴。

湘雅医院　启

（民国十九年）十二月九日

（二）

敬启者：

敝邑灾民廖翰轩患足疾数月，食用窘迫，医药无资，困苦情形，有难言状。贵会救济为怀，善优天下，对于贫乏之人无不施诊，恳希俯垂体恤，将廖翰轩收诊。刻渠感胞与之惠，当永铭心版矣。此致湖南赤十

字会会长台鉴。

住麓山平江灾民代表　张昌夏代表　谨启

（民国二十年）四月七日

（三）

敬启者：敝队队兵走火，误伤廖姓小儿之左手，特送来贵会，请即一施手术，但该廖姓与该兵均系家贫如洗，所需药资、伙食归敝队负责缴纳。即希特别通融幸而振恤为荷。此致仁术红十字会公鉴。

伏龙区义勇队第三队队长　陈韵秋

（民国二十年）三月二十三日

原件收录于《中国红十字会湖南分会资料》，湖南图书馆藏

万国缔盟中国红十字会平江分会公函

迳启者：

今年战事重开，敝县地当冲要，纵横百数十里皆为战场，战斗之烈、死伤之多为从来所仅见。敝会派救护队救护伤兵已入院已达百余人，后来者仍络绎不绝，普爱医院地点既狭，而医生尤力难应付，焦灼万分。上年湘战开端，敝会感受此种困难，曾承贵会派员孙、畲二君来平相助，服务勤劳，今犹感荷。素仰贵会一视同仁，特函奉恳可否仍派孙、畲二君重来敝县，或另行分配二员，务希于函到之日即刻就道，无任感荷。此致中国红十字会长沙分会会长颜。

会长　凌盛仪

中国红十字会平江分会图记（印）　中华民国十五年八月二十一日

长沙红十字会长钧鉴：

再启者，上年承派孙、畲二君来平，所需川资薪俸，系照贵会来函办理，由敝会负担一切。此次所需各项，事同一律，仍请贵会赐函示知，俾资照办。又叩。

原件收录于《中国红十字会湖南分会资料》，湖南图书馆藏

中国红十字会汉口分会公函

兹有难民杨怡、黄庆怡二人，由本会（上海总会）资遣至汉，请贵（汉口）分会设法资遣回长沙原籍。……查该难民杨、黄两人声称系黔阳县人，兹特略给川资，并填护照一纸给函，请烦设法资送会黔阳县原籍为荷。此致长沙贵会台鉴。

中国红十字会汉口分会　七月八日

原件收录于《中国红十字会湖南分会资料》，湖南图书馆藏

岳州红十字分会公函

迳启者：

查七月中旬有十八军退伍兵士段子云，耒阳人，由火车来岳，扑跌车下，压断一足，经敝会医院诊治两月，幸获痊愈，请求递送原籍，苦无川资。敝会制备衣裤，发给路费洋四元，并函知长岳路车站站长准其附车到省，仍请贵会转致省垣车站，递送回籍。功德无量，彼此同一慈善性质。相应函达，即希查照办理，至为德便。此致中国红十字会长沙分会。

副会长　戴　任　理事长　夏占魁

民十八年九月二十二日

原件收录于《中国红十字会湖南分会资料》，湖南图书馆藏

中国红十字会致长沙分会函

（一）

敬启者：

此次水灾遍十七省，为亘古未有之浩劫。本会职责所在，谊难坐视，爰发起筹募水灾赈款，俾资救济。自筹募迄今，募得赈款五万元左

右。而各处函电飞来，纷纷乞赈，非但杯水车薪，更觉僧多粥少。刻经本会第一百十次常议会核议，贵分会灾区内得派赈款洋2500元，其放赈办法由各该地中国红十字分会、县政府、商会及地方公益团体会同办理。放振终了，将经过情形会同报告本会备案通过在案。除分函外，相应函达。即希贵分会备具正式印领并由地方公私团体证明来会具领。并查照议决案办理，附报告表五纸，望一并填送为荷。此致长沙分会。附报告表五纸。

中国红十字会理事长　王培元
中华民国二十年九月卅日

（二）

迳复者：

接展来函，藉悉一切。所有赈款证明印领一纸，由汤飞凡均于十月二十七日交到该款二千五百元，亦较汤君领去矣。望即查照本会前函办法散放具报为要。再，查来函所用之信纸信封均刊“湖南分会”字样，殊属不合，望即将“湖南”二字更改为“长沙”，以符名实。切嘱。此致中国红十字会长沙分会。

中国红十字会理事长　王培元
中华民国二十年十月二十八日

（三）

迳复者：

接展来函，藉悉一切。据报本会前拨赈款洋二千五百元，业经召集各慈善团体会商办法，议决分会配置药品，分两期送各灾区散发，以合救济等情。应准备案。此致中国红十字会长沙分会。

中国红十字会理事长王培元
中华民国二十一年一月二十日

原件收录于《中国红十字会湖南分会资料》，湖南图书馆藏

长沙县政府公函（第476号）

迳复者：案查前准贵会函以分配长沙赈款购备药品分发各灾区，嘱将被灾区域有无疫症及需要药品若干逐一列表见复，以便配药送请散发

等由。准此，当经面长沙县赈务分会查照办理去后。兹准函复，节开：查长沙被灾区域共有十五镇乡之广，当水退之后，瘟疫发生颇多，以新康镇为最甚，现虽渐次减少，然尚未绝根源。至药品之需要若干，甚难预料。准函前因，除造具灾区灾民人数表外，相应检表函复贵府。除烦请查县转回为荷。……计表一份，准此相应检同原表函还贵会。……此致中国红十字会长沙分会。

计函送长沙县灾民表一份。

县长　唐佑樾

民国二十年十一月廿九日

长沙县水灾区域灾民户数、灾民人数表

灾　区	被灾户数	被灾人数	有无瘟疫	备　考
新康镇	11485	64611	有	
河西镇	3438	37650	有	
临湘镇	3525	31310	有	
霞凝镇	1832	19855	有	
云母乡	1328	11050	有	
麓山镇	955	6554	有	
九峰镇	925	7654	有	
嵩山镇	867	5440	有	
龙喜乡	926	6825	有	
万寿乡	1132	8623	有	
锦绣镇	932	6960	有	
明道镇	2763	22830	有	
纯化镇	1235	10886	有	
大贤镇	2324	18880	有	
合　计	36491	60248	有	

原件收录于《中国红十字会湖南分会资料》，湖南图书馆藏

长沙县政府公函（第543号）

迳启者：

案准长沙县赈务分会公函开，案查前准贵府第一三三号公函开，案准中国红十字会长沙分会公函并药品十六箱，公函收据十五份，函请贵府转交代为分发等因，并将药品函据转送到会。准此，当经将公函收据分送上年曾受水灾各镇乡区董具领，兹已陆续领发完毕，分别具收据前来，相应检同收据，函请贵府查照转送为荷，此致等由。计药品收据十五张。准此，相应检同原收据，函送贵会，即希查收转呈为荷。此致中国红十字会长沙分会。

计收据十五张。

县长　刘裔彬

中华民国二十一年三月廿四日

原件收录于《中国红十字会湖南分会资料》，湖南图书馆藏

呈总会文

卅七年四月十五日

事由：为奉电呈报成立理事会就职启用图记日期请察核备查由

案奉钧会本年三月卅一日京组（31）一字第九七二号代电，首段开：三月十九日呈及附件均悉，据呈，依法改组成立，报送理事名册经核合乎规定，兹颁发聘书十五份、立案证书一份、图记式样一份，仰分别查收，依照图记式样自行刊刻，将启用日期连同印模一并报会备核等因。奉此，遵印刊刻图记一颗，文曰“中华民国红十字会岳阳县分会图记”，谨于本月八日成立理事会，就职启用，理合检同印模一纸，呈请钧会鉴核备查。再，钧电尾段各因容续具报，合并声明。谨呈

中国红十字会总会会长蒋

附印模一纸

中国红十字会岳阳分会理事长李〇〇

原件藏岳阳市档案馆，档案号：M31-1-2

中华民国红十字会岳阳县分会代电

（震总字第一号　中华民国三十七年四月十二日）

岳郡联合中学校李校长/省立第十一中学校李校长公鉴①：

本会业经遵照总会电颁《复员期间中华民国红十字会分会组织规程》、《复员期间中华民国红十字会中华民国调整及管理分会办法》改组完竣。兹奉总会本年三月京组（37）一字第九七二号代电附发证书一份、聘书十五份，聘任李震南为常务理事兼会长、林悦孚、黄龙为常务理事兼副会长，柴树卿、李国权为常务理事，吴茨荪、周瀚、赵□、朱泗、罗镜澄、方国卿、孙介群、彭德基、易聘海、张寿萱为理事，等因，遵于本年四月八日就职任事，除呈报并分行外，特电恳请查照，并祈时加指导为荷。

中华民国红十字会岳阳县分会会长李震南、副会长林悦孚同叩

（37）震总卯文印

原件藏岳阳市档案馆，档案号：M31-1-2

中华民国红十字会岳阳县分会呈文

（震组字第二一号，　三十七年七月十五日）

窃查《复员期间中华民国红十字会分会组织规程》第八条规定："分会设总干事一人，得由理事兼任"，本分会恢复数月，总干事一职以各理事中乏人担任，迄今系由常务理事柴树卿负责。本年七月四日，本分会第二次理事会决议总干事一职公推常务理事柴树卿兼任之，记录在卷。查本分会常务理事柴树卿热心会务，甚著勤劳，以之兼任总干事，洵属相宜，理合呈请钧会鉴核，赐予颁发聘书一份，俾专责成。再，总干以下总务、业务两组人员，本分会均已任用，兹并造具职员一份，报请备查。谨呈中华民国红十字会总会

附赍职员名册一份。

① 原件系分别致函行文，因内容相同，此合并为一。下同。

中华民国红十字会岳阳县分会职员简历表

（民国三十七年七月十五日）

职　别	姓　名	性别	年龄	籍　贯	经　历
会　长	李震南	男	六七	湖南岳阳	曾充县府教育科长、秘书等职，红十字会岳阳分会理事
副会长	林悦孚	男	六六	湖南岳阳	曾任岳阳县商会会长、红十字会理事
副会长	黄　龙	男	四八	湖南岳阳	曾任医务主任、院长等职
常务理事	柴树卿	男	六六	湖南岳阳	曾任河南商丘、虞城县县长、省政府秘书，汉口市政府秘书
常务理事	李国权	男	四四	湖南岳阳	曾任连营团长、参谋等职
理　事	吴茨荪	男	七六	湖南岳阳	曾任湖北江陵县长、红十字会岳阳分会理事
理　事	周　瀚	男	六四	湖南岳阳	曾任岳阳县议员、商会会长、会计，红十字岳阳分会理事
理　事	孙介群	男	六二	湖南岳阳	曾任岳阳县贫民工厂厂长、司法处审判官、岳阳红十字会理事
理　事	方国卿	男	五〇	湖南岳阳	曾任岳阳合作社经理、红十字会岳阳分会常务理事
理　事	易聘海	男	五六	湖南岳阳	曾任国医公会理事长、红十字会岳阳分会理事
理　事	罗镜澄	男	七〇	湖南岳阳	曾任岳阳县商会会长、岳阳红十字分会理事

（续表）

职　别	姓　名	性别	年龄	籍　贯	经　历
理　事	彭德基	男	六三	湖南岳阳	曾任岳阳湖滨大学教授、岳阳红十字分会理事
理　事	朱　泗	男	三八	湖南华容	曾任岳阳天主堂堂长、崇贞女校校长
理　事	易利贞	男	五八	湖南华容	曾任山东平阴县科长、联中教员等职
理　事	赵　□	男	六八	湖南华容	曾任岳阳司法处看守所长及中学教员等职

原件藏岳阳市档案馆，档案号：M31-1-2

事由：为遵缴会费请予颁发会员证书暨理事证章由

（全衔呈　震总字第九号，　卅七年四月廿一日）

案奉钧会三十七年三月廿三日京组（37）一字第八六五号寅梗电，略开：近日物价飞涨，会务费激增，前费标准尚难维持，议订为青年会员年纳会费国币二万元，普通会员年纳会费国币五万元，特别会员一次缴纳会费国币二十万元，名誉会员一次缴纳会费国币一百万元以上，团体会员一次缴纳一百五十万元以上，上项自本年四月十五日起施行等因。奉此，窃本会于四月八日呈准改组，成立当即积极进行开始征收会员，热心社会事业人士参加，尚形踊跃，数日内应征收青年会员一百五十名，普通会员九十六名，特别会员三十一名。按照此新标准，共收会费国币一千二百万元，兹全数交由湖南省银行电汇，拟请暂发青年会员空白证书二百份，普通会员证书一百五十份，特别会员证书一百五十份，团体会员空白证书十份，本会理事证章十五枚。上项理事会员章证费用，如须分会缴款，请于半数备用金内扣除。如由钧会颁发，不另缴款，本会于下次缴费时补扣半数。至会员名册，容后汇呈，理合备文呈请鉴核。敬乞核示祇遵。再，各类会员证章，如由钧会颁发，每枚价值若干，请赐示，以便缴款。如由本会自制，尚请颁发模式，合并声明。

谨呈

中国红十字会总会会长蒋

中华民国红十会岳阳分会理事长　李〇〇

原件藏岳阳市档案馆，档案号：M31-1-2

电南京中华民国红十字总会请备案文

（卅七年二月廿八日，岳震字〇〇六号）

南京中华民国红十字总会会长蒋钧鉴：

查前钧会汉口区办事处卅五年七月十五日汉字第78号代电开，岳阳同济医院黄院长勋鉴：顷准贵院七月八日济龙字第36号代电，以本会前发干支代电漏列章则等由，查岳阳以前已有分会之设立，沦陷期间失去联络，尚希贵院就地依章予以恢复。兹特补送章则一份，请即查照办理为荷。

又同年八月廿二日奉钧会汉口区办事处汉字第二〇〇号代电开，岳阳同济医院黄院长：案奉总会京总二（35）分字第一四四四号未、苛二分电开，八月三日汉字第（99）号代电暨附件均悉。据呈，黄龙领导筹备恢复岳阳县分会一节准予照办，兹检发筹备处申请书一份，仰即转发遵照填注呈会，俾凭发给许可书及图记。又原岳阳分会人员如有呈请恢复者，可令饬合并一处办理会务，特复知照，仰即转知为要等因。附申请书一份。奉此相应附发原申请书一份，希即查填寄处各等因。奉以查本县于民国六年即已呈准成立分会，会址设福音堂内，热心社会事业人士参加者多。岳阳为湘鄂南北要冲，连年兵燹，救济妇孺尚有成效。民国八年，由会员捐款购置鄢家冲、芋头田、茶巷子等处不动产□多。自民国二十六年会务照常进行，与钧会未失联络。二十七年县城沦陷，原有会员多逃往后方避难。光复后，黄龙返岳最早，故有发动成立岳阳分会，迭奉钧会汉口办事处电示办法，曾于民卅五年十二月十八日造具岳阳分会理事名册，呈请给予证书、颁发图记，至今未奉令准。年来原有会员除死亡外，均已陆续返县。震南等均系前分会理、监事及会员，一再开会议决本分会有从速恢复之理由二：（一）沦陷时所置之房屋尽被敌伪焚毁，田园大半荒芜，机构恢复后，方能逐一清理；（二）岳阳对江，距湖北监利最近，时有土匪渡江之谣传，风声鹤唳，发生惶恐，亟应恢复，以策安定而资救济，等语。查民国三十五至七三年迭奉钧会代电通令十余件，均已□为。本县分会于复员期间业已从新调整，但法定证件尚未发下，会务不能积极进行，惟本县既系恢复原有分会，似无另组筹备处之必要。兹依据《复员期间中华民国红十字会总会调整及管理分会办法》第十条乙项之规定"恢复分会就原任理、监事及会员中查确无附逆行为及有声望者负责进行改组"，经于本月二十日恢复成立，以岳阳天主堂为会址，选举李震南、林悦孚、黄龙、朱泗、吴茨荪、赵□、柴树卿、周瀚、罗镜澄、易聘海、李国权、方国卿、张寿萱、孙介群、彭德基等十五人为候聘理事，同时互推林悦孚、柴树卿、李震南、黄龙、李国权为常务理事；又常务理事，互推李震南为分会会长，林悦孚、黄龙为副会长。理合造具候聘人名单，电请钧会备案，迅予颁发聘书暨立案证书，实为公便。再，本会图记于沦陷期间业已遗失，请予补发，合并申明。候聘理事李震南、林悦孚、黄龙、吴茨荪、朱泗、柴树卿、赵□、周瀚、罗镜澄、李国权、方国卿、易聘海、彭德基、张寿萱、孙介群同叩。丑，梗。印。附候聘理事名单一份。

原件藏岳阳市档案馆，档案号：M31-1-2

中华民国红十字会岳阳县分会医院代电

（民三十七年七月十三日）

省立十一中学校长/岳阳货物局赐鉴：

案照本会本年七月四日举行第二次理事会议，讨论本会成立医院应如何选定院长案，决议公推黄副会长龙兼任之等语，记录并呈报总会备案在卷。龙以事关本会业务，义不容辞，特于本月十日到院就职任事，督同主任医师暨各内、外科、牙科、产科、妇儿科、护士等，实施贫病治疗免费。惟本人能力薄弱，陨越堪虞，尚祈明公不吝指导，借以不逮为荷。

中华民国红十字会岳阳县分会医院兼院长黄龙　午，真。印

原件藏岳阳市档案馆，档案号：M31-1-2

中华民国红十字会岳阳县分会代电

（民三十七年七月五日，震总字第　号）

货物税局周局长/联立中学李校长赐鉴：

本会遵照南京总会规章办理社会慈善事业，本博爱人群之怀，为医药救济之举。当兹夏令炎热，病疫流行，特由本会同仁垫购药品、筹设医院，经常务理事会议决公推本会副会长黄龙兼任医院院长，院址并本会办公处设天岳山，定于七月十一日成立。对于困苦贫民免费治疗，并经通告贫病同胞一体周知。惟本会医以人力、财力均感不足，草创伊始，内容简陋，嗣后一切设施及应行扩张之处，仍烦热心社会诸公予以协助。兹就七月十一日本会医院成立之期，邀请各机关法团体领袖暨地方贤达于是日上午十时莅会指导，俾资推进。除分电外，谨此电达，敬希查照为荷。

会长李震南　副会长林悦孚、黄龙　午，微。印

原件藏岳阳市档案馆，档案号：M31-1-2

呈（卅七年三月十九日）

查中华民国红十字会岳阳分会于民八年由会员集资购置鄢家冲房屋菜园等，共计契据八十三张，当由分会事务员欧阳旭德经营。嗣以岳阳频年兵燹，该欧阳旭德原籍衡阳，以兵燹之故逃避于衡岳之间，其契据未肯交出。至民廿七年，岳阳遭敌沦陷，本会同人遽尔星散，以致会务无形停顿。刻因日寇投降，国土光复，各会员相继还乡，正拟筹商会务恢复间，乃于去岁有自称平和公司法定代理人杨厚之者，谓本会产业已由理事长韩理生出卖与该公司营业，前来清查，并招标出卖等语。本会同人等以韩理生系德国人，无权出卖本会产业，显系侵蚀，当经本会得请地方各法团申明，并向该杨厚之提出严重交涉，卒无结果。除由本会同人迳向岳阳县司法处提起诉讼外，同人等感告诉人及法定人资格证件不足，诚恐司法处予以非法定人之批驳，故特恳请返予颁发图记、聘书、证书等件，以符法定规章，并乞钧会行文岳阳县司法处为荷。谨呈

中华民国红十字总会。

会长　李震南

原件藏岳阳市档案馆，档案号：M31-1-2

呈（震总字第37号，卅七年八月廿五日）

案本分会会址原指定就天主堂借用，早经呈报备查在案。惟本分会开会员大会及战时办理妇孺救济，则以该地为固定会址，而平时因天岳山地点适中，便于会员往来联系，本分会职员已移此常驻办公，等将新成立之医院与会所合设在天岳山，以节经费而资照料。理合将现在本分会移天岳山与医院合并办公缘由呈报钧会鉴核备查，嗣后发寄本分会文件，请饬于公文封面填写天岳山地点，以便邮递为祷。谨呈

中华民国红十字会总会。

会长　李震南

原件藏岳阳市档案馆，档案号：M31-1-2

中华民国红十字会总会汉口区办事处代电（汉字第六九号）

民国三十五年七月四日发

湖南岳阳同济医院黄院长龙勋鉴：

本年六月二十六日济龙字第三十二号巳有代电附照片均敬悉。查汉市分会此次发动征求会员运动，系以汉口当地人民为会员目标，台端既愿参加，至表欢迎。惟区域隶属湖南，加入该分会与原则似有未合。兹检寄本会调整及管理分会办法一份，如岳阳现无分会组织，申请入会，则请依照是项管理办法，邀请当地热心人民发动筹组分会，并盼赐覆为荷。中华民国红十字会总会汉口区办事主任于恩德。午，支。印。附办法一份。原件暂存。

原办法并载《红十字会法规辑要》中，另存备查。

原件藏岳阳市档案馆，档案号：M31-1-2

中华民国红十字会总会汉口区办事处代电（汉字第七八号）

民国卅五年七月十五日发

岳阳同济医院黄院长勋鉴：

顷准贵院长七月八日济龙字第三十六号代电，以本处前发午支代电漏列章则等由，查岳阳以前已有分会之设立，沦陷期间与本总会失去联络，尚希贵院就地调查，依章则予以恢复。兹特补送章则一份，即请照办理。如恢复后或另组分会有困难时，仍盼电知本处，以便报请总会准予贵院各同志直接入会为荷。中国红十字会总会汉口区办事处。午，删。印。

附：《复员期间中华民国红十字会总会调整及管理分会办法》一份。

原件藏岳阳市档案馆，档案号：M31-1-2

中华民国红十字会总会汉口区办事处代电（汉字第一一〇号）

民国三十五年八月二十六日发

岳阳同济医院黄院长：

案奉总会京总二（35）分字第一四四四号未、苛二分电开，八月三日汉字第九九号代电暨附件均悉。据呈，黄龙领导筹备恢复岳阳县分会一节，准予照办，兹检发筹备处申请书一份，仰即转发，遵照填注呈会，俾凭发给许可书及图记。又，原有岳阳分会会员如有呈请复会者，可令饬合并一处办理会务，特复知照，仰即转知为要等因，附申请书一份。奉此，相应附发原申请书一份，希即查填寄处，以凭办理为荷。中华民国红十字会总会汉口区办事处主任于恩德印，未，有。

附筹备处申请书一份。

中华民国红十字会　分会筹备处申请书

为申请事，兹有　　　　等　　　　人本服务社会博爱人群之宗旨发起筹备中华民国红十字会　　　　分会依据《复员期间中华民国红十字会总会调整及管理分会办法》暨《分会组织规定工作大纲》等办理红十字事业，经于　　　　日在　　　　举行筹备会议成立筹备处，推定　　　　为筹备处主任，开始征求基本会员。理合检同筹备处主任履历一份，申请鉴核备案，并请颁发筹备处图记，以利进行。谨呈

中华民国红十字会总会

中华民国红十字会　分会发起人（签名盖章）

中华民国红十字会总会许可书

兹据　　　　省　　　　市/县　　　　等　　　　人申请本服务社会博爱人群之宗旨发起筹组中华民国红十字会　　　　分会，依据《复员期间中华民国红十字会总会调整及管理分会办法》暨《分会组织规程工作大纲》等办理红十字会事业，业经举行筹备会议定　　　　为筹备主任，并遵章检呈筹备主任履历一份前来，经核尚无不合。除准予成立筹备处，并颁发筹备处图记一颗外，合给此许可书为凭。

右给　　　　分会筹备处

中华民国　年　月　日

京复总字第　号

原件藏岳阳市档案馆，档案号：M31-1-2

中华民国红十字会总会汉口区办事处代电（汉字第一八八号）

民国三十五年十一月一日发

岳阳同济医院黄院长勋鉴：

前经电请筹备岳阳县分会并寄发申请书，请予发动组织，目前进行情形如何，即希见示，以凭办理为荷。总会汉口区办事处主任于恩德，戍，东。

原件藏岳阳市档案馆，档案号：M31-1-2

中华民国红十字会总会汉口区办事处代电（汉字第00234号）

民国卅五年十二月十七日发

本会岳阳分会筹备处黄主任鉴：

本年十一月二十四日呈及附件均悉。兹特随电发还原件，并附寄申请书一份，希即重填。所有发起人均需加盖印章，并须连同县政府证明书一份，迳呈南京总会核办为要。

中华民国红十字会总会汉口区办事处主任于恩德

原件藏岳阳市档案馆，档案号：M31-1-2

为在京组织通讯处备案事

南京红十字总会会长蒋钧鉴：

本分会为求与钧会便利联络起见，特在圣富路二〇二号组织通讯处，并聘请李柏初为通讯处主任，用特报请备案。岳阳分会会长李震南，副会长林悦孚、黄龙。总（37）午，艳。印。

即办照发。七、卅一。

原件藏岳阳市档案馆，档案号：M31-1-2

代电

本分会驻京通讯处李主任柏初玺，嗣后关于本分会与总会一切接洽、预领药品等事宜，由贵主任负责，并希与总会联络及接洽情形随时电告为妥。会长李震南，副会长林悦孚、黄龙。总（37）午，艳。印。

附：聘书（全衔，　字第　号）

兹聘请李柏初先生为本分会驻京通讯处主任。此聘。

会　长　李震南

副会长　林悦乎　黄　龙

七、卅一

原件藏岳阳市档案馆，档案号：M31-1-2

中华民国红十字会总会快邮代电（一组）

一

事由：检发申请书一份仰填呈核办由

京总二（35）字第三〇五〇号

本会岳阳县分会筹备处主任黄龙鉴：

十二月九日呈悉。前据呈请成立岳阳分会，业已电饬本会汉口区办事处转知在案。兹检发筹备处申请书一份，仰即填呈由全体发起人（七人）盖章并附发起人履历册一份，补送到会，以凭核办，并将该项情形函知汉口区办事处为要。会长蒋梦麟。亥，敬。二分。附申请书一份。

中华民国红十字会总会（印）

中华民国三十五年十二月　日

二

事由：为修订团体、名誉、特别三种会员费电仰知照由

京总二（36）分字第一四三四号，民国三十六年五月一日

本会岳阳分会鉴：

查本会前规定自本年三月一日起，改订会员纳费标准，即团体会员一次纳费四十万元以上，名誉会员一次纳费二十万元以上，特别会员一次纳费四万元，普通会员每年纳费五千元，青年会员每年纳费二千元，经以京总二（36）分字第456号代电饬知在案。施行以来，叠据天津、重庆等分会呈报，因社会不安，人民经济困难，新订团体、名誉、特别三种会员会费标准过高，不易征求，申请修订，等情前来。本会为征募工作普遍推展，特经提请本会第二次常务理事会议公决，将团体会员费

征为一次缴纳二十万元以上，名誉会员会费改为一次缴纳十万元以上，特别会员会费改为一次缴纳二万元，普通及青年会员仍照456号代电规定标准收费。除分电外，仰即自奉电日起遵照办理为要。会长蒋梦麟。辰，东。二分。印。

监印：董剑平

校对：邱　斌

三

事由：增加会费自二月十五日起施行电仰遵照由

京组（37）一字第三四五号　民国三十七年元月卅日

本会岳阳分会鉴：

查本会各级会员纳费标准，自三十六年三月一日调整以来，迄未增加。兹以物价高涨，会员章证成本已超所纳会费，亟应予以调整，以敷开支。兹将纳费标准增订如左：（一）青年会员每年纳缴会费国币一万元。（二）普通会员每年纳缴会费国币三万元。（三）特别会员一次纳缴会费十万元以上。（四）名誉会员一次纳缴会费国币三十万元以上。（五）团体会员一次纳缴会费国币五十万元以上。上项标准自本年二月十五日起开始施行，各分会于奉文后，如已收有会员而尚未呈报，应照新标准追加后再行呈报。不得借任何理由，于奉文后仍按旧标准收费呈报。除分行外，合亟电仰遵照为要。会长蒋梦麟。子，陷。组一，印。

监印：董剑平

校对：邱　斌

四

事由：为检发空白理事各册二份电希办理由

京组（37）一字第七九〇号

本会岳阳县分会李震南、黄龙诸君钧鉴：

据呈于二月二十日恢复岳阳县分会一节，准予备查，兹检发空白理事各册二份，希重新填呈，再凭核办。又，旧会员应即办理登记，共襄会务，并复知照。会长蒋梦麟。寅，巧。组一。附册二份。

中华民国红十字会总会（印）

中华民国三十七年三月　日

五

事由：为修订会费自四月十五日起施行电仰遵照由

京组（37）一字第八六五号　民国三十七年三月二十三日

本会岳阳分会鉴：

查本会会员入会会费，前经规定自本年二月十五日起，青年会员年纳会费国币一万元，普通会员年纳会费国币三万元，特别会员一次纳缴会费国币十万元，名誉会员一次纳缴会费国币三十万元以上，团体会员一次纳缴会费国币五十万元以上，并经以京组（37）一字第345号代电饬知在卷。兹经本年二月二十六日本会第三次业务理事会议决议，以近月物价飞涨，会务费激增，前订会费标准尚难维持，改订为青年会员年纳会费国币三万元，普通会员年纳会费国币五万元，特别会员一次缴纳会费国币三十万元，名誉会员一次缴纳会费国币一百万元以上，团体会员一次缴纳会费一百五十万元以上，上项标准自本年四月十五日起施行。除分行外，合亟电□遵照为要。会长蒋梦麟子。寅，梗。组一，印。

监印：董剑平

校对：邱　斌

六

事由：据呈改组成立请发图记、聘书一案电复知照由

京组（37）一字第九七二号

本会岳阳县分会鉴：

三月十九日呈及附件均悉。据呈，依法改组成立报送理事名册，经核合于规定，兹颁发聘书十五份，立案证书一份，图记式样一份，仰分别查收。依照图记式样自行刊刻，将启用日期连同印模一并报会备核。又据附呈，杨厚之侵占变卖该分会房屋菜园地产，请行文岳阳县司法处以保产权一节，查各分会资产系属中华民国红十字会所有，任何团体个人不得侵占变卖，所请准予照办。除检附致该县司法处公函一件，由该分会持交给诉外，应将结果情况刊连同□□报会备核。

附：中华民国红十字会岳阳县分会图记

1. 木质四方形
2. 长宽均五公分半
3. 边宽半公分
4. 篆文字体
5. 文曰“中华民国红十字会〇〇县/市分会图记”

七

事由：据呈正式成立及图记印模电复知照由

京组（37）一字第一三三五号

本会岳阳县分会鉴：

四月十五日呈件均悉。据呈，图记印模及启用日期，准予备查，特复知照。会长蒋梦麟。卯，咸。组一，印。

中华民国三十七年六月 日

八

事由：颁发统一募捐办法电仰遵照由

京组（37）一字第一三四九号 民国三十七年四月二十八日

本会岳阳分会鉴：

查本会办理社会事业所需经费，全赖劝募而来，复员以后，各地分会为赈济灾难或修建会所，多自行发动筹募。综查结果，成绩甚佳者固有，而多数分会均未达目标。推其原因，或以当地政府不明本会情形，推行不利，或以筹募办法太差，影响征信。兹为今后募捐易于办理，并昭信社会起见，爰经订定《中华民国红十字会统一募捐办法》，自即日起，各地分会如须发动募捐，均应遵照本办法规定办理。除本年度定期募捐，各分会应摊数额俟后决定再行饬知外，合亟抄发该项办法及说明各一份，电仰遵照为要。会长蒋梦麟。

监印：董剑平

校对：邱 斌

附：

中华民国红十字会统一募捐办法

1. 中华民国红十字会（以下简称本会）为筹集经费及临时灾害救济费，得举行定期及不定期之统一募捐（包括现金与物资）。

2. 本会一切募捐统以总会名义举行，分会不自行筹募。

3. 定期统一募捐于每年十月，举行红十字周时由总会通知，全国分会一致举行。不定期统一募捐，于遇国内外发生重大灾害及特殊需要时，随时由总会通知分会举行。

4. 分会所在地如发生意外灾害须举行募捐赈济时，该分会应将灾害情形赈济最低款额及募捐方式，用最迅速方法呈报总会核准后，方得以总会名义就地捐募，或由总会通知适当分会协助筹募。其协助筹募所收捐款，统交由总会转拨灾区所在地分会。

5. 分会经募统一捐款（包括定期与不定期）应随时送存当地银行或妥实钱庄专户储存，不得动用。俟捐募结束时，将捐款及利息总数用最迅速方法报告总会，决定分配解缴办法。惟不定期捐款，灾害发生地之分会得先将经募捐款动用救济，并一面呈报总会。如救济完竣，剩余捐款仍交总会。

6. 本会每年统一募捐目标，除不定期募捐由总会临时决定外，定期统一募捐以总会与分会全年经费预算数额为募捐总目标。分会以本身全年经费预算加上总会经费预算分配担负之总数为募捐目标，分配及解缴比例另订之。

7. 本会除举行定期及不定期之统一募捐外，并得随时接受社会人士乃本会会员之自动捐献。此项捐献，如未经捐献人指定用途或为不动产，应列收定期捐款项下；如为不动产，其产权仍属总会。

8. 本会统一募捐所需捐册及正式收据均由总会制发。如因时间仓促或邮寄不便，捐册及临时收据，由总会斟酌情形授权分会就地照样印制。

9. 总会得设征募顾问委员会，经常研究设计并倡导捐募工作。顾问委员会之下得调派总会职员若干人，分组办事。

10. 本会募捐以自由乐助为原则，并得配合各地实际情形举行义卖、影剧义演、球类义赛、音乐会、展览会、舞会及娱乐附加。

11. 本会为加强募捐运动，得做普遍之宣传，宣传品由总会统筹印发。

12. 国内外人士或团体对本会之捐赠，其合于总会给奖之规定者，由总会给奖；合于政府褒扬条例之规定者，由总会转请政府褒扬。

13. 本办法经总会理事会通过后施行，并呈报行政院备案。

14. 本办法如有未盖事宜，得随时提请修正之。

九

事由：呈职员各册及职员干事电后知照由

京组（37）一字第二四一三号

本会岳阳县分会鉴：

七月十五日震组字第 21 号呈及附件均悉。职员名册及照片，准予备查；总干事一职准由常务理事柴树卿兼任。兹填发聘书一份，仰即查收转给为要。总会。午，宥。组一。附聘书一份。

十

事由：检发禁止驻兵布告一份由　京组（37）一字第二五五二号

本会岳阳县分会鉴：

七月卅一日震组字第 27 号呈件均悉。兹检发该项布告一份，仰即查收妥慎保管备用。总会。未，佳。组一，印。

中华民国三十七年八月　日发

十一

事由：据呈在京设置通讯处一案电复知照由

京组（37）一字第二六四四号

本会岳阳县分会鉴：

七月卅一日震组字第 31 号代电悉。所请于京设置通讯处一节，于法无据，未便照准，特复知照。总会。未，条。组一，印。

原载于岳阳市档案馆，档案号：M31-1-2

居民、商号、个人等给中国红十字会岳阳分会就诊介绍函件

1. 挂号免费申请书

兹有林霞生，年三七岁，系湖南省长沙县人，因患内科病特请中华民国红十字会岳阳县分会医院予以免费挂号，俾资诊断为荷。此致

中华民国红十字会岳阳分会

集昌和　启

中华民国三十八年九月二十八日

会长：　　院长：　　业务组长：　　备注：照免 28/9

2. 药材免费申请书

兹有林霞生，年三七岁，系湖南省长沙县人，因患内科病甚久，因系赤贫，特请中华民国红十字会岳阳县分会医院予以免费诊治，发给药

品为荷。此致

中华民国红十字会岳阳分会

集昌和　启

中华民国三十八年九月二十八日

会长：　院长：　业务组长：　备注：照免 28/9

3. 挂号免费申请书

兹有林吴氏，年三五岁，系湖南省长沙县人，因患内科病，特请中华民国红十字会岳阳县分会医院予以免费挂号，俾资诊断为荷。此致

中华民国红十字会岳阳分会

集昌和　启

中华民国三十八年九月二十八日

会长：　院长：　业务组长：　备注：照免，廿九

4. 药材免费申请书

兹有林吴氏，年三五岁，系湖南省长沙县人，因患内科病甚久，因系赤贫，特请中华民国红十字会岳阳县分会医院予以免费诊治，发给药品为荷。此致

中华民国红十字会岳阳分会。

证明人　集昌和　启

中华民国三十八年九月二十八日

会长：　院长：　业务组长：　备注：照免 28/9

5. 挂号免费申请书

兹有路志修，年五二岁，系河南省桑水县人，因患外科病，特请中华民国红十字会岳阳县分会医院予以免费挂号，俾资诊断为荷。此致

中华民国红十字会岳阳分会

证明人　义友茶社启

中华民国三十八年九月二十九日

会长：　院长：　业务组长：　备注：照免，廿九

6. 药材免费申请书

兹有路志修，年五二岁，系河南省桑水县人，因患外科病甚久，确系赤贫，特请中华民国红十字会岳阳县分会医院予以免费诊治，发给药品为荷。此致

中华民国红十字会岳阳分会。

证明人　义友茶社　启

中华民国三十八年九月二十九日

会长：　　院长：　　业务组长：　　备注：照免，廿九

7. 其他介绍函及便笺（共10件）

黄龙兄院长勋鉴启者：

兹有敝友身患毒疮，请暂赊盘尼西林一瓶（廿单位），实奎保六〇六二针，交来手带返，药款候数日奉还，并连前数交清。弟负完全责任还赵。馀不多谈。此问

刻安！

弟病已好，请勿念及。

弟　黄连成　八、十

兹有本会工友脚部挂破，敬请赐予诊治为感。此上红十字会黄劲夫先生。

安化会馆（印）吴应忠上　七月廿四日

敬恳者：小子次生久患脓疮，虽蒙施诊，未见生效，兹因足胫溃痛，特着叩案，伏乞饬师司诊，惠赐药膏，是为至感。此请红十字会

黄医官劲鉴夫兄惠鉴。

陈小平　拜，十、九

黄院长：

兹有本所炊事员刘兆栋同志有点小疾，烦任浪请贵院之医生诊用针治一下为盼。劳瘅之处，多谢了。敬祺。

银行　胡境华　白玉兰　8.8

龙兄院长勋席：

命官自匆忙，会不及叙。家父于昨晚被弟派队搜剿劫匪，警兵误击受伤，予已专人抬送贵院就医，故特函达兄台，敬乞赐予施诊。劳神之处，蛇雀有知，岂敢忘情，余不及叙。专此敬颂近佳。

弟　烟坤　四、廿一

敬启者：

兹有本会员郑正斌之母突于本月身染病疾，查该员之母确实赤贫，故特证明。俯请台座前登记施诊。此上

中国红十字会岳阳分会值班医交察核准。

证明人　熊春复　阳石材　启

民三七年十二月月十八日

敬启者：

兹有本会会员潘正华之子突于本月身患疾病，查该员之子确系赤贫，故特证明。务请台座登记施诊。此上

中国红十字岳阳分会　值班医交鉴

证明员：熊春复　清押：阳石麟

古（历）七月廿九日　敬启

院长钧座赐鉴：

敬启者，兹在贵院接来先生二位，接生小孩，承二先生手算高名，已平安生下，因所对金钱方面念军械人员，实是每月收入有限，望钧座特别原谅。日后倘有其他事务，定当介绍，不务衔环之至。

饶北阶　手启　七、一四

兹属会员谭正棋前来请求施诊，查该员确系赤贫，请台座题章登记诊疗，特此证明。

中国红十字会岳阳分会值日医友

第四保三六甲甲长兹会员　杨石林（印）启

古八、廿一日

原载于岳阳市档案馆，档案号：M31-1-3

四、杂　组

民国八年湖南的兵灾与红十字会[①]

一

《大陆报》四月八日湘潭通信云：北洋对湘所取态度，似欲攻克全湘而据守之。今长沙既占，以政治论，可谓全湘已得，惟能守与否，似不可必。南军自岳州败退以还，沿途不久留，除非行抢，连续退至衡山为止。湘潭则南军于三月二十九日退出，北兵于三十一日进占。犹忆四月前南军追逐北兵，在湘潭追及，后队与之大战，北兵宵遁。今者全局皆反，北兵追逐南军矣。所幸两军之一出一入，中间尚有二日。南军沿途急退，行经湘潭，大施抢掠，将领专重湖南银行之现洋钞票，搜括一空；既行搜括，且自为辩护，谓此系政府银行，南军不事搜括，必落入北兵手中云。日前南军将湘潭通长沙之长距离电话线割断，会话之交通受阻，惟电报线未动，直至上月二十九日败退，南军全数皆到，始将电机搬去，并断电杆数根。幸电报局长有先见之明，预先藏匿电机二具，故电报之交通无恙也。南军离境，局长即在城外芦篷内装设二机，附近有一电杆，湘潭长沙间之电报借此恢复原状。大队兵士之行抢，毫无忌惮，大小商店，随意闯入，敲门而开稍迟，即放枪示威，凡能携取之物，无不夺劫，人民谁敢抗御？邮局亦被劫去邮票现洋约六十元。处今之时，人民之恐怖已达极点，逃往乡间者，以千万计。奔赴医院或教会学堂避难者，不计其数。道上商店门窗严闭，不见一卖物贩人。初希望

① 本部分节录自湖南善后协会1919年编印的《湘灾纪略》第九篇“外论”，标题为编者所加。

南军退出，当可平静，然北兵之来，亦可畏也。再湘乡原有北兵俘虏六七千人，近移宝庆时，中有患病不能移者，亦有逃亡者，只剩一千三百人，无食无钱。湘乡人民组织一临时红十字会，代为看护，候北兵来接手。今者此千三百人，皆逃来湘潭矣。目前南军集中衡州、宝庆，候援队与军械之接济。苟陆荣廷能输送充分之接济，南军或可坚守衡州如前次然。惟接济一时不能即到，势必再向南退。北兵自三十一号入湘潭后，军纪尚佳，惟街道上之不安静，终不能免耳。沿途僻静之地，闻有抢掠之事，然上官确竭力在城维持军纪，不稍宽贷。总之湖南一省，北方欲占之，南军亦岂肯休，长此相争不已，人民受害愈烈。再农时不可误，今兵革满地，农人不能耕种，将来或酿成大荒年，未可知也。

二

《字林报》湖南永州府四月三十日通信云：永州府（即零陵县）在湘省南部，太平之乱，桂匪犯湘之道也。去冬谭浩明率桂军入湘，亦取道于此，乘胜进逼，直达岳州，可谓纵贯湖南，抵其北门。桂军至此，风势忽转，继复逐步南退。一进一退，颇如大潮之涨落，神速出人意外。当长、岳之危也，此间人民尚不为意，迨今祸临门首，始惊惧焉。红十字会二年来集款已数千元，但未尝有所为，其存在也，似专为发起人谋利益者，然今亦憬悟矣。衡州之失，如晴天霹雳，人所梦想不及。既而宝庆随之，于是有兵数百人，长官令红会诊治，红会执事竟腼颜向教会医院救助，且乞药焉。医院不与，令往药房购取。幸本地教士慈善为怀，发起一联合红会，又组织一难民收养所，城中绅士与教士颇相得，能和衷共济，为无告之妇孺预谋生活，免受北军或南军之虐待也。按永州之设治已二千年，历代战争经历多次，然非有如今日之痛苦者。明代之末，永州之民千人，避难附近某山洞中。事为北兵所悉，塞阻入道纵火，皆焚毙焉。今日永之人民，莫不恐然，惧大祸之将临。官家果已出示安民，谓为桂军苟退至永州，毋需自相惊扰云云。桂军总司令谭浩明昨日回此，南方迭次来电，令南军勿退。谭浩明闻亦自誓，决不生离湖南，但望言行相顾，庶不失英雄本色。虽然大人物处逆境，其举止亦当原谅，不宜苛责。记者犹忆前见谭时，何等勇奋，今则神气渐失，大将如此，其士气之不振可想，安有不败哉！此间人民，独畏桂军，而四乡盗匪之患亦甚。若夫北兵在湘北所犯种种罪恶，全省皆深知之。人民准备逃难，购避难所票者纷至沓来。城中各教堂大开门户，专备逃难，俾于仓猝间，知所趋避也。然而所惧者，大兵苟失其常，横行无道，又将如何抵御之耶？

三

《字林报》五月三日郴州通信云：吾人今日忽得战事真相。在先以为大兵北上，必能战胜，继又闻南军连胜，不久可望占有汉口，和局将成。忽然全局皆变，南军已退出岳州，长沙又失。谭浩明出示，言将退至衡州，以其地可战也。今闻谭率桂军向永州而退，程潜率湘军则在湘江（距衡州二十五里）抵御北兵，程之大本营设耒阳县，南军马西陵（译音）刻在攸县附近曾获大胜。余见某电称，攸县北兵大败，马兵杀北军将领某，俘军官数十人、兵七十人，大炮二尊，机关枪十架、飞机二架，枪弹甚多云云。究竟大胜所获，果如电中所述与否，不得而知，但攸县有大战事则无疑也。伤兵入此间美以美会医院，已有八十人，惜西医仅一人，又无副手，而欲诊治如许病人，颇难胜任愉快。伤兵乘轿而来，途中行五日疲甚，中伤皆系枪弹与机关枪弹，中开花弹者只一人，刺刀之伤则未见。官吏告吾人曰：伤兵尚有数十船由永县开来医院云。然医院之容量有限，何能容纳如许，官吏岂不知之？再若辈仅口许接济经费，却未名一钱，医院望眼欲穿矣。创设红十字会之议，亦言之多日，迄未见其成立。城中人民，亟谋避难之道，教会出售西人国旗，每面价洋八元云。官吏虽出安民告示，人民不信。妇女逃入乡中甚众，其不幸者，中途乃被盗劫。美以美会已办一小避难所。目今惶恐稍减，良以兵士行为，未失常故。然而攘鸡盗鸭之事时有，幸不多耳。昨日新知事到任，旧令尹人民爱之，于其别也，颇有恋恋不舍之意云。米价大贵，每斗价钱一千文。军士食米每采大宗，市面失调，新宁县奉命供给五千担，地方食指大增。而农人以战事故，皆不以秋收有望，故将来穷民之前途，实可畏也。此间人民莫不欲和，能安居乐业，便可不问为攻者之为南为北。今四乡土匪如毛，性命财产皆不能保，生意完全停止，有大宗矿砂、牛皮积滞，想因船只缺少故。桂阳州人民近捐与上海总红十字会大宗款项，希望在本城设分会，乃为预防计也。

四

《字林报》五月十六日长沙通信云：联合福音会教士德白斯博士，取得张敬尧将军之允许，由兵士护送，乘专车赴醴陵调查战事情形。星期一晚离长沙，未天明抵醴陵。去晚有教会房屋一所被焚，其他均遭掠劫。德博士之住房，亦在被劫之列，其室中曾留有银币三百元。醴陵全城，除北兵之外，查得只有活人三口，其一为七十余岁之老妇，一即老妇之子，年甫弱冠，已成残废，母子同匿居医院内。又一人为乡民，据云彼当时绝不知为何事，忽被兵士痛打两腿，并反缚两手，且欲枪毙之，为德博士说情救出，此人已被带回长沙。北兵在株洲及醴陵两处注〔任〕意行动，自言彼等所言即为命令。有一教士在医院内闻一官员语其兵士曰："汝不可在此杀人，但可在外面任意杀人也。"由此，足见彼等均能任意杀人。且此兵士之嗜杀，或不仅对于本国人，且对于外国人亦然，正未可知也。德博士言，在城中街上，未见一未焚之屋。败壁颓垣，触目皆是。且均不能整理，非重造不可。自攸县至醴陵之三十华里，自醴陵至长沙之五英里，均为北兵抢劫之场。此间长沙恐慌尤甚。某报载一新闻，谓有一美国教士，于下午后九点四十五分时，欲从其友家中回自己住宅，相距只五分钟，步行可到，巡卒竟不许，并以实弹之枪相拟。该教士无法，只得折回。其实此教士曾领有一督军特许之通行证，且上书有姓名，准其于普通人不许往来之时间（据督军之告示为夜间十时）后，仍可在道上行走。乃此种特许证券，对于该巡卒竟无效力，彼自言不识字。该华字报并言，美领事闻此事后即通告张督军，张督乃出示，谓凡外人携有通行证者，巡卒不得干涉之。然城中外人殊不欲实行试验此新命令之效力如何，惟有暂时晚间杜门不出，友朋之酬酢一概停止而已。又有一种事情为近来数见不鲜者，兹述一事以概其余。上星期日，有城中信教者六人，聚于某某家中，举行私人祈祷会。会场仅一楼房，房主乃为成衣匠者。一人会毕下楼，则侦探已在守候，立带至督军署。其中三人被用绳反缚两手，绳之一端，从梁上穿过，将身体悬于空中。夫此身体之重量，已足使其人屈招任何罪名，乃身上更加压石块，以增其重。旋此人已被押至军事法廷〔庭〕，其中一人适为某红十字会医院之员役。红会以此人失踪，即函询某方面，接复信，谓此失踪之仆，安然在军事法廷〔庭〕署内。红会又请某教士设法，教士投刺诘问，始得当局之注意，并保证如查得该仆确无犯罪证据，当即释放，惟须保其以后行为良好。星期二日，教士得电话，谓案尚未讯。同日下午往询，得此同一答复，晚间电铃又振，则谓此人可以释放矣，其他五人之遭同一运命，教士直至此时始知，即请见军事裁判长，约以明日，如期往。裁判长言先生只曾言及一人，教士答称，我只知此一人。又越二十四小时，其他二人始均得释。按此数人者，并未犯有不法行为，而其得复自由，显然出于外人干涉之力耳。此外人向来主张不干涉主义，今乃不得已而为之。凡此种种类似之事，无外人干涉必仍在内，实为最可憾之事。试思一心地质直之乡农，如红十字会之门役与成衣匠者，安能抵抗如现在中国当局者之暴力乎？堂堂政府，于其本国幅员之内，施行此种政治，自毁其为政府之资格也。

原载于《湘灾纪略》，湖南善后协会1919年编印

丁明甫传

丁明甫，字瀛湘，恂恂儒雅。光绪甲辰以还，怵目世变，毅然以翼道正俗、济民利物自任，遂纠集耆彦创普化文社、建善园、凿放生池，以慈惠倡导社邑，复甄录先正劝善惩恶之明训为《洗心灵泉》一书锓行之。善园之初辟也，以给施药茗岁粮恤诸病废无告者。民国五年，乃拓所业为十端：如兴办义学、刊布善书、宣讲劝世、赒给娩丐、恤嫠振贫，以及寒衣暑药、惜字放生，靡不赅举，载之册籍，所称十条慈善者也。尝以癸丑岁创求实、佽成两义学，贫窭子弟，蠲其束修〔脩〕，资以图籍、文具，成业出校者逾千人。十八年冬祁寒，邑东有二乞儿僵毙雪中。明甫闻而恻然，乃倡改义学为善园孤儿院，以收纳孤儿、教养兼施为旨，定额为百六十，岁需经费巨万，众推明甫主之。越年告成后，以省邑善士慕义输佽者众，院制遂臻美备。同德、同仁两堂毁于戊午兵燹，未即修复。其时野有遗骸，疫沴踵作，明甫尝冒暑走长沙，筹集巨金以归，储药制棺，以应求者。寻增办因利贷款，济小贸之困。醴陵向无红十字会，明甫怵于历年军事猝发，地方无备，因从事组设，成于民国十年，报沪总会备案。十二年护宪之役，邑当其冲，明甫以红十字会名义为民请命，吁当局共息争，并分遣救护队，冒矢石出入战区，救死扶伤，成绩灿著。明年，组消防队，购水龙备灾，邑之有消防事业始此。十六年，暴民为乱，邑中士绅咸惴惴自危，明甫目睹无辜而撄害者，辄挺身庭诤，多所护翼，暴民亦终无以难之也。天性肫挚，一言一动，必闲于礼。治事尚实践，涉履艰困，不易其初。与张汝乾为道义交，事必共擎，数十年如一日。善园孤儿院之创，其尤显著者。民国十九年十一月卒，年四十有九。

原载于民国《醴陵县志》之《人物志·人物传七》

刘辅察传

刘辅察，字赉予。父佐敬，清廪生，历董城乡公务，为时推重，有子三，辅察其季也。幼有大志，不屑为制艺文，好数学，从季父佐楫及黄陂许奎元游，通代数、微积，理智卓越。年十五考入湖南时务学堂，益肆力于经世之学。会世变益亟，念非武备无以救国，因投笔入湖南将弁学堂，毕业后东渡日本，习军医于长崎医科大学，四年毕业归，适辛亥革命军兴，乃纠合同志创红十字队，随军出发救护伤亡。湘都督谭延闿辟充野战病院院长。癸丑，革命军败于袁氏，辅察愤而辞职，再诣日习医，逾年归国，自设医院于长沙。尝谓吾人不能竟革命之业以救国保种，其惟以医济世乎？已而，见袁氏谋帝制日亟，乃与湘中军事领袖密谋举义，且驰赴巴蜀游说川将领讨贼。嗣又由蜀，入粤密结同志，以相策应。袁氏既殒，未尝自言功也。民国六年，护法军自零陵下长沙，辅察长卫戍医院。九年，长湖南陆军医院，整饬院务，成绩斐然。民国十五年，以湘政易主，入粤从国民革命军北伐，转战入赣，奉密命只身赴南京说孙传芳反正，并赴沪招抚敌军毕庶澄部，为孙氏侦悉，逮之于南京逆旅，迨国军下南京始出狱。湘中各军事领袖钦其器识，竞相征聘。十六年春，奉军扼守北平，辅察奉蒋总司令委赴北方与奉军中新派将领协议和平统一。事谐，奉军出关易帜。于是回京复命，委为总部参议。尝上书国府，条陈移兵垦边之策。久之返湘，任军政部驻湘陆军医院院长。批阅案牍，筹划院务，常至夜分不寐。十九年七月二十七日，赤军陷长沙，时有伤兵千数百人居院，群心惶惶，惧祸及，又院款奇绌，势且饿毙。辅察不忍舍去，苦心支拄，目不交睫者数昼夜，院得无恙。越数日，国军围城急，伤兵健者内应，夺取赤军枪枝〔支〕，毙敌数十人，赤军愤甚，捕辅察，八月三日遇害于旧藩署前坪，死事惨烈。子建勋继任军医院长。

原载于民国《醴陵县志》之《人物志·人物传八》

何明亮传

何明亮，字采臣，清江西翰林，四川道监察御史。谢远涵为之传曰，公世居汝城，诰赠建威将军恩祥公季嗣也。幼孤广额轩眉，髫年便虎虎有精悍气，比长磊砢不羁，每以生为男儿蜷然负屈顿于环境之下为恨。咸丰五年，粤气猖獗，东南驿骚，湖湘豪俊并起从戎。公年十七，即应募入楚军虎威营，援战江西，克复袁州郡城。七年，进攻临江受重伤，拔补外委。自是所向有功，击破湖南宝庆、广西柳州诸贼，擢升千总，寻投群办两江军务左公麾下，攻克德兴、婺源保守备。旋随大军转战金华、汤溪、龙游、兰溪等处，肃清闽东。经总督左恪靖侯奏保都司，已而调赴广西委带卫队，并统新老马队两营。是役也，敌失四面兜犯，大军被困，公率队跃马，大呼突重围。当者披靡，卒出主将于险，军声复振，时同治二年也。明年，广西巨寇平，督抚会保以游击留广西补用，嗣随以参副递保。十一年，遂奏署九江镇总兵。维时长江千里，蚩旗出没，浔阳当水陆之冲，寇辄伺隙流扰。公指划形势，奖恤三军，六阅月而浔江浪靖。

光绪三<十>年，刘公督两广，以公镇潮州。潮俗豪侈，赌馆妓寮充溢街道。向例岁惟奉镇署金巨万，公至屏不受，且严令禁革之。有黄姓者啸聚姎徒，阴图变，群情惶骇，公定谋破获，诛其首而悉□其胁从，人心乃定。五年，调署阳江水师总镇。迨刘移督两江，又调赴江南，以公冲锋陷阵，辟易千人，制变设奇，可当一路。附片奏请吁用并委办营务处，兼统新湘等营。未几，以母病假归。适沿江哥匪滋事，即起公于家，再镇九江，并统领新劲选锋等营十九年，补授江西南赣总镇。甲午，东瀛衅起，刘以封圻宿望，仗钺专征，檄调公随赴山海关，总理各军营务处。当是时，士皆缩甲，人有戒心，公义愤薄云，疾驰出塞，惜军事方集而马关约成，未获建奇勋于关外。是年秋，江督特保公操履清正、勇略优长，得旨，以记名提督简放。公由偏裨历志阃，身经数百战，握兵柄三十年，劳绩卓著，封疆大吏互相倚重。倘迟之岁年，俾竟其用，建树当更可观。无何，竟乞闲予告，寓赣养疴矣。然虽居异地，是□安危大计，时复廑怀。清季，奉文裁兵，当道束手，亟商于公，慨捐巨款，得以蒇事。辛亥光复，各军闹饷，势将哗变，公不惮奔走，力为抚循，一面设法筹饷，遂免糜烂。事闻，大总统颁给二等奖章。

民国七年，援粤用兵，公与同志组设红十字分会医院，以利兵民。十一年，赣南又遇战祸，人心皇皇，莫知自卫。公又会商同志集资巨万，增设病院数处，以养伤兵，设救济所十余处，以庇孺妇。上海中国红十字会以公勇于为善，特赠为名誉会员。其他春荒水患，筹赈募捐，公无不首为之倡，与都人士同襄义举，几忘其身之在客也。其待桑梓，则朝阳、云头两校，柱石、滁口两桥，各佽款千数百金乃至数千金。乙未，汝城大饥，告籴无门，公倾囊自赣购米归赈，全活无算，其对于家庭也，拨田百余亩以广皇考恩祥公祀，贴千金以修支祖美中公祠，族有孤贫无告者，周以粟；壮不能婚、丧不能葬者，助以钱，种种美举，不胜殚述。夫公起家行伍，功在国家，惠在黎庶，讵非进退出处，胥有裨于时者耶。民国十二年终于赣寓。享寿八十有五。

原载于民国《汝城县志》卷二四《人物志·贤达》

衡山分会会长陈毓峰先生传

中国红十字会衡山分会会长陈君毓峰，号笛篁，于民国七年在衡山县创设分会，勤劳三载，对于慈善事业靡不本恻隐之仁，以尽匡扶之责。九年南北交绥，特设临时医院及妇孺救济会，全活生命无数，不惟有惠于衡城，且有功于红会。十年六月二十二日，陈君逝世，总办事处同人致唁，赠以“德高南岳”四字。陈君当之，可无愧色。

赞曰：衡山之超，火维之标。千秋硕德，南岳峰高。

原载于《中国红十字会二十周年纪念册》，上海总办事处1924年印行

衡山分会会长眭润沧先生传

呜呼！天夺善人，何太速乎？衡山分会创始于民国七年，创始之人陈先生毓峰，号笛篁，即前分会会长也，服慈善之务三载，民国十年六月二十二日逝世。继其事者眭先生润沧，字南陔，萧规曹继，服务维勤。前岁桂兵入境，风鹤频惊。先生筹划越境，与当事者甚多接洽，会商县设军需招待所，妥为招待，又特别慰问，阖邑得以安全。旁观者啧啧称道红会效果，福利无穷，闻风响应，入会者孔多。陈君创办于前，眭君扩充于后，两贤成绩自相辉映矣。乃逾年而南陔先生又逝，时民国十一年夏历壬戌之岁七月十七日也。呜呼！天夺善人，何太速乎？噩耗至沪，同人悼以联曰：“天乎何夺我善人，又弱一个；地下相逢前会长，共话千秋。”

赞曰：天道茫茫，善人云亡。后先济美，相得益彰。

原载于《中国红十字会二十周年纪念册》，上海总办事处1924年印行

永州分会会长祝世仪先生传

昔唐柳子厚作《捕蛇者说》，以永野之蛇比泰山之虎，太息痛恨于苛政之猛猛于虎，苛政之毒毒于蛇，可谓谈言微中，婉而多讽矣。今我国民之困于灾，岂不猛虎毒蛇若哉？红会以人道主义救之，杯水车薪，自尽天职已耳。长吾永州分会之祝先生世仪，兢兢会务前后六年，纯尽义务，兼精岐黄术，主任内科，妙手回春，活人无算。民国十二年三月三十一日，积劳逝世，远近叹伤。四月十八日开会追悼，兼悼分会外科医员朱明甫先生及前临时干事长张慎旃先生。其征会辞曰：

窃惟学道爱人，名臣与名儒并重；操术济世，良医与良相同功。是以竹帛长垂，列传有合编之例；馨香迭荐，潜德无不发之光，则有鄙分会会长祝蔗农先生者，以中州俊杰，英年从刑幕起家，为清季循良，晚岁繇资郎通籍，一行作吏，灌阳留召伯之棠，百里提封，阳朔种先生之柳，加以戎机参赞，早建奇勋，帷幄运筹，会标伟策。向使生逢隆盛，定当与管葛齐名；即令时值中兴，亦合踵曾胡媲美。徒以共和肇造，命竞维新，专制推翻，人非求旧。先生乃易占肥遯〔遁〕，无复存干进之心，诗赋栖迟，不再作出山之想。于是退居湘水，小隐泉陵，创办永州红十字会，以利人济物为前提，以博爱恤兵为宗旨，两次推充会长，潮翻浪涌，俱赖维持，一身兼任医科，送诊施方，不辞劳瘁。方冀遐龄永享，长留不老之春；远期寿域同登，共造无疆之福。孰意本年三月阳历，恰值夏正花朝，先生竟疾因积劳，奄然仙化。呜呼！死者长已，岂不痛哉！生者何为，良足悲矣！又有敝分会外科医员朱明甫先生者，以范文正救世之材，藏狄梁公医时之器。回春有手，居然俞跗重生；去瘤无形，不翅华佗再世。溥鸿施于湘滇粤桂，救护者奚止千军；扬骏誉于南北东西，称颂者直达万姓。是乃仁术，护国军额语犹存；再造同功，忠孝团褒辞宛在。乃于去秋九月，早经逝世。叹青燐〔磷〕之点点，长啸北邙；怅衰草之离离，谁奠东郭？言之陨涕，闻者伤怀。更有敝分会前临时干事长张慎旃先生者，桂林华胄，京兆遗风，道究岐黄，门高金

紫。有任侠气，河岳钟以秀灵；无纤芥生，风月同其光霁。登昆仑之顶，革派自有所朝宗；溯永水之原，十字实为其发轫。乃独先于去岁仲秋捐馆舍以去。呜呼，天之夺我善人，胡不慭遗一老耶？

同人等抚念前勋，不忘旧德，谨诹四月十八日（古历三月三日）在敝会敬为祝、朱、张三公开追悼大会，事关公谊，谅有同心。凡各界列公、洎本会同人，所有惠撰挽联诗诔，务请先期掷下，以便供张。届时仍乞驾临，俾资观感。维时柳线垂青，秧针茁绿，数韶光之九十，正值暮春；来珠履兮三千，适逢上巳。所望群贤毕至，俨同修禊于兰亭；敢蕲盛举齐襄，聊赋招魂于楚些。倘蒙轸念，无任主臣。

赞曰：祝君仁术，携手朱张，丰功鼎立，流誉孔长。

原载于《中国红十字会二十周年纪念册》，上海总办事处 1924 年印行

永顺县红十字会及医院

红十字会　设在旧府学宫左忠孝宫。

医院　设在旧府学宫右。旧医馆，又当铺内，设有普济医院。

龙家寨三圣宫，设慈善事十二门：一讲演，二惜字，三育婴，四养老，五施药，六修桥，七施茶，八舍棺，九□坟，十补路，十一济贫，十二矜寡，旋附设红十字会。

原载于民国《永顺县志》卷七《建置志·善堂》

永顺县红十字会与兵灾救济

（民国）五年三月，大届罗剑仇攻陷县城，警备队排长谢流璧死之。先年冬，袁氏发生帝制，东南各省一致反对。至是，剑仇亦假北伐名义号召远近股匪合数百人，在县境坡岩地方盘踞多日。知事车赓预调绥靖镇兵来县助防，准来六十名，先至三分之一。剑仇率众攻城，未逾一时，镇兵分守五门，寡不敌众，同时俱歼。知事潜遁，流璧亦战败，与警兵数名同时死难。

……

张学济赴乾城，待免难。甘刘入城安民，商民皆案堵。时张学济兵抵辰州，吴道尹遁，张自称道尹兼总司令。月卿逃至辰，报曰：“刘踞城不守纪，□大军进攻，愿当先锋。”张令乾城□长姚忠诚、统领李必富率众三百至城。时地方父老恐互相战争损伤过军，约天主、福音两堂教友潘鸿窃、刘上吉及红十字会会长侯蓝田商筹和局。侯出小西门，面陈甘刘愿受编制状，姚、李遂令先锋整队入城。至利济桥头，城上开火，伤毙一兵，余退。姚、李恶蓝田诱己，杀之，并刳其肝烹而飨。军令由大、小西门两处夹攻久之。甘刘子弹鼓率众，自东门出，辰兵乃入城。……

原载于民国《永顺县志》卷二六《武备志·兵匪》

万人坑墓碑记

丙寅之岁，会、黔二邑大饥，斗米值三四元，嗣复增至五六元，无籴。民间襁负而至洪市乞食者日不绝。父老谋所以赈之者，纠资鬻饭，使饥民日向铺户乞钱，借劳动而免疾病之丛生，复不负施舍之名，意良周也。先是，庚辰、辛酉岁饥，市设粥厂施粥，人多腹胀，谣诼反滋，谓施粥不善，故此改施饭焉。其鬻也，一钱数钱皆给以饭一瓢。先由炎皇宫、万寿宫、轩辕宫、雷祖殿发筹，持筹再向天王庙、灶王宫等处领饭。当事者复以五色志其十指，逐日画其一，反复更替。鱼贯出入，无纷争重沓之弊，秩序甚井井也。而四乡之来就赈者亦日愈众，籴亦日愈穷，糅之以蚕豆之属。其时殷实之户，且日食仅一粥与面麦矣。当乙丑秋季，二邑田谷之无收也，父老群谋集资，由常、武购运米谷。奈沅水上下，沿江多匪，舟车往返，辄经年不能达。绸缪弥缝，备尽劳瘁。而天又阴雨连绵，弥月不止，饥民行无雨具，栖无庐舍，冒雨街衢，衣湿鞋濡，又无易之者。蕴酿郁蒸，自三月至六月之久，臭恶毒成，疫疠发生，死者日数百十人。我会掩瘗昕夕不遑，令其壮者自相检厝，给条领函而与之以钱。其幼者一函竟二三焉，伤心惨目，可谓极矣！洪市后枕山而前临水，区域湫溢，陡丧多人，无以容也。乃购市外贺姓洼地一整，每排十棺，覆之以土，土上复排，更替以厝。而此处此碑，所谓万人坑之墓也。

鸣呼！人生不过百年耳，旦暮营营，以求富若贵者比比也。人一旦天降丧乱，流离失所，甚至饿填沟壑，尸骨纵横，且有身系产业多契而不能谋一饱者，其不痛耶？此古之君子所以疾殁世而名不称焉者，意在斯乎！会之人虑陵谷变迁，此坑久而夷也，为之立碑。而属余为文记之，时壬申二月也。

邵阳　曾　䃅　谨记

湘乡　刘镇海　书

中华民国二十一年岁次壬申　洪江红十字会

原碑藏于洪江市文化馆内

鼠疫横行在常德

肯德　著　温新华　译

自常德发现鼠疫以来，本县当局即积极设法防御，以免波及。中国红十字会肯德队长（现配属×集团军总司令部工作），以预防鼠疫，应首重宣传，使民众普遍明了鼠疫之危险与常德疫情之严重，特在本报撰文论列，俾引起社会之注意，藉作防疫之参考焉。编者识

常德有鼠疫横行着！几许的生命，曾经死了，医务专家检验市鼠的结果，早已千真万确地承认了。这最危险而使人心惊胆战的传染病，在常德市竟成了铁的事实！如果我们想到这些不顾信义人道的东方强盗蓄意已久的最残忍的手段之一着，那么我们怒发冲冠之余，不禁会更加振奋起来。日本敌人，不能用快枪利炮飞机大炮来如意地占领我们的常德，在失望之后，却甘冒举世所不欲为不忍的毒菌战，加诸常德这前线几千万居民的大都会，这前线唯一的宝库！意想从此用毒菌来毁灭我们的民族，但同时他也似乎放弃了侵占疫菌布遍的常德。敌人施放毒菌的举动，不意在七天之内，便被我们大抵证实了，这功绩很幸运地被医界所独占。为了证实这事，他们真的出生入死不断地在培养细菌，在多方的试验，结果论证凿凿，本乎抗战的精神，他们总算达成了职务上神圣的使命。

现在我们必须承认鼠疫在常德！敌人在常德，毒菌战争已在常德展开，为了战胜敌人，我们要不顾财力、物力的牺牲，应该办的，都要详加考虑，务使计划完成，实行步骤马上就要发生效能，尤其是常德全体

市民，要立即动员起来，用防鼠疫之常识，反侵略的精神，服从纪律的美德，勇敢的情绪，大家一齐从事于防疫站场，好在造成灿烂卓新的胜利史。一般军政官吏，身为民族领袖，更应当大声疾呼，开导民众知识，宣传鼠疫的危险和防疫的重要，不然大疫所至，恐怕玉石俱焚的呀！从前在欧洲、东北三省鼠疫流行时期，真所谓杀人盈野盈城，至今仍有谈虎色变之势呢！

一般居室的设置，难免老鼠来往，跳蚤将鼠疫的病菌，可以间接传染给我们，所以按逻辑的办法，第一步须要捕鼠，彻底地实行灭绝鼠迹，将杀死的老鼠用火焚烧或用水浸淹，好使鼠体附着的蚤虫，同时灭绝。此外要谨慎食物万不可使老鼠染指，因为它们在无机可乘的当儿，便会迁徙别处的，所以居家卫生尤当特别谨慎处理米粮食物余屑、破烂布棉等等。空气的流通，日光的充足，都是驱除老鼠的好方法，屋内不时要施用石灰或者其他的消毒药剂，以为摧毁病菌潜伏的窠巢。在一面杀鼠，还要一面注射鼠疫之苗。至于谈到注射，本来没有什么痛苦可言，两次注射之后，身体便含蓄充分的抗疫素，个人的生命安全很可无虑的了。如果人民不肯自动注射，那么只有强迫他们注射，因为他为了愚陋的缘故，不单自己把自己放在死地，还要影响别人的生命，这是不容他们违抗的。

最后，余甚望常德市民，能够确实守住个人毒菌战的岗位，服从行政人员及医生之指导，从事鼠疫之扫荡战。最重要的工作，是迅速将死亡病患的人报告当局，这样可以使医疗人员拯救更多的生命，日本的毒计，也同时化为乌有了。我们在战争的时候，要有战争的勇气，正在从事于日本强盗肉搏战。我们在后方也当具有同样的精神，与日本同伙的鼠疫战争，前后方的全面胜利，让我们奋起踏着先烈的血迹，争取我们光荣的胜利吧！

桃源距离常德，可算咫尺之隔了，若不能严密防范，将来也难免不波及的。到那时候，就说不定由桃源而沅陵，而一直传到大后方，这正是东方强盗，我们的敌人，所希求的一种效果，而我们却不肯自甘暴弃鼠疫演变至于此种地步吧！

原载于《桃源民报》1942年4月22日

别了大溶江

——湘桂前线通讯之一

林竟成

战局严重，在二十四小时以内，发生争变，我们于九月五日在东安，通宵将第九一、第九二、第五等三个医疗中队的公物器材一百余件，食米八千余斤，抢运至车站。幸平时与车站联络至佳，故能于最危急的时候，拨到车皮一辆，由第九二医疗中队率领于六日早晨离东安运往怀远，第九一、九五两个医疗中队则随第××陆军医院至大溶江工作。第九大队部为了领取食米，故延至六日晚才离开东安。而七日晨，敌人便已进占东安了。

第九大队部八日到达桂林，我于八日仍在大溶江安排第九一、九五两个医疗中队工作。十一日别了大溶江退至桂林，此时黄沙河失守，桂林强迫疏散，时要危急，乃于十二日派红十字汽车五辆，再退柳州。我们在无款、无油、无零件且在轮胎破烂之下，驾驶五辆汽车奔驰长途，实在并非易事。十六日达柳州，十七日方绕开至宜山附近的怀远镇。

在这半月之中，全体工作同仁睡地铺，开夜车，没有睡一夜好觉，没有吃一顿好饭，而同仁的精神反而格外的奋发，尤其是挑抬大家木，无不通力合作，大家都在紧张生活之中，磨练出吃苦耐劳的习惯。

自从长沙会战的开始，已经四个月了。战事变化的迅速，往往出乎意料之外。从长沙，而湘潭，而衡山，而祁阳，而零陵，而全县，而东安，而大溶江，而桂林，无不于最紧急的时候，所谓“兵临城下”，才从容不迫的退出，公私物件，均无损失，我们确实做到“临难不急”的地步。最值得人兴奋的，就是六日早晨退出东安的时候第九四医疗中队，还在湘桂线卫生列车上，第九一、九二等医疗中队五日还照常在第××陆军医院工作。等到开始撤退，他们的步骤，是男队员整装，女队员工作，这种勇敢镇静的功夫，是不能不表示满意了。他们常常微笑着向我表示说：“我们是有经验的，我们不会听到敌人的炮声而着慌的，敌人来了，退后还是工作！”他们便在这样忠于工作的情绪中，他们好像是战云中的一条蛟龙，在云中游来游去，还傲笑着向敌人说：“归根到底是你们的敌队机动呢，还是我们的队伍机动呢？当心！前进我们还是工作！”

当我们一度退集桂林的时候，第九大队原拟沿着桂穗公路向芷江移动，乃因那条路的路基太坏，且无船过渡，也时有匪警，而轮胎过旧，只好临时交更计划，舍近求远，绕道柳州。宜山、独山而转往芷江，不过却要多走二千公里的路程。最令人头痛的，还是交通问题，但现在火车不通，汽车成了一个活宝贝了。将来利用更多，当前的第一件事，便是要健全汽车辆。不特现在我们为了后退要尽量的〔地〕利用汽车，就是将来敌人败退我们追击的时候还是要尽量的〔地〕利用汽车，我们若果没有汽车就等于一个人少了两只脚。如今打的是“机械化”的战，我们就应该加强我们的“机械化”的装备，我们时时的〔地〕为了汽车在做很迫切的盘算。

别了大溶江，我们今后工作的地点，已选择在湘西，目前第九大队已逐渐选择向湘西移动。综计我们由长沙、衡阳、桂林、柳州、独山以抵湘西的行程，这个弯子就要绕道二千多公里，际此国家危急民族大劫之秋，岂敢谓劳？岂敢谓苦？只求为国家、为团体、为本位工作，多尽点心力。在这一路之中，我们目击心伤的正是湘桂两省流亡的××万难胞，沿途医药缺乏，疾病死亡的不知凡几？为状至惨！我们在任何一次战役中所不经见的最严重难胞的安置和疏散问题，今天竟成一幅流亡图摆在我们的面前了，我们怎可以见死不救呢？我们的工作，目前除了救护前线伤兵以外，更应该积极肩起救护难胞的担子。说句伤心话，这些摆在我们面前的问题，只要我们有良心肯负责总可以尽到相当的力量去完成，而且，是直接有利于抗战大局的。我们明知前面尚有许多困难，谁叫我们做中国人？谁叫我们中国人以往自私自利那么多？现在是好人坏人一律到要受苦难的关头了，坏人再也无法逃避的。不过真的走到“玉石俱焚”的境地，好人和坏人一同吃苦，只是好人太冤枉了。若是好人不能团结也不能对恶势力反攻，那么，好人要吃苦头也是活该的。今天，已到了好人要吃苦头的时候了，凡是好人更应该觉悟，只有加紧好人做好事的工作，才能渡过难关，才能加速抗战的胜利。所以，我敢于这样的呼号：我们应该做好人，我们更应该做好事，凡是造福于人类的工作都是好事。我们为做好事而努力，更希望有心做好事的人也帮帮我们的忙，大家去做点好事吧！

十月一日写于怀远第九大队部

原载于《救护通讯》第26期，1944年11月15日

别了安江

——湘桂前线通讯之二

袁松人

安江是邵阳到榆树湾公路上的一个小车站，有一个镇公所，因为湖南第一、第二纺织厂就在附近，所以几年来把这个黔阳小镇弄成畸形的繁荣，俨然是湖南纺织业的中心。又加上被疏散的人都到了这里，弄得遍地是人。我于十月三十日的中午，偕同美国援华会视察瑞典籍牧师毕思敬氏，自榆树湾乘搭红十字车抵达安江。

计算这一路行程，我是从贵阳到镇远朝着目的地安江行进，为的是调查湘黔线上难胞的救济实况，并计划推行医药救济工作。十月二十七日过玉屏，二十八日宿晃县，地方上已经在进行救济难胞的工作了。美国援华会派着毕思敬牧师与地方各机关组成国际救济难民委员会晃县分会，由十月二十三日起开始工作，该分会总务、给养、医疗、住院四组，其给养款项即由美援华拨款供应。每个难民六岁以上的每日发救济费一百元，六岁以下的每日发五十元，每人只发二次，希望能够尽早自动离境。如果离境的每人又发途中给养二百元，是按着由晃县到镇远的步行路程两天至三天而计算的。不过到了镇远和黄平也有同样的组织，同样的发款救济。这些地方救济组织，虽然由美援华会主持，各地的县政府也分别担起总务的责任。凡是难胞的登记、发证及指示疏散的途径，都是由县政府民政科派人负责。至于难胞的医药救济则由县卫生院担任，但都不能住院，因目前的县卫生院尚无病房的设备。此外在晃县尚有第一、第二、第三三个难民收容所，每所收容量很少，只能收十人乃至二十人。为了适当的房屋难寻，收容所的内容可谓毫无设备，除稻草木板一并全无。我曾经在晃县桥边的福音堂难民登记处，站立三小时，与二十多个来往的难民谈话，一般流亡的辛酸，由于这般救济，依然是苦到尽头，匪言可喻！

从晃县至芷江，一路和毕牧师长谈，据谓他在两个月以前到过芷江，发动过芷江的难胞救济工作，但竟遭地方政府谢绝，而由县政府自己联络赈济委员会的人员来办一个难民站，以任其专。我曾在晃县遇到芷江转到的难民询以芷江的救济情形，据说在芷江的难民站每个人只能领到一次救济费八十元，买饭不得一饱有什么用呢？等到我们到了芷江往访县长，什么都没有头绪，只是说救济工作是由振济委员会在芷江设立难民站来负责的，很欢迎红十字会能在芷江协助医疗工作。我们参观难民站，地点是在一个偏僻小巷，房屋为一个大庙，内容空虚，当时负责人不在，和其内眷接谈，全是大篇的苦经，好多日子上面的款项仅收到三万元，久未继续发到，工作人员都极为穷困，还谈什么救济别人呢？我们中途过晃县的鲇鱼铺，地位十分险要，原亦设有同芷江一样的难民站，但到最后已被撤销，而于留境或过境的难胞，不问其如何的情形，概已不在被救济之列。看到此处，真是怵目心酸！

踏进安江，红十字会的工作队伍，都在那儿聚齐了。最使人感动的，这次的撤退，私人物件也许抛弃了，而公家的物品却丝毫未失。他们都是经过炮火的洗礼，跋涉过长途，久别未见的许多工作同事，一个个磨炼得格外吃苦耐劳，年轻的一个个活泼得像只小老虎，其中谭队长超然等并已自愿参加知识青年从军，一种忠愤填膺为国出力之情，谈吐之间绝没有因军事失败而稍灰沮，几乎使我不相信他们都是饱经患难之人。在安江，我们的第十二、第十三两个医疗中队，第六四二医疗区队，还有汽车队、材料库，全部集中起来，因之安江就好似湖南第一个新兴救护中心，与原来的纺织业的中心先后辉映，把黔阳这个小镇形容得格外重要。我们红十字会的队伍，虽都是从前线退下来的，但从没有休息过一天，有的担任了空军的医疗，有的担任着伤兵的救护，有的展开了难胞的医药救济。尤其是难胞的医药救济工作，是以设置门诊部的方式进行的，当地的民间疾病，也同样予以诊疗，每天就诊的约有三百余人，其中三分之一全是难胞，病例以肠炎、赤痢为多，类似霍乱的亦有发现。近三个星期，安江入境的难民已达五千名，初时沿马路露宿，为状极苦。自从××总部在安江设立军警督察处以来，由于处长周更生少将的努力，这个现象近已少见，地方上已经把设在黔阳救济院调到安江办理难胞收容，可惜房屋十分简陋。至于难胞的急赈，则由救济委员会拨汇三万元，杯水车薪，无济于事。结果还是由周处长与地方先行筹款发放。已正式登记的难胞，截至十月三十日止已达一千二百六十五名，尚在陆续前来。并经规定每人每日发米粮五角，一次发给十天，共计五升，但小孩则发每人三角，其过境者另外酌发途中给养，自一百五十元至三百元不等。其中不愿入黔而折归沅陵者甚多，可见湖南人忘不了湖南家乡，单看这一点精神，已够令人感动得泣下。据周处长表示，目前的安江，难胞问题依然严重，食既不够，衣更艰难，住得破陋，疾病必多，所以热望红十字会全力担起医药救济，我们也认为责无旁贷，已经担当起来。当经周处长邀同毕牧师和当地的商会、镇长以及都会人士，仿照晃县的办法，即日组成国际救济难胞委员会安江分会，办理难胞衣食住行、医药等项救济，由当地王牧师策安主持，红十字会派朱队长文俊参加。这数千难胞，在百般困难之中，聆此佳音，也应该得一点喘息的机会，更应该得一点同情的安慰。

安江，虽是我们进行难胞医药救济的一个起点，从安江到芷江，到晃县，到玉屏，到镇远，这一线的救济工作，我们岂能忘怀？我们面临着这凄风苦雨的季节，转眼就是雪地冰天之时，我们怎可以不加紧的努力。今后的希望，我们要联络各地的当局，把沿线的难胞救济工作，做得像安江一样的齐备，事实告诉我们说：敌人再也不能前进了，我们实在也不能后退了，我相信我们能够做好这一点工作，必可以加速抗战的胜利到来！

十月三十日写于安江旅次

原载于《救护通讯》第26期，1944年11月15日

湘黔线上的一个救护故事：记第九大队九五中队

朱文新

侯崧生，是本会救护总队第九大队第九五中队的中队长，他在八一三沪战爆发后，就参加到本会服务。八年以来，他像耶稣一样背着十字架，驰骋于各战场，为伤兵而服务。这种坚忍而耐劳的精神，值得我们钦敬！

一九四四年，湘黔线上伟大紧张的救护工作，他是参与服务的一员。在大除夕的上午，这位热诚服务的侯队长率领了他的一批忠实干部由筑来渝，他们是奉命向军医署报到，接受一种新的任务。

二月二十日的上午，虽然时令已春天了，但是重庆的天气，就是那么的怪！太阳不见，浓雾蔽天，我们穿了棉大衣，还感觉到寒冷，侯队长坐在火炉旁边，他以兴奋的情绪，讲着他们这次工作的经过，听得大家至感愉快！

侯队长率领的一队，原派在第十军服务，驻在衡阳。当前方战事益趋紧张的时候，衡阳城内的老百姓十九已疏散了，街道上往来的都是军人。虽然，外面的风声日紧，城内已呈现出战斗的姿态，可是久在战地服务的他们，处此环境，非常镇静，他们愿与保卫衡阳的战士同生死！

可是，这仅是他们片面的理想而已！负责保卫衡阳的方先觉军长，早料知衡阳的命运，对于这批非战斗人员，于是通知退出城区，他们只得告别了英勇的第十军，退出衡阳，直奔零陵。

……

然而，前方的战事，依然不能稳定，他们又只得向独山进发，最后一部救护车将驶近独山的时候，独山已在实行焦土抗战了，到处都射出可怕的火焰，蔚蓝的天空，被一片红光所遮蔽，但若干冒险者穿过公路，已被流弹击毙了。于是司机说："在这炮弹横飞的情形下，我们不能驶过了。"但是，押车员梁祥凤同志想到不冒此险，跟踵而来的日兵，同样的有着生命的危险，他就鼓励着司机，开足马力，决冲过飞弹的危险，于是这辆饱尝艰难的救护车，在勇敢的司机开足马力之下，如矢脱弓，飞一般地穿过隆隆的爆炸声中。

侯队长等，毕竟以勇敢的精神达成使命，创造出本会的光荣，博得中外人士的嘉许！

原载于《中国红十字会务通讯》第 32 期，1945 年